요한계시록 40일 묵상

하나님이 다 이루십니다!

요한계시록 40일 묵상

하나님이 다 이루십니다!
God will complete it all!

2019년 6월 1일 초판 1쇄 인쇄
2019년 6월 7일 초판 1쇄 발행

지은이 | 유요한
펴낸이 | 김영호
펴낸곳 | 도서출판 동연
등 록 | 제1-1383호(1992년 6월 12일)
주 소 | 서울시 마포구 월드컵로 163-3
전 화 | (02) 335-2630
팩 스 | (02) 335-2640
이메일 | yh4321@gmail.com

ISBN 978-89-6447-510-2 03230

요한계시록
40일 묵상

하나님이
다 이루십니다!

유요한 지음

동연

하나님이 다 이루십니다!

주 안에서 사랑하는 성도님들에게!

사람들은 요한계시록 읽기가 두렵다고 합니다. '요한계시록'하면 일단 '종말', '휴거', '7년 대환란', '최후의 심판'과 같은 말들이 떠오르기 때문입니다. 실제로 요한계시록에 따르면 적그리스도가 마지막 때에 무서운 짐승의 모습으로 등장합니다. 그를 추종하는 세력들이 교회를 집요하게 박해합니다. '일곱 봉인'과 '일곱 나팔'과 '일곱 대접'의 환상이 거듭 진행될수록 하나님의 심판은 점점 더 엄중해집니다. 그 속에서 믿음을 지키면서 살아남는다는 것은 거의 불가능해 보입니다. 그런 무서운 이야기를 왜 굳이 읽어야 하나 싶습니다. 그래서 애써 외면합니다.

우리 그리스도인에게는 '요한계시록'이 가져다주는 또 다른 종류의 두려움이 있습니다. 요한계시록을 읽다가 혹시라도 '시한부종말론'과 같은 이단 사조에 빠지게 되면 어떡하나 하는 두려움입니다. 과거 한때 우리나라를 떠들썩하게 했던 다미선교회의 '시한부종말론 사건'이 그 대표적인 예입니다. 그 외에도 크고 작은 이단들이 거의 대부분 요한계시록에 대한 그릇된 해석에서 출발합니다. 그러니 차라리 요한계시록을 읽지 않는 것이 더 현명한 선택처럼 보이기도 합니다. 이런 경우에는 모르는 게 약이다 싶습니다.

게다가 다른 성경과 달리 요한계시록은 아주 어렵습니다. 보통의 그리스도인들이 가지고 있는 성경 상식으로는 요한계시록에 등장하는 온갖 환상이나 상징 그리고 수의 정확한 의미를 풀어내기가 쉽지 않습니다. 자칭 요한계시록의 전문가라 하는 사람들의 해석도 제각각이라, 오히려 혼란만 가중할 뿐입니다. 마치 정답 없는 주관식 문제를 푸는 것 같습니다. 노력한 만큼의 보람이 없습니다. 그래서 몇 장 뒤적거리다가 그냥 덮어버리기 일쑤입니다.

종교개혁자 마틴 루터Martin Luther가 신약성경을 독일어로 번역할 때 '요한계시록'을 두고 마지막까지 고민했다고 합니다. 또 다른 종교개혁자 장 칼뱅Jean Calvin은 대부분의 신약성경을 주석하면서도 요한계시록은 제외했다고 합니다. 위대한 성경주석가였던 칼뱅에게도 요한계시록은 해석하기 어려운 책이었을까요? 물론 아니었을 겁니다. 그러나 어느 정도 조심스러워한 것은 사실로 보입니다. 그러다가 그만 기회를 놓쳐버린 것이겠지요.

감히 그분들과 비교할 수 있겠습니까마는, 저도 지금까지 목회를 해오면서 이런저런 이유로 인해 요한계시록 강해를 주저해왔습니다. 물론 마음속으로는 언젠가 '로마서'와 '요한계시록'을 반드시 묵상해보리라 생각하고 있었습니다. 그렇지만 행동으로 옮길만한 용기가 생기지 않았습니다.

그러다가 지난해 사순절 특새를 통해 '로마서'를 묵상하게 되었고, 내친김에 올해에는 '요한계시록'을 묵상하기로 성도님들과 덜컥 약속했습니다. 그런데 실제로 강해를 염두에 두고 요한계시록을 여러 번 읽으면서 얼마나 많이 후회했는지 모릅니다. 몇 번이고 그만둘까 망설였습니다. 그러던 중에 저와 가깝게 지내던 동료 목사님이 암으로 투병하다가 하나님의 부름을 받는 일이 있었습니다. 나중에 알게 된 이야기인데, 그 목사님이 병원에서 지내는 동안 계속해서 요한계시록을 묵상했답니다. 그러면서 하나님의 놀라운 은혜를 깨닫고 이번에 퇴원하면 성도님들과 꼭 이 말씀을 나누어야 하겠다고 결심했답니다. 그 소원을 이루지 못하고 하나님 앞으로 가고 만 것이지요. 그 이야기를 전해 들으면서 온몸에 전율이 느껴졌습니다. 하나님께서 처음 제게 부어 주셨던 그 마음에 온전히 순종하기로 했습니다.

요한계시록을 다시 읽기 시작했습니다. 그랬더니 놀랍게도 그동안 제 눈에 가리어져 있던 복음의 메시지가 서서히 그 모습을 드러내는 것이 아닙니까. 하나님 보좌 앞에서 드려지는 천상의 예배(4장)와 오른손에 두루마리를 잡고 계시는 어린 양의 모습(5장)이 눈에 들어왔습니다. 인치심을 받은 십사만 사천 명과 '아무도 능히 셀 수 없는' 흰 옷 입은 큰 무리가 경배하는 장면(7, 14장)이 보였습니다. 헨델의 '할렐루야 합창'에 담겨 있는 찬양(19장)이 들려오고, 거룩한 성 새예루살렘이 내려오는 모습(21장)이 보였습니다.

그리고 마침내 "이루었도다. 나는 알파와 오메가요 처음과 마지막이라"(계 21:6)는 하나님의 음성이 큰 울림이 되어 제 마음에 강하게 부딪혀 왔습니다. 그러면서 저도 모르게 입술을 열어 이렇게 고백했습니다. "주님, 그렇습니다. 하나님이 다 이루십니다!"(Yes, Lord. God will complete it all!)

'요한계시록'은 역사의 종말에 대한 우리의 지적인 호기심을 채워주기 위해서 기록된 책이 아닙니다. 이 세상이 장차 어떻게 멸망하게 될 것인지를 설명하는 책은 더더군다나 아닙니다. 마지막 때의 환난을 모면하기 위한 어떤 비결을 가르쳐주는 책도 아닙니다. 그런 관심으로 요한계시록을 읽기 때문에 오히려 두려움과 혼란스러움과 잘못된 이단 사조에 빠지게 되는 것입니다.

'요한계시록'은 하나님이 이 세상을 창조하실 때에 시작하셨고, 예수 그리스도를 통해서 선포하셨던 '하나님 나라'를 완성하시는 기록입니다. 그 모든 일을 하나님이 시작하셨고, 인류 역사를 통해 하나님이 이끌어

오셨습니다. 그리고 마침내 역사의 마지막 때에 하나님께서 그것을 이루실 것입니다. 그때의 장엄한 광경을 사도 요한에게 미리 보여주셨습니다. 그런데 인간의 말로는 달리 표현할 길이 없어서 이처럼 '환상'과 '상징'과 '수'가 되었던 것이지요.

'요한계시록'은 마치 베토벤Ludwig van Beethoven이 작곡한 '합창교향곡'(Symphony No.9 in D minor, Op.125 "Choral")과 같습니다. 이 곡을 작곡할 무렵 베토벤은 청력을 완전히 잃어버렸습니다. 소리를 들을 수 없다는 육체적인 고통과 더불어 경제적인 어려움까지 겹쳐 그의 상태는 말 그대로 '최악'이었습니다.

그럼에도 불구하고 '절망을 넘어선 환희'라는 메시지를 담아 이 곡을 완성했습니다. 교향곡은 본래 악기로만 연주되었는데, 베토벤은 교향곡에 성악을 도입한 최초의 작곡가가 되었습니다. 우리가 즐겨 부르는 찬송 "기뻐하며 경배하세"("Joyful, Joyful, we Adore Thee", 찬송가 64장)가 바로 이 교향곡 속에 포함되어 있습니다.

요한계시록을 기록할 때 사도 요한이나 당시의 교회가 직면하고 있던 상황은 베토벤이 합창교향곡을 작곡할 때의 그것과 완벽하게 오버랩됩니다. 도미티아누스(Domitianus, A.D. 81~96) 황제의 박해로 인해서 얼마나 많은 그리스도인이 순교했는지 모릅니다. 이때 사도 요한도 밧모Patmos 섬으로 유배를 가야 했습니다.

그러나 사도 요한은 그곳에서도 주일 예배를 드립니다. 그러던 중에 뜻밖에도 예수 그리스도의 계시(계 1:1)를 받게 된 것입니다. 장차 하나님께서 완성하실 하나님의 나라를 직접 목격합니다. 그것을 편지로 기록하여 힘겹게 믿음을 지키고 있던 아시아 지방 일곱 교회에 보냅니다. 그 메시지는 분명합니다. '절망을 넘어선 환희'입니다. 즉, "현재의 핍박과 어려움으로 인해 결코 절망하지 마라! 하나님이 곧 완성하신다!"입니다.

그와 같은 이유로 인해 저는 요한계시록을 "하나님 나라의 완성 교향곡"(The Final Complete Symphony of God's Kingdom)이라고 부르려 합니다. 이 교향곡의 지휘자는 '예수님'이시고 오케스트라는 '교회'입니다. 찬양대는 '성도들'이고, 악보는 '성경'입니다. 이 곡을 듣는 청중은 '이 세상'이고, 주제는 "하나님이 다 이루십니다!"입니다. 그렇습니다. 하나님은 당신이 시작하신 '착한 일'을 그리스도 예수의 날까지 반드시 이루십니다(빌 1:6). 약속하신 대로 주님이 재림하여 오실 때 이 땅에 하나님의 나라가 완성될 것입니다.

앞으로 40일 동안 우리는 베토벤의 합창교향곡을 감상하듯이 '하나님 나라의 완성 교향곡'인 요한계시록을 자세히 묵상하게 될 것입니다. 요한계시록을 여느 교향곡의 구조처럼 4악장으로 나누어 보았습니다. 전주Prelude와 후주Postlude가 앞뒤로 첨부되어 있는 모양새가 되었습니다.

최선을 다해서 쉽게 풀어드리려고 하겠지만, 여러분이 분명히 아셔야 할 것이 있습니다. 요한계시록은 결코 만만한 책이 아니라는 사실입니다. 구약과 신약의 나머지 성경책들을 충분히 이해해야 제대로 풀어낼 수 있습니다. 그래서 성경의 제일 마지막에 놓여 있는 겁니다. 게다가 지금까지 요한계시록에 대해서 잘못 해석해온 어두운 그림자를 벗겨내는 일도 결코 쉽지 않은 작업입니다.

그러나 성령님의 도우심을 간구하면서 '요한계시록 묵상'의 길을 떠나보려고 합니다. 저에게 '요한'이라는 이름을 주신 하나님께서 이 일을 시작하게 하셨으니, 또한 어떤 식으로든 이루시리라 확신합니다. 그리하여 이 묵상을 마치는 날, 우리를 향하신 복음의 메시지를 발견한 감격에 겨워 우리 모두 "환희의 찬송"을 힘껏 부를 수 있기를 간절히 소망합니다.

2019년 3월 10일
요한계시록 40일 묵상의 길을 시작하며
그리스도의 종 한강중앙교회 담임목사 유 요 한

말씀 묵상을 위한 팁

저는 한 지역교회a local church를 섬기는 목회자입니다. 교회 안에서 목회자가 감당해야 할 많은 사역들이 있지만, 그중에서 가장 중요한 것은 뭐니 뭐니 해도 '말씀 사역'일 것입니다. 지금까지 헤아릴 수 없을 만큼 많은 설교를 해오면서, 또한 얼마나 많은 시행착오를 겪어왔는지 모릅니다. 말씀을 묵상하고 설교를 준비하는 일은 언제나 제 힘에 부치는 압박이었습니다.

그러던 어느 날, 설교에 대한 새로운 원칙을 발견하게 되었습니다. 이 원칙은 성경을 대하는 자세와 말씀을 묵상하는 태도를 근본적으로 바꾸어놓았습니다.

성경이 말하게 하라! Let the Bible Speak!

그동안 저는 성경을 하나님의 말씀이라 고백하면서도 성경이 직접 말하게 하지는 않았습니다. 오히려 시대적인 상황 속에서 또는 성도들의 현실 속에서 직면하고 있는 여러 가지 문제들에 대한 답을 성경에서 찾으려고 해왔습니다. 설교는 제가 찾은 근사한 답을 전하는 통로였습니다. 그러다 보니 새로운 설교를 만들어내는 일이 점점 더 힘들어질 수밖에요. 그렇게 성경을 열심히 두리번거린다고 해서 말씀 묵상의 깊이가 더해지는 것도 아니었습니다. 성경 본문은 단지 필요에 따라서 취사선택하는 대상이고, 많은 경우에 미리 정해놓은 답을 증명하기 위한 수단으로 사용되었기 때문입니다.

그러던 저에게 "성경이 말하게 하라!"는 가르침이 아프게 부딪혀왔습니다. 그리고 그 앞에 무릎 꿇었습니다. 그렇습니다. 성경의 주인공은 하나님이십니다. 하나님은 지금도 성경을 통해서 우리에게 말씀하고 싶어하십니다. 하나님이 우리의 목적을 달성하기 위한 수단이 아니듯이, 성경 또한 우리의 필요를 채우는 수단으로 사용하면 안 됩니다. 겸손하게 하나님의 말씀 앞에 서야 합니다. 그리고 그 말씀에 귀를 기울여야 합니다.

따라서 저와 같은 설교자가 해야 할 일은 '성경을 잘 해석하여 전하는 것'이 아니라 '성경이 직접 말하게 하는 것'이어야 합니다. 성도들이 성경 본문에 대한 설교자의 해석을 듣게 할 것이 아니라, 성경이 말하려고 하는 메시지를 들을 수 있도록 도와주어야 합니다. 그러기 위해서 우선 성도들이 성경을 충분히 읽게 해야 합니다. 성경 이야기가 어렵게 느껴지지 않도록 해야 합니다. 그러면 하나님이 말씀하십니다. 그 말씀이 삶을 변화시킵니다.

어떻게 성경이 말하게 할 것인가 씨름하던 중에 제 나름대로 한 가지 방법을 터득하게 되었습니다. 그것은 바로 '성경을 성경으로 풀이하는 것'입니다. 이는 흔히 알고 있는 것처럼, 신약이나 구약의 다른 부분의 말씀을 가져다가 본문에 대한 이해를 높이는 그런 방식이 아닙니다. 오히려 한 본문에 대한 여러 가지 성경의 번역을 직접 읽으면서 비교해 보는 것입니다.

성경 번역 그 자체에 이미 뜻풀이가 담겨 있기 때문에 그것을 자세히 들여다보는 것만으로도 본문의 메시지를 어느 정도 파악할 수 있습니다. 저는 '개역개정판 성경'을 주로 사용하지만, 그 외에도 한글로 번역된 다른 성경들을 반드시 참조합니다. 예전에는 '공동번역'과 '표준새번역'을 많이 읽었는데, 요즘에는 '메시지 성경'을 더 많이 읽고 있습니다.

필요한 경우에는 히브리어나 헬라어 원어 성경을 찾아보기도 하지만, 대부분은 영어 성경을 활용합니다. 제가 주로 활용하는 번역은 NIV(New

International Version, KJB King James Bible, NASB New American Standard Bible, AMP Amplified Bible, CEV Contemporary English Version, ESV English Standard Version 그리고 MSG The Message 등입니다. 그 외에도 사용 가능한 여러 가지 번역을 참조합니다.

그러다 보니까 한 본문을 묵상할 때에 저는 최소한 10개 정도의 번역을 읽게 됩니다. 특히 영어 성경은 그 어순이 성경의 원어와 거의 일치하고 있기 때문에 우리말 성경으로는 잘 드러나지 않는 메시지의 강조점을 발견하는 데 큰 도움이 됩니다. 물론 반드시 이렇게 해야 성경의 메시지를 발견할 수 있다고 주장하려는 것은 아닙니다.

저는 말씀을 묵상할 때마다 다음과 같은 원칙에 충실하려고 애써 왔습니다.

1. 성경을 직접 충분히 읽게 하자

성경 본문을 가능한 한 많이 기록해 놓았습니다. 여러분이 따로 성경을 찾으실 필요가 없을 정도입니다. 다른 내용은 그냥 눈으로 읽어가더라도 성경 본문이 나오면 반드시 소리를 내어 읽어 주십시오. 자신의 목소리가 귀에 들리도록 소리 내어 읽으면 그만큼 더 잘 이해가 되고 또한 은혜가 됩니다.

2. 본문을 잘 이해하게 하자

가능한 한 쉽게 본문의 내용을 이해할 수 있도록 애를 썼습니다. 필요한 부분에서는 영어 성경이나 다른 번역을 인용하기도 했습니다. 혹시라도 영어가 자주 인용되는 것에 거부감을 느끼시는 분들이 계시다면, 본문의 의미를 보다 잘 설명하기 위한 저의 선한 의도를 생각하여 널리 양해하시기 바랍니다.

3. 목회자의 묵상이 먼저다

목회자가 성도들을 가르치려고만 하면 그 설교는 딱딱한 강의가 되기 쉽습니다. 목회자는 말씀을 가르치는 교사이기 전에 먼저 말씀을 묵상하는 사람이어야 합니다. 본문에 담겨 있는 메시지의 영적인 의미들을 깨닫고 그것을 먼저 자신에게 적용하려고 해야 합니다. 제가 말씀을 묵상하면서 받은 은혜를 성도들과 함께 솔직하게 나누려고 애를 썼습니다.

이것이 말씀을 묵상하는 유일한 방법이라고 말할 수는 없습니다. 단지 이 방법은 제게 주어진 목회의 자리에서 말씀을 붙들고 치열하게 살아온 삶을 통해 얻은 열매입니다. 이 묵상이 누군가에게 하나님의 메시지를 발견하는 통로로 사용되기를 소망합니다.

차 례

전주 (P r e l u d e)

예수 그리스도의 계시

〈계 1:1-8〉

요한계시록, 어떻게 묵상할 것인가

계 1:1-3; 21:6-7

요한계시록은 수월하게 읽히는 책이 아닙니다. 성경의 다른 책들은 여러 번 반복하여 읽다보면 어느 정도 내용을 파악할 수 있지만, 요한계시록은 다릅니다. 맥락을 가늠하기 힘든 복잡한 문장 구조에다 정확한 의미를 알 수 없는 온갖 환상과 상징과 암시로 채워져 있어서, 아무리 열심히 읽어도 생각처럼 잘 정리가 되지 않습니다. 그래서 성경 통독을 끝내기 위해서 읽어보기는 했어도, 그 내용을 충분히 묵상하지 못한 성도들이 거의 대부분입니다.

또한 "요한계시록은 위험한 책"이라는 막연한 선입관과 두려움이 요한계시록 묵상을 주저하게 만들기도 합니다. 그도 그럴 것이 시한부종말론을 주장하는 이단들이 가장 좋아하는 책이 바로 요한계시록입니다. 제멋대로 해석할 여지도 많고, 그럴듯하게 포장만 하면 얼마든지 사람들을 현혹할 수도 있기 때문입니다. 게다가 이단은 아니지만 이른바 요한계시록의 전문가라고 하는 사람들의 해석이 제각각인 점도 우리를 혼란스럽게 만듭니다.

성경의 관심으로 출발하라

그런데 제가 볼 때 요한계시록 묵상을 방해하는 가장 큰 장애는 따로 있습니다. 그것은 요한계시록을 종교적인 가십gossip거리로 만드는 사람들의 빗나간 호기심입니다.

영국 출신의 펄시 콜레Percy Collet라는 사람이 5일 동안 천국을 여행하며 100가지의 계시를 받았다고 하면서『내가 본 천국』(*I Walked in heaven with Jesus*)이라는 책을 출판했습니다. 그 이후로 천국에 다녀왔다고 간증하는 사람들이 우후죽순처럼 생겨났습니다. 심지어 우리나라의 어느 유명한 신학교 교수를 지낸 분이『내가 본 지옥과 천국』이라는 책을 쓰기도 했습니다. 서점에 가면 이런 종류의 책들을 얼마든지 찾아볼 수 있습니다.

그들은 한결같이 천국과 지옥이 어떻게 생겼는지 마치 스포츠 중계를 하듯이 설명합니다. 문제는 자신의 개인적인 체험을 성경보다 더 앞세운다는 사실입니다. 아니 정확하게 말하면, 요한계시록을 "그들이 본 천국"의 수준으로 끌어내리고 있다고 해야 할 것입니다. 사실 그것이 더 위험합니다. 사도 바울은 셋째 하늘에 이끌려가는 놀라운 체험을 하고도 그 내용을 밝히기를 주저했는데(고후 12:2-4), 이들은 자신들의 주관적인 체험을 무슨 대단한 훈장이라도 되는 듯이 마구 자랑하여 떠벌리고 다닙니다.

심지어 그들을 모방한 가짜 천국 체험기가 등장하기도 했습니다. 지난 2010년에 출간되어 당시 베스트셀러에 올랐던『천국에서 돌아온 소년』(*The boy who came back from heaven*)이 바로 그 대표적인 예입니다. 그 책의 저자 알렉스 말라키Alex Malarkey는 사람들의 관심을 얻기 위해 지어낸 것이라고 나중에 솔직하게 자백했지요. 앞서 말한 펄시 콜레는 자기가 죽기 전에 휴거될 것이라는 말씀을 엘리야에게 들었다고 했지만, 그는 결국 죽었고, 휴거는 일어나지 않았습니다.

이처럼 천국이나 종말에 대한 빗나간 호기심으로 접근하는 사람들로 인해 요한계시록이 그동안 얼마나 많은 오해를 받아왔는지 모릅니다. 따라서 요한계시록을 바르게 묵상하기 위해서 가장 먼저 해야 할 일은 그동안 알게 모르게 우리의 생각에 들어와 자리 잡고 있는 선입관을 벗겨내는 것입니다. 물론 오랜 세월 동안 요한계시록에 덧입혀온 잘못된 해석의 그림자를 완전히 벗겨내기란 결코 쉽지 않습니다. 그러나 '사람의 관심'이 아니라 '성경의 관심'으로부터 다시 출발하면 사실 그리 어려운 일도 아닙니다.

요한계시록은 성령의 감동으로 기록된 하나님의 말씀입니다. 서로 다른 시대의 다양한 사람들을 통해 성경 66권이 기록되었지만, 원저자는 오직 한 분 하나님이십니다. 그렇기에 창세기부터 요한계시록까지 일관된 주제와 메시지로 연결되어 있는 것입니다. 창세기에 등장하는 하나님이나 구약의 예언자들과 신약의 사도들이 증언하는 하나님이 다르지 않습니다. 이스라엘의 역사를 통해서 드러난 하나님의 뜻과 예수 그리스도를 통해서 선포된 하나님의 뜻이 다르지 않습니다.

사실 요한계시록에 등장하는 환상들 대부분은 구약 시대의 예언자들이 목격한 것입니다. 예를 들어 요한계시록 4장에 '하나님의 보좌 환상'이 기록되어 있는데, 구약의 이사야나 에스겔 선지자도 그것을 이미 목격했습니다. 아니 태초에 천지가 창조되던 장면(창세기 1장)으로 거슬러 올라가면 거기에 다 설명되어 있습니다. 하나도 새삼스러울 것이 없습니다. 왜냐하면 성경 어디에서든 같은 하나님이 등장하시기 때문입니다.

그러니 사람들이 말하는 '내가 본 천국'에 솔깃할 것이 아니라 '성경'을 제대로 읽어야 하는 것입니다. 하나님의 말씀으로 충분합니다.

예수 그리스도의 계시

요한계시록을 '요한이 본 천국'의 이야기 정도로 취급하면 안 된다고 분명히 말씀드렸습니다. 그렇다면 요한계시록은 과연 어떤 책이라고 말할 수 있을까요? 오늘 본문은 요한계시록을 '사도 요한에게 주신 예수 그리스도의 계시'(The Revelation of Jesus Christ to John the Apostle)라고 설명합니다.

> **예수 그리스도의 계시라.** 이는 하나님이 그에게 주사 반드시 속히 일어날 일들을 그 종들에게 보이시려고 그의 천사를 그 종 **요한에게 보내어 알게 하신 것이라**(계 1:1).

우선 '계시'라는 말부터 바르게 이해할 필요가 있습니다. '계시啓示'를 한자어로 풀이하면 '열어啓' '보이다示'가 됩니다. 사람들이 알 수 없는 어떤 신적인 진리를 깨우쳐 알게 해준다는 뜻입니다. 이를 흔히 '묵시黙示'라고 표현하기도 하는데, 저는 '묵시'보다는 '계시'가 더 적절한 용어라고 생각합니다. 왜냐하면 '묵시'란 '조용히黙' '보이는示' 것이어서, 은연중에 알 듯 말 듯 보여준다는 뉘앙스를 풍기고 있기 때문입니다.

실제로 이에 해당되는 헬라어 '아포칼룹시스'(ἀποκάλυψις, apoka-lupsis)는 '베일을 벗겨내다unveiling' 또는 '뚜껑을 열다uncovering'라는 뜻입니다. '요한계시록'의 영어 제목인 'revelation'도 'reveal드러내다' 동사에서 나온 말입니다. 그러니까 '계시'는 그동안 감추어져 왔던 비밀의 베일을 벗겨내고 뚜껑을 열어서 환하게 드러낸다는 뜻입니다.

그런데 계시를 그 반대의 의미로 알고 있는 사람들이 생각보다 많이 있습니다. 그들은 계시를 보통 사람들로서는 감히 풀 수 없는 '신탁神託'처럼 생각합니다. 지금까지 요한계시록을 그런 식으로 해석해온 것이 또한 사실입니다. 특히 환상이나 상징이나 수들을 무슨 대단한 비밀이 숨어있는 수수께끼처럼 생각하여 풀려고 했습니다. 그래서 요한계시록의 메시지를 오히려 더 난해한 것으로 만들어버렸습니다.

그 이유가 무엇일까요? 하나님은 밝히 드러내어 보여주려는 것인데 사람들은 왜 그것을 제대로 보지 못하는 것일까요? 왜냐하면 성경과 다른 관심으로 접근하기 때문입니다. 자신이 가지고 있는 관심으로 요한계시록을 풀려고 하기 때문입니다. 그렇게 해서는 안 됩니다.

하나님의 신비한 구원 계획의 베일을 벗겨내고 그 뚜껑을 열 수 있는 분은 오직 예수 그리스도이십니다. 그래서 '예수 그리스도의 계시'입니다. 우리는 주님이 열어 주시는 대로 보기만 하면 됩니다. 그러면 얼마든지 쉽게 이해할 수 있습니다. 우리의 방식에 따라서 억지로 열려고 하니까 오히려 더욱 큰 비밀이 되는 것이지요.

속히 일어날 일들

그런데 지금부터 주님이 사도 요한을 통해서 보여주시려고 하는 '계시'는 과연 무엇에 관한 것일까요? 본문은 "반드시 속히 일어날 일들을 보이시려고"(to show things which must shortly come to pass _KJB) 계시를 주셨다고 말합니다. 메시지 성경은 "앞으로 일어날 일을 분명히 보여주시려고"(to make plain what is about to happen), 이 계시를 주셨다고 풀이합니다.

자, 그렇다면 '앞으로 일어날 일'이 무엇일까요? 그렇습니다. 그것은 구체적으로 '주님의 재림'을 가리킵니다.

볼지어다. 그가 구름을 타고 오시리라. 각 사람의 눈이 그를 보겠고 그를 찌

른 자들도 볼 것이요 땅에 있는 모든 족속이 그로 말미암아 애곡하리니 그러하리라. 아멘(계 1:7).

"그가 구름을 타고 오신다"(He is coming with the clouds _NIV)는 표현은 공회 앞에서 재판 받으시는 장면에서 주님께서 직접 선포하신 말씀입니다(막 14:62). 또한 주님이 승천하시는 장면에서 천사들을 통해서 제자들에게 다시 확인해주신 말씀입니다(행 1:11). 그 재림의 약속이 이제 조만간 성취될 것을 사도 요한을 통해 분명히 드러내어 말씀하고 있는 것입니다. 따라서 요한계시록은 기본적으로 주님의 재림에 대한 '계시'라는 사실을 우리는 잊지 말아야 합니다.

제가 이것을 특별히 강조하는 이유가 있습니다. 그것은 사람들이 '주님의 재림'보다 '이 세상의 종말'에 더 관심을 가지기 때문입니다. 물론 주님이 다시 오시고 난 후에 '처음 하늘과 처음 땅'은 없어지고 '새 하늘과 새 땅'이 임하게 될 것입니다(계 21:1). '처음 하늘과 처음 땅'이 없어지는 것을 종말이라고 할 수 있겠지요. 그러나 요한계시록의 핵심적인 메시지는 그게 아닙니다. 오히려 주님의 재림과 더불어 완성될 새 하늘과 새 땅을 드러내는 것이 계시의 핵심입니다.

그런데 이 핵심을 놓쳐버리고 오히려 지엽적인 문제 풀이에만 몰두하는 사람들이 많습니다. '일곱 봉인'과 '일곱 나팔'과 '일곱 대접'의 재앙이 역사 속에서 각각 어떤 식으로 성취될 것인지 논쟁하기에 바쁩니다. 바다에서 올라온 짐승(계 13장)에게 있는 열 개의 뿔이 각각 누구를 가리키는지 설명하려고 애를 씁니다. 심지어 요한계시록에 기록되어 있지도 않는 7년 대환란 이전의 '휴거설'을 만들어내고 그것에 심취하기도 합니다. 그래서 시한부종말론자들이 출현하는 것입니다.

역사의 시작이 있었듯이 역사의 종말 또한 분명히 있습니다. 그것이 성경이 가르쳐주는 기독교 신앙의 역사관입니다. 그러나 우리 그리스도인들에게 역사의 종말은 두렵고 떨리는 심판의 공포가 아닙니다. 주님의 재림과 더불어 완성될 하나님의 나라입니다. 새 하늘과 새 땅이 창조된 후에 이 땅에 임하게 되는 거룩한 성 새예루살렘(계 21:2)입니다. 이 세상을 창조하실 때에 하나님이 계획하셨던 꿈이 비로소 성취되는 '환희의 날'입니다.

그 일이 조만간 이루어질 것을 여러 가지 환상과 상징으로 사도 요한에게 드러내어 보여주고 계시는 것입니다. 그 일이 언제 이루어집니까? 주님이 재림하실 때 이루어집니다. 누가 그 일을 이루십니까? 하나님이 이루십니다. 요한계시록의 결론 말씀입니다.

> 또 내게 말씀하시되 **이루었도다**. 나는 알파와 오메가요 처음과 마지막이라…(계 21:6a).

여기에서 "이루었다"(It is done!)는 선언은 마치 주님이 십자가에서 남기신 "다 이루었다"(요 19:30)는 말씀을 연상하게 합니다. 그리고 이 말씀들이 오직 요한문서들에서만 발견된다는 사실도 우연의 일치는 아닌 듯싶습니다.

'알파'(A, α)와 '오메가'(Ω, ω)는 헬라어 알파벳의 첫 글자와 마지막 글자입니다. 태초에 모든 일을 시작하신 하나님께서 마지막 때에 모든 것을 끝내십니다. 그러나 하나님의 결론은 파괴적인 종말이 아니라 창조적인 완성입니다. "God will complete it all! 하나님이 다 이루십니다!" 앞으로 요한계시록을 묵상해나갈 때 이러한 메시지의 초점을 잃어버리지 않도록 우리는 늘 조심해야 합니다.

예언의 말씀

요한계시록이 가지고 있는 또 다른 한 가지 중요한 특성은 바로 예언의 말씀입니다.

> 2요한은 **하나님의 말씀**과 예수 그리스도의 증거 곧 자기가 본 것을 다 증언하였느니라. 3이 **예언의 말씀**을 읽는 자와 듣는 자와 그 가운데에 기록한 것을 지키는 자는 복이 있나니 때가 가까움이라(계 1:2-3).

예언은 계시만큼이나 많은 오해를 받고 있는 말입니다. 우리말 예언豫言을 문자적으로 풀면 "(미래의 일을) 미리(豫) 말하다(言)"가 됩니다. 그래서 마치 점쟁이들이 앞일을 알아맞히는 것처럼, 그렇게 '예언'을 생각하는 사람들이 의외로 많이 있습니다.

그러나 분명히 말씀 드리지만 성경에서 말하는 예언은 그런 의미가 아닙니다. 오히려 "하나님을 대신하여 말하다"라는 뜻입니다. 따라서 '예언'보다는 '대언代言'이 더 정확한 표현입니다. 이에 대한 가장 좋은 설명이 에스겔서에 나옵니다.

> 또 내게 이르시되 너는 이 모든 **뼈**에게 **대언**하여 이르기를 너희 마른 **뼈**들아 여호와의 말씀을 들을지어다(겔 37:4).

그 유명한 '마른 뼈의 환상'에서 하나님이 에스겔에게 말씀하고 계시는 내용입니다. 하나님은 마른 뼈에게 '대언'하라고 하십니다. 하나님을 대신하여 하나님의 말씀을 선포하라는 것입니다. 누구에게? 마른 뼈에게! 에스겔은 실제로 이 말씀에 순종합니다. 그랬더니 마른 뼈들이 살아나는 놀라운 일이 일어나지 않았습니까?

예언은 바로 그런 것입니다. 헬라어 '프로페테이아'(προφητεία, proph-eteia)도 역시 같은 뜻입니다. 따라서 '예언의 말씀'(the words of this prophecy)에서 우리가 주목해야 할 것은 사실 '예언'이 아니라 '말씀'입니다. 하나님이 주시는 말씀을 대신 전하는 것이기 때문입니다. 이것은 앞으로 우리가 요한계시록을 묵상해갈 때에 매우 중요한 가이드라인의 역할을 하게 될 것입니다.

예를 들어서 1장 하반부에 보면 '일곱 금 촛대' 사이에 '인자' 즉 예수 그리스도가 '일곱 별'을 잡고 계시는 환상이 나옵니다. 요한은 그 앞에 엎드려져 죽은 자 같이 되지요(17절). 그때 주님은 요한에게 손을 얹고 "두려워하지 말라"고 말씀하시면서, '일곱 별'은 일곱 교회의 사자요 '일곱 촛대'는 일곱 교회라고 친절하게 가르쳐주십니다(20절). 그리고 "네가 본 것과 지금 있는 일과 장차 될 일을 기록하라"(19절)고 말씀하십니다. 그것이 바로 사도 요한이 요한계시록을 통해서 선포해야 할 말씀, 즉 '예언의 말씀'입니다.

그러니까 우리가 요한계시록을 어떻게 해석할 것인지를 두고 고민할 필요가 없습니다. 단지 하나님께서 설명해 놓은 '예언의 말씀'을 찾기만 하면 됩니다. 특히 이해하기 힘든 환상이나 상징을 대하게 될 때에 우리는 반드시 이 점을 기억해야 합니다. 그것을 함부로 해석하려고 덤벼들지 말고, 그 속에 담겨 있는 '하나님의 말씀', 즉 '메시지'를 찾으려고 해야 합니다. 그리고 그보다 더 중요한 것은 그 메시지에 따라서 살아야 한다는 사실입니다.

오늘 본문에서 주님은 "이 예언의 말씀을 읽는 자와 듣는 자와 그 가운데 기록한 것을 지키는 자는 복이 있다"(3절)고 하셨습니다. 하나님의 말씀은 우리가 충분히 읽을 수 있는 것입니다. 그 속에 담겨 있는 하나님의 음성은 우리가 얼마든지 들을 수 있는 것입니다. 또한 그 가르침은 우리가 힘써 지킬 수 있는 것입니다. 그런데 우리가 자의적으로 해석하려고 하면 '계시'가 오히려 '비밀'이 되고, 감히 지킬 수 없는 '교훈'이 되고, 결국 사이비 이단의 속임수에도 넘어가게 되는 것입니다.

때가 가깝다

오늘 본문은 "때가 가깝다"(The time is near)는 말씀으로 끝납니다. 어떤 때를 말하는 것일까요? 물론 주님이 재림하실 때입니다. 어떤 분들은 속으로 이렇게 생각할지도 모릅니다. "요한계시록이 기록되고 거의 2천 년이 지났는데도 재림이 이루어지지 않았다면, '때가 가깝다'는 말이 무슨 의미가 있을까?"

'재림의 시기' 문제에 대해서는 나중에 설명할 기회가 있을 것입니다. 그러나 이 대목에서 우리가 생각해 보아야 할 것은 '우리에게 남겨진 시간'입니다. 주님이 재림하시는 날이 언제가 되든지 간에, 우리가 주의 재림을 준비할 수 있는 시간은 그리 많지 않다는 사실을 알아야 합니다. 왜냐하면 일단 한 번 죽고 나면 주님이 하늘로부터 강림하시는 날이 올 때까지는 그 누구도 다시 살아날 수 없기 때문입니다(살전4:16).

자, 그렇다면 우리 자신에게 한번 물어보십시오. 우리의 시간이 얼마나 남아있다고 생각합니까? 하나님이 정해놓으신 인생의 '오메가'가 언제일까요? 때가 가깝습니다. 얼마 남지 않았습니다. 메시지 성경의 표현대로 하자면, "때가 바로 눈앞에 다가 왔습니다"(Time is just about up). 앞으로 요한계시록을 묵상할 기회가 우리에게 또 다시 주어지게 될까요? 이번이 마지막 기회가 될지도 모르는 일입니다.

그러니 정신 바짝 차리셔야 합니다. 이번 기회를 놓치지 말고 꽉 붙잡아야 합니다. 오늘부터 시작한 요한계시록 40일 묵상의 길을 끝까지 가보기로 굳게 결심하십시오. 이 예언의 말씀을 읽고 듣고 지키는 자가 복이 있습니다. 우리 모두 복 있는 자들이 되기를 간절히 소원합니다.

요한계시록의 관심: 교회

계 1:4-8

지금 우리는 요한계시록에 대한 서론적인 이야기를 나누고 있는 중입니다. 앞 장에서는 요한계시록을 어떻게 묵상해야 할 것인지를 생각하면서, 요한계시록이 가지고 있는 두 가지 특징, 즉 '계시'와 '예언'에 대해서 살펴보았습니다. '계시'(아포칼룹시스)는 비밀의 베일을 벗겨내고 뚜껑을 열어서 환하게 드러내는 것이요, '예언'(프로페테이아)은 하나님의 말씀을 대언(代言)하는 것이라고 설명했습니다.

그러면서 계시가 되었든지 아니면 예언이 되었든지, 요한계시록은 일관되게 '앞으로 일어날 일' 즉 '주님의 재림'에 대한 메시지를 분명하게 드러내고 있다는 사실을 강조했습니다. 사람들이 요한계시록을 어렵게 생각하는 이유는 성경과는 다른 관심으로 접근하기 때문입니다. 그와 같은 빗나간 호기심과 자의적인 해석이 계시를 비밀로 만들어버리는 것입니다. 요한계시록은 보아야할 것을 보지 못하게 하려고 기록된 책이 아닙니다.

따라서 '사람의 관심'이 아니라 '성경의 관심'에 초점을 맞추어 겸손하게 말씀을 묵상하기만 하면, 우리가 그동안 어려운 책이라고 생각하여 외면해왔던 요한계시록을 통해서 오히려 놀라운 복음의 메시지를 발견할 수 있습니다. 우리도 이 예언의 말씀을 읽고 듣고 지킴으로 얼마든지 복 있는 자가 될 수 있는 것입니다.

교회에 보낸 편지

요한계시록은 계시와 예언 외에도 한 가지 특징을 더 가지고 있습니다. 그것은 바로 '교회에 보낸 편지'라는 사실입니다.

요한은 아시아에 있는 일곱 교회에 편지하노니…(계 1:4a).

유럽 대륙과 아시아 대륙이 만나는 중간지점, 즉 현재의 터키Turkey 일부 지역을 가리켜 소아시아Asia Minor라고 부르기 시작한 것은 주후 4세기경의 일입니다. 신약에 언급되는 아시아Asia는 그 중에서도 에게 해Aegean Sea에 인접한 로마제국의 한 지방a province을 가리킵니다. 이 지방에 일곱 개의 중요한 도시가 있었는데, 에베소Ephesus, 서머나Smyrna, 버가모Pergamos, 두아디라Thyatira, 사데Sardis, 빌라델비아Philadelphia 그리고 라오디게아Laodicea 였습니다(계 1:11). 그곳에 모두 교회가 세워져 있었습니다.

요한계시록은 이와 같이 '아시아 지방'에 있는 '일곱 교회'에 보낸 '편지'입니다. 이 사실은 요한계시록의 메시지를 이해하는 데 아주 중요한 몇 가지 기본적인 단서를 우리에게 제공해줍니다.

우선 사도 요한과 일곱 교회 사이의 친밀한 관계를 충분히 짐작할 수 있습니다. 일면식도 없는 곳에 편지를 보낼 수는 없는 일입니다. 편지를 보낸다고 하더라도 누가 읽겠습니까? 바울 서신은 목회자와 성도의 관계가 전제되어 있는 믿음의 공동체에 보내진 것입니다. 사도 요한도 마찬가지입니다. 목회자로서 그와 밀접한 관계를 유지하고 있었던 교회에 편지를 쓰고 있는 것입니다.

그런데 요한계시록은 '한 교회'가 아니라 '일곱 교회'에 보낸 편지입니다. 바울은 '한 교회'나 '한 사람'에게 편지를 보냈습니다. 물론 그렇다고 해서 한 교회에서만 읽은 것은 아닙니다. 주변에 있는 교회 성도들도 돌려가면서 읽었습니다(골 4:16). 그러나 요한계시록은 처음부터 일곱 교회를 하나의 묶음으로 생각하고 있다는 점에서 바울 서신과 두드러진 차이를 보입니다.

일곱 교회에 보내는 편지의 구체적인 내용은 2장과 3장에 기록되어 있습니다. 교회의 사정에 따라서 각각 다른 권면의 내용이 그 속에 담겨 있습니다. 그러나 이 편지는 일곱 통으로 나누어 보내지 않고 '한 두루마리'(βιβλίον, a scroll)에 기록하여 보냈습니다(계 1:11). 여기에서 우리는 사도 요한의 관심이 어느 한 지역의 교회가 아니라 일곱 교회로 대표되고 있는 지구상의 모든 교회를 향하고 있다는 사실을 알게 됩니다.

사실 주님의 재림과 더불어서 완성되는 하나님 나라는 어느 한 교회에만 전해질 이야기가 아닙니다. 모든 교회가 다 들어야 합니다. 사도 요한이 예수 그리스도로부터 받은 계시와 예언의 말씀은 기독교에 대한 엄청난 핍박과 박해를 견뎌내고 있던 당시의 교회를 향하여 선포되어야 하는 하나님의 메시지였습니다. 그 메시지를 전달하기 위해서 요한은 지금 편지를 쓰고 있는 것입니다.

교회의 상황

이 대목에서 요한계시록이 기록되던 당시 교회의 역사적인 상황에 대해서 조금 더 자세하게 살펴볼 필요가 있습니다. 기독교를 박해한 로마황제하면 사람들은 우선 네로(Nero, A.D. 54~68)를 떠올립니다. 물론 그는 '로마 대화재'의 책임을 기독교에 덮어씌워 수많은 그리스도인들을 학살했습니다. 베드로와 바울도 그에 의해 죽임을 당했습니다. 그러나 비록 네로 황제가 미치광이이기는 했지만, 적어도 자신을 스스로 신격화하지는 않았습니다.

기독교에 대한 가장 혹독한 박해가 일어난 것은 자신을 신으로 선포했던 도미티아누스(Domitianus, A.D. 81~96) 황제 때입니다. 로마제국에서는 황제가 선정善政을 베풀 경우 더러 사후에 신으로 숭배하기도 했습니다. 그들은 그것을 영예로 생각했습니다. 그러나 도미티아누스는 살아생전에 신으로 추앙받기를 원했습니다. 그는 스스로 '주님이요 신Dominus et Deus'이라고 선포하고, 1년에 한 번 이상 자신의 신상에 분향하는 것과 참배하는 것을 로마시민의 의무로 강요했습니다.

버가모교회에 보낸 편지를 보면 '사탄의 권좌the throne of Satan'라는 말이 나옵니다(계 2:13). 이곳이 바로 황제 숭배가 이루어지던 장소를 가리킵니다. 안디바Antipas가 순교한 것도, 황제 숭배를 거부한 때문일 것입니다. 당시 다른 교회의 상황도 이와 크게 다르지 않았습니다. 그들은 신앙을 지키기 위해서 극심한 박해를 견뎌내야 했습니다.

그런데 이때 황제 숭배와 더불어 중요한 정책이 하나 시행되었습니다. 그것은 황제의 신상에 참배하는 의무를 이행한 사람에게만 황제의 공식적인 인장이 찍힌 표를 증명서로 배부한 것입니다. 그리고 이 표를 소지한 사람들에 한해서만 시장에서 물건을 사고 팔 수 있게 했습니다. 만일 이 표를 소지하지 않고 있다가 불시 단속에 걸리는 사람들은 가차없이 처형했다고 합니다.

이와 같은 상황은 요한계시록 13장을 이해하는 데 큰 도움이 됩니다. 거기에 보면 땅에서 올라온 두 번째 짐승이 첫 번째 짐승의 우상에게 경배하지 않는 자를 다 죽입니다(계 13:15). 그리고 그 오른손이나 이마에 표를 받지 않으면 아예 매매를 못하게 합니다(계 13:17). 그 짐승의 이름이 바로 '666'입니다. 도미티아누스 황제의 박해 상황과 아주 흡사하지 않습니까?

물론 그렇다고 해서 사도 요한이 도미티아누스를 주님의 재림 직전에 등장하는 '적敵 그리스도'로 지목하여 말하고 있다는 뜻은 아닙니다. 나중에 이 부분을 묵상하면서 조금 더 자세히 말씀드리겠습니다. 아무튼 도미티아누스 황제 때에 수많은 그리스도인들이 순교를 당했습니다. 바로 이때 사도 요한도 체포되었고, 불행인지 다행인지 밧모Patmos 섬으로 유배 가게 되었던 것입니다.

요한은 그곳의 채석장에서 약 18개월 동안 강제노동을 하며 지냈다고 합니다. 그러던 어느 주일主日에 예배를 드리다가 예수 그리스도의 계시를 받게 된 것이지요(계 1:10). 그런데 밧모섬의 척박한 환경을 생각하면 요한이 그곳에서 곧바로 요한계시록을 기록했다고 보기 어렵습니다. 오히려 도미티아누스 황제가 암살당한 후에 밧모섬에서 가장 가까운 에베소로 다시 돌아와서 기록했다고 보는 것이 훨씬 더 자연스럽습니다.

제가 그렇게 생각하는 이유는 요한계시록이 아시아의 일곱 교회에 보낸 편지라는 사실 때문입니다. 일곱 교회의 중심에는 언제나 에베소교회가 있습니다. 다시 말해서 에베소교회가 그 지역의 모교회母敎會였던 것입니다. 일곱 교회는 에베소로부터 시작하여 라오디게아까지 시계방향으로 한 바퀴 돌면 모두 방문할 수 있는 코스입니다. 그 순서에 따라 일곱 교회의 이름이 차례대로 언급되고 있는 것도 우연의 일치는 아닙니다.

성서학자들은 이곳 에베소에서 다른 요한문서들(요한복음, 요한서신)도 기록되었을 것이라는 주장에 대체적으로 동의합니다. 후에 사도 요한은 에베소에 묻히게 됩니다. 그리고 주후 6세기 비잔틴제국 시대에 그의 무덤이 있던 자리에 사도요한교회BASILICA OF SAINT JOHN가 세워집니다. 이 모두는 에베소교회가 사도 요한의 '선교 센터'였음을 말해주고 있습니다.

교회를 위한 편지

바로 이와 같은 상황에서 요한계시록이 기록되었고, 또한 일곱 교회에 전달되어 읽혀진 것입니다. 그러한 사실은 요한계시록이 극심한 박해 속에서도 믿음을 지켜나가고 있는 교회를 격려하고 위로하는 목적으로 기록되었음을 잘 드러냅니다. 이 메시지는 아시아의 일곱 교회뿐만 아니라 주님의 재림을 기다리는 이 땅의 모든 교회들에게 선포되어야 합니다. 왜냐하면 주님이 재림하시는 마지막 때의 주인공은 바로 '교회'이기 때문입니다.

요한은 편지를 시작하는 인사말에서부터 교회를 향한 자신의 관심, 아니 하나님의 관심을 숨기지 않습니다.

> 4… 이제도 계시고 전에도 계셨고 장차 오실 이와 그의 보좌 앞에 있는 일곱 영과 5또 충성된 증인으로 죽은 자들 가운데에서 먼저 나시고 땅의 임금들의 머리가 되신 예수 그리스도로 말미암아 은혜와 평강이 너희에게 있기를 원하노라(계 1:4b-5a).

본문을 헬라어 원어로 읽어보면 '은혜와 평강'이 가장 앞에 놓여 있고, 그 뒤에 우리말 '말미암아'로 번역된 전치사 '아포'(ἀπό, apo)가 연결되어 있는 구조입니다. '아포'는 본래 '~로부터from'라는 뜻입니다. 이 문장 안에는 모두 세 개의 '아포'가 있습니다. 그러니까 '이제도 계시고… 장차 오실 이'로부터, '그의 보좌 앞에 있는 일곱 영'으로부터 그리고 '충성된 증인으로… 머리가 되신 예수 그리스도'로부터 오는 '은혜와 평강'을 기원하고 있는 것이지요.

많은 분들이 이 말씀을 삼위일체의 교리로 설명하려고 합니다만 저는 그럴 필요가 없다고 생각합니다. 왜냐하면 사도 요한의 관심은 삼위일체 교리를 설명하려는 것이 아니라 믿음의 공동체를 격려하고 위로하는 것이기 때문입니다. 극심한 박해 속에 있는 성도들에게 어떤 말씀이 가장 큰 위로가 될 수 있을까요? 영원히 존재하고 계시는 하나님께서 지금도 그들의 구원을 위해서 일하고 계시다는 확신을 주는 말씀입니다. 그 말씀이 진정한 '은혜와 평강'을 주는 메시지가 될 수 있는 것입니다.

지금도 계시는 하나님

하나님은 어떤 분이십니까? 요한은 말합니다, 그 분은 "지금도 계시고, 전에도 계셨고, 장차 오실 분"이라고 말입니다. 메시지 성경의 표현대로 하자면 'THE GOD WHO IS', 'THE GOD WHO WAS' 그리고 'THE GOD WHO ABOUT TO ARRIVE'입니다.

여기에서 우리가 주목할 것은, 시제가 '현재'와 '과거'와 '미래'의 순서로 되어 있다는 사실입니다. 8절에도 역시 같은 순서로 되어 있습니다. 무슨 뜻입니까? 요한은 현재의 시제를 강조하고 있는 것입니다. 전에 계셨던 하나님이 바로 '지금' 우리와 함께 계시고, 또한 장차 오실 하나님이 바로 '지금' 우리와 함께 계시다는 그런 뜻입니다.

미디안의 압제에서 고통당하던 시절에 여호와의 사자가 기드온에게 나타나 말했습니다. "큰 용사여, 여호와께서 너와 함께 계시도다"(삿 6:12). 그러자 기드온이 반문합니다. "여호와께서 우리와 함께 계시면 어찌하여 이 모든 일이 우리에게 일어났나이까. … 여호와께서 우리를 버리사 미디안의 손에 우리를 넘겨주셨나이다"(삿 6:13). 과거 출애굽 사건의 놀라운 이적이 현재의 고난 앞에서 아무런 빛을 발하지 못하고 있는 상황입니다.

사도 요한 당시의 성도들도 마찬가지였을 것입니다. 극심한 박해는 그들로 하여금 하나님으로부터 버림을 받았다는 느낌을 가지게 했을 것입니다. 게다가 주님의 재림은 계속 지연되고 있는 형편입니다. "과연 주님이 다시 오실 것인가?"에 대한 의구심이 생길 수밖에 없었을 것입니다. 사도 요한은 지금 그들에게 답을 주고 있는 것입니다.

아니, 이것은 사실 사도 요한이 아니라 하나님께서 주시는 답입니다. 요한은 그것을 전달하고 있을 뿐입니다. 8절에 그 말씀이 기록되어 있습니다.

주 하나님이 이르시되 나는 알파와 오메가라. 이제도 있고 전에도 있었고 장차 올 자요 전능한 자라 하시더라(계 1:8).

하나님이 직접 하신 말씀입니다. "나는 알파와 오메가다"는 요한계시록에만 등장하는 아주 독특한 표현입니다. 앞 장에서 묵상한 요한계시록의 결론부에도 이 말씀이 있습니다(계 21:6). 그런데 요한계시록을 시작하는 오늘 본문에서도 역시 똑같은 말씀이 선포되고 있는 것입니다. 그만큼 이 속에 중요한 메시지가 담겨 있다는 뜻입니다.

하나님은 알파(A, α)이십니다. 하나님은 태초에 이 세상을 창조하셨고 모든 일을 시작하셨습니다. 하나님은 이스라엘 백성들을 출애굽시키셨습니다. 하나님은 전에도 계셨던 분입니다. 또한 하나님은 오메가(Ω, ω)이십니다. 하나님은 장차 예수 그리스도의 재림과 더불어 모든 일을 완성하실 것입니다. 하나님은 장차 오실 분이십니다.

그런데 문제는 과거나 미래가 아니라 현재입니다. 알파와 오메가의 중간지대입니다. 믿음의 공동체인 교회가 생존 투쟁을 벌이고 있는 역사의 현실입니다. 순교할 각오를 하고라도 믿음을 지켜야 할 분명한 이유를 제시해주어야 합니다. 그 첫 번째 대답이 바로 "지금도 계시는 하나님"입니다.

그렇습니다. 하나님은 결코 교회의 현실을 방관하지 않으십니다. 성도들의 처참한 현실을 외면하지 않으십니다. 만일 그런 분이었다면 처음부터 독생자를 이 땅에 보내실 생각도 하지 않으셨을 것입니다. 그러나 하나님은 독생자를 대속 제물로 삼으셨습니다. 죽은 자들 가운데서 그를 다시 일으키셨습니다. 그리하여 땅의 임금들의 머리가 되게 하셨습니다 (5절a).

그런 하나님이 '자기 피로 사신 교회'(행 20:28)를 포기하실 리가 없습니다. 그리스도의 몸을 이루고 있는 지체들이 박해를 받고 있는 현실을 외면하실 리가 없습니다. 하나님은 지금도 교회의 구원을 위해서 일하고 계십니다. 그 메시지를 전하라고 하나님께서 요한에게 계시를 보여주신 것입니다.

나라로 만드시는 하나님

그렇다면 하나님은 지금 어떤 일을 하고 계시는 것일까요?

5… 우리를 사랑하사 그의 피로 우리 죄에서 우리를 해방하시고 6그의 아버지 하나님을 위하여 우리를 **나라와 제사장으로 삼으신** 그에게 영광과 능력이 세세토록 있기를 원하노라. 아멘(계 1:5b-6).

이 부분도 헬라어 원어로 읽어보면 제일 앞에 '그에게'(Τῷ, To the One)가 있고, 그 뒤에 세 개의 관계대명사(who) 절이 연결되어 있는 구조입니다. 즉 '우리를 사랑하신'(who loves us)과 '우리를 해방하신'(who has freed us) 그리고 '우리를 나라와 제사장으로 삼으신'(who has made us)이 '그에게'를 수식하고 있는 것이지요.

여기에서 '그'는 바로 앞에서 언급된 '예수 그리스도'(5a)를 가리킵니다. 그러니까 하나님께서 예수 그리스도를 통해서 하시는 일들을 조금 더 자세하게 설명하고 있는 것입니다. 하나님은 우리를 사랑하셨습니다. 그래서 이 세상에 독생자를 보내셨습니다(요 3:16). 그리고 예수 그리스도의 피로 우리를 죄에서 해방하셨습니다.

우리 그리스도인들은 하나님이 보내주신 독생자를 영접했습니다. 그 믿음으로 말미암아 구원받은 자들이 된 것입니다. 교회는 그 믿음을 가진 사람들이 모인 공동체입니다. 이것은 기독교 신앙의 아주 기초적인 확신입니다. 그 다음 말씀이 중요합니다. "우리를 나라와 제사장으로 삼으신…."

우리말 '삼으신'에 해당되는 헬라어는 '포이에오'(ποιέω, poieō) 동사인데, 영어로는 '만들다make' 또는 '건설하다construct'로 번역되는 말입니다. 그리고 시제는 현재완료형입니다. 직역하면 "우리를 나라와 제사장으로 지금까지 만들어 오셨다"(He has made us to be a kingdom and priests... _NIV)가 됩니다. 아직 완성된 것은 아니지만, 앞으로도 계속해서 "만들어 가실 것이다"라는 의미가 이 속에 담겨 있습니다.

자, 그런데 우리를 무엇으로 만드신다는 것입니까? '나라'로 만들어 가고 계십니다. '나라'는 헬라어로 '바실레이아'(βασιλεία, basileia)입니다. 마태복음은 이것을 '바실레이아 톤 우라논'(βασιλεία τῶν οὐρανῶν) 즉 '천국天國'이라고 표현하고, 나머지 복음서는 '바실레이아 투 데우'(βασιλεία τοῦ θεοῦ) 즉 '하나님의 나라神國'라고 표현합니다. 이를 그냥 단순하게 '바실레이아'라고 부르기도 합니다.

우리는 흔히 천국에 '간다'고 말합니다. 왜냐하면 천국은 우리가 죽어서 가는 '장소'라고 생각하기 때문입니다. 그러나 주님은 '나라가 임하기를' 위해서 기도하라고 가르치셨습니다(마 6:10). 이때의 '나라'는 '천국天國'보다 '신국神國'이 더 잘 어울립니다. 자, 그렇다면 "나라로 만들어가신다"는 말씀은 무슨 뜻일까요? "하나님의 나라에 잘 어울리는 사람으로 빚어 가신다"는 뜻입니다.

앞 장에서 요한계시록을 종교적인 가십gossip거리로 만드는 사람들의 빗나간 호기심에 대해서 언급했습니다. '내가 본 천국'이 바로 그 대표적인 예라고 했습니다. 그들이 묘사하는 천국을 보면 얼마나 화려하고 아름다운지 모릅니다. 실제로 요한계시록에서도 그 비슷한 이야기가 기록되어 있습니다. 하늘에서 내려오는 '거룩한 성 새예루살렘'을 설명하는 부분입니다.

19그 성의 성곽의 기초석은 각색 보석으로 꾸몄는데 첫째 기초석은 벽옥이요 둘째는 남보석이요 셋째는 옥수요 넷째는 녹보석이요 20다섯째는 홍마노요… 열두째는 자수정이라. 21그 열두 문은 열두 진주니 각 문마다 한 개의 진주로 되어 있고 성의 길은 맑은 유리 같은 정금이더라(계 21:19-21).

성곽의 돌들이 모두 각색 보석입니다. 열두 개의 문도 각각 한 개의 진주로 되어 있습니다. 그리고 길에는 정금이 깔려 있다고 합니다. 그렇다면 이른바 "천국에 다녀왔다"고 주장하는 사람들의 증언과 사도 요한의 증언이 뭐가 다릅니까? 결정적인 차이가 있습니다. 사도 요한이 보고 있는 것은 '장소'가 아닙니다.

9일곱 대접을 가지고 마지막 일곱 재앙을 담은 일곱 천사 중 하나가 나아와서 내게 말하여 이르되 이리 오라. 내가 신부 곧 어린 양의 아내를 네게 보이리라 하고 10성령으로 나를 데리고 크고 높은 산으로 올라가 하나님께로부터 하늘에서 내려오는 **거룩한 성 예루살렘을 보이니**…(계 21:9-10).

하늘에서 내려오는 '거룩한 성 예루살렘'은 어린 양이신 예수 그리스
도의 '신부'입니다. 앞으로 차근차근 설명할 기회가 있겠지만 '어린 양의
신부'는 '교회'를 가리킵니다(계 19:7-8). 그러니까 마지막 때 주님의 재림
하시는 날에 교회가 얼마나 아름답고 완벽하게 준비될 것인지를 지금 환
상으로 보여주고 계시는 것입니다. 새예루살렘이 교회라면, 거기에 있는
보석들은 누구를 가리키는 것일까요? 그렇습니다. 믿음의 공동체를 구
성하고 있는 성도들입니다!

바로 그 이야기를 사도 요한은 인사말에서부터 언급하고 있는 것입
니다. 하나님께서 지금 무슨 일을 하고 계십니까? 우리를 '바실레이아'
즉 하나님 나라로 만들어가고 계십니다. 거룩한 성 새예루살렘으로 만들
어가고 계십니다. 그 나라에 잘 어울리는 사람으로 빚어가고 계십니다.
현재 교회가 직면하고 있는 박해의 상황도 하나님이 행하시는 일을 결코
방해할 수 없습니다.

그런데 어떤 사람이 그 나라에 가장 잘 어울릴까요? 바로 제사장입니
다. 하나님께서 구약시대에 애굽의 압제에서 이스라엘을 해방시켜 선택
하신 이유도 바로 '제사장 나라'로 세우기 위해서였습니다(창 19:5). 하나
님께서 신약시대의 교회를 통해서 만들어가시는 하나님의 나라도 바로
제사장 나라입니다. 베드로는 이를 '왕 같은 제사장들'(벧전 2:9)이라고 표
현합니다.

하나님께서 예수 그리스도를 통하여 지금도 그 일을 이루어가고 계
시는 중이라는 것입니다. "나라로 만들어가시는 하나님"이 두 번째 대답
입니다.

그를 찌른 자들

그렇다면 그 나라가 언제 완성될까요?
주님이 재림하실 때에 완성됩니다.

볼지어다. 그가 구름을 타고 오시리라. *각 사람의 눈이 그를 보겠고 그를 찌른 자들도 볼 것이요* 땅에 있는 모든 족속이 그로 말미암아 애곡하리니 그러하리라. 아멘(계 1:7).

앞 장에서 이 말씀을 언급하면서 요한계시록은 주님의 재림에 대한 '계시'라고 했습니다. 어떤 사람들이 잘못 생각하는 것처럼, 주님의 재림은 비밀스럽게 일어나는 사건이 아닙니다. '각 사람의 눈every eye' 즉 모든 사람들이 직접 목격하는 사건입니다. 심지어 죽었던 자들도 결코 이 일에 예외가 될 수 없습니다(살전 4:15).

그런데 여기에서 요한이 특별히 강조하고 있는 것은 "그를 찌른 자들도 볼 것"이라는 말씀입니다. 물론 예수님을 십자가에 못 박은 사람들을 가리키는 말입니다. 그러나 동시에 그리스도인들을 박해하는 사람들도 여기에 포함되어 있습니다. 왜냐하면 '그리스도인을 박해하는 자들'은 곧 '예수를 박해하는 자들'이기 때문입니다(행 9:5). 그들이 주의 재림을 목격할 때에 과연 어떻게 될까요?

요한계시록의 관심은 처음부터 끝까지 '교회'에 집중하고 있습니다. 요한계시록은 극심한 박해 속에 있던 믿음의 공동체를 위로하고 격려하기 위해서 기록된 편지입니다. 하나님은 지금도 우리와 함께 계십니다. 우리를 '바실레이아'로 빚어가고 계십니다. 주님이 재림하실 때에 그 나라가 완성될 것입니다. 그때까지 우리 모두 '이기는 자'로 남게 되기를 간절히 소망합니다.

교회를 향한 계시

〈계 1:9-3:22〉

요한이 본 예수 그리스도 환상

계 1:9-20

요한계시록은 계시와 예언 그리고 교회에 보낸 편지라고 했습니다. 앞 장에서 우리는 사도 요한 당시의 교회가 처한 역사적인 상황을 살펴보면서, 도미티아누스 황제로 인한 기독교 박해가 얼마나 가혹했는지 알게 되었습니다. 그리고 요한계시록은 그 박해를 온몸으로 견뎌내고 있던 성도들의 신앙적인 질문에 답을 주고 있다는 사실도 알게 되었습니다.

요한이 전하는 메시지는 "지금도 계시는 하나님"과 "나라(바실레이아)로 만드시는 하나님"입니다. 하나님은 믿음의 공동체가 겪고 있는 현실을 외면하지 않으십니다. 오히려 교회의 구원을 위해서 지금도 일하고 계십니다. 그들을 하나님의 나라로 만들어 가고 계십니다. 그리하여 주님이 재림하실 때 교회는 어린 양의 신부로서 완성될 것입니다. 알파와 오메가가 되시는 하나님이 다 이루십니다!

프롤로그에서 밝힌 것처럼, 요한계시록은 "하나님 나라의 완성 교향곡"(The Final Complete Symphony of God's Kingdom)입니다. 지금까지 묵상해온 말씀이 바로 전주Prelude에 해당되는 부분입니다. 비록 짧은 구절이지만 앞으로 전개될 요한계시록의 주제가 이 속에 분명히 드러납니다. '교회'를 향한 하나님의 관심으로 요한계시록을 계속 묵상하게 된다면 훨씬 더 쉽게 그 메시지에 다가갈 수 있을 것입니다.

이제 본격적으로 요한계시록의 본론에 들어가겠습니다. 본론은 모두 4악장으로 구성되어 있습니다. 그 중에서 1악장(계 1:9-3:22)의 주제는 "교회를 향한 계시"입니다. 아시아의 일곱 교회에 주신 말씀의 구체적인 내용들이 여기에 포함되어 있습니다.

환난과 나라와 참음

우선 사도 요한이 주님으로부터 예언의 말씀을 받는 장면을 살펴보겠습니다. 사도 요한은 자신이 밧모섬에서 유배생활을 하게 된 이유를 다음과 같이 증언합니다.

> 나 요한은 너희 형제요 예수의 환난과 나라와 참음에 동참하는 자라. 하나님의 말씀과 예수를 증언하였음으로 말미암아 밧모라 하는 섬에 있었더니…(계 1:9).

도미티아누스(Domitianus, A.D. 81~96) 황제의 기독교 박해가 본격적으로 실행된 것은 그의 통치 말년이었습니다. 따라서 사도 요한이 체포되어 밧모섬에서 강제노동을 하게 된 시기는 주후 95년경으로 추정됩니다. 그는 열두 제자 중에 가장 나이가 어렸지요. 그러나 아무리 어렸다고 해도 제자로 부름을 받았을 때 적어도 20세는 되었을 것입니다. 그렇다면 밧모섬에 들어올 때에는 90세가 넘었다는 이야기가 됩니다. 그 다음 해에 도미티아누스가 암살되어 다행스럽게 풀려날 수 있었지만, 노년에 채석장의 중노동을 감당해내기는 결코 쉽지 않았을 것입니다.

흔히 사도들 중에 유일하게 순교하지 않은 사람으로 요한을 거론하기도 합니다만, 그는 하나님의 말씀과 예수를 증언하다가 모진 박해를 받았습니다. 어쩌면 순교하는 것이 고통을 덜 받는 길인지도 모릅니다. 그런데 하나님께서 마지막까지 그를 살려두신 것은 그가 감당해야 할 사명이 있었기 때문입니다. 그 중의 하나가 바로 '요한계시록'을 기록하는 것이었습니다.

여기에서 우리가 주목해야 할 말씀은 "예수의 환난과 나라와 참음에 동참하는 자"라는 표현입니다. 이것이 바로 '그리스도인'에 대한 사도 요한의 정의입니다. 헬라어에는 '예수의of Jesus'가 아니라 '예수 안에서'(ἐν Ἰησοῦ, in Jesus)로 되어 있습니다. 그래서 NIV 성경은 "companion in the suffering and kingdom and patient endurance that are ours in Jesus"라고 번역합니다.

아무튼 요한은 그냥 예수 안에서 '환난을 참아낸다'고 하지 않고, '환난'과 '나라'와 '참음'에 동참한다고 말합니다. 마치 샌드위치처럼 환난과 참음 사이에 나라가 놓여 있는 모양입니다. 그리스도인의 정체성을 설명하는 데 이보다 더 좋은 조합은 없을 것입니다.

그리스도인은 누구입니까? 예수 안에서 환난the suffering을 견뎌내는 사람입니다. 믿음은 반드시 시련을 전제하고 있습니다. 바울은 갈라디아교회 성도들에게 "우리가 하나님의 나라에 들어가려면 많은 환난을 겪어야 할 것이라"(행 14:22)고 말합니다. 베드로는 "너희가 이제 여러 가지 시험으로 말미암아 잠깐 근심하게 되지 않을 수 없으나 오히려 크게 기뻐한다"(벧전 1:6)고 합니다. 야고보는 "여러 가지 시험을 당하거든 온전히 기쁘게 여기라"(약 1:2)고 합니다.

그렇습니다. 그리스도인은 예수를 믿는다는 사실로 인해 시험을 당하고 박해를 받아야 합니다. 그러나 그리스도인은 '참음patient endurance'의 사람입니다. 예수 안에서 잘 견뎌내는 사람입니다. 바울은 "환난은 인내를, 인내는 연단을, 연단은 소망을 이룬다"(롬 5:3-4)고 말합니다. 베드로는 "믿음에 덕을, 덕에 지식을, 지식에 절제를, 절제에 인내를 더하라"(벧후 1:5-6)고 권면합니다. 야고보는 "믿음의 시련이 인내를 만들어낸다"(약 1:3)고 합니다.

'믿음'이 무엇입니까? 믿음은 참아내는 것입니다. 진정한 믿음은 '참음'으로 증명됩니다. 참아내지 못하는 사람들은 도중에 포기하고 믿음의 길에서 떠나가게 되어 있습니다. 그런데 무작정 참으라고 해서 참아낼 수 있는 것은 아니지요. '참음'에는 분명한 목적이 있어야 합니다. 그 목적이 바로 '나라'(kingdom, 바실레이아)입니다. 환난을 참아내는 가운데 '하나님의 나라'가 만들어집니다. 지금 하나님께서 그 일을 이루고 계십니다.

이와 같은 그리스도인의 정체성은 사도 요한과 일곱 교회의 성도들을 연결해주는 '고리'일 뿐만 아니라, 앞으로 전개될 요한계시록의 '예고'이기도 합니다. 교회와 성도는 환난과 참음 사이에서 존재합니다. 환난이 있지만 그것을 참아내는 것이 믿음입니다. 그러는 가운데 우리는 점점 '하나님의 나라'로 빚어져서, 마침내 어린 양의 '신부'가 되어 주님의 재림을 맞이하게 되는 것입니다.

인자 같은 이

계속해서 요한은 이 모든 계시의 출발점이 되었던 예수 그리스도에 대한 환상을 증언합니다.

10**주의 날**에 내가 성령에 감동되어 내 뒤에서 **나는 나팔** 소리 같은 큰 음성을 들으니 11이르되 **네가 보는** 것을 두루마리에 써서 에베소, 서머나, 버가모, 두아디라,

사데, 빌라델비아, 라오디게아 등 일곱 교회에 보내라 하시기로…(계 1:10-11).

여기에서 '주의 날'(τῇ κυριακῇ ἡμέρᾳ, The Lord's Day)은 '주일主日'을 의미합니다. 바울도 '주의 날'(ἡ ἡμέρα τοῦ Κυρίου, the day of the Lord)을 언급하지만(살전 5:2; 살후 2:2), 그것은 '주님이 재림하시는 날'을 가리킵니다. 그러니까 사도 요한은 지금 주님이 재림하시는 날에 대한 환상이 아니라, 어느 '주일'에 본 환상을 이야기하고 있는 것입니다.

사도 요한은 밧모섬에서 같이 유배생활을 하던 다른 그리스도인들과 함께 주일예배를 드리고 있었는지도 모릅니다. 이때 요한은 "성령에 감동되었다"고 합니다. 헬라어 원어를 영어로 직역하면 "I was in the Spirit"이 됩니다. "나는 성령 안에 있었다." 메시지 성경은 "나는 성령 안에서 기도하고 있었습니다"(I was in the Spirit, praying)라고 덧붙입니다.

아무튼 그러던 중에 요한은 갑작스럽게 나팔 소리 같은 '큰 음성a loud voice'을 듣게 됩니다. 그 음성의 내용은 이제부터 '네가 보는 것'을 두루마리에 써서 아시아의 일곱 교회에 보내라는 명령이었습니다. 자, 이제 요한이 보게 되는 것은 과연 무엇일까요?

12몸을 돌이켜 나에게 말한 음성을 알아보려고 돌이킬 때에 일곱 금 촛대를 보았는데 13촛대 사이에 인자 같은 이가 발에 끌리는 옷을 입고 가슴에 금띠를 띠고… (계 1:12-13).

요한은 자신에게 말씀하시는 음성의 주인공이 누구인지 알아보려고 몸을 돌이켰습니다. 그랬더니 '일곱 금 촛대'가 보였습니다. 그러나 금 촛대가 말을 할 리는 없지요. 자세히 살펴보았더니 촛대 사이로 '인자 같은 이'(someone like a son of man)가 보이는 것입니다.

예수님은 공생애 기간 동안 자신을 가리켜서 '인자人子'라고 부르기를 좋아했습니다(마 16:13; 막 9:9; 눅 21:27; 요 3:14). 요한은 그것을 잘 알고 있었습니다. 따라서 '인자 같은 이'를 '주님 같은 분'이라고 바꾸어도 괜찮을 것입니다. 요한은 자신에게 '큰 음성'으로 말씀하셨던 분이 바로 예수님이시라는 사실을 직감적으로 깨달았습니다. 그러나 아직은 조심스럽게 '인자 같은 이'라고 표현하고 있는 것이지요.

그런데 주님은 '발에 끌리는 긴 옷'을 입고 가슴에 '금띠'를 띠고 계셨습니다. 이는 제사장이 입던 에봇Ephod을 연상하게 합니다(출 28:31). 바로 이 대목에서 우리는 앞에서 언급된 '일곱 금 촛대'와 모세가 성소에 두었던 '등잔대'가 아주 비슷하다는 사실을 떠올리게 됩니다(출 37:18). 그래서 메시지 성경은 아예 '일곱 가지가 달린 금 촛대'(a gold menorah with seven branches)로 번역합니다.

에봇을 입은 주님과 일곱 금 촛대…. 여기에서 우리는 제사장의 책무를 다시 상기하게 됩니다. 제사장이 해야 할 가장 중요한 일 중의 하나는 '저녁부터 아침까지' 등잔불이 꺼지지 않도록 정리하는 것이었습니다(레 24:3). 어린 사무엘은 성소에서 쪽잠을 자면서 엘리 제사장이 해야 할 일을 대신 했습니다(삼상 3:3). 그러니까 지금 요한은 주님께서 '일곱 금 촛대'가 꺼지지 않도록 돌보고 계시는 장면을 목격하고 있는 것입니다.

계속해서 요한은 주님의 모습을 다음과 같이 묘사합니다.

14그의 머리와 털의 희기가 흰 양털 같고 눈 같으며 그의 눈은 불꽃 같고 15그의 발은 풀무불에 단련한 빛난 주석 같고 그의 음성은 많은 물소리와 같으며 16그의 오른손에 일곱 별이 있고 그의 입에서 좌우에 날선 검이 나오고 그 얼굴은 해가 힘 있게 비치는 것 같더라(계 1:14-16).

주님의 모습은 감히 인간의 말로 다 표현할 수 없을 만큼 영광스러운 것이었습니다. 그래서 요한은 거듭해서 '같다'는 말을 반복하고 있는 것입니다. 머리는 '흰 양털 같고', 눈은 '불꽃 같고', 발은 빛난 '주석 같고', 음성은 '많은 물소리 같고', 얼굴은 '해가 비치는 것 같고' 하는 식으로 말입니다. 그렇게 밖에 달리 표현할 길이 없었던 것이지요.

사도 요한이 지금 목격하고 있는 주님의 모습은 십자가에 달려 죽으실 때의 그런 연약한 인간적인 모습이 아닙니다. '하늘과 땅의 모든 권세'를 가지신 분의 모습입니다(마 28:18). 장차 이 세상에 심판주로 오실 엄위하고 영광스러운 모습입니다. 그런 주님께서 지금 무얼 하고 계십니까? 일곱 금 촛대가 꺼지지 않도록 돌보고 계십니다. 자, 이게 무슨 뜻일까요?

사망과 음부의 열쇠

요한은 자신이 목격하고 있는 장면이 무슨 의미인지 생각할 겨를도 없이, 지극히 영광스러운 주님의 모습에 압도되어 그만 정신을 잃고 쓰러지고 맙니다.

> 17내가 볼 때에 그의 발 앞에 엎드러져 죽은 자 같이 되매 그가 오른손을 내게 얹고 이르시되 두려워하지 말라. 나는 처음이요 마지막이니 18곧 살아 있는 자라. 내가 전에 죽었었노라. 볼지어다. 이제 세세토록 살아 있어 사망과 음부의 열쇠를 가졌노니…(계 1:17-18).

요한은 "죽은 자 같이 되었다"고 합니다. 이는 하나님의 영광 앞에 섰을 때 인간이 보일 수밖에 없는 자연스러운 반응입니다. 모세가 "주의 영광을 내게 보이소서"(출 33:18)라고 요구했을 때, 하나님은 "네가 내 얼굴을 보지 못하리니 나를 보고 살 자가 없음이니라"(출 33:20)고 대답하셨지요. 하나님과 직접 대면하여 살아남을 사람이 없습니다. 요한도 마찬가지였던 것입니다.

요한의 몸은 죽은 자 같이 되었지만 의식은 깨어 있었습니다. 그래서 주님이 하시는 말씀을 들을 수 있었습니다. 주님은 요한에게 "두려워하지 말라"고 하시면서 "나는 처음이요 마지막이니 곧 살아 있는 자라"고 말씀하십니다. 이는 앞에서 우리가 묵상한 8절 말씀의 또 다른 반복입니다.

> 나는 알파와 오메가라. 이제도 있고 전에도 있었고 장차 올 자요 전능한 자라(계 1:8).

알파는 처음입니다. 그리고 오메가는 마지막입니다. 하나님은 전에도 있었고, 장차 오실 분입니다. 그러나 중요한 것은 과거나 미래가 아니라 현재라고 했습니다. "지금도 계시는 하나님"입니다. 오늘 본문의 표현처럼 "살아 있는 자"입니다. 그보다 더 중요한 것은 "무얼 하고 계시는가?"입니다. 주님은 요한에게 말씀하십니다. "이제 세세토록 살아 있어 사망과 음부의 열쇠를 가졌노라."

이 부분을 메시지 성경은 다음과 같이 풀이합니다.

> 나는 죽었으나 살아났고, 이제 나의 생명은 영원하다. 내 손에 있는 이 열쇠들이 보이느냐? 이것은 죽음의 문들을 열고 잠그며, 지옥의 문들을 열고 잠그는 열쇠들이다(계 1:18, 메시지).

무슨 뜻입니까? 주님은 죽음의 권세를 이기고 부활하셨습니다. 그리하여 죽음과 지옥의 문들을 주님이 직접 통제하고 계신다는 것입니다. 이것이 구체적으로 무엇을 의미하는지 지금으로서는 다 알 수 없지만, 한 가지는 분명합니다. 만일 주님께서 사망과 음부의 열쇠를 가지고 계시다면, 우리 그리스도인들에게는 결코 불리하지 않을 것이라는 사실입니다. 주님은 어떤 경우에도 우리 편이기 때문입니다.

요한이 기록해야 할 것

요한은 일곱 금 촛대를 돌보고 계시는 주님의 영광스러운 모습을 목격했습니다. 또한 살아계신 주님께서 사망과 음부의 열쇠를 가지고 계신다는 말씀도 들었습니다. 그러나 그것이 정확하게 무엇을 의미하는지 요한으로서는 알 길이 없었습니다. 그것이 혹독한 박해를 견뎌내고 있는 교회를 향한 주님의 위로와 격려의 메시지라는 사실을 아직 깨닫지 못하고 있습니다.

요한이 자신이 본 일의 의미를 파악하지 못하고 있다는 것을 아시고, 주님은 이렇게 말씀하십니다.

그러므로 네가 본 것과 지금 있는 일과 장차 될 일을 기록하라(계 1:19).

주님은 요한에게 세 가지 일을 기록하라고 하셨습니다. '네가 본 일'(the things that you have seen)과 '지금 있는 일'(the things that are now happening) 그리고 '장차 될 일'(the things that will happen)이 그것입니다. 이 세 가지가 요한계시록을 구성하고 있는 주요 내용입니다.

첫 번째는 '요한이 본 일'입니다. 요한계시록에는 사도 요한이 본 여러 환상들이 기록되어 있습니다. 오늘 우리가 살펴본 것도 그 중의 하나입니다. 그것을 가감 없이 있는 그대로 기록해야 한다는 명령입니다. 비록 인간의 언어로 그 모든 것을 충분히 묘사할 수 없다고 하더라도 말입니다.

두 번째는 '지금 있는 일'입니다. 이는 현재의 역사적인 상황을 기록하라는 뜻이 아닙니다. 주님께서 보여주신 환상이 요한 당시의 교회에 과연 어떤 의미로 적용되어야 하는지를 기록하라는 뜻입니다. 문제는 보여주어도 깨닫지 못하는 인간의 어리석음입니다. 그래서 주님이 직접 '예언의 말씀'으로 풀어서 설명해주실 것입니다. 요한의 할 일은 그것을 기록하는 것입니다.

세 번째는 '장차 될 일'입니다. 우리말 '장차'에 해당되는 헬라어 '메타 타우타'(μετὰ ταῦτα, meta tauta)를 영어로 직역하면 'after these'가 됩니다. 여기에서 'these'는 바로 앞의 '지금 있는 일'을 가리킵니다. 그러니까 요한계시록은 혹독한 박해를 견뎌내고 있는 교회를 향한 위로의 말씀이 전부가 아니라는 겁니다. 주님의 재림과 더불어 완성될 마지막 때의 일이 있습니다.

물론 아무리 '장차 될 일'이라고 하더라도 '교회'와 전혀 상관없는 뜬구름 잡는 이야기는 결코 아닙니다. 하나님의 주된 관심은 믿음의 공동체인 교회를 하나님의 나라로 만들어 가시는 것이기 때문입니다.

그러나 요한계시록을 단지 인간이 역사적으로 경험하는 사건으로만 풀려고 해서도 안 됩니다. 예를 들어서 도미티아누스 황제나 히틀러를 '666'으로 해석하는 식입니다. '장차 될 일'은 역사의 종말에 관한 이야기입니다. 역사를 넘어서는 이야기입니다. 요한이 할 일은 하나님이 마침내 어떤 일을 이루어가실지를 기록하는 것입니다.

일곱 별의 비밀

오늘 본문에서 요한이 첫 번째로 본 일은 '장차 될 일'이 아니라 '지금 있는 일'이었습니다. 다시 말해서 당시의 교회를 향한 주님의 메시지입니다. 주님은 그것을 다음과 같이 직접 풀어주십니다.

네가 본 것은 내 오른손의 일곱 별의 비밀과 또 일곱 금 촛대라. 일곱 별은 일곱 교회의 사자요 일곱 촛대는 일곱 교회니라(계 1:20).

'비밀'에 해당되는 헬라어는 '무스테리온'(μυστήριον, musterion)입니다. 영어 'mystery미스터리'라는 말이 여기에서 나왔습니다. 'secret'은 결코 알려져서는 안 되는 비밀입니다. 그러나 mystery는 계시revelation를 통해서 알려지는 비밀입니다. 그냥 무심코 보면 그 의미를 알 수 없습니다. 그렇지만 하나님이 드러내시면reveal 알 수 있게 됩니다.

자, 그렇다면 요한이 보았던 환상의 의미는 무엇일까요? 뒷부분부터 보겠습니다. '일곱 촛대'는 '일곱 교회'라고 말씀하십니다. 물론 일곱 교회는 아시아 지방에 있는 교회들을 의미합니다(11절). 요한은 제사장의 에봇을 입고 일곱 금 촛대를 돌보고 계시는 예수님의 모습을 보았습니다. 무슨 뜻입니까?

지금 주님께서 그렇게 일곱 교회를 돌보고 계신다는 뜻입니다. 도미티아누스 황제의 박해로 인해서 풍전등화와 같은 위기 상황에 놓여 있지만, 아무리 그래도 일곱 교회의 불은 절대로 꺼지지 않을 것입니다. 왜냐하면 주님께서 불이 꺼지지 않도록 세심하게 돌보고 계시기 때문입니다.

그리고 주님이 오른손으로 잡고 계시는 '일곱 별seven stars'은 '일곱 교회의 사자'라고 말씀하십니다. 여기에서 '사자'는 헬라어로 '앙겔로스'(ἄγγελος, aggelos)라고 하는데, '천사an angel'라는 뜻도 있고 '메신저a messenger'라는 뜻도 있습니다. 사자使者는 후자의 의미로 번역한 것입니다.

그러니까 '일곱 별'은 일곱 교회를 보호하고 지도하기 위해서 주님이 보내신 '영적인 지도자spiritual leaders'를 상징합니다. 실제로 사자는 일곱 교회에 보낸 편지를 받는 '수신인'으로 등장합니다(계 2:1, 8, 12). 여기에서 중요한 것은 그 일곱 별을 주님이 오른손으로 잡고 계신다는 말씀입니다. 이 또한 주님이 친히 일곱 교회를 보호하며 지도하신다는 의미입니다.

혹독한 박해로 인해서 아시아의 일곱 교회마다 순교를 당하는 성도들이 생기고 있지만, 그들은 기억해야 합니다. 사망과 음부의 열쇠를 가지고 계시는 분이 바로 주님이시라는 사실을…. 단지 예수님을 믿는다는 이유로 억울하게 죽임을 당했다고 끝이 아닙니다. 주님이 살리려고 하신다면 얼마든지 다시 살아날 수 있습니다. 주님은 교회와 성도들을 박해하는 자들을 언제라도 지옥에 던져 넣으실 분입니다.

지금까지 묵상해온 말씀을 통해서 우리는 아시아의 일곱 교회를 향한 다음과 같은 주님의 메시지를 발견할 수 있습니다.

"그러니 아시아의 일곱 교회 성도 여러분, 환난과 박해를 두려워하지 마십시오. 담대하십시오. 마지막까지 인내하며 믿음의 길에서 떠나지 마십시오. 여러분은 비록 '환난'과 '참음' 사이에 샌드위치처럼 끼어있는 형편이지만, 하나님은 지금 여러분을 하나님 나라로 만들어가고 계시는 중입니다. 어린양의 신부로 다듬어가고 계십니다. 일곱 별을 손에 잡고 계신 주님께서 일곱 촛대의 불이 꺼지지 않도록 지금도 일하고 계십니다!"

이 메시지는 주님의 재림을 기다리며 여러 가지 환난 속에서도 믿음을 지켜나가고 있는 이 세상의 모든 교회와 성도들을 향하여 들려주시는 하나님의 음성입니다. 다음 장에서부터 우리는 일곱 교회에 주시는 말씀들을 하나씩 묵상하게 될 것입니다. 각 교회의 형편에 따라서 때로는 격려의 말씀도 하시고, 때로는 염려의 말씀도 하실 것입니다. 그러나 결론은 항상 똑같습니다. "이기는 자가 되라!"

요한계시록은 최후의 승자가 되도록 우리를 초대하십니다. 우리 모두 그 초대에 믿음으로 응답할 수 있기를 간절히 소망합니다.

에베소교회에 주시는 말씀

계 2:1-7

이제 아시아 지방의 일곱 교회에 주신 말씀들을 하나씩 묵상해나가 겠습니다. 진도를 나가기 전에 먼저 요한계시록에 등장하는 '일곱'이라는 수에 대해서 생각해볼 필요가 있습니다.

요한계시록과 수 '일곱'

요한계시록은 '일곱'이라는 수를 무척 좋아합니다. '일곱 교회'를 비롯 해서 보좌 앞에 있는 '일곱 영'(1:4), '일곱 금 촛대'(1:12) 그리고 '일곱 별'(1:16)까지 모두 '일곱'이라는 수로 되어 있습니다. 앞으로 살펴보겠지 만, '일곱 봉인'(6:1)과 '일곱 나팔'(8:2)과 '일곱 대접'(15:7)의 환상이 계속 이어집니다. 요한계시록은 왜 이렇게 '일곱'이라는 수에 집착하는 것처럼 보일까요?

왜냐하면 성경에서 '일곱'은 '완성completion'을 의미하기 때문입니다. 하 나님이 천지창조를 완성하신 것도 일곱째 날이었습니다(창 2:1). 그래서 유월절도 일곱째 날에 지키게 되어 있습니다(출 13:6). 여리고 성을 정복할 때에도 제사장 일곱이 양각 나팔 일곱을 잡고 매일 한 번씩 7일 동안 돌았습니다(수 6:8). 요한계시록은 역사의 종말과 하나님 나라의 완성에 관한 계시입니다. 그렇기 때문에 '일곱'이라는 수를 의도적으로 사용하고 있는 것입니다.

자 그렇다면, 왜 '일곱 교회'일까요? 아시아 지방에 단지 일곱 교회만 있었기 때문일까요? 아닙니다. 라오디게아교회 인근에 히에라볼리교회와 골로새교회도 있었습니다(골 4:13, 16). 바울 시대에 이미 아시아 지방 곳곳에 복음이 전해졌고 그곳에 많은 교회들이 세워졌습니다(행 19:10). 물론 일곱 교회가 중심적인 역할을 했을 수도 있고, 사도 요한과 특별한 관계를 가지고 있었을 수도 있습니다. 그러나 요한계시록이 언급하고 있는 '일곱 교회'는 사실상 '모든 교회'를 의미합니다.

이와 같은 요한계시록의 의도는 일곱 교회에 보내는 편지의 결론부에 반복적으로 확인되고 있습니다.

귀 있는 자는 성령이 교회들에게 하시는 말씀을 들을지어다…(계 2:7).

어느 한 교회의 예외도 없이 반드시 이 말씀으로 마칩니다. 요한계시록은 성령이 모든 교회들에게 하시는 말씀입니다. 에베소교회에 보냈다고 해서 그 교회에만 해당되는 말씀이 아니라는 겁니다. 앞에서 이미 언급한 것처럼, 요한계시록은 '일곱 통'으로 나누어 보내지 않고 '한 두루마리'(βιβλίον, a scroll)에 기록하여 보낸 편지입니다(계 1:11). 따라서 일곱 교회에 보냈다고 해서 그 교회들만 읽어야 하는 내용이 아닙니다. 지구상에 존재하는 모든 교회에게 성령님이 하시는 말씀입니다. 그렇기 때문에 우리도 이 예언의 말씀을 잘 읽고 듣고 또한 지켜야 하는 것입니다.

아시아 지방 모교회

에베소Ephesus교회에 보낸 편지는 다음과 같이 시작됩니다.

에베소교회의 사자에게 편지하라. 오른손에 있는 일곱 별을 붙잡고 일곱 금 촛대 사이를 거니시는 이가 이르시되…(계 2:1).

이 편지의 수신자는 에베소교회의 '사자使者'입니다. 이 사자는 교회를 보호하고 지도하기 위해서 주님이 보내신 영적인 지도자spiritual leader를 의미한다고 했습니다(계 1:20). 이 대목에서 우리는 에베소교회를 섬겨왔던 중요한 목회자들을 한번 살펴볼 필요가 있습니다.

에베소에 교회를 세운 사람은 바울이었습니다. 2차 선교여행을 마치고 돌아가던 길에 바울은 고린도에서 만난 아굴라 부부와 함께 에베소로 건너갑니다(행 18:18). 그들을 일단 그곳에 남겨두고 안디옥으로 돌아갔다가 3차 선교여행을 떠나면서 다시 에베소로 돌아옵니다. 그리고 두란노 서원에서 제자들을 훈련시킵니다(행 19:9). 그렇게 거의 3년 가까이 지내는 동안 에베소에 교회가 세워진 것은 물론이고, 아시아 지방 곳곳으로 복음이 전해지게 되지요.

바울이 에베소를 떠난 후에는 디모데가 대신해서 에베소교회를 맡아 목회를 했습니다. 바울은 예루살렘에서 체포되어 로마로 압송되었고, 결국 그곳에서 순교하고 맙니다(A.D. 64). 전승에 의하면 디모데도 에베소에서 5월 아데미 축제 때 복음을 전하다가 광분한 군중들의 곤봉에 맞아 순교했다고 합니다. 주후 60년대 후반 즈음에 유대-로마 전쟁의 혼란 속에서 사도 요한이 에베소로 이주해오면서, 자연스럽게 에베소교회를 섬기게 됩니다. 그러다가 그의 목회 말년에 이곳 밧모섬으로 와서 중노동을 하고 있는 것이지요.

그러니까 에베소교회는 바울이나 디모데 그리고 사도 요한 같은 굵직굵직한 목회자들이 섬기던 교회였습니다. 에베소교회는 아시아 지방 모든 교회의 모교회母教會였고 지역 복음화의 센터였습니다. 요한계시록을 기록하던 당시에 에베소교회를 섬기던 목회자가 누구인지는 알 수 없습니다. 그러나 누가 되었든지 중요한 것은 그 사자를 세운 분이 바로 주님이라는 사실입니다.

"오른손에 일곱 별을 붙잡고 일곱 금 촛대 사이를 거니시는 이"가 바로 주님이십니다. 일곱 별은 일곱 사자 즉 주님께서 일곱 교회에 보내신 영적인 지도자를 의미한다고 했습니다. 그 지도자를 붙잡고 계시는 분이 바로 주님이라는 것입니다. 그런데 영적인 지도자를 세우는 이유가 무엇입니까? 금 촛대로 상징되는 교회의 불을 꺼뜨리지 않게 하기 위해서입니다. '불'은 교회의 '교회다움'과 '생명력'을 상징합니다.

교회의 영적인 지도자는 자신이 주님으로부터 보냄을 받은 사람使者이라는 사실을 결코 잊으면 안 됩니다. 성도들도 마찬가지입니다. 교회를 섬기는 목회자가 주님이 보내신 메신저라는 사실을 결코 잊으면 안 됩니다. 주님이 일곱 별을 붙잡고 일곱 금 촛대 사이를 거니시기 때문에 지금도 교회의 불이 꺼지지 않는 것입니다.

에베소교회에 보내는 편지의 서두에서 발신자인 예수 그리스도를 이렇게 묘사하는 데에는 특별한 이유가 있습니다. 그것은 거짓 사도를 걸러내야 하는 진통이 에베소교회에 있었기 때문입니다.

격려의 말씀

주님은 먼저 에베소교회 성도들을 칭찬하고 격려하는 말씀부터 하십니다.

2**내가 네 행위와 수고와 네 인내를 알고 또 악한 자들을 용납하지 아니한 것과 자**
칭 사도라 하되 아닌 자들을 시험하여 그의 거짓된 것을 네가 드러낸 것과 3**또 네**
가 참고 내 이름을 위하여 견디고 게으르지 아니한 것을 아노라(계 2:2-3).

헬라어 원어로 읽으면 "내가 안다"(오이다, οἶδα)는 말이 제일 앞에 놓
여 있습니다. 주님은 알고 계십니다. 무얼 아신다는 것입니까? 그들의
행위works와 수고labor와 인내endurance를 알고 계십니다. 바울이 데살로니가
교회 성도들을 격려하면서 언급한 '믿음의 역사와 사랑의 수고와 소망의
인내'(살전 1:3)도 역시 같은 내용입니다.

이것은 우리 그리스도인들이 주님으로부터 들을 수 있는 최고의 찬
사입니다. 믿음으로 행하는 일들, 사랑으로 연약한 자들을 돌보는 수고
그리고 재림의 소망으로 끝까지 참아내는 것이야말로 신앙생활의 가장
아름다운 모습입니다. 에베소교회 성도들은 그렇게 신앙생활을 했고, 주
님은 그것을 잘 알고 계신다고 말씀하십니다. 그렇습니다. 주님이 아신
다는 말씀처럼 우리에게 위로와 격려를 주는 말은 없습니다.

이것이 전부가 아닙니다. 주님은 그들이 '악한 것을 용납하지 않은 것'
과 '거짓 사도를 시험하여 그 본색을 드러낸 것'을 또한 언급하십니다. 이
두 가지는 사실 같은 내용입니다. 바울이 에베소교회 장로들을 마지막으
로 만났을 때, 거짓 교사false teachers의 등장에 대해 이미 경고했습니다. 그
들은 양 떼를 아끼지 않고, '어그러진 말'로 자기를 따르게 할 것이라고
했습니다(행 20:29-30). 그리고 그 후에 실제로 그런 악한 사람들이 에베소
교회에 들어왔던 것입니다.

어떤 분들은 이들이 6절에 언급되고 있는 니골라당을 의미한다고 주
장합니다. 그러나 문맥상 거짓 사도와 니골라당은 별개로 보는 것이 맞
습니다. 거짓 사도false apostles란 사도가 아니면서 사도인 척하는 사람들입
니다. 사도使徒는 복음을 전하기 위해서 주님으로부터 보냄을 받은 사람

입니다. 그런데 만일 마땅히 해야 할 일은 하지 않으면서 오히려 엉뚱한 일에만 몰두한다면, 그들은 자신이 가짜라는 사실을 스스로 드러내고 있는 것이지요.

그런데 거짓 사도가 가장 열심을 내어 하는 일이 무엇인지 아십니까? 그것은 진짜 사도를 폄하하여 깎아내리는 것입니다. 고린도교회도 똑같은 진통을 겪었습니다. 바울을 비판하고 중상모략하면서 성도들을 선동하는 그런 사람들이 교회로 들어온 것입니다(고후 10:10). 바울은 그들을 가리켜서 '거짓 사도요 속이는 일꾼'(고후 11:13)이라고 말합니다. 문제는 적지 않은 성도들이 그들의 속임수에 넘어갔다는 사실입니다.

그러나 에베소교회는 달랐습니다. 거짓 사도를 시험하여have tested 마침내 그들이 거짓말쟁이liars라는 사실을 밝혀냈습니다. 그것도 끈기와 용기를 가지고 게으름을 피우지 않고 열심히 그 일을 해냈습니다. 끝까지 그렇게 할 수 있었던 것은 그 일이 '주님의 이름'을 위하는 것이라는 확신이 있었기 때문입니다(3절).

자, 여기까지 읽으면 에베소교회가 정말 대단한 교회라는 생각을 하게 됩니다. 아시아 지방의 모교회가 되기에 충분한 자격을 갖추고 있는 교회처럼 보입니다. 그런데 '격려의 말씀'은 여기까지입니다. 곧 이어서 주님은 에베소교회에 대한 '걱정의 말씀'을 끄집어내십니다. 그들에게도 무언가 부족한 모습이 있다는 뜻입니다.

걱정의 말씀

주님이 무엇을 염려하고 걱정하시는지 함께 읽어보겠습니다.

그러나 너를 책망할 것이 있나니 너의 처음 사랑을 버렸느니라(계 2:4).

우리말로는 "너를 책망할 것이 있다"고 강하게 비난하는 어조로 번역되어 있지만, 이에 해당되는 헬라어 '에코 카타 쑤'(ἔχω κατὰ σοῦ)는 본래 그런 뉘앙스가 아닙니다. 이를 영어로 직역하면 "I have (this) against you"(ESV), 즉 "내가 너에 대해서 (이것을) 반대한다"입니다. 주님의 마음에 들지 않는 어떤 부분이 있다는 것이지요. 그것에 대한 주님의 걱정을 지금 말씀하고 계시는 것입니다.

자, 그런데 이 말씀을 하실 때 주님의 표정이 어땠을까요? 몹시 화가 난 무서운 표정일까요? 아니면 부드럽지만 조금은 걱정스러운 표정일까요? 베드로가 세 번씩이나 주님을 모른다고 부인하던 장면에서, 주님은 돌이켜 베드로를 보셨습니다(눅 22:61). 주님과 베드로의 시선이 서로 마주쳤습니다. 그때 주님의 시선은 베드로를 책망하거나 비난하지 않았습니다. 오히려 "괜찮아. 내가 그래서 미리 말해주지 않았니? 그러니 여기서 주저앉지 말고 돌이킨 후에 형제를 굳게 붙들어 주렴"(눅 22:32)이라고 말씀하시는 따뜻한 사랑의 눈길이었습니다.

그렇습니다. 그것이 이 땅의 모든 교회들을 향한 한결같은 주님의 마음입니다. 교회는 완전하지 않습니다. 부족한 부분이 많이 있습니다. 그러나 주님은 그들을 하나님 나라로 만들어가고 계십니다. 어린 양의 신부로 다듬어가고 계십니다. 주님의 교회 사랑은 아름답기에 사랑하시는 것이 아닙니다. 아름답게 만들어서 사랑하시는 것입니다. 그래서 지금 에베소교회를 걱정하면서 고쳐야 할 부분이 있다고 말씀하시는 것이지요.

주님이 걱정하시는 것은 바로 '사랑의 부재不在'였습니다. "너의 처음 사랑을 버렸느니라." 이를 ESV 성경은 "you have abandoned the love you had at first"라고 번역합니다. "네가 처음에 가졌던 사랑을 포기했다"는 뜻입니다. 우리는 '처음 사랑'을 자꾸 '첫 사랑first love'으로 이해하려고 합니다. 그래서 하나님과의 개인적인 연애감정으로 이 말씀을 풀려고 합니다. 그러나 그렇게 감정적인 차원으로 접근할 이야기가 아닙니다.

사랑은 우리 그리스도인이 존재하는 유일한 동기요, 목적이요, 삶의 방식입니다. 하나님이 먼저 우리를 사랑하심으로 우리도 하나님을 사랑하게 되었습니다. 십자가에 죽기까지 우리를 사랑하신 예수님을 그리스도로 믿게 되었습니다. 그리고 "서로 사랑하라"(요 13:34)는 주님의 명령에 따라서 살아가게 되었습니다. 그래서 우리는 사랑으로 섬기고, 사랑으로 일하고, 사랑으로 구제하고, 또한 사랑으로 복음을 전합니다. 교회는 처음부터 끝까지 사랑이어야 합니다. 사랑이 없으면 우리는 아무것도 아닙니다(고전 13:2).

모든 교회가 그러하듯이, 에베소교회도 사랑으로 출발했습니다. 믿음의 지체들이 사랑으로 날마다 더해졌고, 믿음의 공동체가 사랑으로 쑥쑥 자라났습니다. 지금까지 수많은 일들을 사랑으로 해냈습니다. 그래서 아시아 지방에서 가장 모범적인 교회가 되었습니다. 그런데 주님은 오히려 그들을 걱정하십니다. 처음 사랑을 버렸다고, 처음 사랑을 포기했다고 말입니다. 도대체 에베소교회에 무슨 일이 있었던 것일까요? 어쩌다 그렇게 된 것일까요?

아이러니하게도 그것은 바로 앞에서 언급했던 거짓 사도를 걸러내는 일과 상관이 있습니다. 에베소교회는 거짓 사도를 시험하여 그들이 거짓말쟁이라는 사실을 밝혀냈습니다. 끈기와 용기를 가지고 열심히 그 일을 해냈습니다. 주님의 이름을 위하는 것이라는 확신으로 끝까지 싸웠습니다. 비록 진통은 있었지만 마침내 교회를 지켜냈습니다.

그런데 거짓 사도와 치열하게 싸우느라고, 그만 처음 사랑을 포기해버린 것입니다. 믿음의 공동체인 교회가 존재하는 사랑의 동기와 목적과 삶의 방식을 잃어버렸습니다. 거짓 사도와의 전쟁에서는 멋지게 승리했지만 교회의 가장 중요한 보물인 '사랑'을 잃어버린 것입니다. 그래서 투쟁적인 말투와 사나운 표정만 남게 된 것입니다.

처음 행위를 가지라

주님은 그들에게 다음과 같은 세 가지 권면의 말씀을 주십니다.

그러므로 어디서 떨어졌는지를 생각하고 회개하여 처음 행위를 가지라…(계 2:5a).

먼저 '생각하라'고 하십니다. 이에 해당되는 헬라어 '므네모뉴오'(μνη-μονεύω, mnēmoneuō) 동사는 본래 '기억하라remember'는 뜻입니다. 무엇을 기억해야 할까요? '어디서 떨어졌는지'(from where you have fallen)를 기억해야 합니다. 이는 우리가 본래 있어야 할 자리는 저 높은 곳the height이었다는 뜻입니다. 그런데 지금은 이 밑바닥the bottom까지 떨어진 것이지요.

거짓 사도와의 싸움에서 이겼다고 해서 너무 좋아하지 마십시오. 만일 사랑을 잃어버렸다면 진짜 이긴 것이 아닙니다. 밑바닥에 떨어진 것입니다. 그렇다고 해서 거짓 사도를 가만히 내버려두라는 말은 아닙니다. 그것은 더 큰 문제를 만들어냅니다. 거짓과 잘못을 드러내어 바로잡되 결코 사랑의 동기를 잃어버리지는 말아야 합니다. 우리가 있어야 할 자리는 사랑 없는 이 밑바닥이 아닙니다. 그러니 어디서 떨어졌는지를 기억해야 합니다.

그 다음은 '회개하라'고 하십니다. 이에 해당되는 헬라어 '메타노에오'(μετανοέω, metanoeō) 동사는 'meta'(μετά, with)와 'noeō'(νοέω, think)가 합성된 말입니다. 이는 "생각이나 목적을 바꾸라"(to change one's mind or purpose)는 뜻입니다. 우리 그리스도인들의 목적은 다른 사람과의 경쟁에서 이기는 것이 아니라, 그들을 사랑하는 것입니다.

심지어 주님은 우리를 박해하는 원수조차도 사랑하며 위하여 기도해야 할 대상이라고 가르치셨습니다(마 5:44). 아무리 교회의 질서를 어지럽히는 거짓 사도라고 하더라도 그들 또한 구원받아야 할 사람들입니다. 그러니 생각을 바꾸어야 합니다. 목적을 달리해야 합니다. 사랑의 동기를 잃어버리면 우리는 세상 사람들과 다를 것이 하나도 없어집니다.

마지막으로 '처음 행위를 가지라'고 하십니다. 우리말 '가지라'로 번역된 헬라어는 '포이에오'(ποιέω, poieō) 동사입니다. 영어로 '만들다make' 또는 '건설하다construct' 등으로 번역되는 말입니다(계 1:6). NIV 성경은 '하다do'로 번역합니다. "Do the things you did at first." 이 말씀을 눈여겨보십시오. "첫 사랑의 감정을 느끼라"(Feel your first love feelings)고 하지 않습니다. "처음에 하던 일들을 행하라"고 하십니다.

그렇습니다. 사랑은 감정적인 차원의 문제가 아닙니다. 삶의 태도와 관련된 문제입니다. 상대가 우리를 어떻게 대하는지와 상관없이 그를 대하는 우리 그리스도인의 태도는 언제나 사랑이어야 합니다. 물론 그런다고 해서 원수가 우리를 사랑하게 될 것이라 기대하지는 마십시오. 그래서 원수입니다. 그러나 아무리 그렇더라도 그들을 향한 우리의 태도가 달라지면 안 됩니다.

그런데 실제로는 어떻습니까? 처음에 서로 좋아하던 사람들도 살다 보면 자꾸 싸우게 되고 결국 서로 원수가 되지 않습니까? 한번 마음이 상하면 사랑의 감정을 회복하기란 불가능한 일입니다. 그러니 감정에서 출발하면 아무도 사랑할 수 없게 되는 것입니다.

우리는 단지 처음에 하던 대로 하면 됩니다. 주님이 가르쳐주신 대로 따라서 하면 됩니다. 손익계산하지 말고 그냥 베풀면 됩니다(눅 6:33-34). 그것이 바로 주님을 믿고 따르는 그리스도인이 살아가는 삶의 방식입니다.

촛대를 옮기리라

우리가 본래 있던 자리를 기억하고, 우리의 생각을 바꾸어서 처음에 하던 방식대로 행해야 할 분명한 이유가 있습니다.

> … 만일 그리하지 아니하고 회개하지 아니하면 내가 네게 가서 네 촛대를 그 자리에서 옮기리라(계 2:5b).

주님께서 촛대를 옮기실 것이라고 하시니 두려운 마음이 생깁니다. 앞에서 '책망'으로 번역된 말 때문에 더더욱 그런 생각을 가지게 됩니다. 그러나 이는 에베소교회에 대한 심판을 들먹이며 겁박하는 말씀이 아닙니다. 오히려 회개하지 않을 때에 임하게 될 안타까운 현실을 경고하시는 것입니다.

여기에서 '옮기다'로 번역된 헬라어 '키네오'(κινέω, kineō) 동사는 '이 동하다move'라는 뜻과 함께 '제거하다remove'라는 뜻이 있습니다. 촛대는 교회를 의미한다고 했습니다. 자, 그렇다면 "촛대를 옮긴다", 또는 "교회를 제거한다"는 말씀이 무슨 뜻일까요?

저는 이를 교회의 '불'이 꺼지는 것을 의미한다고 봅니다. 불은 교회의 '교회다움'과 '생명력'을 상징합니다. 사랑을 상실한 교회는 교회다움과 생명력을 잃어버린 교회입니다. 그런 교회는 오래 버틸 수가 없습니다. 결국에는 문을 닫게 되어 있습니다. 주님이 직접 심판하지 않아도 언젠가 무너지게 되어 있습니다. 그러니 이 문제를 심각하게 생각하지 않을 수 없는 것입니다.

그러나 주님은 어떤 경우에도 에베소교회를 포기하지 않으십니다. 또다시 격려의 말씀을 하십니다.

오직 네게 이것이 있으니 네가 니골라당의 행위를 미워하는도다. 나도 이것을 미워하노라(계 2:6).

이 니골라당the Nicolaitans에 대해서는 버가모교회에 주시는 말씀을 묵상할 때에 자세히 살펴보겠지만(계 2:15), 이들은 일종의 '도덕폐기론자the Antinomians'입니다. 삶이나 행함은 아무런 가치가 없고 오직 믿음만 있으면 된다고 주장하는 그런 사람들입니다. 그러면서 그들은 아무렇게나 살아갑니다. 왜냐하면 오직 믿음만 있으면 되기 때문입니다.

에베소교회 성도들은 그들의 '행위'를 미워했습니다. 주님도 역시 미워한다고 말씀하십니다. 그런데 여기에서도 미움의 대상은 행위deeds이지 '사람들'이 아니라는 사실을 주목해야 합니다. 에베소교회는 잘못된 믿음과 절대로 타협하지 않았습니다. 그것은 정말 잘하는 일입니다. 그러나 역시 사랑을 잃어버리면 안 됩니다.

이기는 자

오늘 묵상의 결론입니다.

귀 있는 자는 성령이 교회들에게 하시는 말씀을 들을지어다. 이기는 그에게는 내가 하나님의 낙원에 있는 생명나무의 열매를 주어 먹게 하리라(계 2:7).

일곱 교회에 보내는 편지의 결론 부분에 항상 등장하는 두 가지 메시지가 있습니다. 하나는 요한계시록은 '성령이 모든 교회들에게 하시는 말씀'이라는 것이고, 다른 하나는 '이기는 자에게 주시는 복'에 대한 약속입니다.

'이기는 그에게'는 헬라어 '토 니콘티'(Τῷ νικῶντι)를 번역한 것입니다. '니콘티'의 원형은 '니카오'(νικάω, nikaō) 동사인데, 영어로는 '정복하다conquer' 또는 '극복하다overcome'로 번역합니다. 무엇을 이긴다는 말입니까? 외부적으로는 환난과 시련과 박해를 이긴다는 뜻입니다. 내부적으로는 믿음의 공동체 안에서 직면하게 되는 여러 가지 문제들을 극복한다는 뜻입니다. 그렇게 주님이 다시 오실 때까지 믿음의 길을 계속해서 달려간다는 뜻입니다.

'이기는 자'에게 '생명나무의 열매'를 주어 먹게 하시겠다고 주님은 약속하십니다. 하나님이 이 세상을 창조하실 때 에덴동산 가운데에 생명나무가 있었습니다(창 2:9). 그러나 아담과 하와가 불순종의 죄로 인해 쫓겨날 때 그 생명나무에 접근할 수 있는 길이 차단되었지요(창 3:22-24). 그런데 이제 하나님의 나라가 완성되는 마지막 때에 생명수 강가에 있는 '생명나무의 열매'(계 22:2)를 먹게 해주시겠다는 것입니다.

그러니 우리는 이겨내야 합니다. 환난은 '참음'으로 이겨내고, 공동체의 문제는 '사랑'으로 이겨내야 합니다. 그렇게 '이기는 자'가 하나님 나라의 주인공입니다. 하나님은 이기는 자가 되도록 우리를 부르십니다. 아니, 하나님이 우리를 이기는 자로 만드시겠다고 하십니다. 하나님이 다 이루시겠다고 하십니다. 그 일에 믿음으로 뛰어드는 우리 모두가 되기를 간절히 소망합니다.

서머나교회에 주시는 말씀

계 2:8-11

오늘은 아시아 지방의 일곱 교회 중에서 두 번째로 서머나Smyrna교회에 주시는 말씀을 묵상하겠습니다.

에베소의 북쪽에 위치한 서머나는 오래전부터 에베소와 경쟁적인 관계에 있던 도시였습니다. 특히 로마에 대한 충성에 있어서 서머나는 타의 추종을 불허했습니다. 물론 그에 따라서 로마로부터 많은 혜택과 엄청난 경제적인 지원이 주어지기도 했습니다. 이와 같은 서머나와 로마의 유착관계는 그리스도인들에게는 악조건이었습니다. 왜냐하면 서머나는 아시아 지방의 여러 도시들 중에서 황제 숭배에 가장 적극적이었기 때문입니다.

게다가 다른 도시에 비해서 상대적으로 많은 수의 유대인들이 서머나에 살고 있었고, 또한 그들이 지역사회에 큰 영향력을 끼치고 있었다는 사실도 그리스도인들에게 불리한 여건으로 작용했습니다. 우리가 잘 알고 있듯이, 바울은 가는 곳마다 동족 유대인으로부터 강력한 저항을 받았습니다. 비시디아 안디옥에서는 유대인들이 유력자들을 동원하여 바울을 추방했습니다(행 13:50). 루스드라에서는 그곳까지 원정 온 유대인들의 충동으로 군중들에게 돌에 맞아 거의 죽음 직전까지 가기도 했습니다(행 14:19). 데살로니가(행 17:5)와 고린도(행 18:6)에서도 어김없이 동족 유대인에게 어려움을 당했습니다.

이 두 가지 사실 만으로도 우리는 서머나교회의 상황이 어떠했을지 충분히 짐작할 수 있습니다. 그들에게 주님은 어떤 말씀을 하셨을까요?

폴리캅 감독의 교회

서머나교회에 보낸 편지는 다음과 같이 시작됩니다.

> 서머나교회의 사자에게 편지하라. 처음이며 마지막이요 죽었다가 살아나신 이가 이르시되…(계 2:8).

이 편지의 수신자는 역시 서머나교회의 사자使者입니다. 서머나교회는 에베소교회와 마찬가지로 역시 바울의 선교로 세워졌습니다(19:10). 이 편지가 보내지던 당시에 서머나교회의 사자, 즉 영적인 지도자는 누구였을까요?

여러 가지 정황으로 미루어볼 때에 아마도 '폴리캅'(Polycarp, c. 69~155 A.D.)이 아니었을까 싶습니다. 초기 기독교 역사가인 제롬(Jerome, c. 347~420 A.D.)에 의하면, 폴리캅은 사도 요한의 직계 제자였고, 요한에 의해 그의 나이 20대 젊은 나이에 서머나교회의 감독으로 임명되었다고 합니다.

폴리캅의 순교는 기독교 역사상 가장 유명한 사건으로 기억되고 있는데, 그의 나이 86세에 이곳 서머나에서 화형을 당했습니다. 또한 초대

교회의 교부教父 중의 한 사람이었던 이레니우스(Irenaeus, c. 130~202 A.D.)가 바로 서머나교회 출신이라는 사실도 기억해둘 필요가 있습니다.

일곱 교회에 보내는 편지를 주의 깊게 살펴보면, 발신자인 예수 그리스도에 대한 소개가 각각 다르다는 사실을 알게 됩니다. 에베소교회에게는 "일곱 별을 붙잡고 일곱 금 촛대 사이를 거니시는 이"(2:1)라고 했지요. 그러나 서머나교회에게는 "처음이며 마지막이요 죽었다가 살아나신 이"라고 합니다.

이 모두는 사도 요한이 목격한 예수 그리스도의 환상에 이미 등장하는 표현입니다(1:12-13, 17-18). 그러니까 요한은 일곱 교회를 향한 메시지를 환상을 통해서 보았던 것입니다. 그것을 잘게 나누어 각 교회에 다시 한 번 소개하면서, 그들을 향한 핵심적인 메시지를 그 속에 담아 전하고 있는 것입니다. 자, 그렇다면 서머나교회를 향한 메시지는 어떤 것일까요?

우선 '처음이며 마지막'(the First and the Last)이라는 말씀을 살펴보겠습니다. 이것은 하나님 자신의 호칭입니다. 이사야 선지자를 통해서 말씀하실 때 이를 사용하셨습니다.

> 이스라엘의 왕인 여호와, 이스라엘의 구원자인 만군의 여호와가 이같이 말하노라. **나는 처음이요 나는 마지막이라.** 나 외에 다른 신이 없느니라(사 44:6).
> 야곱아 내가 부른 이스라엘아, 내게 들으라. 나는 그니 **나는 처음이요 또 나는 마지막이라**(사 48:12).

바벨론에 포로로 잡혀가 있던 이스라엘 백성을 향해서 선포된 말씀입니다. 예루살렘 성전은 파괴되었고 나라는 망했습니다. 멀리 타국에 와서 살고 있습니다. 언제 고향으로 돌아가게 될지 아무도 모릅니다. 절망적인 상황입니다. 그러나 하나님은 그들에게 말씀하십니다.

나라가 망했다고 하나님까지 망한 줄로 아느냐? 내가 이 세상의 모든 일을 시작한 바로 그 하나님이야. 그러니 내가 끝낼 때까지는 끝난 것이 아니야. 애굽에서 너를 불러낸 내가 반드시 너를 구원할 것이야!

"처음이며 마지막이라"는 말씀에는 바로 이와 같은 위로와 소망의 메시지가 담겨 있는 것입니다. 서머나교회를 향하여 지금 이 말씀을 하시는 것도 같은 이유에서입니다.

그런데 그게 전부가 아닙니다. 주님은 "죽었다가 살아나신 이"(the Once Dead and Then Come Alive, MSG)라고 자신을 소개하십니다. 이는 예수 그리스도에 적용되는 호칭입니다. 우리말로는 그냥 '죽었다'이지만, 헬라어를 직역하면 "죽은 자가 되었다"(became dead)입니다. 주님은 사실 죽음을 경험하실 이유가 하나도 없으십니다. 그러나 굳이 죽은 자가 되셨습니다. 왜 그러셨을까요? 히브리서 기자는 이렇게 말합니다.

> 우리에게 있는 대제사장은 우리의 연약함을 동정하지 못하실 이가 아니요 모든 일에 우리와 똑같이 시험을 받으신 이로되 죄는 없으시니라(히 4:15).

우리의 연약함을 '동정同情', 즉 '공감sympathize'하기 위해서입니다. 주님은 서머나교회 성도들이 겪고 있는 환난을 이미 다 경험하셨습니다. 그래서 그들의 연약함을 충분히 공감하고 계십니다. 그러나 만일 죽은 자the Once Dead로 끝났다면, 이 말은 아무런 위로가 될 수 없을 것입니다. 그런데 주님은 다시 살아난 자Then Come Alive가 되셨습니다.

주님은 이와 같이 자신의 생애를 언급함으로써 서머나교회 성도들에게 용기를 북돋아주고 계시는 것입니다.

가난하지만 부요한 자

이제 서머나교회에게 주시는 말씀의 본론으로 들어가 보겠습니다. 서머나교회 성도들이 직면하고 있는 가장 큰 어려움은 환난과 궁핍이었습니다.

> … 내가 네 환난과 궁핍을 알거니와 실상은 네가 부요한 자니라. 자칭 유대인이라 하는 자들의 비방도 알거니와 실상은 유대인이 아니요 사탄의 회당이라(계 2:9).

에베소교회에 주신 말씀과 마찬가지로 이 문장도 역시 "내가 안다"(오이다, Οἶδα)는 말로 시작합니다. 무얼 아신다는 것입니까? 우선 그들의 '환난'과 '궁핍'을 알고 계신다고 말씀하십니다. 환난에 해당되는 헬라어는 '들립시스'(θλῖψις, thlipsis)인데, 이는 본래 사방으로 에워싸여 받는 압력pressure을 의미합니다. 그 어디로도 빠져나갈 구멍이 보이지 않는 그런 상태hemmed in를 말합니다.

우리말 '궁핍'은 '프토키아'(πτωχεία, ptōcheia)를 번역한 것인데, 이는 아주 극한적인 빈곤 상태를 가리킵니다. 영어로는 'beggary거지신세'로 번역합니다. 도미티아누스는 황제 숭배의 의무를 수행한 사람에게만 증명서를 배부하여 시장에서 매매 활동을 할 수 있게 했습니다. 그런 상황에서 황제 숭배를 거부하는 서머나교회 성도들은 말 그대로 거지신세가 될 수밖에 없었을 것입니다.

서머나교회 성도들이 직면하고 있는 또 다른 어려움은 유대인의 '비방'이었습니다. 이는 헬라어 '블라스페미아'(βλασφημία, blasphemia)를 번역한 것입니다. 영어로는 'slander중상모략', 또는 'blasphemy신성모독'으로 번역됩니다. 본래 이 말은 '바꾼다switch'는 뜻을 가지고 있습니다. 그러니까 선을 악으로 바꾸거나, 진리를 거짓으로 바꾸거나 하는 것을 말합니다. 이것을 사람에게 적용하면 중상모략이 되지만(마 15:19), 하나님에게 적용하면 신성모독이 됩니다(마 12:31; 눅 5:21).

유대인은 선민이라는 자부심으로 살았습니다. 그러나 내용적으로는 중상모략의 대가였습니다. 특히 무조건적인 비방으로 그리스도인들에 대한 그들의 적개심을 드러냈습니다. 주님은 그것을 잘 알고 계셨습니다. 그래서 그들을 '사탄의 회당a synagogue of Satan'이라고 하십니다. 사탄은 형제들을 '참소하는 자'(계 12:10)입니다. 만일 유대인이 '하나님의 회당a synagogue of God'이라면 그렇게 할 수는 없는 일입니다.

바울은 선교여행을 하면서 여러 번 죽을 고비를 넘겼습니다. 수없이 옥에 갇히고 수없이 매도 맞았습니다(고후 11:23). 물론 이방인들에게 그와 같은 어려움을 당하기도 했지만, 대부분의 경우 그의 동족이었던 유대인들로 인해서 받은 것이었습니다. 바울은 그것을 가리켜서 아예 '동족의 위험'(고후 11:26)이라고 표현합니다.

서머나도 예외는 아니었습니다. 그곳에 살던 유대인들은 특히 그리스도인을 미워했는데, 그 이유는 그동안 유대교에 호의적이던 많은 사람이 사도들이 전하는 복음에 더 큰 매력을 느끼고 교회로 모여들었기 때문입니다. 유대인들은 가능한 모든 수단과 방법을 동원하여 교회를 해치려고 했습니다.

로마의 관원을 설득하여 그리스도인을 박해하게 했습니다. 특히 황제 숭배를 그리스도인을 말살하는 호재로 삼았습니다. 유일신 여호와를 믿는 유대인이야 말로 황제 숭배를 단호하게 거부해야 할 사람들입니다. 그러나 그들은 오직 그리스도인을 제거하기 위해서 그들의 '최악'을 다했습니다.

이처럼 로마의 황제 숭배와 유대인의 악랄한 중상모략은 그리스도인들이 그 어디로도 빠져나갈 수 없는 환난과 궁핍의 압력이 되었습니다.

그런데 주님은 그들을 가리켜서 '실상은 부요한 자'라고 말씀하십니다. 아니, 당장에 먹을 것이 없어 거지신세로 살아가는데 어떻게 부요한 자라고 할 수 있습니까?

이에 해당하는 헬라어 '플루시오스'(πλούσιος, plousios)는 'fully resourced 자원이 가득한'이라는 뜻입니다. 재물만이 우리가 가질 수 있는 자원은 아닙니다. 그보다 더욱 큰 자원이 있습니다. 그것은 바로 '하나님의 은혜'입니다. 그래서 바울은 고린도 교회 성도들에게 이렇게 말했습니다.

> … (우리는) 가난한 자 같으나 많은 사람을 부요하게 하고 아무 것도 없는 자 같으나 모든 것을 가진 자로다(고후 6:10).

여기에서 '가난한'이 바로 '프토키아'의 형용사 '프토코스'(πτωχός, pto-chós)이고, '부요하게 한다'가 '플루시오스'의 동사 '플루티조'(πλουτίζω, ploutizō)입니다. 그런데 거지처럼 살면서 어떻게 많은 사람을 부요하게 할 수 있을까요? 왜냐하면 우리는 예수 그리스도의 은혜로 말미암아 이미 부요한 자가 되었기 때문입니다(고후 8:9).

그런 이유로 주님은 제자들에게 '가난한 자', '주린 자'가 복이 있다고 말씀하셨습니다(눅 6:20-21). 이들은 어쩌다 가난해지고, 어쩌다 배고프게 된 사람이 아닙니다. 하나님의 뜻을 따르기 위해서 모든 것을 잃어버린 사람입니다. 예수를 그리스도로 고백하다가 굶주리는 사람입니다. 그들은 하나님 나라의 진정한 주인공이며, 어린 양의 혼인잔치에서 배부르게 먹을 사람입니다. 그래서 그들을 '복 있는 자'라고 말씀하시는 것입니다.

서머나교회 성도들이 바로 주님이 말씀하신 복 있는 자입니다. 그들은 이 세상에서 환난을 당하고 비록 거지신세가 되어 살고 있지만, 실제로는 이 세상의 그 어떤 부자보다 더욱 부자입니다. 주님은 그 사실을 분명히 알기를 원하셨습니다.

생명의 월계관

에베소교회에 주신 말씀과 마찬가지로 주님은 서머나교회 성도들에게도 다음과 같은 세 가지 권면의 말씀을 주십니다.

너는 장차 받을 고난을 두려워하지 말라. 볼지어다. 마귀가 장차 너희 가운데서 몇 사람을 옥에 던져 시험을 받게 하리니 너희가 **십 일 동안 환난을 받으리라. 네가 죽도록 충성하라.** 그리하면 내가 생명의 면류관을 네게 주리라(계 2:10).

첫 번째 말씀은 "장차 받을 고난을 두려워하지 말라"는 것입니다. 지금 받고 있는 고난도 힘겨운데, 장차 또 어떤 고난을 받게 된다는 말씀인가 하시겠지요. 그러나 이 말씀의 강조점은 "장차 받을 고난"이 아니라 "두려워하지 말라"에 있습니다.

한겨울의 추위를 경험해보지 않은 동남아 출신 노동자들은 우리나라에서 지내는 겨울을 몹시 두려워한다고 합니다. 그러나 시베리아의 혹독한 추위에 단련된 러시아 출신 노동자들에게는 두려울 것이 하나도 없습니다. 마찬가지입니다. 서머나교회는 이미 충분한 고난의 훈련을 받았습니다. 그러니 장차 받을 고난을 미리 두려워할 필요가 없는 것이지요.

문제는 환난과 궁핍을 피하려고 하는 오늘날의 그리스도인입니다. 요한계시록에 대한 가장 큰 오해 중의 하나는 '7년 대환난설'과 '교회의 비밀휴거설'입니다. 마지막 때의 대환난이 오기 전에 공중에 재림하시는 주님을 영접하기 위해 교회가 휴거된다는 주장입니다. 지난 1992년에 우리나라를 휩쓸었던 '시한부종말론'도 바로 이런 주장에 기초하고 있습니다. 표면적으로는 재림을 이야기하지만, 실제로는 환난을 모면하려고 그렇게 모여든 것입니다.

성경 어디에도 그런 이야기는 없습니다. 오히려 주님은 제자들에게

"세상에서는 너희가 환난을 당하나 담대하라. 내가 세상을 이겼다"(요 16:33)고 말씀하셨습니다. 바울을 부르실 때에도 "그가 내 이름을 위하여 얼마나 고난을 받아야 할 것을 보이리라"(행 9:16)고 하셨습니다. 바울 자신도 "환난 중에도 즐거워한다"(롬 5:3)고 말합니다. 주님을 믿고 따르려면 이 세상의 저항을 감수해야 합니다. 아니 오히려 환난 당하는 것을 즐거워해야 합니다. 왜냐하면 그것이 우리가 주님을 제대로 따르고 있다는 증거이기 때문입니다.

그런데 오늘날의 그리스도인은 과연 어떨까요? 서머나교회 성도들과 정반대로 살아가는 것처럼 보입니다. 환난은 어떻게든 피하고, 재물은 어떻게든 많이 소유하기 위해서 신앙생활을 합니다. 또한 그것을 하나님이 주시는 '축복'이라고 선전하는 목회자들도 많이 있는 것이 사실입니다. 그러니 대환난을 모면해보겠다고 시한부종말론에 빠지는 사람들이 생기는 것이지요.

두 번째는 "십 일 동안 환난을 받게 될 것"이라는 말씀입니다. '10일'을 무슨 수수께끼처럼 풀려고 애를 쓰는 사람들이 있습니다. 그럴 필요가 없습니다. 10일은 말 그대로 단기간입니다. 주님을 믿는다는 이유로 옥에 갇혀 시험을 받을 사람들도 있겠지만, 그 핍박이 영원히 계속되지는 않을 것이라는 약속입니다. 그래서 메시지 성경은 이렇게 풀이합니다. "마귀가 곧 너를 감옥에 던져 넣을 것이나, 이 시험의 때는 열흘뿐이다. 곧 끝난다."

기독교에 대한 로마의 대대적인 박해는 모두 열 번 있었지만, 그 기간은 생각만큼 길지 않았습니다. 예를 들어 도미티안 황제 치하에서 일어난 박해는 5~6년 정도 계속되었습니다. 디오클레티아누스Diocletianus 황제 때에 일어난 마지막 열 번째 박해는 주후 303년부터 309년까지 지속되었습니다. 그러다가 주후 313년 콘스탄티누스 1세Flavius Valerius Aurelius Constantinus의 '밀라노칙령'에 의해 기독교에 대한 박해가 완전히 끝나게 되지요.

지금도 여전히 기독교에 대한 박해가 남아있습니다. 우리와 가장 가까운 북한이 바로 그 대표적인 예입니다. 그러나 영원히 계속되는 박해는 없습니다. 곧 끝나게 될 것입니다. 역사의 종말에 일어날 환난도 마찬가지입니다. 그 끝이 있습니다. 누가 그것을 끝내십니까? 하나님께서 끝내십니다. 교회와 성도를 박해하는 사탄과 그 추종자들을 하나님께서 심판하실 것입니다. 우리는 단지 '열흘' 동안 참아내기만 하면 되는 것입니다.

세 번째는 "죽도록 충성하라"는 말씀입니다. NIV 성경은 "Be faithful, even to the point of death"라고 번역합니다. "죽는 순간까지 충성하라"는 뜻입니다. 여기에서 죽음은 꼭 순교일 필요는 없습니다. 우리 인생의 마지막 순간까지 믿음을 지키기만 하면 됩니다. 그런데 이 부분에 대한 메시지 성경의 번역이 더욱 강한 울림으로 다가옵니다.

목숨을 잃는 한이 있어도 결코 포기하지 마라. 믿음으로 끝까지 견뎌내라.
Don't quit, even if it costs you your life. Stay there believing.

주님을 믿는다는 이유로 인해 만일 내 생명으로 값을 치러야 한다고 하더라도 결코 중단하지 말라는 겁니다. 왜냐하면 충성이란 믿음으로 그 자리에 남아있는 것이기 때문입니다. 그렇습니다. 충성이란 마땅히 있어야 할 자리에 있으면서, 마지막 순간까지 마땅히 해야 할 일을 감당하는 것입니다.

그런 사람들에게 주님이 준비해놓으신 '은혜의 선물'이 있습니다. 바로 생명의 면류관the crown of life입니다. 우리말 면류관冕旒冠은 왕이 정복正服에 갖추어 쓰던 관을 말합니다. 위에는 긴 사각형의 판이 있고, 판의 앞에는 구슬 꿰미를 늘어뜨린 모양으로 되어 있습니다. 그래서 생명의 면류관을 받는다고 하면 대단한 상급과 지위가 주어지는 것처럼 생각할 수 있습니다.

그러나 이에 해당되는 헬라어 '스테파노스'(στέφανος, stephanos)는 그런 왕관이 아니라, 고대 올림픽 경기의 승자에게 주어지는 월계관月桂冠을 가리키는 말입니다. 월계수의 가지와 잎으로 만들어진 영예를 상징하는 관입니다. 올림픽 경기에서 월계관은 다른 사람보다 앞선 사람에게 수여되지만, 신앙의 경주에서 월계관은 죽도록 충성하는 모든 사람에게 수여됩니다.

한때 열심히 교회 다닌 사람이 아닙니다. 한때 열심히 봉사한 사람이 아닙니다. 마지막 순간까지 믿음으로 견뎌낸 사람입니다. 마땅히 있어야 할 자리에 있으면서, 마땅히 해야 할 일을 한 사람입니다. 그렇게 믿음을 지키다가 목숨을 잃는 한이 있더라도 절대로 포기하지 않는 사람입니다. 그런 사람에게 '생명의 월계관'이 주어지는 것입니다.

폴리캅의 순교

서머나교회에 주신 권면의 말씀대로 살다가 순교자의 반열에 선 사람이 있습니다. 그는 앞에서 언급했던 폴리캅Polycarp 감독입니다. 그의 생애에 대한 완벽한 기록은 없습니다. 그가 본래 안디옥 출신의 노예였다는 이야기가 전해지지만, 확실한 근거는 없습니다.

젊었을 때의 행적보다 순교할 때의 이야기가 비교적 자세히 알려지고 있는 것은 〈폴리캅의 순교록〉 때문입니다. 여기에서 우리는 뜻밖에도 당시의 그리스도인들이 무신론자라는 이유로 순교를 당했다는 사실을 알게 됩니다. 황제의 상이나 다른 신상들을 섬기지 않고, 보이지 않는 신을 섬겼다는 것 때문에 무신론자 취급을 받았던 것입니다.

아무튼 폴리캅은 주후 155년 2월 23일에 화형을 당하게 됩니다. 그날은 마침 서머나에서 유명한 경기가 열렸는데, 흥분한 군중들이 갑작스럽게 "무신론자를 없애라! 폴리캅을 찾아라!" 하면서 소리를 지르기 시작했습니다. 그리스도인에 대한 당시의 박해는 언제나 그런 식이었습니다. 성난 군중들에 떠밀려 로마 관리들은 폴리캅을 잡으러 나섰고, 농가의 작은 방에 있던 그를 발견하게 됩니다.

지방 총독the proconsul은 폴리캅에게 그리스도를 저주하고 목숨을 구하라고 합니다. 그러자 그는 다음과 같은 아주 유명한 말을 남깁니다.

여든여섯 해 동안 나는 그분을 섬겼습니다. 그분은 나에게 어떤 그릇된 행위도 하지 않으셨습니다. 그런데 내가 어떻게 나를 구원하신 왕을 모독할 수 있겠습니까?
Eighty-six years I have served him, and he never did me any wrong. How can I blaspheme my King who saved me?

앞에서 설명한대로 'blaspheme'는 선을 악으로 바꾸거나, 진리를 거짓으로 바꾸는 것입니다. 그래서 사람에게 하면 중상모략이고, 하나님에게 하면 신성모독이 된다고 했습니다. 만일 폴리캅이 그리스도를 저주한다면, 그것은 진리를 거짓으로 바꾸는 것입니다. 그는 단호히 거절했습니다.

집정관은 폴리캅에게 굶주린 사자의 밥이 되거나 아니면 산 채로 화형당하는 것 중에서 하나를 선택해야 할 것이라고 으름장을 놓았습니다. 그러나 폴리캅은 웃으면서 이렇게 대답했다고 합니다.

"지금 당신은 겨우 한 시간짜리로 나를 협박하지만, 악인을 위해서 준비된 영원한 심판의 불이 당신에게 다가오고 있다는 것을 알아야 합니다."

그렇게 폴리캅은 순교자가 되었습니다. "순교는 박해를 끝내는 것이다." 〈폴리캅의 순교록〉에 기록된 글입니다. 주님은 '열흘' 동안의 박해를 말씀하셨습니다(2:10). 환난을 참아내든지 아니면 순교를 당하든지 단지 '열흘' 동안만 견디면 됩니다. 폴리캅은 '한 시간짜리'의 화형으로 박해를 끝냈습니다. 목숨을 잃는 한이 있더라도 끝까지 믿음을 포기하지 않았습니다. 주님은 약속하신 대로 생명의 월계관을 그에게 주실 것입니다.

폴리캅은 이처럼 서머나교회에 주신 말씀 그대로 살았습니다.

이기는 자

오늘 묵상의 결론입니다.

> 귀 있는 자는 성령이 교회들에게 하시는 말씀을 들을지어다. 이기는 자는 둘째 사망의 해를 받지 아니하리라(계 2:11).

여기에서 '이기는 자'는 '죽도록 충성하는 자'입니다. 그들은 '둘째 사망the second death'의 해를 받지 않을 것이라 약속하십니다. '둘째 사망'이란 최후의 심판 때에 악한 자들이 불못에 던져지는 것을 말합니다.

> 13바다가 그 가운데에서 죽은 자들을 내주고 또 사망과 음부도 그 가운데에서 죽은 자들을 내주매 각 사람이 자기의 행위대로 심판을 받고 14사망과 음부도 불못에 던져지니 이것은 둘째 사망 곧 불못이라. 15누구든지 생명책에 기록되지 못한 자는 불못에 던져지더라(계 20:13-15).

그러나 생명의 월계관을 받는 사람들은 걱정할 필요가 없습니다. 그 이름이 생명책에 기록되어 있기 때문입니다. 달려갈 길을 마치게 되었을 때 우리 모두 '생명의 월계관'을 쓰고 다시 만나게 되기를 간절히 소망합니다.

버가모교회에 주시는 말씀

계 2:12-17

오늘은 아시아 지방의 일곱 교회 중에서 세 번째로 버가모^{Pergamos}교회
에 주시는 말씀을 묵상하겠습니다.

잘못된 접근방식

그에 앞서 요한계시록의 일곱 교회를 해석하는 한 가지 잘못된 접근
방식을 지적할 필요가 있습니다. 어떤 사람들은 교회의 역사를 그리스도
의 승천 이후부터 재림 때까지 일곱 시대로 나누고, 요한계시록에 등장
하는 '일곱 교회'를 각 시대마다 특징적으로 나타나게 될 교회의 상태를
묘사하는 것으로 해석하려고 합니다.

예를 들어서 에베소교회는 주후 1세기의 사도시대를 의미하고, 서머
나교회는 A.D. 100~313년까지의 핍박과 순교의 시대를 그리고 버가모
교회는 A.D. 313~538년까지의 타협의 시대를 의미한다는 식입니다. 그
렇게 주님이 재림하실 때까지 등장하는 교회의 모습을 일곱 교회를 통해

서 예언하고 있다는 것이지요. 일견-見 그럴듯하게 보일지 모르지만, 이와 같은 극단적인 알레고리적 해석은 요한계시록이 전하려고 하는 본래의 메시지와는 아무런 상관이 없습니다.

이런 주장을 가리켜서 전문적인 용어로 '세대주의Dispensationalism'라고 부릅니다. 앞으로 자세히 설명할 기회가 있겠습니다만, 간단하게 말하면 이렇습니다. 세대주의는 성경과 교회의 역사를 시대별로 구분하여 하나님의 통치 원리와 구원의 방법이 다르다고 주장합니다. 지난 시간에 잠깐 언급한 7년 대환란설과 교회의 비밀휴거설도 바로 세대주의가 만들어낸 작품입니다. 그리고 시한부종말론 역시 세대주의 성경 해석의 뿌리로부터 자라난 가지입니다.

이미 설명한 대로, 요한계시록은 계시오, 예언의 말씀이요, 동시에 교회를 위한 편지입니다. 요한계시록의 일곱 교회는 사도 요한 시대에 실제로 존재하고 있었습니다. 엄청난 핍박과 박해를 견뎌내고 있었던 그들에게 주신 위로의 메시지였습니다. 동시에 주님의 재림을 기다리고 있는 이 땅의 모든 교회를 향한 격려의 메시지입니다. 지금도 우리와 함께 계셔서 우리를 바실레이아로 빚어가고 계시는 하나님의 이야기입니다.

그런데 그것을 마치 특별한 사람만 풀어낼 수 있는 어떤 영적인 수수께끼라도 되는 듯이 다루려고 하거나, 어느 특정한 시대와 교회의 특징을 드러내는 무슨 대단한 비밀이라도 되는 듯이 설명하려고 하는 것은 그 출발과 동기에서부터 잘못된 것입니다. 그런 빗나간 호기심과 자의적인 해석으로 인해 하나님이 직접 분명하게 드러내신 계시의 말씀이 오히려 애매모호한 비밀로 둔갑하게 되는 것입니다.

버가모교회 삶의 자리

에베소와 서머나 에게 해 연안에 위치한 도시였던 것과 달리, 버가모는 해발 400미터 이상의 내륙 고지대에 위치하고 있었습니다. 버가모는 에베소나 서머나처럼 상업 도시가 될 수는 없었지만, 이곳에 로마 총독부가 있어서 당시 아시아 지방의 행정 중심지가 되었습니다. 그 뿐만 아니라 버가모에는 20만 권의 장서를 가진 대규모의 도서관이 있어서, 문화적인 중심지의 역할을 하기도 했습니다.

무엇보다도 버가모는 종교적으로 매우 중요한 곳이었습니다. 버가모 사람들이 수호신으로 섬기고 있던 제우스Zeus의 신전을 비롯해서, 술의 신 디오니소스Dionysus와 전쟁의 여신 아데나Athena 그리고 치료의 신 아스클레피오스Asclepius의 신전들이 있었습니다. 거기에다 로마 황제 숭배를 위한 3개의 거대한 신당 등 갖가지 신전들이 모두 모여 있었습니다.

버가모는 이 신전들이 가파른 언덕에 자리 잡고 도시를 내려다보고 있는 모양새였는데, 이들 신전에서 날마다 드리는 제물로 인해 도시 전역이 언제나 연기로 자욱할 정도였다고 합니다. 게다가 사도 요한 당시에는 도미티아누스가 황제 숭배를 특별히 강요하던 시대였으니, 버가모에서 그리스도인으로 살아간다는 것이 얼마나 어려운 일이었을지 충분히 짐작할 수 있습니다.

이와 같은 환경에서 살고 있던 버가모교회 성도들에게 주님은 어떤 말씀을 하셨을까요? 버가모교회에 보낸 편지는 다음과 같이 시작됩니다.

12버가모교회의 사자에게 편지하라. 좌우에 날선 검을 가지신 이가 이르시되 13 네가 어디에 사는지를 내가 아노니 거기는 사탄의 권좌가 있는 데라. 네가 내 이름을 굳게 잡아서 내 충성된 증인 안디바가 너희 가운데 곧 사탄이 사는 곳에서 죽임을 당할 때에도 나를 믿는 믿음을 저버리지 아니하였도다(계 2:12-13).

버가모교회 역시 바울의 선교로 세워졌을 것으로 추측됩니다(19:10). 교회에는 반드시 영적인 지도자가 있게 마련입니다. 전승에 따르면 사도 요한이 '사랑하는 가이오'(요삼 1:1)를 버가모교회 최초의 감독으로 세웠다고 합니다. 그러나 이 편지가 보내지던 당시에 버가모교회의 사자가 누구였는지는 알 길이 없습니다. 13절에 언급되고 있는 순교자 안디바Antipas는 아마도 가이오의 뒤를 이은 감독이었을 것이라 추정됩니다.

그러나 중요한 것은 버가모교회에도 거룩한 순교의 피가 흐르고 있다는 사실입니다. 에베소교회에서는 디모데가, 서머나교회에서는 폴리캅이 순교의 피를 흘렸습니다. 멀리 거슬러 올라가서 예루살렘교회에서는 스데반과 야고보가 순교의 피를 흘렸습니다(행 7:59, 12:2). 아니 당시의 모든 교회는 수많은 무명의 순교자들이 흘린 피로 세워졌습니다. 버가모교회도 마찬가지였습니다.

주님은 그들에게 말씀하십니다. "네가 어디에 사는지를 내가 안다"(I know where you live). 에베소교회에는 "네 행위와 수고와 인내를 안다"고 하셨고, 서머나교회에는 "네 환난과 궁핍을 안다"고 하셨는데, 버가모교회에는 왜 이렇게 말씀하시는 것일까요? 왜냐하면 그들은 '사탄의 권좌the throne of Satan'가 있는 곳에 살고 있었기 때문입니다. 사탄의 권좌란 앞에서 설명한 온갖 신전들, 특히 황제 숭배의 신당이 자리잡고 있는 가파른 언덕을 가리키는 것으로 보입니다.

그런데 여기에서 '산다'는 말을 곱씹어 볼 필요가 있습니다. 이에 해당되는 헬라어 '카토이케오'(κατοικέω, katoikeō) 동사는 '거주하다inhabit'라는 뜻입니다. 특정 지역에 정착하여 살아가는 것을 말합니다. 그런데 그곳이 하필이면 사탄의 권좌가 있는 곳이요, 사탄의 세력이 가장 강력한 곳입니다. 좋거나 싫거나 거기에서 계속해서 먹고 살아야 합니다. 그러면서 동시에 그리스도인으로서의 정체성과 신앙을 지켜나가야 합니다.

이는 버가모교회 성도들만의 특수한 상황이 아닙니다. 정도의 차이는 있겠지만, 모든 그리스도인들은 사탄의 권좌가 있는 곳에서 살고 있습니다. 이 세상은 사탄이 왕 노릇하는 곳이기 때문입니다. 그곳에서 그리스도인은 어떻게든 믿음을 지키며 살아내야 합니다. 신앙생활은 이 세상에서 도피하는 수단이 아니기 때문입니다. 주님은 우리 그리스도인들이 어디에서 살고 있는지를 잘 알고 계십니다.

예수 이름을 붙잡다

이어서 주님은 버가모교회를 칭찬하고 격려하시는 말씀을 하십니다. 두 가지입니다. "내 이름을 굳게 잡았다"(You hold fast my name)는 것과 "나를 믿는 믿음을 저버리지 않았다"(You did not deny my faith)는 것입니다. 이것은 황제 숭배의 상황에서 가장 잘 이해될 수 있습니다.

당시의 황제 숭배는 사실 그다지 어려운 일이 아니었습니다. 일 년에 한 차례 황제의 신당에 가서 분향하면서 "가이사는 주!"(Caesar is Lord!)라 선서하고 증명서를 받아오면 됩니다. 그 다음에는 다른 어떤 신을 섬겨도 괜찮습니다. 다른 신을 섬긴다고 해서 누가 뭐라고 하지 않습니다. 황제 숭배는 무슨 대단한 헌신을 요구하는 것이 아니었습니다.

그러나 그리스도인은 "가이사는 주!"라 선서할 수 없었습니다. 왜냐하면 주는 오직 예수님 한 분뿐이기 때문입니다. "예수는 주!"(Jesus is Lord!)라는 고백에 그리스도인의 믿음과 정체성이 달려있습니다. '예수 그리스도'가 바로 그 고백(Jesus is the Christ)을 담고 있는 '이름'입니다. 로마 정부로서는 이러한 기독교의 신앙을 이해할 수 없었습니다. 그래서 그리스도인을 무신론자요 국법을 어긴 반동분자로 엄하게 처벌했던 것입니다.

안디바는 예수의 이름을 붙잡고 믿음을 저버리지 않았습니다. 그러다가 순교의 피를 흘렸습니다. 그 믿음이 또한 버가모교회 성도들에게 있었습니다. 주님은 그것을 칭찬하시면서 또한 버가모교회 성도들을 격려하고 계시는 것입니다. 그러나 모두가 그랬던 것은 아닙니다.

일곱 교회에 보낸 메시지의 핵심은 편지의 발신자인 예수 그리스도에 대한 묘사에 담겨 있다고 했습니다. 그리고 그것은 사도 요한이 목격한 예수 그리스도의 환상에 이미 등장하는 표현이라고 했습니다. 버가모교회에는 "좌우에 날선 검을 가지신 이"라고 소개하는데, 이 말씀 역시환상에 등장합니다(계 1:16).

좌우에 날선 검the sharp, double-edged sword은 주님의 입에서 나오는 말씀을의미합니다. 이 말씀의 검으로 주님이 싸워야 할 사람이 있다고 하십니다(16절). 그들이 과연 누구일까요?

니골라당의 교훈

주님은 걱정의 말씀을 시작하십니다.

14그러나 네게 두어 가지 책망할 것이 있나니 거기 네게 **발람의 교훈을 지키는자들**이 있도다. 발람이 발락을 가르쳐 이스라엘 자손 앞에 걸림돌을 놓아 우상의 제물을 먹게 하였고 또 **행음**하게 하였느니라. 15이와 같이 네게도 니골라당의 교훈을 지키는 자들이 있도다(계 2:14-15).

앞에서 에베소교회에 주시는 말씀을 묵상할 때에, '책망'이란 본래 비난하거나 심판하는 뉘앙스의 말씀이 아니라 염려하고 걱정하는 말씀이라고 설명했습니다. 서머나교회에는 격려와 칭찬의 말씀만 있었는데, 버가모교회에는 또 다시 '걱정의 말씀'이 등장하고 있습니다.

버가모교회 성도들 중에서 주님을 걱정스럽게 만드는 사람들은 '발람의 교훈을 지키는 자들'이었습니다. 니골라당the Nicolaitans이 바로 그 장본인들입니다. 에베소교회를 다룰 때에도 잠깐 언급했지만(2:6), 이들은 일종의 도덕폐기론자the Antinomians입니다. 아무렇게나 살아가면서도 믿음만 있으면 된다고 생각하는 사람들입니다. 주님은 니골라당을 구약에 등장하는 '발람Balaam'에 견주어 설명하십니다.

발람의 이야기는 민수기에 나옵니다. 발람은 모압 왕 발락Balak의 부탁을 받고 이스라엘을 저주하려고 여러 번 시도하지만, 하나님이 막으셔서 도리어 축복하게 되었지요. 그러나 재물에 욕심이 생긴 발람은 이스라엘 백성들을 넘어뜨릴 수 있는 악한 꾀를 발락에게 알려줍니다.

> 1이스라엘이 싯딤에 머물러 있더니 그 백성이 모압 여자들과 음행하기를 시작하니라. 2그 여자들이 자기 신들에게 제사할 때에 이스라엘 백성을 청하매 백성이 먹고 그들의 신들에게 절하므로 3이스라엘이 바알브올에게 가담한지라. 여호와께서 이스라엘에게 진노하시니라(민 25:1-3).

발람이 가르쳐준 꾀는 이렇습니다. 여자들을 앞세워서 이스라엘 백성을 잔치 자리로 초대하라는 겁니다. 그러다 보면 자연스럽게 하나님이 가장 싫어하시는 우상의 제의에도 참여하게 될 것이고, 결국 하나님이 이스라엘 백성에게 진노하실 것이 아니냐는 겁니다. 실제로 그렇게 되었습니다.

'발람의 교훈the doctrine of Balaam'은 세상과 적당히 타협하는 것입니다. "하나님을 섬기지 말라"는 이야기가 아닙니다. 단지 "하나님만 섬기려고 고집하지 말라"고 합니다. 다른 신을 섬기면서 얼마든지 하나님도 잘 섬길 수 있다고 가르치는 것입니다. 그것이 바로 성경이 말하는 종교적인 '행음'입니다. 자, 그렇다면 발람의 교훈은 니골라당과 어떤 관계가 있을까요?

니골라Nicolas는 예루살렘교회가 세운 일곱 집사 중의 하나입니다(행

6:5). 그는 본래 안디옥 출신의 이방인이었지만 유대교로 개종했습니다. 후에 또 다시 기독교의 신앙을 받아들여 예루살렘교회에서 열심히 신앙 생활 하던 중에 집사로 선택되었던 것입니다. 그런데 어쩌다가 이렇게 니골라당의 우두머리가 되어 교회와 성도들을 미혹하게 되었는지 알 수 없습니다.

아마도 예루살렘교회에 갑작스럽게 몰아친 박해와 밀접한 관계가 있었을 것으로 추측합니다. 전승에 따르면 니골라는 이때 은둔생활을 했다고 합니다. 그러면서 자신의 신학적인 사고의 틀을 갖게 되었다는 것이지요. 니골라당의 주장은 이렇습니다. 그들은 구원받는 것은 오직 '영혼'이라고 생각합니다. 몸은 땅에 묻혀 썩어버리면 그만입니다. 영혼은 오직 믿음으로 구원받습니다. 그러니 육신의 행위는 그다지 중요한 문제가 될 수 없다는 것이지요.

이와 같은 니골라당의 주장을 황제 숭배의 상황에 적용하면 어떻게 될까요? 그들에 의하면 황제의 신상 앞에 몸을 숙여 절하는 것은 아무런 문제가 되지 않습니다. 왜냐하면 마음으로 예수님을 믿기만 하면 영혼은 구원받기 때문입니다. 그런 방식으로 세상과 타협하는 것입니다. 우리나라로 따지면 일제 강점기의 신사참배와 매우 흡사합니다.

도미티아누스는 황제 숭배의 의무를 이행한 사람에게만 황제의 공식적인 인장이 찍힌 표를 증명서로 배부했습니다. 그리고 이 표를 소지한 사람들만 물건을 사고팔 수 있도록 했습니다. 그래서 당시 그리스도인들 중에는 로마 관리를 매수하여 이 표를 구입함으로써 박해를 피하는 사람들이 생겨나기도 했습니다. 그래서 이들을 배교자로 보아야 하는지의 문제를 놓고 교회 안에 논쟁이 있었다고 합니다.

니골라당의 입장에서는 얼마든지 그럴 수 있다고 할 것입니다. 그리고 현실적으로 살아남기 위해서는 어쩔 수 없는 선택이라고 강변할 것입니다. 그러나 하나님이 보실 때 그것은 종교적인 '행음'입니다. 발람이 바로 그 원조였던 것입니다.

물론 버가모교회 성도들이 모두 그랬다는 것은 아닙니다. 단지 니골라당의 교훈을 지키는 자들이 소수 '있었을' 뿐입니다. 그런데 어떤 공동체이든지 이러한 소수가 문제입니다. 에베소교회는 이런 경우에 어떻게 했습니까? "니골라당의 행위를 미워했다"(2:6)고 했습니다. 아예 발을 붙이지 못하게 했던 것입니다. 그런데 버가모교회는 그러지 않았습니다. 주님은 바로 그 점을 걱정하시는 것입니다.

입의 검으로 싸우리라

주님은 니골라당의 교훈을 지키는 자들에게 말씀하십니다.

그러므로 회개하라. 그리하지 아니하면 내가 네게 속히 가서 내 입의 검으로 그들과 싸우리라(계 2:16).

"회개하라"에 해당되는 헬라어 '메타노에오'(μετανοέω, metanoeō) 동사는 "생각이나 목적을 바꾸는 것"(to change one's mind or purpose)을 의미한다고 했습니다. 니골라당의 행위를 미워했지만, 사랑의 동기를 잃어버렸던 에베소교회를 향한 권면의 말씀이었습니다. 그런데 이번에는 니골라당의 교훈을 따르는 자들에게 똑같은 말씀을 하십니다.

"생각을 바꾸라!" 그리하지 아니하면, 즉 생각을 바꾸지 아니하면 그들에게 속히 가서 '내 입의 검으로' 싸우겠다고 하십니다. 앞에서 예수 그리스도를 "좌우에 날선 검을 가지신 이"라고 소개한 것(12절)도 바로 이 대목을 위한 준비였습니다.

자, 그런데 여기에서 우리가 주목할 것은 "싸우겠다"(I will fight against

you)이지 "죽이겠다"(I will kill you)가 아니라는 사실입니다. 주님의 관심은 '심판'과 '멸망'이 아니라 '교정'과 '회복'입니다. 교회는 주님이 책망하시고 심판하시는 대상이 아닙니다. 고쳐서 사랑하시는 대상입니다. 왜냐하면 장차 교회는 어린 양의 신부로 세워져야 하기 때문입니다. 주님의 입에서 나오는 말씀의 검으로 그렇게 다듬겠다는 약속입니다.

그런데 메시지 성경은 이 부분을 "나는 그들이 너무도 싫다. 내 말씀의 날 선 칼로 그들을 갈기갈기 찢을 것이다"(I'm fed up and about to cut them to pieces with my sword-sharp words)라고 풀이합니다. 이런 식으로 본문의 말씀을 이해하는 것이 일반적입니다.

그러나 제가 볼 때, 이것은 교회와 성도들을 향한 주님의 관심을 제대로 반영하지 못한 지나치게 과격한 풀이입니다. 주님은 아무리 잘못된 생각에 빠져 있다고 하더라도 그들을 함부로 교회에서 내치는 분이 아니십니다. 주님이 그렇게 갈기갈기 찢으실 심판의 대상은 교회를 핍박하고 성도들을 미혹하는 사탄의 세력이지, 결코 교회와 성도들이 아닙니다.

이것은 특히 하나님의 말씀을 전하는 목회자들이 반드시 새겨두어야 할 교훈입니다. 말씀의 검으로 교회를 비판하고 성도들을 정죄하고 난도질하는 것을 목회자의 특권이라도 되는 듯이 생각하고 있다면, 그것은 주님의 마음을 조금도 헤아리지 못하고 있다는 증거입니다. 목회자는 목양牧羊의 사명을 받은 사람입니다. '내 양'이 아니라 '주님의 양'을 치고 있는 것입니다(요 21:16).

이기는 자

오늘 묵상의 결론입니다.

귀 있는 자는 성령이 교회들에게 하시는 말씀을 들을지어다. 이기는 그에게는 내가 감추었던 만나를 주고 또 흰 돌을 줄 터인데 그 돌 위에 새 이름을 기록한 것이 있나니 받는 자 밖에는 그 이름을 알 사람이 없느니라(계 2:17).

여기에서 '이기는 자'는 '끝까지 주님의 이름을 붙잡는 자'입니다. 우상숭배와 타협하지 않는 자입니다. 그들에게 주님은 두 가지를 약속하십니다. 그것은 '감추었던 만나the hidden manna'와 '새 이름을 기록한 흰 돌'(a white stone with a new name)을 주시겠다는 것입니다.

만나는 이스라엘 백성들이 광야에서 먹을 것이 없었을 때 하나님이 내려주신 양식입니다. 가나안에 들어가서 그 땅의 소산물을 먹은 다음 날에 만나가 그쳤지요(수 5:12). 시편 기자는 만나를 하늘 양식the grain of heaven이라고 표현했습니다(시 78:24).

우리 주님은 하나님의 떡(만나)은 하늘에 내려 세상에 생명을 주는 것이라고 하시면서, 자신이 바로 생명의 떡(만나)이라고 말씀하셨습니다(요 6:35). 그렇다면 감추었던 만나를 주시겠다는 말씀은 무슨 뜻입니까? 주님의 재림과 더불어 이루어질 하나님의 나라에서 주님과 더불어 살게 될 것이라는 말씀입니다.

'흰 돌'과 '새 이름'도 마찬가지입니다. 사도 요한 당시의 법정에서는 배심원들이 흰 돌과 검은 돌로 죄의 유무를 표현했다고 합니다. 따라서 흰 돌을 받게 된다는 것은 죄가 깨끗이 씻어졌다는 뜻입니다. 우리 그리스도인들은 예수 그리스도의 보혈로 깨끗하게 씻음을 받은 존재들입니다.

또한 새 이름은 '새로운 존재'를 의미합니다. 아브람이 아브라함으로, 야곱이 이스라엘로 이름이 바뀌었을 때 그들은 새로운 인격으로 탄생했습니다. "사람이 거듭나지 아니하면 하나님의 나라를 볼 수 없다"(요 3:3)고 주님은 말씀하셨습니다. 오직 그리스도의 은혜를 통해서 이름과 인격이 바뀐 사람들만 하나님의 나라에 들어갈 수 있습니다.

그런데 여기에서 우리가 놓치지 말아야 할 중요한 말씀이 하나 있습니다. 그것은 새 이름은 오직 그 이름을 받은 사람만이 알 수 있다는 사실입니다. 다시 말해서 새 이름을 주신 주님과 그 이름을 받은 당사자만 알고 있는 비밀이라는 것입니다.

바울은 자신의 몸에 예수의 흔적the marks of Jesus을 지니고 있다고 했습니다(갈 6:17). 또한 집사를 선정할 때에도 깨끗한 양심에 '믿음의 비밀the deep truths of the faith'을 가진 자를 세워야 한다고 했습니다(딤전 3:9). 이는 모두 주님과의 관계 속에서 오직 당사자만이 경험하여 알고 있는 비밀입니다.

우리 그리스도인들은 사탄의 권좌가 있는 이 세상에서 살아가고 있습니다. 그곳에서 믿음을 지키며 살아가는 것은 결코 쉽지 않은 일입니다. 그러나 예수 그리스도의 은혜로 구원 받은 '믿음의 비밀'을 가지고 있다면 그다지 어려운 일도 아닙니다. 물론 이 세상은 이런저런 일로 압력을 행사하며 집요하게 우리와의 타협을 시도할 것입니다. 그래서 우리의 믿음이 흔들릴 때도 있을 것입니다.

그러나 주님은 말씀의 검으로 우리를 다듬으시고 새롭게 하십니다. 끝까지 믿음의 길을 걸어가게 하십니다. 우리를 '바실레이아'(나라)로 만들어가고 계십니다. 어린 양의 훌륭한 '신부'가 되도록 가꾸어가고 계십니다. 따라서 우리가 해야 할 일은 주님 안에서 살아가는 것입니다. 비록 한때 의심하고 넘어지고 좌절했더라도 다시 일어서는 것입니다. 하나님께서 우리를 '이기는 자'로 삼으셨습니다.

그렇게 인생의 마지막 순간까지 믿음의 경주를 달려가는 우리들이 되기를 간절히 소망합니다.

요한계시록 묵상 7

두아디라교회에 주시는 말씀

계 2:18-29

오늘은 아시아 지방의 일곱 교회 중에서 네 번째로 두아디라Thyatira교회에 주시는 말씀을 묵상하겠습니다.

상업도시 두아디라

두아디라는 지금까지 언급한 다른 도시들과 비교하면 상대적으로 아주 작은 규모의 도시입니다. 그러나 북서쪽으로는 버가모를 거쳐서 콘스탄티노플로 이어지고, 남동쪽으로는 사데를 거쳐서 빌라델비아와 라오디게아로 이어지는 대로상에 위치한 지리적인 조건으로 인해서, 자연스럽게 상업과 무역업이 발달하게 되었습니다.

특히 두아디라는 뛰어난 염색 기술을 가지고 고급 옷감을 만들어내는 것으로 유명했습니다. 바울이 두 번째 선교여행 중에 마게도냐의 빌립보에서 만난 '자색 옷감 장사 루디아'가 바로 이곳 두아디라 출신이었습니다(행 16:14). 또한 이곳은 무역업을 하는 상인 조합guild의 활동으로 유명했는데, 루디아도 이 조합에 소속되어 마게도냐까지 가서 사업을 벌이고 있었던 것으로 보입니다.

두아디라에는 피혁, 금·은 세공, 의복, 염색, 토기공, 떡 구이, 노예매매 등에 관계된 여러 업종의 조합으로 구성되어 있어서, 도시 생활 전반에 큰 영향력을 행사하고 있었습니다. 따라서 시민으로서 경제적이고 사회적인 혜택을 누리기 위해서는 누구든지 그 조합에 회원으로 소속되어 있어야 했습니다. 그 중에서도 가장 단결력이 강한 조합은 물론 섬유조합이었습니다.

그러나 종교적으로 볼 때 두아디라는 그리 중요한 도시가 아니었습니다. 물론 그들에게도 트림나스Trymnas라는 수호신이 있었지만, 앞서 살펴본 버가모처럼 많은 신전을 가지고 있지 않았습니다. 또한 다른 도시들처럼 황제 숭배도 강하게 요구되지 않았던 것으로 보입니다. 따라서 그로 말미암은 박해의 위협이 없었습니다.

그렇지만 두아디라교회는 주님으로부터 가장 긴 걱정의 말씀을 들어야 했습니다. 두아디라교회가 직면하고 있던 문제는 과연 어떤 것이었을까요?

나중이 더 훌륭한 교회

두아디라교회에 주시는 말씀은 다음과 같이 시작됩니다.

두아디라교회의 사자에게 편지하라. 그 눈이 불꽃 같고 그 발이 빛난 주석과 같은 하나님의 아들이 이르시되…(계 2:18).

두아디라교회도 아시아 지방의 다른 교회들과 마찬가지로 바울과 그의 제자들의 선교로 세워졌을 것입니다. 교회가 세워지려면 반드시 사자

使者가 있어야 합니다. 뒤에 이어지는 칭찬과 격려의 말씀을 읽어보면 두 아디라교회에도 탁월한 영적 지도자들이 분명히 있었을 것입니다. 그러나 누구인지 알 수가 없습니다. 다른 기록에서도 그 흔적을 찾아볼 수가 없습니다.

오히려 두아디라교회에 심각한 신앙적인 위기를 만들어낸 장본인이었던 이세벨이라는 여 선지자의 이름이 기록되어 있습니다(20절). 믿음의 공동체를 일구기 위해 수고하고 헌신했던 종들의 이름은 남아 있지 않고, 오히려 교회를 허물어버린 사람의 이름이 이렇게 버젓이 기록되어 남아있다는 사실이 참으로 아이러니합니다.

두아디라교회에 보여주시는 주님의 모습도 심상치 않습니다. "불꽃 같은 눈과 주석과 같은 발을 가지신 하나님의 아들"(the Son of God, who has his eyes like to a flame of fire, and his feet are like fine brass)이라고 소개되고 있습니다. 이 또한 요한이 목격한 환상에 등장하는 표현입니다(계 1:14-15).

다른 교회들의 경우와 마찬가지로, 두아디라교회에 보낸 메시지의 핵심이 바로 여기에 담겨 있습니다. '불꽃 같은 눈'과 '주석과 같은 발'의 의미는 오늘 본문의 후반부 23절과 27절에 각각 설명되어 있습니다. 굳이 그 설명을 듣지 않더라도 벌써 그 메시지의 무게감이 충분히 느껴지고도 남습니다.

그러나 언제나 그랬듯이 우리 주님은 두아디라교회에 대한 걱정의 말씀이 아니라, 따뜻한 칭찬과 격려의 말씀으로 시작하십니다.

> 내가 네 **사업**과 사랑과 믿음과 섬김과 인내를 아노니 네 나중 **행위**가 처음 것보다 많도다(계 2:19).

여기에서 '사업'과 '행위'는 헬라어로 같은 단어(에르가, ἔργα)입니다.

영어로는 'works'로 번역합니다. 요즘 우리에게 익숙한 '사역ministries'에 해당되는 말이라고 할 수 있을 것입니다. 두아디라교회의 사역은 아주 풍성했습니다. 그들은 에베소교회가 놓쳤던 '사랑'을 가지고 있었습니다. '믿음'과 '섬김'과 '인내'도 있었습니다.

무엇보다도 "나중 행위가 처음 것보다 많다"는 말씀이 아주 특별합니다. 우리말 '많은'으로 번역된 '플레이온'(πλείων, pleiōn)은 '더 훌륭한more excellent' 또는 '더 위대한greater'이라는 뜻입니다. 그러니까 단순하게 사역의 양이 많아졌다는 게 아닙니다. 내용적으로 더 충실해졌을 뿐만 아니라, 또한 그것을 더 잘해내고 있다는 그런 뜻입니다.

그래서 메시지 성경은 이렇게 풀이합니다.

Yes, very impressive! You get better at it every day.

주님은 두아디라교회의 사역을 '매우 인상적'이라고 하며 칭찬해주십니다. 또한 날마다 '더 나아지고 있다'고 격려해주십니다. 지구상의 모든 교회가 주님으로부터 이런 칭찬을 들을 수 있다면 얼마나 좋을까요.

그러나 대부분은 그 반대로 용두사미龍頭蛇尾가 되기 십상입니다. 처음에는 대단한 의욕을 가지고 거창하게 시작하지만, 날이 갈수록 그 열심이 점점 식어가고 나중에는 흐지부지해지는 경우가 얼마나 많이 있는지 모릅니다. 그런 의미에서 두아디라교회 성도들은 지금 주님으로부터 최고의 찬사를 받고 있는 것입니다.

이세벨의 교훈

그러나 이와 같은 따뜻한 격려의 말씀은 뒤에 이어지는 걱정의 말씀에 비하면 너무 짧습니다.

그러나 네게 책망할 일이 있노라. 자칭 선지자라 하는 여자 이세벨을 네가 용납함이니 그가 내 종들을 가르쳐 꾀어 행음하게 하고 우상의 제물을 먹게 하는도다(계 2:20).

지금까지 여러 교회를 살펴보면서 '책망'이라는 말을 '걱정'으로 바꾸어서 설명해왔습니다. 주님에게 교회는 책망이나 심판의 대상이 아니라 고쳐서 사랑하시는 대상이라는 확신 때문입니다. 두아디라교회도 역시 마찬가지입니다. 주님은 그들이 직면하고 있는 문제를 걱정하십니다. 어떻게든 해결하기를 원하십니다.

물론 성도들을 미혹하여 잘못된 길로 이끌어간 당사자에 대해서는 하나님이 그냥 내버려두지 않으십니다. 그러나 그로 인해 믿음의 공동체 전체가 심판의 대상이 되는 것은 아닙니다. 이 두 가지를 잘 구분할 수 있어야 합니다. 그렇지 않으면 주님의 은혜를 변덕스러움으로 오해하게 됩니다.

교회에 대한 주님의 관심은 분명합니다. '교정'과 '회복'입니다. 고쳐서 사랑하시는 것입니다. 그러나 악의적으로 교회에 해를 끼치는 사람들에게는 단호하십니다. 왜냐하면 그들은 교회에 들어와 있기는 하지만 실상은 하나님의 자녀가 아니라 사탄의 끄나풀이기 때문입니다.

아무튼 이와 같은 최고의 찬사에도 불구하고, 두아디라교회는 주님에게 걱정을 끼쳤습니다. 그것은 '자칭 선지자라 하는 여자 이세벨'을 용납한 일입니다. 여기에서 이세벨Jezebel이란 여자에 대해서 먼저 살펴볼 필요가 있습니다. 그녀가 누구인지에 대해서 사람들의 의견이 분분합니다.

'여자'에 해당되는 헬라어 '구네'(γυνή, gune)가 '아내a wife'로 번역될 수 있다는 이유로 당시 두아디라 감독의 아내를 의미한다고 주장하는 사람도 있습니다. 또는 아무런 근거도 없이 이세벨을 '자주 옷감 장사 루디아'와 동일 인물이라고 생각하기도 합니다. 그래서 빌립보에서 돌아온 루디아가 자신이 가지고 있던 금력金力을 바탕으로 교회에 악영향을 끼쳤다고 비난합니다. 또는 구약 성경에 나오는 아합 왕의 왕비로 설명하기도 하고, 심지어는 중세시대의 마리아 숭배를 예언하는 말씀으로 풀이하기도 합니다.

그러나 버가모교회의 순교자 안디바가 실존 인물이었다면(2:13), 두아디라교회의 이세벨 또한 실제로 있었다고 보는 것이 맞습니다. 그녀는 '자칭 선지자'였습니다. 다시 말해서 스스로 선지자라고 불렀습니다(who calls herself a prophet). 그러면서 두아디라교회 성도들을 '가르쳐 꾀어'(teaching and misleading) 행음하게 하고 우상의 재물을 먹게 했습니다.

선지자 또는 예언자는 본래 하나님의 말씀을 '대언代言하는 사람'입니다. 대언하려면 먼저 하나님이 그에게 주신 말씀이 있어야 합니다. 그런데 이세벨에게는 그런 말씀이 없었습니다. 그러면서 자신의 생각을 마치 하나님의 말씀인 것처럼 둔갑시켜서 가르쳤습니다. 그래서 자칭 선지자 즉 거짓 선지자입니다. 그 가르침에 넘어간 사람들이 행음하고 우상의 제물도 먹게 된 것입니다.

그런데 행음行淫은 단순히 부도덕한 성적인 행위를 의미하지 않습니다. 마치 이세벨이 이 사람, 저 사람을 꾀어서 그들과 성관계를 맺은 것처럼 생각하면 안 된다는 말입니다. 행음은 '우상의 제물'과 관련된 문제입니다. 이세벨은 우상의 제물과 관련하여 그릇된 교훈을 '가르쳐서' 사람들을 꾀었던 장본인입니다.

이 문제를 풀기 위해서 우리는 상인 조합guild의 상황을 먼저 이해해야 합니다. 앞서 설명한 것처럼, 두아디라에서는 조합에 가입되어 있지 않으면 경제적인 활동을 할 수 없었습니다. 조합 활동을 하기 위해서는 먼저 그들의 수호신인 트림나스Trymnas 신전에 가서 함께 제사를 드려야 했습니다. 그리고 조합원들끼리 공동식사를 하게 되는데, 그때 우상에게 바친 제물의 고기를 먹었습니다. 이 식사에는 흔히 주색酒色이 뒤따르기도 했습니다.

그리스도인에게는 아주 난감한 상황입니다. 먹고 살려면 조합 활동을 하지 않을 수 없습니다. 조합 활동을 하다보면 때로 우상에게 절을 하고, 제물의 고기도 먹어야 합니다. 그러나 예수 그리스도를 믿는 성도로서 그렇게 하면 안 됩니다. 이 문제에 관해서 예루살렘 공회는 분명하게 '우상의 제물'을 먹으면 안 된다고 결정해 놓았습니다(행 15:29). 자, 그렇다면 어떻게 해야 할까요? 바로 여기에 '이세벨의 교훈'이 들어온 것입니다.

이세벨의 교훈을 한 마디로 요약하면 "돈이 먼저다!"입니다. "먹고 살기 위해서는 먼저 돈을 벌어야 한다. 신앙생활은 그런 다음에 하는 것이다. 사회와 단절하면서까지 믿음을 지키는 것은 하나님도 원하지 않는 일이다. 하나님은 오히려 우리가 잘 살게 되는 것을 원하신다. 가난하게 사는 것은 하나님의 뜻이 아니다. 그러니 우상의 제물을 먹었다고 해서 죄의식을 느낄 필요가 없다. 열심히 돈 벌어서 헌금 많이 하면 된다. 그 헌금으로 더 많은 사역을 할 수 있다면 그것을 하나님은 더 기뻐하신다." 이런 식입니다.

이것은 사실 두아디라교회 성도들만의 문제는 아니었습니다. 고린도교회에 보낸 편지에서 바울은 같은 문제를 자세히 다룹니다(고전 8-10장). 앞서 살펴보았던 서머나교회가 받은 칭찬도 이 문제와 관련되어 있습니다. 그들에게도 똑같은 시험이 있었지만, 그들은 '돈'을 선택하지 않고 '궁핍'을 선택했던 것입니다(2:8). 우상과 타협함으로써 부자가 되기보다는 믿음을 지키다가 순교하기로 했던 것입니다.

두아디라교회에 대해서 주님이 걱정하시는 것은 이세벨의 교훈을 그들이 '용납했다'는 사실입니다. 이에 해당되는 헬라어 '아피에미'(ἀφίημι, aphiēmi)는 'permit허락하다'라는 뜻과 함께 'forgive용서하다'의 뜻도 가지고 있습니다. NIV 성경은 'tolerate참다'로 번역합니다. 그러니까 어쩔 수 없는 것으로 생각해 그냥 바라만 보고 있었다는 것입니다. 주님은 두아디라교회 성도들의 그런 태도를 걱정하고 계십니다.

경고의 말씀

주님의 걱정은 '경고'의 말씀으로 발전합니다.

> 21또 내가 그에게 회개할 기회를 주었으되 자기의 음행을 회개하고자 아니 하는
> 도다. 22볼지어다. 내가 그를 침상에 던질 터이요 또 그와 더불어 간음하는 자들
> 도 만일 그의 행위를 회개하지 아니하면 큰 환난 가운데에 던지고 23또 내가 사망
> 으로 그의 자녀를 죽이리니 모든 교회가 나는 사람의 뜻과 마음을 살피는 자인
> 줄 알지라. 내가 너희 각 사람의 행위대로 갚아 주리라(계 2:21-23).

주님은 이세벨에게도 회개할 기회를 주셨습니다. '회개'란 생각이나 목적을 바꾸는 것(to change one's mind or purpose)이라고 했습니다. 거짓 선지자 이세벨에게도 주님은 생각을 바꿀 수 있는 기회를 주셨던 것입니다. 버가모교회에 있던 니골라당에게도 회개할 기회를 역시 주셨습니다 (2:15-16). 생각을 바꿀 수 있는 또 다른 기회를 주시는 것이 하나님의 은혜입니다.

그러나 이세벨은 결국 바꾸지 않았습니다. 스스로 심판을 자초했습니다. 주님의 심판은 그를 '침상에 던지는 것'입니다. 침상은 그냥 잠을 자는 침대를 말하지 않습니다. 영어로 표현하면 'a sickbed병상'입니다. 병들어 죽게 되는 것을 말합니다. 이세벨은 아마도 재산을 많이 모은 사람이었을 겁니다. 경제적으로 성공한 사람이었을 겁니다. 그랬으니 자신 있게 다른 사람에게도 "나처럼 살라"고 말할 수 있었겠지요. 그러나 병들어서 죽게 된 것입니다. 그 많은 돈이 무슨 소용이겠습니까?

그러면서 주님은 이세벨의 교훈을 따르던 자들에게도 회개할 것을 촉구하십니다. 회개하지 않으면 그들을 '큰 환난'에 던지시겠다고 하십니다. 앞에서 그리스도인은 '환난'과 '참음' 사이에서 '나라'로 만들어져가는 사람들이라고 했습니다. 그러나 이세벨의 교훈을 떠나지 않는 자들이 당하는 환난은 그냥 죽음으로 끝나버립니다. 자신만 그렇게 되는 것이 아닙니다. 그 자녀들도 하나님의 준엄한 심판을 받게 됩니다.

이것은 역사의 종말에 가서나 있게 될 최후의 심판을 이야기하는 것이 아닙니다. 가까운 미래에 두아디라교회의 성도들이 직접 목격하게 될 일들입니다. 아니 지금 그 일들이 진행되고 있는지도 모릅니다. 그렇게 하시는 이유는 그들로 하여금 깨닫게 하실 것이 있기 때문입니다. 그것이 무엇입니까? 주님은 "사람의 뜻과 마음을 살피신다"는 사실입니다. 바로 이 말씀이 '불꽃 같은 눈'으로 묘사된 주님의 모습이 담고 있는 메시지입니다.

그런데 메시지 성경은 이 말씀을 아주 재미있게 표현합니다.

Then every church will know that appearances don't impress me. I x-ray every motive and make sure you get what's coming to you.

모든 교회들은 주님이 겉모습에 감동받지 않으신다는 사실을 알게 될 것이라고 합니다. 주님은 마치 엑스레이x-ray로 들여다보듯이 마음속의 동기를 살피십니다. 그래서 그들에게 임하게 될 것을 받게 하신다는 말씀입니다.

그렇습니다. 주님은 불꽃같은 눈으로 우리의 마음을 감찰하시는 분입니다. 겉으로 아무리 그럴듯하게 포장해보아야 소용없습니다. 교회를 바르게 세우고 다듬기 위해서, 주님은 회개하지 않는 사람들을 때로 과감하게 심판하십니다. 이 편지를 읽을 때마다 두아디라교회 성도들은 실제로 이세벨과 그의 추종자들에게 어떤 일이 임했는지 거듭 상기하게 되었을 것입니다.

권면의 말씀

그런데 사실 주님의 관심은 이세벨을 심판하는 일에 있지 않습니다. 그 나머지 순진한 성도들을 바로 세우는 일에 있습니다. 그들에게 주님은 다음과 같이 권면하십니다.

> 24두아디라에 남아 있어 이 교훈을 받지 아니하고 소위 사탄의 깊은 것을 알지 못하는 너희에게 말하노니 다른 짐으로 너희에게 지울 것이 없노라. 25다만 너희에게 있는 것을 내가 올 때까지 굳게 잡으라(계 2:24-25).

여기에서 '이 교훈'이란 지금까지 이야기해온 '이세벨의 교훈'을 의미합니다. 그런데 '사탄의 깊은 것the depths of Satan'이라는 말을 해석하기가 쉽지 않습니다. NIV 성경은 'Satan's so-called deep secrets'이라고 풀이합니다. '진짜 심오한 비밀이 아닌데도 불구하고 마치 그런 것인 양 떠벌린다'는 뜻입니다.

그런데 그냥 '떠버리'나 '허풍쟁이'라고 하지 않고 왜 '사탄'이라고 하실까요? 그것은 서머나교회에 주신 말씀 중에서 '유대인의 회당'을 '사탄의 회당'이라고 표현한 것과 같습니다. 그 근원으로 거슬러 올라가면 결국 하나님이 아니라 사탄에 다다르게 됩니다. 사탄은 교회와 성도들을 어떻게든 넘어뜨리려고 합니다. 그래서 '사탄의 깊은 것'입니다.

두아디라교회에는 이세벨의 교훈에 속아 넘어간 사람이 적지 않았지만, 그 교훈과 상관없이 정직하게 신앙생활 하는 사람들도 제법 많이 있었습니다. 물론 보다 적극적으로 이세벨을 막지 못하고 그냥 참아준 잘못은 있었지만 말입니다. 그들을 향해서 주님은 권면하십니다. "내가 올 때까지 너희에게 있는 것을 굳게 잡으라."

두아디라교회 성도들이 가지고 있는 것이 무엇입니까? 앞에서 칭찬하신 바로 그것입니다. '사랑'과 '믿음'과 '섬김'과 '인내'로 '사역'하는 것입니다(19절). 그 사역을 이전보다 더 잘하는 것입니다. 이전보다 조금 더 사랑하고, 더 열심히 믿고, 더 많이 섬기고, 더 오래 인내하는 것입니다. 그렇게 주님이 오실 때까지 신앙생활 하는 것입니다. 그 외에는 요구할 것이 없다고 주님은 말씀하십니다.

이기는 자

오늘 묵상의 결론입니다.

> 26이기는 자와 끝까지 내 일을 지키는 그에게 만국을 다스리는 권세를 주리니 27그가 철장을 가지고 그들을 다스려 질그릇 깨뜨리는 것과 같이 하리라. 나도 내 아버지께 받은 것이 그러하니라. 28내가 또 그에게 새벽 별을 주리라. 29귀 있는 자는 성령이 교회들에게 하시는 말씀을 들을지어다(계 2:26-29).

'이기는 자'는 '끝까지 내 일을 지키는 자'입니다. '내 일My works'이 무엇입니까? '하나님의 일'입니다. 이것은 22절에 언급된 '그의 행위her works', 즉 이세벨의 교훈을 따르는 일과 대조되는 표현입니다. 이세벨은 세상과 돈과 타협하는 일을 가르쳤습니다. 그러나 그리스도인에게 요구되는 하나님의 일은 믿음의 지조를 지키는 것입니다. 마지막까지 그렇게 사는 사람이 이기는 자입니다.

이기는 자에게 두 가지 약속을 하십니다. 하나는 주님과 함께 만국을 다스리는 '권세authority'를 주시겠다는 약속입니다. 그 약속이 성취되는 장면이 요한계시록 뒷부분에 나옵니다. "그리스도와 더불어 왕 노릇 하리라"(계 20:4, 6). 그리고 주님이 재림하셔서 왕 노릇하시는 모습을, 오늘 본문은 "철장을 가지고 그들을 다스려 질그릇을 깨뜨리는 것과 같이 하신다"고 표현합니다. 바로 이것이 '주석과 같은 발'로 묘사된 주님의 모습이 담고 있는 메시지입니다.

철장鐵杖은 쇠로 만든 지팡이a rod of iron입니다. 주석朱錫도 단단한 금속재료입니다. 쇠 지팡이나 주석 같은 발 앞에서 질그릇은 아무것도 아닙니다. 살짝만 건드려도 산산조각나고 말 것입니다. 그래서 주님의 다스림을 그렇게 무섭게 심판하시는 것처럼 생각하게 됩니다. 그리고 이기는 자에게도 똑같은 권세를 주신다고 했으니, 마지막 때에 원수를 갚을 수 있는 막강한 권세를 주신다는 말씀처럼 받아들이기 쉽습니다. 만일 그랬다면 크게 오해한 것입니다.

왜냐하면 주님의 다스림은 무자비한 복수가 아니기 때문입니다. 우리말 '다스리다'로 번역된 헬라어는 '포이마이노'(ποιμαίνω, poimainō) 동사입니다. 이것은 목자가 양을 칠 때 사용하는 용어입니다. 예를 들어, 주님이 베드로에게 "내 양을 치라"(요 21:16)고 말씀하셨을 때, '치라'가 바로 '포이마이노'입니다. 주님은 마치 목자가 양을 돌보시는 것처럼 다스리십니다.

그렇기 때문에 철장鐵杖입니다. 쇠몽둥이가 아니라 쇠 지팡이입니다. 그런데 왜 하필 '쇠'일까요? 그것은 흔들림 없고 한결같은 주님의 '의지'를 나타내기 위해서입니다. 주님의 뜻을 거스를 수 있는 세력은 이 세상에 아무도 없습니다. 그리고 주님은 아무 질그릇이나 마구 부숴버리지 않습니다. 토기장이는 단지 잘못 만들어진 그릇을 깨뜨릴 뿐입니다(사 30:14). 주님의 뜻에 마지막까지 거역하는 사람에게는 그와 같은 심판이 내려지는 것입니다.

이기는 자에게 주시는 두 번째 약속은 '새벽 별'을 주시겠다는 것입니다. 새벽 별은 새벽이 오는 것을 알리는 별입니다. 그런데 'a morning star'가 아닙니다. 'the morning star'입니다. 어느 특정한 별을 의미합니다. 그것이 무엇일까요? 요한계시록 제일 마지막 부분에서 주님은 이렇게 말씀하십니다.

나 예수는 교회를 위하여 내 사자를 보내어 이것들을 너희에게 증언하게 하였노라. 나는 다윗의 뿌리요 자손이니 곧 광명한 새벽 별이라 하시더라(계 22:16).

그렇습니다. 새벽 별은 곧 예수 그리스도를 가리킵니다. 다시 말해서 주님 자신을 주시겠다는 것입니다. 마치 버가모교회에게 '감추었던 만나'(계 2:17)를 주시겠다고 말씀하신 것과 같습니다. 이제 곧 주님이 오신다는 약속입니다. 얼마 남지 않았으니 마지막까지 이기는 자가 되라는 것이지요.

두아디라교회의 이야기는 지난 2천 년의 교회 역사를 통해서 거듭 반복되었습니다. 우상의 제물이 다른 아이템으로 계속 바뀌었을 뿐, 모든 세대의 그리스도인들은 언제나 이세벨의 교훈과 싸워야 했습니다. 주님은 "하나님과 재물을 겸하여 섬길 수 없다"(눅 16:13)고 분명히 말씀하셨습니다. 그러나 오늘날에는 "하나님과 재물을 겸하여 섬길 수 있다"고 가르치는 교훈들이 득세하고 있고, 또한 많은 교회가 그것을 용납하고 있는 현실을 봅니다.

주님은 우리에게 이기는 자가 되라고 말씀하십니다. 끝까지 주님의 일을 지키라고 하십니다. 우리는 지금 주님이 맡겨놓으신 일을 하고 있습니까? 아니면 이세벨의 교훈에 귀를 기울이고 있습니까? 주님의 철장이 우리에게 심판의 도구가 아니라 구원의 도구로 다가오기를 간절히 소망합니다.

사데교회에 주시는 말씀

계 3:1-6

요한계시록에 등장하는 일곱 교회는 모두 동시대에 같은 지역에 존재하던 믿음의 공동체였습니다. 그들이 공통적으로 직면하고 있던 가장 큰 문제는 물론 로마제국에 의한 기독교 박해였습니다. 그러나 지금까지의 묵상을 통해서 교회의 존립을 위협하는 더 심각한 문제는 오히려 믿음의 공동체 내부에서 생겨난다는 사실을 알게 되었습니다.

에베소교회는 거짓 사도와 니골라당의 시험을 이겨내기는 했지만, 그러다가 그만 '사랑'을 잃어버렸습니다. 서머나교회는 황제 숭배를 단호히 거부하고 '궁핍'과 '순교'의 길을 선택했지만, 버가모교회는 니골라당의 교훈을 받아들여 세상과 적당히 타협하기 시작했습니다. 두아디라교회는 돈을 앞세우는 '이세벨의 교훈'에 속아 넘어가기도 했습니다.

믿음의 공동체가 박해와 같은 외부적인 요인에 의해서 무너지는 일은 거의 없습니다. 오히려 기독교 신앙의 본질을 곡해曲解하는 내부적인 요인이 교회에 더욱 심각한 해악을 끼칩니다. 이제 앞으로 요한계시록 3장에 등장하는 세 교회를 살펴보면서, 우리는 그 사실을 더욱 실감하게 될 것입니다.

부자 도시 사데

오늘은 아시아 일곱 교회 중에서 다섯 번째 교회인 사데Sardis교회에 주시는 말씀을 묵상하겠습니다. 사데는 고대 리디아Lydia 왕국의 수도였습니다. 리디아는 세계 최초로 금화를 만들어 보급했던 나라입니다. 사데 근처에 팍톨루스Pactolus라는 강이 흐르고 있었는데, 그곳의 사금을 채취하여 금화를 만들었다고 합니다. 그만큼 금이 많았던 것이지요.

손을 대기만 하면 무엇이든 황금으로 만들었다고 하는 '마이다스Midas 왕의 전설'(King Midas and The Golden Touch)도 바로 이곳을 배경으로 만들어졌습니다. 아무튼 사데는 '황금의 도시'라는 별명이 붙을 정도로 물질적으로 대단히 풍요로웠던 도시였습니다.

여러 제국에게 정복을 당하면서 예전의 화려했던 모습을 많이 잃기는 했어도, 사도 요한 당시의 사데는 여전히 부유한 도시였습니다. 그와 같은 도시에 믿음의 공동체가 세워졌습니다. 말하자면 부자동네에 교회가 세워진 것입니다. 그 교회는 과연 어떤 모습을 갖추게 되었을까요?

죽은 교회

사데교회에 주시는 말씀은 다음과 같이 시작됩니다.

사데교회의 사자에게 편지하라. 하나님의 일곱 영과 일곱 별을 가지신 이가 이르시되 내가 네 행위를 아노니 네가 살았다 하는 이름은 가졌으나 죽은 자로다(계 3:1).

전승에 따르면 바울의 제자였던 글레멘드(Clement, 빌 4:3)가 사데교회의 첫 번째 감독이었다고 합니다. 1세기 말에 로마교회의 감독으로 있던 로마의 클레멘트Clement of Rome도 같은 이름입니다. 이들이 동일 인물이었을 가능성이 많은데, 만일 그렇다면 사데교회는 최초의 교부敎父에 의해서 세워진 교회가 되는 셈입니다. 그렇게 생각해보면, 사데교회의 시작은 나쁘지 않았습니다. 뛰어난 영적인 지도자가 있었고 게다가 경제적으로 넉넉한 성도들로 구성되어 있었으니, 사데교회가 얼마나 많은 일들을 힘 있게 해냈겠습니까.

그러나 사데교회는 주님으로부터 그 어떤 칭찬과 격려의 말씀도 받지 못했습니다. 오히려 '살았다 하는 이름은 가졌으나 죽은 자'라고 하는 아주 심한 걱정의 말씀부터 들어야 했습니다. 도대체 무엇이 문제였던 것일까요?

우선 "네가 살았다 하는 이름을 가졌다"는 말씀부터 생각해보겠습니다. NIV 성경은 이 부분을 "You have a reputation of being alive"라고 표현합니다. '살아있다는 명성'을 가졌다는 것입니다. 메시지 성경의 풀이가 더 실감납니다. "You have a reputation for vigor and zest." 활력과 열정이 넘쳤다는 것입니다. 그러니까 다른 사람들이 볼 때 사데교회는 무언가 대단한 일들을 많이 해내고 있는 것처럼 보였다는 것이지요.

아마도 사데교회는 경제적으로 넉넉했기 때문에 큰 예배당을 지었을 것입니다. 이런저런 일들도 많이 벌렸을 것입니다. 그 소문이 널리 퍼졌을 것입니다. 그래서 활력 있는 교회, 열정 있는 교회로 이름을 얻었습니다. 그런데 정작 주님은 그들을 '죽은 자'라고 하십니다. 그 이유가 무엇일까요?

주님이 자신을 소개하는 말에서 그 이유를 찾아볼 수 있습니다. "하나님의 일곱 영과 일곱 별을 가지신 이가 이르시되…." 일곱 영the seven spirits of God은 하나님의 보좌 앞에 있는 영적인 존재, 즉 성령을 가리킵니다(1:4;

4:5; 5:6). 일곱 별the seven stars은 이미 앞서 설명했듯이 교회의 '사자' 즉 '영적인 지도자'를 가리키는 말입니다(1:16, 20).

주님은 '일곱 영'과 '일곱 별'을 가지고 계신다고 선언합니다. '성령'과 '지도자'는 교회를 살아있는 믿음의 공동체로 만드는 결정적인 요인입니다. 성령이 들어가야 교회가 살아납니다. 성령의 다스림을 받는 영적인 지도자가 세워져야 교회가 교회답게 될 수 있습니다. 그런데 교회의 머리이신 주님이 사데교회를 죽은 자로 평가하고 계시는 것입니다.

자, 그렇다면 무슨 뜻입니까? 사데교회는 주님이 보내시는 성령의 이끄심 없이 운영되고 있었다는 뜻입니다. 물론 그들이 사역을 전혀 하지 않은 것은 아닙니다. 오히려 다른 교회보다 더 많은 일을 하고 있었는지도 모릅니다. 그러나 그 속에 정말 있어야 할 성령의 능력이 없습니다. 단지 그들이 가지고 있는 돈의 힘으로 이런저런 일들을 했을 뿐입니다. 그래서 주님은 '죽은 자'라고 말씀하시는 것입니다.

그런데 오해하지 마십시오. 주님은 지금 사데교회를 책망하거나 심판하고 계시는 것이 아닙니다. 만일 사데교회가 정말 죽은 상태라면 그것 자체로 이미 심판을 받은 것입니다. 죽은 교회를 또 다시 책망하실 이유가 없습니다. 그것은 마치 죽은 사람의 멱살을 잡고 책임소재를 따지는 것처럼 어리석은 일입니다.

죽어가는 교회

주님이 말씀하시는 죽은 자는 사실 '완전히 죽었다'는 그런 뜻이 아닙니다. 오히려 '거의 죽은 자', 또는 '죽어가는 자'라 하는 게 더 정확한 표현일 것입니다.

너는 일깨어 그 남은 바 죽게 된 것을 굳건하게 하라. 내 하나님 앞에 네 행위의
온전한 것을 찾지 못하였노너…(계 3:2).

주님은 사데교회에게 "깨어나라"(Wake up! _NIV)고 명령하십니다. 그
리고 "그 남은 바 죽게 된 것을 굳건하게 하라"고 권면하십니다. 이 부분
을 메시지 성경은 "일어서라! 숨을 깊게 내쉬어라! 어쩌면 네 안에 아직
생명이 남아있을지 모른다"고 풀이합니다.

그러니까 사데교회는 완전히 죽은 것이 아닙니다. 아직도 생명이 남
아있습니다. 그 생명이 다하기 전에 호흡을 다시 시작하라는 것입니다.
마치 흙으로 만들어진 인간이 생기를 들이마시듯이, 그렇게 하나님의 영
을 깊이 들이마시라는 것입니다. 그렇게 호흡을 시작하기만 하면 얼마든
지 다시 살아날 수 있다는 것입니다.

자, 그렇다면 어떻게 해야 할까요? 어디에서 무엇부터 시작해야 할까
요? 우선 자신의 상태를 정확하게 진단해야 합니다. 사데교회에 대한 주
님의 진단은 이렇습니다. "내 하나님 앞에 네 행위의 온전한 것을 찾지
못했다." 우리말 '온전하다'로 번역된 '플레로오'(πληρόω, plēroō) 동사는
본래 'fill채우다', 'complete완성하다'라는 의미입니다. 그러니까 사데교회가
하고 있는 사역들 속에 무언가 채워져야 할 것이 채워지지 못하고 있다는
것입니다.

메시지 성경은 다음과 같이 풀이하고 있습니다.

**네가 벌이는 그 분주한 일들로 봐서는 과연 그런지 -생명이 남아 있을지- 나는
모르겠다.** 네 일에서, **하나님의 일**은 이루어진 것이 하나도 없다.

여기에서 '분주한 일들your busywork'과 '하나님의 일God's work'이 서로 대조
를 이루고 있습니다. 사데교회가 활력 있고 열정적이라는 유명세를 탄

것은 바로 '그 분주한 일들' 때문입니다. 그러나 주님이 보실 때에는 그 속에 하나님의 일이 하나도 없었다는 것입니다. 그것이 무엇일까요? 왜 그 많은 분주한 일들에서 하나님의 일은 하나도 이루어진 것이 없다고 말씀하시는 것일까요?

하나님이 시작하신 일

그동안 사데교회가 분주하게 해온 사역들은 사실 '하나님이 시작하신 일'이 아니었던 것입니다.

> 그러므로 네가 어떻게 받았으며 어떻게 들었는지 **생각하고** 지켜 회개하라. 만일 일깨지 아니하면 내가 도둑같이 이르리니 어느 때에 네게 이를는지 네가 알지 못하리라(계 3:3).

우리말 '어떻게'로 해석된 헬라어 '포스'(πῶς, pōs)는 사실 방법보다는 목적을 묻는 의문부사입니다. 영어로 표현하면 'how'보다는 'why'나 'what'에 더 가깝습니다. 우리말 '어떻게'도 '어떤 이유로' 또는 '어떤 까닭으로'라는 의미로 사용되는 말입니다.

그러니까 지금 주님의 말씀은 사데교회가 주님으로부터 무엇을 받았으며, 또한 왜 그것을 받았는지 생각하라는 겁니다. 그들이 주님으로부터 무엇을 들었습니까? 예수 그리스도의 '복음'을 들었습니다. 바울은 그의 제자 클레멘트에게 복음을 가르쳤고, 클레멘트는 그 복음을 사데에 전했습니다. 그래서 사데교회가 시작된 것입니다. 그렇습니다. 이 세상의 모든 교회는 복음을 받아들인 사람들의 공동체입니다. 거기에는 하나의 예외도 없습니다.

그렇다면, 왜 그 복음을 받았습니까? 역시 같은 이유입니다. 예수 그리스도의 복음을 받아들여 주님의 제자가 되었다면, 이제 그 복음을 자신의 삶으로 풀어내야 합니다. 그리고 누군가에게 그 복음을 전해야 합니다. 그러기 위해서 받은 것입니다. 믿음의 공동체가 하는 모든 사역은 바로 여기에 초점이 맞추어져 있어야 합니다.

그런데 사데교회에는 이런저런 사역들이 많기는 했는데 복음과 전혀 상관이 없는 일로 분주했던 것입니다. 사역을 많이 한다고 살아있는 교회가 되는 것은 아닙니다. 하나님이 시작하신 일, 하나님이 하려고 하시는 일을 해야 합니다. 생각해보십시오. 신앙생활을 하면서 나름대로 열심히 하나님의 일을 한다고 했습니다. 그런데 만일 그 일이 하나님이 기대하는 것이 아니었다면, 그래서 그동안 엉뚱한 일에 육체적인 영적인 모든 에너지를 낭비하고 있었다면 그리고 그 사실을 어느 날 갑자기 재림하시는 주님을 맞이하게 될 때 알게 된다면, 그 얼마나 큰 낭패겠습니까.

그러니 지금이라도 다시 시작해야 합니다. 우선 하나님의 영을 깊이 들이마시기 시작해야 합니다. 성령의 다스림을 따라서 움직이기 시작해야 합니다. 그러면 아직은 희망이 있는 것입니다.

흰 옷을 입은 자

주님이 사데교회에서 주목하여 보고 계시던 사람들이 있었습니다. 그들은 옷을 더럽히지 않은 사람들입니다.

그러나 사데에 그 옷을 더럽히지 아니한 자 몇 명이 네게 있어 흰 옷을 입고 나와 함께 다니리니 그들은 합당한 자인 연고라(계 3:4).

메시지 성경은 이렇게 번역합니다.

사데에는 여전히 예수를 따르는 이들 몇이 있다. 그들은 세상의 길을 따라 쓰레기 더미에서 뒹굴지 않은 사람들이다.

우리 주님은 '사역'이 아니라 '사람'에 주목하십니다. 예수를 따르는 자들Followers of Jesus을 찾으십니다. 그들은 세상의 길the world's way을 따르지 않습니다. 세상 사람들이 추구하는 가치를 추구하지 않습니다. 오직 예수 그리스도를 따릅니다. 놀랍지 않습니까! 주님으로부터 '죽은 자'라는 걱정의 말씀을 들은 사데교회에도 이처럼 예수를 따르는 자들이 있었다니 말입니다. 사실은 그 소수로 인해 아직까지 사데교회에 완전한 사망 선고가 내려지지 않은 것입니다.

그들은 장차 '흰 옷'을 입고 주님과 함께 다닐 것이라 말씀하십니다. 요한계시록 7장을 묵상할 때 자세히 살펴보겠지만, 주님이 재림하실 때에 '흰 옷' 입은 큰 무리가 등장합니다.

이 일 후에 내가 보니 각 나라와 족속과 백성과 방언에서 아무도 능히 셀 수 없는 큰 무리가 나와 흰 옷을 입고 손에 종려 가지를 들고 보좌 앞과 어린 양 앞에 서서…(계 7:9).

흰 옷을 입은 무리들은 주님의 재림을 맞이하기 위해서 세계 각 나라로부터 나온 사람들입니다. 이들은 아무도 능히 그 수를 셀 수 없을 만큼 '큰 무리'라고 합니다. 사데교회 몇몇 성도들도 그 무리에 포함되어 있다는 것이지요. 물론 아무리 큰 무리라고 하더라도 거기에 포함되지 못하는 사람들이 훨씬 더 많습니다. 그런데 흰 옷 입은 사람들은 도대체 무엇을 어떻게 했기에 그 영광스러운 자리에 참예할 수 있었을까요?

주님은 말씀하십니다. "그들은 합당한 자인 연고라." 그럴만한 자격이 있다는 것입니다. 무슨 특별한 일을 했기 때문이 아닙니다. 단지 예수 그리스도를 따르는 자가 되었을 뿐입니다. 그것으로 충분한 겁니다.

이기는 자

오늘 묵상의 결론입니다.

> **5이기는 자는 이와 같이 흰 옷을 입을 것이요 내가 그 이름을 생명책에서 결코 지우지 아니하고 그 이름을 내 아버지 앞과 그의 천사들 앞에서 시인하리라. 6귀 있는 자는 성령이 교회들에게 하시는 말씀을 들을지어다**(계 3:5-6).

여기에서 '이기는 자'는 '끝까지 주님을 따르는 자'입니다. 그들에게 주님은 세 가지를 약속하십니다. 하나는 '흰 옷'을 입을 것이라는 약속입니다. 이미 앞에서 설명한 내용입니다. 그들은 구원의 흰 옷을 입고 어린 양의 혼인잔치에 참여하는 복을 누리게 될 것입니다.

두 번째는 '생명책'에서 그 이름을 지우지 않겠다는 약속입니다. 이 말씀이 아주 의미심장합니다. 사람들은 생명책에 일단 이름이 적히면 지워지지 않을 것이라 생각하려고 하지만, 아닙니다. 얼마든지 지워버릴 수 있습니다. 그런데 생명책에 우리의 이름이 기록될 때가 언제일까요? 그것은 예수를 그리스도로 믿을 때입니다. 그 믿음으로 세례를 받을 때입니다. 그것을 가리켜서 우리는 "구원 받았다"고 말합니다.

그러나 구원 받은 것으로 끝이 아닙니다. 어느 이단은 일단 구원을 받기만 하면 그 다음에는 무슨 일을 해도 괜찮다고 가르칩니다. 천만의 말씀입니다. 구원을 받는 순간 우리는 구원의 여정을 시작하는 것입니다. 구원의 완성을 향한 첫 발걸음을 뗀 것입니다. 도중에 포기하는 사람들은 생명책에서 이름이 지워진다는 사실을 분명히 알아야 합니다.

바울은 빌립보 교회에 보낸 편지에서 "항상 복종하여 두렵고 떨림으로 너희 구원을 이루라"(빌 2:12)고 권면했습니다. 구원을 받은 사람은 구원의 완성을 향해 나아가야 합니다. 어떤 사람이 구원의 완성에 다다르게 될까요? 주님이 오실 때까지 주님을 따르는 것을 포기하지 않는 사람입니다. 인생의 마지막 순간까지 믿음의 길에서 떠나지 않는 사람입니다. 그들의 이름은 결코 생명책에서 지워지지 않습니다.

세 번째는 그 이름을 아버지 앞에서 '시인'할 것이라는 약속입니다. 주님은 마태복음 10장에서 "몸은 죽여도 영혼은 능히 죽이지 못하는 자들을 두려워하지 말라"고 하시면서, 이렇게 말씀하셨습니다.

> 32누구든지 사람 앞에서 나를 시인하면 나도 하늘에 계신 내 아버지 앞에서 그를 시인할 것이요 33누구든지 사람 앞에서 나를 부인하면 나도 하늘에 계신 내 아버지 앞에서 그를 부인하리라(마 10:32-33).

이는 초대교회의 박해 상황을 염두에 두고 하신 말씀입니다. 그러니까 이기는 자, 즉 끝까지 주님을 따르는 자는 황제 숭배를 강요당하는 상황에서도 사람 앞에서 당당히 주님을 인정합니다. 예수를 그리스도로 고백합니다. 그런 사람들을 우리 주님은 하나님 아버지 앞에서 끝까지 변호하고 그들 편이 되어 주실 것이라 약속하고 계시는 것입니다.

사데교회는 거의 죽음 직전의 상태까지 갔던 교회였습니다. 성도들이 없어서도 아니고, 재정적으로 궁핍해서도 아닙니다. 오히려 경제적으로 넉넉한 성도들이 많이 있었습니다. 열심히 일을 하지 않은 것도 아닙니다. 오히려 이런저런 사역으로 매우 분주했습니다. 그래서 '활력과 열정이 있는 교회'라는 명성을 얻기도 했습니다.

그러나 주님은 사데교회를 죽은 자라고 평가하십니다. 살아있다는 이름을 얻기 위해서 그들이 벌여놓은 일들은 많았지만, 정작 하나님이 시작하신 일은 하나도 없었기 때문입니다. 교회가 존재하는 가장 중요한 이유는 바로 예수 그리스도의 복음입니다. 믿음의 선배들로부터 받고 들은 대로 복음을 자신의 삶으로 풀어내고 또한 누군가에게 흘려보내는 것입니다. 그 일 하라고 우리를 교회로 부르셨습니다.

　　주님은 사역이 아니라 사람을 주목하십니다. 그 사람의 능력이나 성공이 아니라, 주님을 따르는 자로서의 '정체성'을 눈여겨보십니다. 무슨 대단한 사역을 해내야 하나님 나라에 들어갈 자격을 갖추게 되는 것이 아닙니다. 마지막 순간까지 충성스럽게 주님을 따르기만 하면 됩니다. 그리스도인답게 살아가는 것으로 충분합니다.

　　평소에 입고 살아가는 옷을 더럽히지 않는 사람이 어린 양 혼인잔치에 참예하는 복을 누릴 수 있는 것입니다. 우리 모두 그렇게 이기는 자가 되기를 간절히 소망합니다.

빌라델비아교회에 주시는 말씀

계 3:7-13

요한계시록은 아시아 지방의 일곱 교회에 보낸 편지입니다. 일곱 교회에 각각 따로 보낸 편지를 나중에 하나로 묶은 것이 아니라, 처음부터 하나의 두루마리로 기록되어 모든 교회에 읽혀진 것입니다. 그러니까 에베소교회에 주시는 말씀을 서머나교회나 버가모교회 성도들도 읽었고, 사데교회에 주시는 말씀을 나머지 교회 성도들도 읽었습니다. 그 뒤에 이어지는 마지막 때의 일들에 대한 계시도 역시 마찬가지입니다.

그런데 사람들은 무엇이든 서로 비교하여 성적을 매기려고 하는 못된 습성을 가지고 있습니다. 요한계시록의 일곱 교회에 대해서도 마찬가지입니다. 어느 교회는 칭찬만 받았고, 어느 교회는 책망만 받았다는 식으로 구분하여, 성적이 좋은 교회와 나쁜 교회로 평가하려고 합니다. 그것은 요한계시록을 읽는 바른 태도가 아닙니다. 그렇게 비교하고 평가하는 것은 교회를 향한 주님의 관심사가 아닙니다.

우리 주님에게 일곱 교회는 하나의 공교회公教會입니다. 각각의 교회가 세워진 지역이 다르고 공동체의 구성원들이 다르지만, 교회의 머리되신 주님에게는 모두가 소중한 '그의 몸'이요 '지체'입니다. 물론 교회들이 씨름하는 문제가 다릅니다. 같은 문제라고 하더라도 그에 대한 믿음의 반응에 차이가 있을 수도 있습니다. 그래서 주님이 격려하시는 교회도 있고 크게 걱정하시는 교회도 더러 있습니다. 그러나 어느 하나도 주님은 절대로 포기하지 않으십니다.

요한계시록을 묵상할 때 이와 같은 주님의 마음을 놓치지 말아야 합니다. 요한계시록의 일곱 교회는 오고 오는 모든 세대의 교회들을 대표하고 있습니다. 그 거울에 우리 자신의 모습을 비추어 보아야 하고, 이 시대의 교회를 향한 하나님의 메시지를 들어야 합니다. 그리고 마지막까지 우리를 놓지 않으시며 어린 양의 거룩한 신부로 빚어 가시는 주님의 모습을 발견해야 하는 것입니다.

신의 도시 빌라델비아

오늘은 빌라델비아Philadelphia교회에 주시는 말씀을 묵상하겠습니다. 빌라델비아는 버가모의 왕이었던 아탈루스 필라델포스Attalus Philadelphos의 이름에서 유래되었는데, 그는 동생을 위하여 도시를 건설하고 거기에 자기 이름을 붙였다고 합니다. 참고로 필라델포스Philadelphos는 '필로스philos'와 '아델포스adelpos'가 합해진 말로, '형제를 사랑하는 자'라는 뜻을 가지고 있습니다. 이것이 후에 필라델피아Philadelphia가 된 것이지요.

아무튼 이곳은 일곱 도시 중에 역사가 가장 짧고, 규모도 가장 작은 도시입니다. 고산지대에서 재배하는 포도와 포도주의 생산지로 유명하지만, 화산과 가까운 탓에 지진이 자주 발생하여 늘 불안하게 살 수밖에 없었고, 그로 인해 인구도 점점 감소했다고 합니다. 그러나 빌라델비아는 일곱 도시 중에서 가장 오랫동안 살아남은 그리스도인의 도시a Christian city가 되었습니다.

현재 지명은 알라쉐히르Alashehir인데, 해석하면 '알라㊙의 도시'라는 뜻입니다. 11세기에 셀주크 투르크Seljuk Turk가 이곳을 점령하면서 이슬람교로 개종할 것을 집요하게 요구했지만, 빌라델비아에 살던 그리스도인들만은 끝까지 개종하지 않고 기독교 신앙을 지켰습니다. 이에 감동을 받아서 이곳을 알라쉐히르라고 명명하면서, 진정한 '신의 도시'라고 인정했다는 것입니다.

현재 터키Turkey는 이슬람 국가입니다. 그러나 이곳에는 여전히 2백 가구 이상의 그리스도인들과 네 개의 교회가 남아있어서 그들의 신앙을 굳건히 지켜나가고 있다고 합니다. 지난 2천 년의 모진 세월을 견뎌온 그와 같은 '능력'은 과연 어디에서 나온 것일까요?

교회의 열린 문

빌라델비아교회에 주시는 말씀은 다음과 같이 시작됩니다.

7빌라델비아교회의 사자에게 편지하라. 거룩하고 진실하사 다윗의 열쇠를 가지신 이 곧 열면 닫을 사람이 없고 닫으면 열 사람이 없는 그가 이르시되 8볼지어다. 내가 네 앞에 열린 문을 두었으되 능히 닫을 사람이 없으리라…(계 3:7-8a).

사도전승The Apostolic Constitutions에 의하면 사도 요한이 빌라델비아교회의 초대감독으로 데메트리우스Demetrius라는 사람을 임명했다고 합니다. 그가 어떤 인물인지는 잘 알려지지 않습니다. 서머나교회의 폴리캅Polycarp 감독이 순교하던 당시에, 이곳 빌라델비아교회에서는 12명의 순교자가 나오기도 했습니다.

빌라델비아교회 성도들은, '형제를 사랑하는 자'라는 이름에 걸맞게, 그 지역에서 생산되는 포도주를 주변의 교회들에게 성찬식용으로 무료로 공급하는 일을 했다고 합니다. 그리고 앞에서 언급했듯이 빌라델비아 사람들은 지금까지도 믿음의 전통을 계속 이어오고 있습니다. 이는 교회가 세워지던 초창기부터 믿음의 뿌리가 단단하게 내려졌기 때문일 것입니다.

주님의 격려하시는 말씀을 통해서 우리는 그 사실을 확인할 수 있습니다. 주님은 먼저 자신을 '다윗의 열쇠를 가지신 이the one who has the key of David'로 묘사합니다. 이 또한 사도 요한이 직접 목격한 주님의 모습입니다 (1:18). "열면 닫을 사람이 없고 닫으면 열 사람이 없는 그가 이르시되…." 우리 주님은 '사망'과 '음부'의 열쇠를 가지고 계시는 분입니다. 주님이 한 번 결정하시면 그 결정을 번복할 수 있는 사람은 없습니다.

그 다음 말씀이 중요합니다. "내가 네 앞에 열린 문을 두었다." 바로 이 말씀을 하시려고 앞에 긴 설명을 이어온 것입니다. '열린 문an open door'은 '넓은 문a broad gate'이 아닙니다(마 7:13). 편하고 쉬운 삶에 대한 약속이 아닙니다. 오히려 어떤 상황 속에서도 복음이 전해지는 통로가 닫히지 않을 것을 약속하시는 말씀입니다.

이 말씀을 조금 더 음미해볼 필요가 있습니다. 우리가 기도할 때 흔히 어떤 조건이나 환경을 바꾸어달라고 하나님께 요구합니다. 물론 그럴 수 있습니다. 그러나 그것은 마치 그 조건이 충족되지 못해서 하나님 말씀에 순종하지 못한다는 말처럼 들립니다. 정말 그럴까요? 환경이 바뀌면 정말 달라질까요?

아닙니다. 믿음이 있는 사람들은 어떤 환경에서도 신앙생활을 잘하게 되어 있습니다. 어떤 조건에서도 복음을 전하게 되어 있습니다. 바울은 "때를 얻든지 못 얻든지 말씀을 전파하라"(딤후 4:2)고 했습니다. 빌라델비아교회 성도들이 그랬습니다. 그들에게 혹독한 환난과 어려움이 있었지만 결코 복음의 '열린 문'은 닫히지 않았던 것입니다.

작은 능력의 교회

'열린 문'의 의미는 그 다음 말씀에서 더 자세하게 설명됩니다.

… 내가 네 행위를 아노니 네가 작은 능력을 가지고서도 내 말을 지키며 내 이름을 배반하지 아니하였도다(계 3:8b).

여기에서 '작은 능력'은 'little strength'(NIV)입니다. 능력이 거의 없다는 뜻입니다. 그렇습니다. 세상의 기준으로 볼 때 빌라델비아교회는 능력이 거의 없었습니다. 그들은 가난했고 수도 적었습니다. 그러나 주님의 말씀을 지켰고, 주님의 이름을 배반하지 않았습니다. 그것이 진짜 능력입니다. 그 능력으로 인해 복음의 열린 문이 닫히지 않았던 것입니다.

그런데 오늘날의 교회는 거꾸로 가는 것처럼 보입니다. 세상적인 힘을 가지려고 무던히도 애를 씁니다. 복음을 전하는 것은 표면적인 이유일 뿐, 실제로는 큰 교회를 만들어 교세를 과시하려는 동기가 더 크게 작용하고 있습니다. 그리고 그것을 '성공한 목회'의 기준이라고 생각합니다. 그래서 다른 교회의 목회자를 만나면 가장 먼저 교세를 궁금해하지 않습니까!

교회의 진짜 능력은 '교회다움'에 있습니다. 성도의 진짜 능력은 '성도다움'에 있습니다. 그 능력으로 충분합니다. 바울은 고린도 교회에 보낸 편지에서 이렇게 말합니다.

26형제들아, 너희를 부르심을 보라. 육체를 따라 지혜로운 자가 많지 아니하며

능한 자가 많지 아니하며 문벌 좋은 자가 많지 아니하도다. 27그러나 하나님께서 세상의 미련한 것들을 택하사 지혜 있는 자를 부끄럽게 하시고 세상의 약한 것들을 택하사 강한 것들을 부끄럽게 하려 하시며 28하나님께서 세상의 천한 것들과 멸시 받는 것들과 없는 것들을 택하사 있는 것을 폐하려 하시나니 29이는 아무 육체도 하나님 앞에서 자랑하지 못하게 하심이라(고전 1:26-29).

그런데 실제로는 어떻습니까? 우리는 남들보다 공부 잘하는 사람이 되게 해달라고, 좋은 대학 들어가게 해달라고 기도합니다. 힘 있는 자리에 앉게 해달라고, 돈을 많이 벌게 해달라고 기도합니다. 마치 그런 조건들이 능력의 원천이나 되는 듯이 말입니다.

남들보다 공부 못하면, 그래서 좋은 대학에 들어가지 못하면 하나님께서 그 사람을 사용하실 수 없단 말입니까? 하나님은 세상이 미련하다고 하는 것으로 사람들을 구원하시는 분입니다. "하나님께서 전도의 미련한 것으로 믿는 자들을 구원하시기를 기뻐하셨도다!"(고전 1:21). 하나님의 일을 하는데 세상 사람들이 말하는 큰 능력이 무슨 상관입니까?

'작은 능력'으로도 충분합니다. 교회는 교회답기만 하면 되고, 성도는 성도답기만 하면 됩니다. 무슨 대단한 사역을 해야만 교회의 능력이 증명되는 게 아닙니다. 본질이 아닌 엉뚱한 것으로 힘을 과시하려고 덤벼들기 때문에, 오히려 교회다움과 성도다움을 잃어버리고, 매번 사탄과의 영적인 싸움에서 보기 좋게 패배하고 마는 것입니다.

사탄의 회당이 굴복하다

교회의 능력은 다른 교회와 비교함으로써 검증되는 것이 아닙니다. 오히려 사탄의 세력들과의 싸움에서 이기는 것으로 검증됩니다.

보라, 사탄의 회당 곧 자칭 유대인이라 하나 그렇지 아니하고 거짓말 하는 자들 중에서 몇을 네게 주어 그들로 와서 네 발 앞에 **절하게 하고** 내가 너를 사랑하는 줄을 알게 하리라(계 3:9).

'사탄의 회당the synagogue of satan'은 서머나교회에서도 언급되었습니다 (2:9). 그리스도인을 비방하는 유대인을 가리키는 말이었습니다. 서머나교회 성도들은 그들의 악의적인 비난과 중상모략으로 큰 고통을 겪어야 했습니다. 여기 빌라델비아에도 그런 유대인들이 있었던 것입니다.

그러나 주님은 그들에게 놀라운 일이 벌어질 것을 약속하십니다. 유대인 중에 몇 사람이 스스로 찾아와서 '네 발 앞에 절하게 될 것'이라고 하십니다. 우리말 '절하다'로 번역된 '프로스쿠네오'(προσκυνέω, pros-kuneō) 동사는 본래 '~을 향하여'(pros, towards) '입 맞추다'(kuneō, to kiss) 라는 뜻입니다. 그러니까 유대인들 중에 기독교 신앙을 가지는 사람들이 생겨날 것이라는 말씀입니다.

예루살렘교회는 이미 같은 일을 경험한 적이 있습니다.

하나님의 말씀이 점점 왕성하여 예루살렘에 있는 제자의 수가 더 심히 많아지고 허다한 제사장과 무리도 이 도에 **복종하니라**(행 6:7).

제사장은 유대교를 지탱하는 핵심 그룹입니다. 그들은 예수님을 십자가에 처형한 주역이었고, 그리스도인을 이단으로 몰아 박해한 장본인입니다. 그러나 하나님의 말씀이 예루살렘교회에 점점 왕성해지니까 제사장들도 예수 그리스도의 복음 앞에 복종하게 되었던 것입니다.

이 말씀을 눈여겨보십시오. 말씀이 왕성해지는 게 먼저입니다. 그 다음에 제자의 수가 많아지고 제사장도 복종하게 됩니다. 교회의 능력이 무엇입니까? 교인들의 수가 아닙니다. 하나님의 말씀이 능력입니다. 제자의 수가 늘어난 것은 그 결과일 뿐입니다. 제사장들이 기독교로 개종하게 된 것은 제자의 수가 늘어난 것에 감동받았기 때문이 아닙니다. 그들은 단지 예수 그리스도의 도에 복종한 것입니다.

빌라델비아교회도 마찬가지였습니다. 그들은 수의 힘이나 돈의 힘으로 '사탄의 회당'과 싸워서 승리를 쟁취한 것이 아닙니다. 그들의 능력은 '교회다움'과 '성도다움'을 지켜내는 것이었습니다. 그랬더니 뜻밖에도 유대인들 중에서 개종하는 사람들이 생겨난 것이지요. 선민選民이라는 자부심으로 살아왔던 유대인들도 하나님이 사랑하는 사람들이 그리스도인이라는 사실을 스스로 인정하게 된 것입니다.

시험의 때를 면하다

주님은 빌라델비아교회 성도들에게 다음과 같이 약속해주셨습니다.

네가 나의 인내의 말씀을 지켰은즉 내가 또한 너를 지켜 시험의 때를 면하게 하리니 이는 장차 온 세상에 임하여 땅에 거하는 자들을 시험할 때라(계 3:10).

'인내의 말씀'이라고 해서 무슨 특별한 내용이 따로 있었나 생각할 필요는 없습니다. 그저 참아내라고 하는 주님의 말씀입니다. 사도 요한은 자신을 가리켜서 "예수의 환난과 나라와 참음에 동참하는 자"(1:9)라고 했습니다. '환난'과 '참음' 사이에서 하나님의 '나라'로 만들어지는 것이 그리스도인이라고 했습니다. "인내의 말씀을 지킨다"는 것은 바로 그 내용입니다. 빌라델비아교회는 환난이 있었지만 참음으로 이겨냈습니다.

그들을 향한 주님의 약속은 "너를 지켜 시험의 때를 면하게 하겠다"는 것입니다. 바로 이 말씀이 세대주의에 의해서 곡해曲解된 가장 대표적인 경우입니다. 세대주의자들은 이 구절을 7년 대환란 이전에 있을 교회의 비밀 휴거에 대한 증거라고 주장합니다. 대환난이 오기 전에 휴거가 있어야 시험의 때를 면하게 된다는 것이지요.

그러나 "환난을 피해서 도망가라"는 말씀은 성경 그 어디에도 나오지 않습니다. 오히려 "믿음으로 환난을 참아내라"고 성경은 가르칩니다. 여기에서도 마찬가지입니다. 우리말 "너를 지켜⋯ 면하게 하리라"로 번역된 헬라어는 '세 테레소 엑크'(σε τηρήσω ἐκ)입니다. 이를 영어로 직역하면 "I will keep you out of..."가 됩니다. 그러니까 "너에게 시험을 면제하여 주겠다"가 아니라, "시험으로부터 너를 지켜주겠다"입니다.

이는 마치 애굽 땅에 열 가지 재앙이 임할 때와 같습니다. 이스라엘 백성들이 애굽에서 나온 후에 재앙이 임한 것이 아닙니다. 오히려 애굽에 머물고 있을 때 재앙이 임했습니다. 그러나 하나님은 이스라엘 백성을 지켜주셔서 해를 당하지 않았습니다(출 9:6; 10:23). 이스라엘 백성만이 아닙니다. 하나님의 말씀을 두려워하는 자들도 역시 지켜주셨습니다(출 9:20).

마찬가지입니다. 종말의 때에 온 세상에 거하는 사람들을 시험하는 일이 벌어질 것입니다. 그때 하나님을 거역하는 자들, 하나님의 백성을 박해하던 자들에게는 무서운 심판이 임하게 될 것입니다. 그러나 참음으로 믿음을 지켜왔던 교회와 성도들에게 그날은 구원의 날이 될 것입니다. 왜냐하면 주님께서 그들 편이 되어주실 것이기 때문입니다. 사데교회에 주신 말씀처럼, 주님은 아버지 앞에서 그들의 이름을 시인하실 것입니다 (3:5).

주님은 제자들에게 분명히 말씀하셨습니다.

세상에서는 너희가 환난을 당하나 담대하라. 내가 세상을 이기었노라(요 16:33).

죽음 권세를 이기시고 부활하신 주님, 세상을 이기신 주님을 우리가 확실히 믿는다면 세상에서 당하는 환난을 두려워할 필요가 없는 것입니다. 그런데 오히려 환난을 피해서 도망갈 궁리나 하고 있으니 그 얼마나 비겁한 신앙입니까. 계속해서 주님은 빌라델비아교회에게 다음과 같이 권면하십니다.

> 내가 속히 오리니 네가 가진 것을 굳게 잡아 아무도 네 면류관을 빼앗지 못하게 하라(계 3:11).

여기에서 면류관은 고대 올림픽 경기의 승자에게 주어지는 월계관月桂冠을 가리키는 말이라고 했습니다(2:10). 그리고 이 월계관은 마지막까지 충성하는 모든 사람에게 주어진다고 했습니다. 그렇다면 월계관을 빼앗기는 경우가 무엇일까요? 그렇습니다. 도중에 포기하는 경우입니다. 조금만 더 가면 되는데, 마지막 순간에 믿음의 길에서 벗어나는 경우입니다. 차라리 신앙생활 하지 않았다면 억울하지 않았을 텐데 말입니다.

주님은 속히 오시겠다고 말씀하십니다. 파루시아parousia가 지연되어 온 것이 2천 년이 넘었는데, 어떻게 이 말을 믿을 수 있나 싶지요. 물론 주님이 재림하시는 때를 우리는 알 수 없습니다. 그러나 우리 개인의 종말은 그리 멀지 않았다는 것은 압니다. 주님이 재림하실 때 우리는 죽음의 잠에서 깨어나 부활한 몸으로 주님을 맞이하게 될 것입니다. 그러니 사실은 주님의 재림까지 얼마 남지 않은 셈입니다. 우리가 할 일은 마지막 순간까지 우리가 가진 복음을 굳게 붙잡는 것입니다.

이기는 자

오늘 묵상의 결론입니다.

12이기는 자는 내 하나님 성전에 기둥이 되게 하리니 그가 결코 다시 나가지 아니하리라. 내가 **하나님의 이름과** 하나님의 성 곧 하늘에서 내 하나님께로부터 내려오는 **새예루살렘의 이름과 나의 새 이름을** 그의 위에 기록하리라. 13귀 있는 자는 성령이 교회들에게 하시는 말씀을 들을지어다(계 3:12-13).

여기에서 '이기는 자'는 '다시 나가지 않는 자'입니다. 여기에는 설명이 조금 필요합니다. 앞에서 언급했듯이 빌라델비아는 지진은 잦은 지역이었습니다. 주후 17년에 대지진이 일어나서 사데와 빌라델비아를 비롯한 주변 대부분의 도시가 완전히 무너진 일이 있었습니다. 다른 도시들은 한 번의 피해로 끝났지만, 빌라델비아는 그 후로도 몇 년 동안 계속되는 여진의 피해를 입었다고 합니다. 그럴 때마다 사람들은 이삿짐을 싸서 도시를 빠져나가야 했던 것이지요.

이러한 경험에 비추어볼 때 "다시 나가지 않는다"(They will never have to leave it)는 말씀은 특별한 의미가 있습니다. "하나님 성전에 기둥이 된다"는 말씀도 마찬가지입니다. 기둥이 무너지면 집이 무너지게 되어 있습니다. 어떻게든 기둥은 튼튼하게 세워야 합니다. 빌라델비아교회 성도들을 바로 기둥 같은 사람들로 세워주시겠다고 주님은 약속하십니다.

오늘날 교회에서는 장로님과 같은 평신도 지도자들을 가리켜서 교회의 기둥이라고 표현합니다. 기둥은 절대로 흔들리거나 움직이면 안 됩니다. 늘 그 자리에 든든하게 서 있어야 합니다. 그래야 믿음의 공동체가 흔들리지 않습니다. 빌라델비아교회 성도들과 같은 그런 사람들이 교회마다 많이 있다면 얼마나 좋겠습니까.

성지순례를 하는 분들이 빌라델비아 지역을 방문할 때 반드시 들르는 곳이 있습니다. 그곳은 6세기에 지어진 성요한교회St. Jean Church 입니다. 그 지역에 자주 발생하는 지진으로 인해 교회 건물은 거의 다 무너지고 단지 세 개의 육중한 기둥만 남아있습니다. 그것을 보면서 오늘 본문의 "이기는 자는 내 하나님 성전에 기둥이 되게 하리니…"라는 말씀을 떠올리게 됩니다.

예배당 건물은 얼마든지 그렇게 무너질 수 있습니다. 그러나 믿음의 공동체인 교회는 결코 무너질 수 없습니다. 지금도 여전히 빌라델비아에 남아서 믿음을 지켜나가고 있는 교회와 성도들이 바로 그 증인들입니다.

하나님 나라도 마찬가지입니다. 세상으로부터 박해를 당하고 사회적으로 따돌림을 당할 수는 있습니다. 그러나 어떤 경우에도 하나님의 나라는 결코 무너지지 않습니다. 거기에는 죽도록 충성하는 믿음의 거장들이 기둥으로 서 있기 때문입니다. 그들이 바로 이기는 자입니다.

여기에서 우리가 주목해야 할 것은 주님이 기둥에 새기실 '세 이름'입니다. 우선 '하나님의 이름'이 있고, 하늘에서 내려오는 '새예루살렘의 이름'이 있고 그리고 마지막으로 주님의 '새 이름'을 기록하겠다고 하십니다. 기둥에 이름을 새기는 이유는 그 기둥의 소속과 소유주를 밝히기 위해서입니다.

하나님의 이름이 새겨져 있다는 것은 그 기둥은 하나님의 소유이며, 오직 하나님을 섬기기 위해서 세워졌음을 의미합니다. 새예루살렘은 장차 완성될 하나님의 나라이며 또한 어린 양의 신부인 교회를 가리킵니다 (계 21:9-10). 그렇다면 새예루살렘의 이름이 새겨져 있다는 것은 교회에 소속된 멤버라는 사실을 의미합니다.

마지막으로 주님의 이름이 새겨진 것은 주님과의 특별한 관계를 의미합니다. 마치 바울이 자신의 몸에 가지고 있는 '예수의 흔적'처럼 말입니다(갈 6:17). 그런데 왜 '새 이름'일까요? 그것은 앞으로 보여주실 새로운 계시와 관련되어 있습니다. 예수 그리스도는 언제나 동일하신 분이지만, 이제 앞으로 사도 요한을 통해 보여주실 계시는 그 누구도 보지 못한 새로운 것입니다. 그 일을 행하시는 주님의 모습 또한 생소하게 느껴질 수밖에 없습니다. 그래서 '새 이름'입니다. 그 이름은 오직 주님 자신만 알고 계십니다(계 19:12).

빌라델비아교회는 가난했고, 성도들의 수도 많지 않았습니다. 그러나 '작은 능력'을 가지고서도 주님의 이름을 배반하지 않았습니다. 그 능력으로 인해 복음의 '열린 문'이 닫히지 않았습니다. 오히려 사탄의 회당이 그들 앞에 굴복했습니다. 2천 년의 세월이 흐르는 동안 수많은 환난과 박해를 당해왔지만 지금까지 여전히 살아남아 있습니다. 주님의 약속처럼 빌라델비아교회는 하나님 성전의 기둥이 되었던 것입니다.

무엇이 교회의 능력입니까? 교회의 크기나 교인의 수가 아닙니다. 사역의 양이 아닙니다. '교회다움'과 '성도다움'을 지켜내는 것이 진정한 능력입니다. 어떤 상황 속에서도 주님의 이름을 배반하지 않는 것이 진정한 능력입니다. 우리 모두 이 진리를 심장에 새기고 주님의 오심을 기다려야 할 것입니다.

주님이 곧 오십니다. 월계관을 쓸 날이 얼마 남지 않았습니다. 그때까지 우리가 가진 복음을 굳게 붙잡고 달려갈 길을 마칠 수 있기를 간절히 소망합니다.

라오디게아교회에 주시는 말씀

계 3:14-22

지금까지 '교회를 향하신 계시'의 말씀을 계속 묵상해오면서, 우리는 한 가지 진리를 깨닫게 되었습니다. 그것은 이 세상에 아무런 문제가 없는 교회는 하나도 없다는 사실입니다. 사도 요한 당시의 교회들은 바깥으로는 환난과 시련과 박해를 견뎌내야 했습니다. 또한 안으로는 교회와 성도의 정체성을 뒤흔드는 이단 사조와 씨름해야 했습니다. 물론 교회마다 정도의 차이는 있습니다. 그렇지만 어떤 식으로든 안팎에 놓여있는 문제와 어려움을 극복하면서 생존해야 한다는 점에서 교회는 같은 운명을 가지고 있다 하겠습니다.

그 모든 교회를 향하신 하나님의 메시지는 한결같습니다. "이기는 자가 되라!"는 것입니다. 아니 하나님이 그들을 '이기는 자'로 만드시겠다고 약속하십니다. 그리고 그 약속을 신실하게 이루어가고 계십니다. 환난은 '참음'으로 이겨내고, 공동체 내의 여러 가지 문제는 '사랑'으로 이겨내면 됩니다. 그러는 가운데 교회는 어린 양의 '아름다운 신부'로 빚어져가고, 성도들은 거룩한 성 새예루살렘의 '빛나는 보석'이 되어가는 것입니다.

바로 이것이 요한계시록을 통해서 이 땅의 모든 교회들에게 선포하고 계시는 메시지입니다.

오늘은 아시아 일곱 교회 중에서 가장 마지막으로 라오디게아Laodicea 교회에 주시는 말씀을 묵상하겠습니다. 라오디게아교회에도 문제가 있었습니다. 그런데 그 문제는, 아이러니하게도, 다른 교회들이 씨름하고 있던 그런 종류의 어려움이 없었다는 사실에 기인합니다. 다시 말해서 심각한 문제가 없었다는 것이 오히려 더 큰 문제였던 것이지요.

금융 도시 라오디게아

라오디게아는 지정학적이고 역사적인 여러 가지 이유로 인해 은행과 금융의 중심지가 되었습니다. 앞에서 사데Sardis를 부자 도시라고 설명한 것은 그곳에 금이 많았기 때문입니다. 그러나 사방에서 돈이 끝없이 몰려 들어오는 금융 도시 라오디게아와는 비교가 되지 않았습니다. 라오디게아가 얼마나 부요한 도시였는지 알게 해주는 한 가지 사건이 있습니다.

주후 61년경에 지진으로 인해 라오디게아를 비롯한 주변의 많은 도시들이 파괴되었을 때, 나머지 도시들은 로마 정부의 보조를 받아서 겨우 복구했습니다. 그러나 라오디게아만은 그들 자신의 힘으로 도시를 재건하여 세웠다고 합니다. 로마 정부의 도움을 받을 필요가 없을 만큼 그들은 재정적으로 매우 넉넉하게 살고 있었던 것입니다.

그러나 라오디게아는 한 가지 문제를 가지고 있었습니다. 그것은 바로 식수 부족의 문제였습니다. 그 문제도 라오디게아는 돈으로 해결합니다. 돌 송수관을 연결하여 멀리에서부터 물을 끌어왔던 것입니다. 북쪽으로 약 10km 떨어진 곳에는 온천으로 유명한 히에라볼리Hierapolis가 있습니다. 현재는 파묵칼레Pamukkale라고 불리는 곳입니다. 그곳으로부터 돌

송수관을 통해 온수를 가져왔습니다. 그리고 동쪽으로 약 16km 떨어진 곳에 위치한 골로새Colossae로부터는 지하수에서 솟아나는 냉수를 가져왔습니다.

그러니까 지금으로부터 2천 년 전에 라오디게아는 도시의 관공서는 물론이고 각 가정에 온수와 냉수를 공급하는 시스템을 이미 갖추고 있었던 것입니다. 다른 도시들로서는 감히 상상도 할 수 없는 일이 라오디게아에서는 자연스러운 일상日常이었던 것입니다. 그 일이 가능했던 이유는 물론 라오디게아가 가지고 있던 돈의 힘 때문이었습니다.

거기에다가 라오디게아에는 당시 세계적으로 아주 유명한 의술학교가 있었습니다. 특히 안과 질환에 효과가 좋은 안약을 제조하여 곳곳으로 수출했다고 합니다. 물론 많은 환자들이 그곳으로 몰려들었을 것이고, 그로 인해 라오디게아 사람들은 더욱 큰 번영과 풍요를 누리게 되었습니다. 그곳에 교회가 세워진 것입니다. 바로 라오디게아교회입니다. 그들은 어떤 모습으로 신앙생활 했을까요?

라오디게아 지역의 세 교회

라오디게아교회를 향한 메시지는 다음과 같이 시작됩니다.

> 라오디게아교회의 사자에게 편지하라. 아멘이시요 충성되고 참된 증인이시요 하나님의 창조의 근본이신 이가 이르시되…(계 3:14).

우선 라오디게아교회가 어떻게 세워지게 되었는지부터 살펴보겠습니다. 바울이 골로새교회에 보낸 편지에서 우리는 라오디게아교회에 대한 몇 가지 정보를 발견하게 됩니다.

¹²그리스도 예수의 종인 너희에게서 온 에바브라가 너희에게 문안하느니라. …
¹³그가 너희와 라오디게아에 있는 자들과 히에라볼리에 있는 자들을 위하여 많이 수고하는 것을 내가 증언하노라(골 4:12-13).

에바브라Epaphras는 바울의 제자로서 골로새 출신이었습니다. 아마도 바울이 2차 선교여행을 하던 때에 에베소에서 사역하는 동안 복음을 받아들인 것으로 보입니다. 에바브라는 두란노 서원에서 제자로 훈련받은 후에 자신의 고향인 골로새뿐만 아니라 인근의 라오디게아와 히에라볼리에도 복음을 전했고, 그곳에 교회를 세우는 일에 앞장섰던 것입니다(행 19:10).

¹⁵라오디게아에 있는 형제들과 눔바와 그 여자의 집에 있는 교회에 문안하고…
¹⁷아킵보에게 이르기를 주 안에서 받은 직분을 삼가 이루라고 하라(골 4:15, 17).

여기에서 우리는 라오디게아교회가 눔바Nymphas라는 여인의 집에 있었다는 사실을 또한 알게 됩니다. 그런데 바울은 뜬금없이 아킵보Archippus라는 사람에게 "주 안에서 받은 직분을 삼가 이루라"고 권면합니다. 문맥상 아킵보는 골로새교회가 아니라 라오디게아교회에 있던 사람임에 틀림 없습니다. 그가 받은 '직분'(the ministry _NIV)은 아마도 감독의 직분이었던 것으로 보입니다.

그런데 이 아킵보라는 이름은 골로새교회를 섬기고 있던 빌레몬Philemon에게 보낸 편지에도 등장합니다.

¹그리스도 예수를 위하여 갇힌 자 된 바울과 및 형제 디모데는 우리의 사랑을 받는 자요 동역자인 빌레몬과 ²자매 압비아와 우리와 함께 병사 된 아킵보와 네 집

에 있는 교회에 편지하노니…(몬 1:1-2).

빌레몬도 에바브라와 함께 두란노 서원에서 훈련받은 바울의 제자였습니다. 골로새교회는 빌레몬의 집에 있었습니다. 그리고 대부분의 성서학자들은 압비아Apphia가 빌레몬의 아내였고, 아킵보는 빌레몬의 아들이었을 것으로 추정합니다. 만일 그것이 사실이라면 골로새교회 감독이었던 빌레몬의 아들 아킵보가 라오디게아교회에 가서 사역하고 있었다는 이야기가 됩니다.

바울은 골로새교회에 보낸 편지를 라오디게아교회에서도 읽게 하라고 권면하는데(골 4:16), 이를 통해서 히에라볼리교회를 포함한 세 교회의 연대가 처음부터 특별했음을 충분히 짐작하게 됩니다. 바울 당시만 해도 그 중심에는 골로새교회가 있었습니다. 그래서 골로새교회 출신이었던 아킵보가 라오디게아교회에 가서 섬길 수 있었던 것이지요. 경제적으로는 물론 라오디게아가 중심이었는지 몰라도, 신앙적으로는 그러지 못했다는 뜻입니다.

바울이 조금은 걱정스러운 말투로 아킵보를 권면하고 있는 것으로 미루어보아, 그가 라오디게아교회의 감독으로서 제대로 사역하지 못하고 있었음을 알게 됩니다. 바울의 편지 이후로 라오디게아교회의 지도자가 누구였는지 알 수 없습니다. 요한계시록이 전해지던 당시의 지도자역시 알 길이 없습니다. 단지 그들의 지도력이 초창기 아킵보의 모습과그리 다르지 않았을 것이 분명합니다. 그렇게 판단하는 이유는 라오디게아교회를 향해 길게 이어지는 걱정의 말씀 때문입니다.

미지근한 교회

주님은 라오디게아교회를 향한 걱정의 말씀부터 끄집어냅니다.

15내가 네 행위를 아노니 네가 차지도 아니하고 뜨겁지도 아니하도다. 네가 차든지 뜨겁든지 하기를 원하노라. 16네가 이같이 미지근하여 뜨겁지도 아니하고 차지도 아니하니 내 입에서 너를 토하여 버리리라(계 3:15-16).

"미지근하여 뜨겁지도 않고 차지도 않으니 내 입에서 너를 토하여 버리리라!" 일곱 교회를 향한 주님의 말씀 중에서 가장 강도가 심한 책망으로 사람들이 기억하고 있는 아주 유명한 말씀입니다. 그러나 "토하여 버리겠다!"고 해서 마치 주님이 라오디게아교회를 정죄하거나 심판하고 있다고 생각하면 안 됩니다. 우리말 '토하다'도 영어로 표현하면 'vomit게우다'이 아니라 단순히 'spit out침을 뱉다'입니다. 물을 삼킬 수가 없어서 뱉어 버리는 것을 말합니다.

이것은 에베소교회를 향하여 "너를 책망할 것이 있다"(계 2:4)고 하신 말씀과 크게 다르지 않습니다. 헬라어 '에코 카타 쑤'(ἔχω κατὰ σοῦ)를 영어로 직역하면 "I have (this) against you"(ESV). 즉, "내가 너에 대해서 (이것을) 반대한다"는 뜻이라고 했지요. 주님의 마음에 들지 않는 어떤 부분이 있다는 표현입니다. 뱉어 버리는 것도 마찬가지입니다. 주님의 기대와 다르기 때문에 뱉는 것입니다. 이와 같은 행동은 사실 '책망'이 아니라 '실망'이라고 표현하는 것이 맞습니다.

그런데 주님은 무엇 때문에 그렇게 실망하고 계시는 것일까요? 앞에서 라오디게아의 '식수 부족' 문제를 해결하기 위해서 돌 송수관을 통해 먼 곳으로부터 온수와 냉수를 가져왔다고 설명했는데, 바로 그것과 상관이 있습니다. 히에라볼리에서 출발할 때는 분명히 뜨거운 물이었는데 오는 동안 식어버려서 라오디게아에 도착할 때에는 그만 미지근한 물이 되곤 했습니다. 냉수도 마찬가지였습니다. 골로새에서 출발할 때는 분명히 차가운 물이었는데, 오는 동안 미지근한 물로 변해버리기 일쑤였습니다. 그래서 시원한 냉수를 기대하고 먹었는데 미지근하니까 뱉어버리게 되는 것이지요.

주님의 기대는 분명합니다. 냉수는 차가워야하고, 온수는 뜨거워야 한다는 것입니다. "네가 차든지 뜨겁든지 하기를 원하노라!"(I wish that you were cold or hot _NASB). 그런데 많은 분들이 이것을 이른바 감정적으로 '뜨거운 신앙'을 요구하는 말씀으로만 해석하려고 합니다. 그리고 "차든지 하라"는 말씀을 단지 역설적인 표현 정도로 생각하여 그냥 지나칩니다. 아닙니다. 주님은 분명히 말씀하십니다. "차든지 뜨겁든지 하라!"고 말입니다.

여기에서 우리가 주목해야 할 것은 주님이 '차다' 또는 '뜨겁다'고 판단하시는 구체적인 내용입니다. 주님은 라오디게아교회 성도들의 영적인 감정의 상태를 지적하지 않으십니다. 오히려 그들의 '행위'를 주목하고 계십니다(15절). 헬라어로는 '에르곤'(ἔργον, ergon)입니다. 에베소교회의 '행위'(2:2)나, 두아디라교회의 '사업'(2:19)이나, 사데교회의 '행위'(3:1)도 역시 같은 말입니다. 주님의 이름으로 행하는 교회의 모든 사역을 가리키는 말입니다.

교회의 사역은 '뜨거움'만 가지고 할 수 있는 것이 아닙니다. '차가움'도 필요합니다. 가슴은 뜨거워야 하지만, 머리는 냉철해야 합니다. 그런데 가슴의 열정이 지나쳐서 머리까지 뜨거워지거나, 이성적인 냉철함이 지나쳐서 가슴까지 냉랭해진다면 어떻게 되겠습니까. 더욱이 열정이나 냉철함이 모두 무디어져서 미지근한 상태가 된다면 그것이야말로 더욱 큰 문제 아니겠습니까?

에베소교회를 보십시오. 그들은 거짓 사도를 시험하여 드러냈습니다(2:2). 니골라당의 교훈을 단호히 배격했습니다(2:6). 무엇으로 그렇게 할 수 있었을까요? 신앙의 냉철함이 그들에게 있었던 것입니다. 그것은 참

잘한 일입니다. 그러나 그들은 처음 사랑을 놓쳐버렸습니다. 뜨거움을 잃어버린 것입니다. '사랑'은 감정적인 차원의 문제가 아니라고 했습니다. 오히려 삶의 태도나 목적과 관련된 문제라고 했습니다. 그러니까 에베소교회는 신앙의 냉철함을 발휘하느라 신앙의 뜨거움을 잃어버린 것입니다.

모든 일에는 균형이 필요한 법입니다. 그런데 균형이란 온수와 냉수를 적당히 섞어놓는 것이 아닙니다. 온수는 뜨거워야 하고, 냉수는 차가워야 합니다. 따로따로 갖추어져 있어야 합니다. 그래야 주님께서 필요할 때에 사용하실 수 있는 것입니다. 그런데 라오디게아교회에는 뜨거움도 냉철함도 없는 미지근한 상태였습니다. 그래서 주님이 한 모금 잡수셨다가 삼키지 못하고 그냥 뱉어버릴 수밖에 없었던 것이지요.

벌거벗은 부자

라오디게아교회 성도들을 차지도 않고 뜨겁지도 않는 상태에 머물러 있게 만들었던 원인은 무엇이었을까요?

> 17네가 말하기를 **나는 부자라, 부요하여 부족한 것이 없다** 하나 네 곤고한 것과 가련한 것과 가난한 것과 눈 먼 것과 벌거벗은 것을 알지 못하는도다. 18내가 너를 권하노니 내게서 불로 연단한 금을 사서 부요하게 하고 흰 옷을 사서 입어 벌거벗은 수치를 보이지 않게 하고 안약을 사서 눈에 발라 보게 하라(계 3:17-18).

그렇습니다. 역시 돈이 문제였습니다. "나는 부자다. 부요하여 부족한 것이 없다." 메시지 성경은 "I'm rich. I've got it made. I need nothing from anyone"이라고 풀이합니다. 내 스스로의 힘으로 성공했으니, 다른 사람에게 아쉬운소리할 게 없다는 것이지요. 앞에서 설명한 것처럼 라오디게아에는 부자들이 많이 있었습니다. 그들은 얼마든지 이런 이야기를 할 수도 있을 겁니다.

그러나 지금 이 말씀을 듣고 있는 대상은 세상 사람들이 아닙니다. 라오디게아교회의 성도들입니다. 그들이 이렇게 말하고 있다는 것이 문제입니다. 주님이 보실 때에 그들은 결코 부자가 아니었습니다. 오히려 "비참하고, 불쌍하고, 가난하고, 눈이 멀고, 벌거벗은"(새번역) 상태였습니다. 정작 본인들만 그 사실을 모르고 있는 것이지요.

주님은 말씀하십니다. 정말 돈을 많이 가지고 있다면, 그 돈으로 '불로 연단한 금gold refined by fire'을 사라고 말입니다. 이 말씀은 그들이 가지고 있는 소유는 불순물이 섞여 있는 금이지, 순금은 아니라는 뜻입니다. 금의 순도를 24등분하여 'K'(Karat, 캐럿)으로 표현합니다. 12K는 50%이고, 18K는 75%의 함량을 가리킵니다. 똑같은 무게라고 하더라도 금의 함량에 따라서 물론 가치가 달라집니다. 12K도 근사하게 보이기는 합니다. 그러나 순금은 아닙니다. 가치가 떨어집니다.

무슨 뜻입니까? 라오디게아교회 성도들은 '돈'을 성공의 기준으로 삼고 있었던 것입니다. 돈으로 자신의 삶을 치장하여 부족함이 없다고 말하고 있는 것입니다. 그러나 주님이 보실 때 그들은 아무 것도 가지지 못한 그야말로 거지신세입니다. 스스로 부자라고 하지만 실제로는 '벌거벗은 부자'입니다. 반면 서머나교회 성도들은 환난과 궁핍으로 인해 거지처럼 살았지만, 주님이 보실 때 그들은 진짜 '부요한 자'였습니다(계 2:9). 그들은 하나님 나라의 주인공이 될 것이기 때문입니다.

"불로 연단한 금을 사라"는 말씀을 통해서 라오디게아교회가 지금과 같이 영적으로 미지근한 상태에 머물러 있게 된 또 다른 원인을 발견하게 됩니다. 그것은 그들에게 아무런 '연단'이 없었다는 사실입니다. 라오디게아교회는 황제 숭배로 인한 박해에서부터 가장 멀리 떨어져 있었습니다. 다른 교회가 극심한 박해를 받는 동안 그들은 단 한 명의 순교자도 내지 않았습니다. 게다가 내부적인 이단 사조의 위협도 없었습니다. 경제적으로도 아무런 어려움이 없었습니다.

기복적인 종교생활로는 최상의 조건입니다. 가장 많은 복을 받은 사람들입니다. 아무런 문제도 없고 물질적으로도 한없이 풍요로우니 말입니다. 그러나 그렇기 때문에 영적으로 심각한 결함을 드러내게 된 것입니다. 따라서 아무런 문제가 없는 것이 복이 아닙니다. 오히려 진정한 복으로 나아가지 못하는 걸림돌이 될 수 있다는 사실을 우리는 알아야 합니다.

더욱 심각한 문제는 자신들의 영적인 상태를 진단할 수 있는 '안목'이 없었다는 점입니다. 그래서 주님은 그들에게 "안약을 사서 눈에 발라 보게 하라"고 말씀하십니다. 이는 물론 '육체의 눈'을 말하는 것은 아닙니다. '영적인 안목'이 없다는 뜻입니다. 그렇게 볼 것을 보지 못하는 이유가 무엇입니까? 그들에게는 신앙적인 냉철함이 없었던 것입니다. 하나님의 말씀에 비추어 자신의 삶을 정직하게 돌이켜 볼 능력이 없었던 것이지요.

그렇다고 해서 주님의 일에 대해서 뜨거운 열정을 가지고 있었을까요? 그렇지도 않습니다. 물질적인 풍요로움의 목적을 이미 달성했는데 다른 일에 무슨 열정이 필요하겠습니까?

열심을 내라

주님은 그들에게 다음과 같이 권면하십니다.

무릇 내가 사랑하는 자를 책망하여 징계하노니 그러므로 네가 열심을 내라. 회개하라(계 3:19).

우리말 '책망하다'에 해당하는 헬라어 '엘렝코'(ἐλέγχω, elegchō) 동사는 사실 단순하게 'to expose드러내다'라는 의미로 사용되는 말입니다. 이를 '책망하다'로 번역하는 것은 조금 과합니다. 또한 '징계하다'도 마찬가지입니다. 이에 해당하는 '파이듀오'(παιδεύω, paideuō) 동사는 'to train children아이들을 훈련하다'라는 의미입니다. 주님은 지금 라오디게아교회를 비난하거나 심판하려고 하지 않으십니다. 오히려 그들을 고쳐서 바로 잡으려고 하십니다.

그것이 우리 주님이 라오디게아교회를 향하여 품고 계시는 사랑의 마음입니다. 비록 그들이 물질적인 풍요로움에 빠져서 미지근한 상태로 신앙생활을 하고 있지만, 주님은 그들을 포기하지 않고 계십니다. 어떻게 해서든지 그들을 바실레이아, 즉 하나님의 나라로 빚으시려고 하십니다. 그래서 "열심을 내라"고 권면하시는 것입니다.

그런데 "열심을 내라"로 번역된 '젤로오'(ζηλόω, zēloō) 동사는 본래 'to be jealous질투심을 느끼다'라는 의미를 가지고 있습니다. 질투심을 가지고 어떤 일에 더욱 열중하게 되는 것(to be deeply committed to something)을 말합니다. 라오디게아교회 성도들은 그 어느 것에서도 질투심을 느낄만한 거리를 찾지 못했습니다. 배부르고 등 따시니 아무 생각이 없는 것이지요. 그렇다면 주님은 무엇에 질투심을 느끼면서 열중하라고 말씀하시는 것일까요?

이에 대한 가장 좋은 답은 주님께서 공생애기간 동안 제자들에게 가르치신 말씀에 담겨 있습니다. 주님은 "천국은 침노를 당하나니 침노하는 자는 빼앗는다"(마 11:12)고 하셨습니다. 천국은 바실레이아입니다. "바실레이아가 침노를 당한다"는 표현을 메시지 성경은 다음과 같이 가장 잘 풀이하고 있습니다.

For a long time now people have tried to force themselves into God's kingdom"(MSG).

오랫동안 사람들은 하나님 나라에 들어가려고 애를 써왔다는 것입니다. 그리고 그렇게 애쓰는 사람들이 결국에는 들어가게 되어 있습니다. 그런데 물질적인 풍요로움에 취해서 살고 있는 라오디게아교회 성도들에게 바실레이아는 더 이상 아무 매력을 느끼지 못하는 목표입니다. 그것을 위해서 굳이 애쓰고 열중할 필요가 없습니다. 이미 이 땅에서 모든 것을 가지고, 모든 것을 누리고 있기 때문입니다.

그렇게 살다가는 정말 큰일 납니다. 이 세상에서 누리는 것들은 영원하지 않기 때문입니다. 언젠가 다 내려놓고 가야 합니다. 어디로 가야 합니까? 하나님 나라에 들어가야 합니다. 어린 양의 거룩한 신부가 되어 혼인잔치에 참여해야 합니다. 돈 있다고 아무 때나 갈 수 있는 곳이 아닙니다. 반드시 '불로 연단한 금'이 있어야 합니다.

아직은 늦지 않았습니다. 지금부터라도 열심을 내면 됩니다. 회개하여 생각과 목적을 바꾸고, 하나님 나라에 집중하면 되는 것입니다.

이기는 자

아직 늦은 것은 아니지만 그렇다고 해서 시간이 넉넉한 것도 아닙니다.

볼지어다. 내가 문 밖에 서서 두드리노니 누구든지 내 음성을 듣고 문을 열면 내가 그에게로 들어가 그와 더불어 먹고 그는 나와 더불어 먹으리라(계 3:20).

이 말씀을 묵상할 때마다 생각나는 그림이 하나 있습니다. 영국화가 홀만 헌트(William Holman Hunt, 1827~1920)가 그린 〈세상의 빛The Light of the World〉이란 제목의 그림입니다. 머리에 가시관을 쓰신 주님께서 등불을 들고 나무문 앞에 서 계십니다. 그러나 그 문에는 덩굴나무들이 자라나서 가로막고 있습니다. 그동안 문을 한 번도 열어본 적이 없었다는 뜻이지요. 그래서 자신을 영접하지 않는 사람들을 안타까워하시는 주님의 마음으로 풀이하기도 합니다.

그러나 홀만 헌트의 생각이 그랬는지는 모르지만, 본래 이 말씀은 그런 의미가 아닙니다. 이는 "때가 가깝다"(1:3)는 말씀의 다른 버전입니다. 주님은 이미 문 밖에 와계십니다. 이제 금방이라도, 강제로라도 문을 열고 들어오실 겁니다. 그러기 전에 마지막으로 노크하고 계시는 것입니다. 주님의 음성을 알고 있는 사람들은 당장 문을 열고 주님을 맞아들일 것입니다. 그러면 곧바로 어린 양의 혼인잔치가 시작될 것입니다. 그러나 끝까지 문을 열지 않는다면 과연 어떻게 될까요?

> 21 이기는 그에게는 내가 내 보좌에 함께 앉게 하여 주기를 내가 이기고 아버지
> 보좌에 함께 앉은 것과 같이 하리라. 22 귀 있는 자는 성령이 교회들에게 하시는
> 말씀을 들을지어다(계 3:21-22).

'이기는 자'에게 주시는 약속은 주님의 보좌에 함께 앉게 해주시겠다는 것입니다. 주님의 보좌는 하나님 나라에서 가장 상석上席입니다. 그런데 그 자리에 함께 앉게 해주시겠다고 하시니, 그 얼마나 영광스러운 일이겠습니까?

에베소교회에는 '생명나무의 열매'를 약속하셨습니다(2:7). 버가모교회에는 '만나와 흰 돌'을 약속하셨습니다(2:17). 빌라델비아교회에는 '하나님 성전의 기둥'이 되는 약속을 하셨습니다(3:12). 그런데 라오디게아교회에는 '주님의 보좌'에 동석하는 것을 약속하십니다. 어찌 보면 가장 못난 자식에게 가장 큰 선물을 약속해주고 계시는 것입니다. 그들을 포기하지 않으시고 어떻게 해서든 한 사람이라도 하나님 나라의 빛나는 보

석이 되게 하시려는 주님의 열심이 느껴지지 않으십니까?

교회가 이 땅에 존재하는 목적은 어린 양의 거룩한 신부가 되는 것입니다. 성도들이 이 땅에 살아가는 이유는 새예루살렘의 빛나는 보석이 되기 위해서입니다. 부자 교회라고 해서 그 목적이 달라지지 않습니다. 그러나 돈이 많다는 것이 본래의 목적과 사명에 따라 살아가는데 큰 장애가 될 수도 있습니다. 세상의 편안함에 눈이 어두워서 정말 보아야 할 것을 보지 못할 수도 있습니다. 물질의 풍요로움 속에서 신앙생활 하는 오늘날의 교회와 성도들이 마음 깊이 새겨두어야 할 말씀입니다.

이 세상에서 아무런 어려움 없이 잘 먹고 잘 살기 위해서 신앙생활 하려고 하지 마십시오. 우리가 가야할 최종 목적지는 하나님 나라입니다. 물질의 풍요로움이 하나님 나라를 향한 믿음의 발걸음에 걸림돌이 되지 않도록 우리 모두 정신 차려야 할 것입니다.

역사의 종말에 대한 계시

〈계 4:1–10:11〉

하나님의 보좌 환상

계 4:1-11

오늘부터 '하나님 나라의 완성 교향곡' 제2악장에 들어갑니다. 1악장에서 우리는 '교회를 향한 계시'(계 1:9-3:22)의 말씀을 묵상했습니다. 2악장에서는 '역사의 종말에 대한 계시'(계 4:1-10:11)의 말씀을 살펴보겠습니다. 더 정확하게 표현하자면, '역사의 종말을 향해 나아가는 일들에 대한 계시'의 말씀입니다.

본문에 들어가기에 앞서서, 요한계시록의 문학적인 구조에 대해서 먼저 설명할 필요가 있습니다.

문학적 구조 형식

요한계시록이 가지고 있는 세 가지 특징이 있다고 했지요. '계시'(1:1)와 '예언의 말씀'(1:3)과 '편지'(1:4)가 바로 그것입니다. 그리고 내용적으로는 사도 요한이 본 '환상'과 그 환상을 교회에 적용한 '메시지' 그리고 장차 하나님 나라가 완성되는 과정에서 '일어날 일들'을 기록한 것이라고 했습니다(1:19). 여기서 한 걸음 더 나아가서, 그 내용을 담아서 표현해내는 요한계시록의 문학적인 구조 형식을 이해해야 합니다. 그러면 요한계시록의 메시지를 발견하는 데 큰 도움이 될 것입니다.

다시 1악장으로 돌아가서 그 구조를 한번 살펴보면, 사도 요한이 목격한 '예수 그리스도의 환상'(1:9-20)이 가장 앞에 놓여 있습니다. 그 뒤를 이어서 아시아의 일곱 교회에 주시는 말씀들이 차례대로 나옵니다(2:1-3:22). 그 말씀들을 묵상하면서 각각의 교회들에 주시는 메시지가 이미 '예수 그리스도의 환상' 속에 표현되어 있었다는 사실을 우리는 확인했습니다. 그러니까 각각의 교회들을 향해서 선포되는 메시지의 열쇠가 제일 앞에 놓여 있는 환상 속에 이미 포함되어 있다는 것입니다.

이러한 구조는 요한계시록에서 계속해서 반복되고 있습니다. 물론 '환상'과 '편지'라는 구조는 더 이상 나오지 않습니다. 오히려 계속 이어지는 환상들로만 채워진 것처럼 보입니다. 그런데 자세히 들여다보면 거기에도 분명한 리듬이 있습니다. 사람들은 '일곱 봉인'과 '일곱 나팔' 그리고 '일곱 대접'의 환상에 더 큰 호기심을 갖고 있습니다만, 우리가 정말 관심 있게 보아야 할 부분은 그 사이사이에 등장하는 '중간 장의 환상들'입니다. 왜냐하면 거기에 진짜 메시지가 담겨 있기 때문입니다.

2악장으로 구분해 놓은 4-11장의 말씀을 개괄적으로 살펴보면, 4장과 5장에 각각 '하나님의 보좌 환상'과 '어린 양과 두루마리 환상'이 나옵니다. 바로 이 부분이 1악장에서의 '예수 그리스도의 환상'과 같은 역할을 하는 말씀입니다. 그리고 6장에 가서 '일곱 봉인의 심판'에 대한 환상이 나옵니다. 그러니까 6장의 말씀을 잘 이해하려면 먼저 4장과 5장의 내용을 잘 살펴보아야 하는 것입니다.

그 다음도 마찬가지입니다. '일곱 나팔의 심판'에 대한 환상은 8장과 9장에 나옵니다만, 그 앞의 7장에는 인치심을 받은 '십사만 사천의 찬양'에 대한 환상이, 그 뒤의 10장에는 '작은 두루마리의 환상'이 나옵니다.

심판의 환상 앞뒤로 사도 요한이 직접 체험한 하나님에 대한 환상이 놓여 있는 것입니다. 무슨 뜻입니까? 역사의 종말을 향해 나아가는 과정에서 일어나는 무서운 심판의 이야기보다, 그 일을 시행하시는 하나님을 이해하는 것이 더 중요하다는 뜻입니다.

하나님이 어떤 분인지, 하나님이 왜 그 일을 시행하시는지, 그 일들을 통해서 무엇을 이루어가려고 하시는지에 초점을 맞추어 요한계시록을 묵상해야 한다는 것입니다. 만일 그렇게 하지 않고 단지 심판 이야기나 수수께끼 풀이에만 매달려 있다면, 요한계시록을 아무리 많이 읽는다고 하더라도 결코 우리를 향한 복음의 메시지를 발견하지 못할 것입니다.

천상의 예배

오늘 본문은 사도 요한이 처음으로 보았던 '예수 그리스도의 환상'(1:9-20)에 이어서 두 번째로 보게 된 '하나님의 보좌 환상'(4:1-11) 이야기입니다. 환상에 등장하는 사물이나 상징들의 의미를 성급하게 해석해내려고 하기보다는, 먼저 환상 그 자체의 이야기를 잘 소화해내려고 해야 합니다. 그러다보면 자연스럽게 그 의미들에 접근할 수 있을 것입니다.

> 이 일 후에 내가 보니 하늘에 열린 문이 있는데 내가 들은 바 처음에 내게 말하던 나팔 소리 같은 그 음성이 이르되 이리로 올라오라. 이후에 마땅히 일어날 일들을 내가 네게 보이리라 하시더라(계 4:1).

첫 번째 환상은 밧모섬에서 '주일 예배'를 드리고 있던 사도 요한에게 주님이 직접 찾아오신 이야기입니다. 그러나 오늘 본문의 두 번째 환상은 사도 요한이 하늘에 열린 문을 통해 올라가서 하나님의 보좌 앞에서 진행되고 있는 '천상의 예배'에 참여하게 되는 이야기입니다. 두 이야기의 공통분모는 바로 '예배'입니다. 그렇습니다. 지상의 예배는 천상의 예배와 연결되어 있는 것입니다!

주님은 사도 요한에게 "이리로 올라오라"고 하시면서, "이후에 마땅히 일어날 일들을 내가 네게 보이리라"고 말씀하십니다. '마땅히 일어날 일들'은 '반드시 일어날 일들'(the things which must take place)을 말합니다. 첫 번째 환상에서 주님이 언급한 '장차 될 일'(1:19)과 같은 내용을 말씀하시는 것으로 보입니다.

자, 그런데 반드시 일어날 일들의 구체적인 내용이 무엇일까요? 6장에 나오는 일곱 봉인에 담긴 심판을 말하는 것일까요? 아니면 9장에 나오는 일곱 나팔에 담긴 심판을 말하는 것일까요? 아니면 조금 더 멀리 가서 20장에 기록된 사탄과 그를 추종하는 세력들이 불못에 던져지는 '둘째 사망'의 심판을 말하는 것일까요?

물론 역사의 종말은 거기까지 다다르게 될 것입니다. 그러나 지금 주님은 그것을 말씀하시는 것이 아닙니다. 오히려 사도 요한이 이제 곧 직접 목격하게 될 천상의 예배를 가리키는 말씀으로 보는 것이 더 자연스럽습니다. 자, 그렇다면 무슨 뜻입니까? 천상의 예배가 하나님의 나라가 완성될 마지막 때에 반드시 일어날 바로 그 일이라는 사실을 말씀하고 계시는 것입니다.

실제로 주님이 재림하실 때에 세계 각 나라와 족속과 백성과 방언에서 큰 무리가 나와서 주님을 찬양하는 장엄한 광경이 펼쳐집니다(7:9-10). 이제 요한이 보게 될 천상의 예배는 장차 마땅히 일어나게 될 그 일의 예고편인 셈입니다. 우리가 매주일 드리는 예배를 통해서 우리들도 또한 그 장엄한 모습을 미리 맛보고 있는 것입니다. 그러니 예배가 얼마나 중요한지 알아야 합니다.

하늘의 보좌와 이십사 장로

드디어 사도 요한은 하늘에 열린 문으로 들어가서 천상의 예배를 목격하게 됩니다. 요한의 눈에 가장 먼저 들어온 것은 바로 '하늘의 보좌'였습니다.

> 2내가 곧 성령에 감동되었더니 보라 하늘에 보좌를 베풀었고 그 보좌 위에 앉으신 이가 있는데 3앉으신 이의 모양이 벽옥과 홍보석 같고 또 무지개가 있어 보좌에 둘렸는데 그 모양이 녹보석 같더라(계 4:2-3).

"내가 곧 성령에 감동되었다"를 NIV 성경은 "At once I was in the Spirit" 이라고 번역합니다. 첫 번째 환상에서도 사도 요한은 똑같은 표현을 사용합니다(1:10). 이는 예배 가운데로 깊숙이 빠진 상태를 표현하는 말입니다. 주님은 수가 성 여인에게 "하나님은 영이시니 예배하는 자가 영과 진리로 예배해야 한다"(요 4:24)고 말씀하셨습니다. 성령의 감동으로 예배에 깊숙이 빠질 때에 우리는 '지상의 예배'를 통해서도 하나님의 임재를 체험할 수 있게 되는 것입니다.

사도 요한은 놀랍게도 환상을 통해서 천상의 예배와 하나님의 보좌를 직접 목격하게 되었습니다. 물론 그 보좌에는 하나님이 앉아계십니다. 그러나 요한의 눈에는 벽옥jasper과 홍보석ruby처럼 보였습니다. 보좌에 둘려있는 무지개는 녹보석emerald 같았다고 합니다. 이렇게 '같다like'는 말을 반복하는 이유는 인간의 언어로는 달리 표현할 길이 없었기 때문입니다. 생각해 보십시오. 어떻게 하나님의 거룩하고 존귀하신 모습을 감히 인간의 제한된 언어로 충분히 표현해낼 수 있겠습니까!

사도 요한은 보좌 주변을 둘러보기 시작했습니다.

또 보좌에 둘려 이십사 보좌들이 있고 그 보좌들 위에 이십사 장로들이 흰 옷을 입고 머리에 금관을 쓰고 앉았더라(계 4:4).

여기에서 '장로長老'는 헬라어 '프레스부테로스'(πρεσβύτερος, presbuteros) 를 번역한 것입니다. 영어로는 'elder'라고 표현합니다. 모두 나이가 지긋한 어른을 가리키는 말입니다. 현재 교회에서 장로 직분을 뜻하는 'presbyter' 도 바로 이 말에서 나왔습니다.

이런 우스갯소리가 있습니다. 천국 문 앞에서 어느 장로교 목사님과 천사 사이에 실랑이가 벌어졌답니다. 웬일인가 알아보았더니 그 목사님 이 천국에 들어가기 싫다고 버티고 있는 것입니다. 그 이유가 뭐냐고 하 니까 "천국에는 장로가 스물 네 명이나 있다면서요?" 그러더랍니다. 목 사님들이 교회에서 얼마나 장로님들에게 시달렸으면 이런 이야기가 나 왔을까요. 그러나 미안한 말이지만, 하나님 보좌 앞에 앉을만한 장로님 들은 이 세상에 아무도 없습니다. 그것은 목사님들도 마찬가지입니다.

그렇다면 하나님 보좌를 둘러싸고 있는 '이십사 장로'들은 누구를 가 리키는 것일까요? 어떤 분들은 구약 열두 지파와 신약 열두 사도를 대표 하는 인물들이라고 설명하기도 합니다만, 그것도 역시 맞지 않습니다. 결론적으로 말씀드리자면 그들이 누구인지 우리는 모릅니다. 모르면 그 냥 모른 채 그렇게 놔두면 됩니다. 억지로 해석하려고 들지 마십시오. 한 가지 분명한 것은 그들은 모두 '천상의 존재들heavenly beings'이라는 사실입 니다. 지구에 살던 그리스도인들이 '천상의 예배'에 직접 참여할 수 있게 되는 것은 주님의 재림 이후에나 가능한 일입니다. 지금 사도 요한도 환 상 중에 천상의 예배를 목격하고 있을 뿐입니다.

천상의 존재들과 보좌 환상

실제로 성경에는 하나님을 보좌하는 영적인 존재들을 설명하는 이야기가 참 많이 나옵니다. 오늘 본문에서는 '네 생물Four living creatures'이 등장합니다.

> 6보좌 앞에 수정과 같은 유리 바다가 있고 보좌 가운데와 보좌 주위에 네 생물이 있는데 앞뒤에 눈들이 가득하더라. 7그 첫째 생물은 사자 같고 그 둘째 생물은 송아지 같고 그 셋째 생물은 얼굴이 사람 같고 그 넷째 생물은 날아가는 독수리 같은데 8네 생물은 각각 여섯 날개를 가졌고 그 안과 주위에는 눈들이 가득하더라…(계 4:6-8a).

그런데 '생물生物'이라고 해서 '짐승'이라고 생각하면 안 됩니다. 하나님이 지상에 우리 인간들을 창조하셨듯이, 천상에서 하나님을 보좌하기 위해서 창조하신 영적인 피조물입니다. 그 얼굴 모양이 사자a lion와 송아지an ox 그리고 사람a man과 독수리a flying eagle 같다고 합니다. 모두 여섯 날개를 가졌고 그 안과 주위에 '눈들eyes'이 가득했다고 합니다. 그러니까 날개짓을 하더라도 그것 때문에 시선이 방해받지 않게 되어있는 것이지요.

이 또한 천상의 존재입니다. 우리에게는 기이하게 느껴질지 모르지만 하나님께서 필요하셔서 만들어 놓으셨습니다. 그 나름대로 하나님 보시기에 아름다운 모습입니다. 네 생물이 하는 일이 무엇일까요?

> 8… 그들이 밤낮 쉬지 않고 이르기를 거룩하다 거룩하다 거룩하다 주 하나님 곧 전능하신 이여 전에도 계셨고 이제도 계시고 장차 오실 이시라 하고 9그 생물들이 보좌에 앉으사 세세토록 살아 계시는 이에게 영광과 존귀와 감사를 돌릴 때

에…(계 4:8b-9).

그들은 밤낮 쉬지 않고 하나님을 찬양합니다. 그리고 '영광'과 '존귀'
와 '감사'를 돌립니다. 하나님께서 가장 좋아하시는 것은 바로 '찬양'입니
다. 우리 인간을 만드신 것도 사실 찬양을 받기 위해서였습니다(사 43:21).
그러나 죄로 말미암아 우리들은 찬양에서 멀어졌습니다. 이제 하나님의
나라가 완성되면 가장 먼저 찬양이 회복될 것입니다. 지상 교회가 행하
던 사역들 중에서 오직 '찬양 사역'만 남게 될 것입니다.

만일 사도 요한이 이와 같은 환상을 본 유일한 사람이라면, 그 내용을
신뢰하기가 쉽지 않았을 것입니다. 그러나 이와 비슷한 이야기가 구약성
경에 여러 번 등장합니다. 이사야 선지자는 예루살렘 성전에서 예배를
드리다가 사도 요한처럼 '보좌 환상'을 보게 되었습니다.

> ¹웃시야 왕이 죽던 해에 내가 본즉 주께서 높이 들린 보좌에 앉으셨는데 그의 옷
> 자락은 성전에 가득하였고 ²스랍들이 모시고 섰는데 각기 여섯 날개가 있어 그
> 둘로는 자기의 얼굴을 가리었고 그 둘로는 자기의 발을 가리었고 그 둘로는 날며
> ³서로 불러 이르되 거룩하다 거룩하다 거룩하다 만군의 여호와여 그의 영광이 온
> 땅에 충만하도다 하더라(사 6:1-3).

여기에는 '스랍들the seraphim'이 등장합니다. 이들도 여섯 날개를 가지고
있었지만, 두 날개로 얼굴을 가리고 있어서 어떤 모습인지 잘 드러나지
않습니다. 이들도 하나님을 찬양하고 있습니다. 이사야도 사도 요한처럼
환상 중에 천상의 예배를 목격하게 되었는지, 아니면 하나님의 보좌가
아예 예루살렘 성전에 임하여 예배가 진행되었는지 알 수 없습니다. 그
러나 분명한 것은 이사야와 사도 요한이 목격한 하나님은 같은 분이라는
사실입니다.

'보좌 환상'을 본 사람은 또 있습니다. 에스겔 선지자입니다.

4내가 보니 북쪽에서부터 폭풍과 큰 구름이 오는데 그 속에서 불이 번쩍번쩍하여 빛이 그 사방에 비치며 그 불 가운데 단 쇠 같은 것이 나타나 보이고 5그 속에서 네 생물의 형상이 나타나는데 그들의 모양이 이러하니 그들에게 사람의 형상이 있더라. … 10그 얼굴들의 모양은 넷의 앞은 사람의 얼굴이요 넷의 오른쪽은 사자의 얼굴이요 넷의 왼쪽은 소의 얼굴이요 넷의 뒤는 독수리의 얼굴이니…(겔 1:4-10).

이 말씀은 에스겔이 그발 강가에서 목격한 '보좌 환상'입니다. 물론 사도 요한이나 이사야의 진술과 비교해보면 약간의 차이가 있습니다. 그렇지만 전체적인 그림은 대동소이합니다. 하나님께서 '이동식 보좌potable throne'를 타시고 바벨론에 포로로 잡혀와 있던 에스겔에게 나타나신 것입니다. 여기에 네 생물의 형상이 자세히 묘사되고 있습니다.

에스겔은 후에 다시 한 번 보좌 환상을 보게 되는데, 그 장면에서는 그발 강가에서 목격한 이 생물들을 '그룹들the cherubim'이라고 부릅니다(겔 10:1). 이 그룹들은 아담과 하와가 에덴동산에서 추방된 후에 들어오지 못하게 지키고 있던 바로 그 존재들입니다(창 3:24).

그러니까 사도 요한이 목격한 '이십사 장로'나 '네 생물'이나, 이사야나 에스겔이 본 '스랍들'이나 '그룹들'은 모두 하나님께서 창조해놓으신 '천상의 존재'인 것입니다. 그들의 위상이나 역할에 대해서 우리가 알 수는 없지만, 하나님은 천상에 이미 하나님이 통치하시는 나라를 완성해놓고 계시다는 사실을 알 수 있습니다. 그런데 놀랍게도 이와 같은 천상의 존재들은 하나님께서 천지를 창조하시던 때에 이미 등장합니다.

하나님이 이르시되 우리의 형상을 따라 우리의 모양대로 우리가 사람을 만들고 그들로 바다의 물고기와 하늘의 새와 가축과 온 땅과 땅에 기는 모든 것을 다스리게 하자 하시고…(창 1:26).

여호와 하나님이 이르시되 보라 이 사람이 선악을 아는 일에 우리 중 하나 같이 되었으니 그가 그의 손을 들어 생명나무 열매도 따먹고 영생할까 하노라 하시고…(창 3:22).

하나님은 한 분이신데 자꾸 '우리we'라고 말씀하시는 것이 이상하지 않습니까? 이 말씀을 삼위일체론의 교리로 풀이하는 분들도 계시지만, 성경은 처음부터 그와 같은 교리적인 관심으로 기록되지 않았습니다. 오히려 이 말씀은 천상의 어전회의御前會議 장면으로 이해하는 것이 더 설득력이 있습니다. 지금 하나님은 앞에서 언급한 천상의 존재들과 함께 인간을 창조할 것에 대해서, 또는 그들을 에덴동산에서 추방할 것에 대해서 의논하고 계시는 것입니다.

그러니까 사도 요한이 목격하고 있는 천상의 예배는 아무런 실체가 없는 뜬구름 잡는 환상이 아니라는 것입니다. 성경 전체를 통해서 이미 여러 번 증언된 확실하게 믿을 수 있는 내용입니다. 창세기에 등장한 하나님을 이사야와 에스겔이 직접 목격했습니다. 그리고 같은 하나님을 사도 요한도 목격했고, 그것을 요한계시록을 통해서 증언하고 있는 것입니다.

보좌 환상의 의미

그런데 왜 주님은 사도 요한에게 이처럼 '천상의 예배'를 목격하게 하셨을까요? 단지 하나님께 드려지는 예배가 얼마나 장엄하고 거룩한지 그에게 강한 인상을 심어주기 위해서 그러셨을까요? 물론 그런 의미가 전혀 없는 것은 아니지만, 그보다는 앞으로 사도 요한을 통해서 선포하실 메시지와 더욱 밀접하게 관련되어 있습니다. 이사야나 예레미야가 목격한 보좌 환상도 마찬가지입니다. 그들을 하나님의 대언자로 부르시는 소명과 직접적으로 연결되어 있습니다.

이사야 6장으로 다시 돌아가 봅시다.

> 8내가 또 주의 목소리를 들으니 주께서 이르시되 내가 누구를 보내며 누가 우리를 위하여 갈꼬 하시니 그 때에 내가 이르되 내가 여기 있나이다. 나를 보내소서 하였더니 9여호와께서 이르시되 가서 이 백성에게 이르기를 너희가 듣기는 들어도 깨닫지 못할 것이요 보기는 보아도 알지 못하리라 하여…(사 6:8-9).

이사야가 하나님의 말씀을 전하라는 사명을 받는 장면입니다. 그런데 이사야가 받은 사명은 메시지를 전달하는 일에 실패하는 것입니다. 왜냐하면 사람들이 들어도 깨닫지 못할 것이기 때문입니다. 실패할 것을 아시면서 하나님은 이사야를 보내고 계시는 것입니다. 생각해보십시오. 만일 이사야가 하나님의 보좌 환상을 직접 목격하지 못했다면, 그 사명을 감당할 수 있었겠습니까? 아예 처음부터 시작하지도 않았을 것입니다.

에스겔도 마찬가지입니다. 이동식 보좌를 타고 나타나시는 모습을 보여주신 후에 하나님은 에스겔에게 사명을 주십니다.

> 1그가 내게 이르시되 인자야 네 발로 일어서라. 내가 네게 말하리라 하시며… 3내게 이르시되 인자야 내가 너를 이스라엘 자손 곧 패역한 백성, 나를 배반하는 자에게 보내노라. 그들과 그 조상들이 내게 범죄하여 오늘까지 이르렀나니 4이 자손은 얼굴이 뻔뻔하고 마음이 굳은 자니라. 내가 너를 그들에게 보내노니 너는 그들에게 이르기를 주 여호와의 말씀이 이러하시다 하라… 7그들은 심히 패역한 자라. 그들이 듣든지 아니 듣든지 너는 내 말로 고할지어다(겔 2:1-7).

에스겔의 사명 역시 실패할 것이 자명합니다. 하나님의 말씀을 전해 보아야 듣지 않을 것이 뻔합니다. 그러나 이스라엘 백성들이 듣든지 안 듣든지 하나님의 말씀을 전하라고 하십니다. 보좌 환상이 없었다면 에스 겔 또한 그 사명을 감당할 수 없었을 것입니다.

그렇다면 듣지 않을 것을 아시면서 왜 하나님은 그들에게 메시지를 전하라고 하시는 것일까요? 왜냐하면 인류를 구원하시려는 하나님의 계 획을 알릴 필요가 있었기 때문입니다. 그리고 그 일을 반드시 이루실 것 이라는 하나님의 확고한 의지를 선포할 필요가 있으셨던 것입니다. 이사 야와 에스겔은 실패할 수밖에 없는 사명을 받았고, 역시 실패했습니다. 그러나 하나님은 실패하지 않으셨습니다. 그들을 통해 예고하신 대로, 마침내 독생자 예수 그리스도를 이 땅에 보내셔서 인류를 구원하는 일을 해내신 것입니다.

사도 요한에게 천상의 예배와 보좌 환상을 보여주신 것도 역시 마찬 가지입니다. 하나님께서 이루실 일들에 대한 분명한 메시지와 그것을 이 루어가실 하나님의 확고한 의지를 깨닫게 해주시기 위해서입니다. 그것 은 이십사 장로들의 찬양을 통해서 드러납니다.

> 10이십사 장로들이 보좌에 앉으신 이 앞에 엎드려 세세토록 살아 계시는 이에게 경배하고 자기의 관을 보좌 앞에 드리며 이르되 11우리 주 하나님이여 영광과 존 귀와 권능을 받으시는 것이 합당하오니 주께서 **만물을 지으신지라. 만물이 주의 뜻대로 있었고 또 지으심을 받았나이다** 하더라(계 4:10-11).

이는 피조물이 창조주 하나님께 올려드리는 경배와 찬양입니다. 이 십사 장로들도 천상의 존재 중에서는 아주 귀한 반열에 있지만, 그들 역 시 하나님이 창조하신 피조물입니다. 그러니 하나님 앞에 엎드려 경배하 고 관을 벗어 드리며 찬양할 수밖에 없는 것입니다.

여기에서 우리가 주목해야 할 것은 제일 마지막 부분입니다. ESV 성경은 다음과 같이 번역합니다.

Worthy are you, our Lord and God, to receive glory and honor and power, for you created all things, and **by your will they existed** and were created.

이 세상의 모든 만물은 하나님의 뜻과 의지에 따라서 존재하게 되었다는 고백입니다. 그러니까 모든 일은 하나님께 달려있는 것입니다. 하나님이 이루시겠다고 결심하시면 실제로 그렇게 되는 것입니다. 따라서 하나님이 어떤 분인지 알고 있는 피조물이라면 하나님 앞에 엎드려 영광과 존귀와 권능을 받으시기에 합당한 분이라고 고백하지 않을 수 없는 것입니다.

이와 같은 이십사 장로들의 찬양에서 우리는 주님이 가르쳐주신 기도가 묻어나오고 있음을 직감할 수 있습니다.

9... 하늘에 계신 우리 아버지여 이름이 거룩히 여김을 받으시오며 10나라가 임하시오며 뜻이 하늘에서 이루어진 것 같이 땅에서도 이루어지이다(마 6:9-10).

우리 피조물은 마땅히 우리를 창조하신 아버지 하나님의 이름이 거룩히 여김을 받도록 기도해야 합니다. 그리고 '나라' 즉 '바실레이아'가 땅에서도 이루어지도록 기도해야 합니다. 바실레이아는 하나님이 당신의 뜻대로 통치하시는 나라입니다. 바실레이아는 이미 하늘에서 이루어졌습니다. 사도 요한은 천상의 예배와 보좌 환상을 통해서 그것을 직접 확인했습니다.

이제 남은 것은 땅에서도 바실레이아가 이루어지는 것입니다. 그 일이 이루어지는 것은 하나님의 뜻에 달려있습니다. 그 일을 이루시는 방법 또한 하나님께 달려있습니다. 누구를 통해서 이루실지도 하나님께 달려있습니다. 하나님은 예수 그리스도를 통해서 그 일을 이루십니다. 그 이야기가 5장에 계속 이어지고 있는 것입니다.

앞에서 천상의 예배와 보좌 환상을 사도 요한이 목격할 수 있게 하신 이유는 하나님께서 이루실 일들에 대한 분명한 메시지를 발견하고 또한 그것을 이루어가실 하나님의 확고한 의지를 깨닫게 하기 위해서라고 했습니다. 그렇습니다. '나라'를 시작하신 분은 하나님이십니다. 그 '나라'를 완성하실 분도 하나님이십니다. 이 일은 결코 실패할 수 없습니다. 하나님이 다 이루실 것이기 때문입니다!

그렇다면 역사의 종말을 바라보면서, 아니 역사의 종말을 향해 나아가는 일들을 바라보면서, 우리는 과연 어디에 집중해야 할까요? 그렇습니다. 우리는 하나님께 집중하면 됩니다. 하나님이 이 세상을 어떻게 심판하시든지, 종말에 이 세상에 어떤 엄청난 일들이 벌어지든지, 그 모든 것은 우리의 구원을 완성하기 위해서 일하시는 하나님으로부터 비롯되었다는 사실을 기억하면 됩니다. 그럴 때에 우리는 마침내 '이기는 자'로 주님 앞에 서게 되는 것입니다.

우리가 매주일 드리는 '지상의 예배'는 '천상의 예배'와 연결되어 있습니다. 매주일의 예배에 성공하는 자가 마지막 때 새예루살렘 성에서 천국 가족이 모두 모여 드리는 예배에 참여하는 복을 누리게 되는 것입니다. 우리 모두 그와 같은 복을 누리는 자들이 되기를 간절히 소원합니다.

어린 양과 두루마리

계 5:1-14

사도 요한은 요한계시록 4장에 기록된 '천상의 예배'와 '보좌 환상'을 통해서 하나님의 뜻에 따라 통치되는 바실레이아(나라)가 이미 하늘에 이루어졌음을 두 눈으로 확인했습니다. 그리고 또한 하나님께서 확고한 의지를 가지고 그 나라를 이 땅에 이루어가실 계획을 가지고 있다는 사실도 알게 되었습니다.

그렇다면 하나님이 이제 누구를 통해서 그 일을 이루어가실 것인가? 그 대답이 바로 오늘 우리가 묵상하려고 하는 요한계시록 5장에 기록되어 있습니다. 이른바 '어린 양과 두루마리의 환상' 이야기입니다.

봉인된 두루마리

사도 요한이 목격한 환상의 기본적인 내용을 먼저 파악하고 난 후에, 그 의미들을 살펴보도록 하겠습니다.

1내가 보매 보좌에 앉으신 이의 오른 손에 두루마리가 있으니 안팎으로 썼고 일곱 인으로 봉하였더라. 2또 보매 힘 있는 천사가 큰 음성으로 외치기를 누가 그 두루마리를 펴며 그 인을 떼기에 합당하냐 하나…(계 5:1-2).

사도 요한은 보좌에 앉으신 이, 즉 하나님의 오른손에 두루마리a scroll가 있는 것을 알아차립니다. 그 두루마리는 '안팎으로' 글이 적혀 있었습니다. 그리고 일곱 개의 인으로 봉해져 있었습니다.

에스겔이 소명을 받을 때에도 이와 비슷한 경험을 했습니다. 그는 '안팎에' 글이 적혀 있는 두루마리 책을 하나님으로부터 받아서 먹었습니다. 그랬더니 꿀 같이 달았다고 했습니다(겔 2:9-3:3). 그런데 그가 받은 말씀의 내용은 '애가와 애곡과 재앙의 말'이었습니다(겔 2:10). 에스겔이 달게 받아먹은 말씀이 재앙이었다는 것은 역설이 아닐 수 없습니다.

그렇다면 사도 요한이 본 두루마리에는 과연 어떤 내용이 적혀 있었을까요? 물론 봉인된 상태였기 때문에 아직은 그 내용을 알 수 없습니다. 그렇지만 지금까지 진행되어온 상황으로 미루어보아 하나님께서 마지막 때에 이루어가실 일들에 대한 기록일 것으로 충분히 짐작할 수 있습니다. 그 속에는 분명 '재앙의 말'과 '심판의 말'도 포함되어 있을 것입니다. 그러나 하나님이 이루어가실 일의 종착역은 이 세상의 파괴적인 종말이 아닙니다. 오히려 하나님께서 태초부터 품고 계셨던 구원이 완성되는 것으로 끝납니다.

두루마리에 글을 쓸 때에 보통은 안쪽에만 기록하지, 바깥쪽까지 기록하지는 않습니다. 그렇다면 안팎으로 가득 글이 채워져 있었다는 사실은 무엇을 의미하는 것일까요? 그것은 하나님이 이루어가실 일들의 계획이 더해지거나 수정될 여지도 없이 완벽하게 준비되어 있다는 뜻입니다. 이제 일곱 개의 봉인을 떼어 펼치기만 하면 됩니다. 그러면 하나님의 계획이 일사천리로 이루어질 것입니다.

문제는 아무나 그 인을 뗄 수 없다는 것입니다. 이때 어느 '힘 있는 천사|a strong angel'가 이렇게 말하지요. "저 두루마리를 펼 수 있는 자, 저 봉인을 뜯을 수 있는 자 누구 없는가?"(메시지) 이는 '힘 있는 천사'도 그 봉인을 뜯을 수 없다는 말처럼 들립니다. 오직 그 일에 '합당한' 분, 즉 '자격이 있는worthy' 그분만이 그 일을 할 수 있다는 것입니다. 그분이 누구일까요?

3하늘 위에나 땅 위에나 땅 아래에 능히 그 두루마리를 펴거나 보거나 할 자가 없더라. 4그 두루마리를 펴거나 보거나 하기에 합당한 자가 보이지 아니하기로 내가 크게 울었더니…(계 5:3-4).

두루마리의 봉인을 뗄 수 있는 사람이 아무도 없었습니다. '하늘 위'와 '땅 위'와 '땅 아래'를 모두 찾아보았지만 그 두루마리를 펼칠만한 자격이 있는 분은 그 어디에도 없었습니다. 사도 요한은 실망하여 크게 울기 시작했습니다. 메시지 성경은 "나는 울고 울고 또 울었습니다"(I wept and wept and wept)라고 표현합니다. 그만큼 간절했던 것입니다.

요한은 하나님께서 장차 이루어가실 구원의 계획이 어떻게 펼쳐질지 간절히 알고 싶었습니다. 교회와 성도들이 속수무책으로 당하고 있는 극심한 박해와 환난이 어떻게 끝나게 될지 빨리 보고 싶었습니다. 그런데 봉인을 떼고 두루마리를 펼칠만한 분이 아무도 없는 겁니다. 하나님의 계획을 실행할 수 있는 분이 그 어디에도 보이지 않는 겁니다. 그래서 큰 소리로 울고 또 울었던 것입니다.

교회와 성도들을 향한 이와 같은 사도 요한의 뜨거운 눈물이 없었다면 요한계시록은 기록되지 않았을지도 모릅니다. 그리고 그 눈물에 공감하지 않고서는 요한계시록을 제대로 이해할 수 없을 것입니다.

죽음을 이기신 어린 양

바로 그때 이십사 장로 중의 한 사람이 나서서 말합니다.

장로 중의 한 사람이 내게 말하되 울지 말라. 유대 지파의 사자 다윗의 뿌리가 **이겼으니** 그 두루마리와 그 일곱 인을 떼시리라 하더라(계 5:5).

그는 요한에게 "울지 말라"고 하면서, 그 두루마리와 일곱 인을 떼실 분이 계시다고 말해줍니다. 그는 "유대 지파의 사자, 다윗의 뿌리"(the Lion of the tribe of Judah, the Root of David)입니다. 누구를 가리키는 말입니까? 그렇습니다. 바로 '예수 그리스도'를 가리키는 말입니다. '사자the Lion'는 유다 지파의 상징이었습니다. 이는 야곱의 유언에 담긴 축복으로부터 기인합니다.

9유다는 **사자 새끼로다**. 내 아들아 너는 움킨 것을 찢고 올라갔도다. 그가 엎드리고 웅크림이 수사자 같고 암사자 같으니 누가 그를 범할 수 있으랴. 10**규가 유다를 떠나지 아니하며** 통치자의 지팡이가 그 발 사이에서 떠나지 아니하기를 **실로가 오시기까지 이르리니** 그에게 모든 백성이 복종하리로다(창 49:9-10).

우리말 '규圭'로 번역된 히브리어 '쉐베트shebet'는 왕권을 상징하는 '지팡이'를 의미합니다. 영어로는 'scepter'로 표현합니다. 그러니까 유다 지파에서 왕권이 세워질 것이라는 예언입니다. 실제로 다윗이 왕이 됨으로써 이 예언은 성취됩니다. 그리하여 다윗 왕가를 대표하는 문장紋章 역시 '사자'가 되었습니다.

그런데 여기에서 우리가 주목해야 할 말씀이 하나 있습니다. 그것은 바로 '실로가 오시기까지'라는 말씀입니다. '실로Shiloh'가 누구를 가리키는지에 대해서 성서학자들 사이에 많은 논쟁이 있어왔습니다. 그러나 대체적으로 '메시아'를 가리키는 말이라는데 의견이 모아집니다. 실제로 사도바울은 실로를 '자손'(씨, the seed)으로 바꾸어 인용합니다(갈 3:19). 물론 '자손' 혹은 '씨'는 예수 그리스도를 가리킵니다. 예수님은 다윗의 뿌리에서 나온 분입니다(마 1:1; 막 12:35).

구약의 족장 시대에 이미 다윗 왕가를 통해서 태어나실 메시아가 예고되었다는 사실이 참으로 놀랍습니다. 이는 예수 그리스도를 통한 하나님의 구원 계획이 이미 오래전부터 진행되어 오고 있었다는 것을 의미합니다. 그 일에 우리는 또 다시 전율을 느끼지 않을 수 없습니다. 사도 요한은 천상의 예배에서 이십사 장로 중의 한 사람의 입을 통해서 다시 한번 그 사실을 확인하고 있는 것입니다.

자, 그런데 예수님이 왜 그 일에 합당한 분이십니까? 그 이유는 '이겼기' 때문입니다. 이에 해당되는 헬라어 '니카오'(νικάω, nikaō) 동사는, 아시아 일곱 교회에 주시는 말씀에 반복하여 등장하는 '이기는 자'(계 2:7)에 사용되던 바로 그 단어입니다. 예수 그리스도는 무엇을 이겼습니까? 죽음을 이기셨습니다.

> 내가 또 보니 보좌와 네 생물과 장로들 사이에 한 **어린 양**이 서 있는데 **일찍이 죽임을 당한 것 같더라.** 그에게 일곱 뿔과 일곱 눈이 있으니 이 눈들은 온 땅에 보내심을 받은 하나님의 일곱 영이더라(계 5:6).

여기에서 '어린 양'(아르니온, ἀρνίον)은 예수 그리스도의 또 다른 '이름'입니다. 앞에서 장로가 뭐라고 말했습니까? 유다 지파의 '사자the Lion'가 일곱 인을 떼신다고 했습니다. 그런데 사도 요한은 누구를 발견했습니까? '어린 양the Lamb'입니다! 이와 같은 놀라운 대비를 통해서 요한계시록은 우리에게 중요한 메시지를 전해줍니다.

'사자'는 권능과 존귀를 상징합니다. 그러나 그 권능과 존귀는 '약함'을 통해 드러납니다. 십자가의 대속적인 죽음으로 증명됩니다. 주님은 '세상 죄를 지고 가는 하나님의 어린 양'(요 1:29)으로 오셨고, 실제로 죽임을 당하셨습니다. "일찍이 죽임을 당한 것 같더라." 그러나 마침내 죽음 권세를 이기시고 다시 부활하셨습니다. 따라서 이름은 여전히 어린 양이지만 더 이상 십자가에 처형되는 그런 약한 존재가 아닙니다. 그는 사자같이 강하고 존귀하신 분입니다. 오직 그분만이 하나님의 구원 계획을 완성할 자격이 있으십니다.

사실 하나님의 구원 계획은 갑작스럽게 준비된 이야기가 아닙니다. 그 계획 속에는 어린 양의 죽음도 포함되어 있었습니다. 그리고 그 일은 구약의 선지자들을 통해서 이미 오래전부터 예고되었습니다. 아니 태초에 천지를 창조하실 때부터 하나님은 그 일을 준비하고 계셨습니다. 실제로 어린 양의 죽음과 부활 사건이 인류 역사 속에 일어났습니다. 이제 약속하신 대로 주님은 재림하실 것입니다. 그러면 하나님이 계획하신 모든 일이 완성되는 것입니다.

그런데 사도 요한은 처음부터 그 어린 양을 찾지 않았습니다. 두루마리의 봉인을 뗄 수 있는 분을 엉뚱한 곳에서 찾다가, 찾지 못하자 그만 울고 말았던 것입니다. 그동안 어린 양은 어디에 계셨습니까? '보좌'와 '네 생물'과 '장로들' 사이에 계셨습니다. 천상의 예배가 진행되는 가장 중심부에 계셨습니다. 무슨 뜻입니까? 어린 양을 빼놓으면 구원의 길이 보이지 않는다는 것입니다. 앞으로 진행될 하나님의 일도 마찬가지입니다. 오직 어린 양이 구원의 열쇠를 가지고 계십니다. 하나님은 어린 양을 통해서만 일하십니다.

사도 요한은 어린 양에게 '일곱 뿔'과 '일곱 눈'이 있다고 묘사합니다. 이것을 굳이 문자적으로 해석하여 머리에는 일곱 뿔이 달려있고, 일곱 눈을 가지고 있는 어린 양의 모습을 상상할 필요는 없습니다. '뿔horn'은 '힘'을 상징합니다(신 33:17; 시 89:24). 수 '일곱'은 '완성'을 의미한다고 했습니다. 그러니까 어린 양에게 완전한 능력이 있다는 뜻입니다. '일곱 눈'은 온 땅에 보내심을 받은 '일곱 영'이라고 설명합니다. 이는 '일곱 교회'를 돌보고 계시는 '성령'을 의미합니다.

그렇다면 어린 양이 가지고 있는 완전한 능력은 어떤 것인가요? 이 세상에 존재하는 모든 교회와 성도들을 돌보시는 능력입니다. 장차 그들을 어린 양의 신부로 만들어가실 능력입니다. 마침내 그들을 이기는 자가 되게 하셔서 새예루살렘을 구성하는 빛나는 보석이 되게 하실 능력입니다.

어린 양을 향한 예배

드디어 어린 양이 행동을 취하기 시작하십니다.

그 어린 양이 나아와서 보좌에 앉으신 이의 오른손에서 두루마리를 취하시니라. 그 두루마리를 취하시매 네 생물과 이십사 장로들이 그 어린 양 앞에 엎드려 각각 거문고와 향이 가득한 금 대접을 가졌으니 이 향은 성도의 기도들이라(계 5:7-8).

어린 양이 보좌에 앉아 계신 분께 갑니다. 그리고 그분의 오른손에서 두루마리를 받아 듭니다. 그러자 보좌를 호위하고 있던 네 생물과 이십사 장로들이 바닥에 엎드려 어린 양에게 경배합니다. 그들은 각각 거문고a harp와 향이 가득한 금 대접golden bowls을 가지고 있습니다. 거문고는 찬양을 위한 도구이고, 금 대접에 담긴 향은 어린 양에게 올려드릴 성도의 기도입니다. 그러니까 천상의 예배가 이제 어린 양을 향한 찬양과 기도로 전환되고 있는 것입니다.

그들이 어린 양에게 드리는 찬양은 '새 노래'였습니다.

9그들이 새 노래를 불러 이르되 두루마리를 가지고 그 인봉을 떼기에 합당하시도다. 일찍이 죽임을 당하사 각 족속과 방언과 백성과 나라 가운데에서 사람들을 피로 사서 하나님께 드리시고 10그들로 우리 하나님 앞에서 **나라와 제사장들을 삼으셨으니** 그들이 땅에서 왕 노릇 하리로다 하더라(계 5:9-10).

그들은 '새 노래a new song'를 부릅니다. 그런데 왜 새 노래일까요? 지금까지 아무도 들어보지 못한 노래, 누구에게서도 배워본 일이 없는 노래이기 때문입니다(계 14:3). 새 노래의 내용은 어린 양이 인봉을 떼기에 합당하신 분이라는 것 그리고 그 이유는 십자가의 죽음을 통해서 피로 값을 치르고 사람들을 사셨다는 것, 또한 그들을 하나님의 나라와 제사장으로 삼으셨다는 것, 마침내 그들이 주님과 더불어 왕 노릇하게 된다는 것을 골자로 하고 있습니다.

새 노래에는 예수 그리스도를 통하여 이루어가실 하나님의 구원 계획이 모두 담겨 있습니다. 여기에서 우리가 특별히 주목해야 할 말씀은 "나라와 제사장들을 삼으셨다"는 내용입니다. 이는 요한계시록을 시작하던 첫 부분에서 우리가 이미 묵상한 말씀입니다(계 1:6). '나라'는 '바실레이아'(βασιλεία, basileia)이고, '삼으셨다'에 해당되는 헬라어 '포이에오'(ποιέω, poieō)는 '만들다make' 또는 '건설하다construct'라는 뜻이라고 했습니다. 그리고 시제는 현재완료형이라고 했습니다.

무슨 뜻입니까? 예수 그리스도의 피 값으로 구원받은 성도들을 하나님의 나라에 잘 어울리는 사람이 되도록 하나님께서 빚어가고 계신다는 것입니다. 물론 아직 완성된 것은 아닙니다. 그렇지만 앞으로도 계속해서 그렇게 만들어가실 것입니다. 그리하여 마침내 거룩한 성 예루살렘에 빛나는 보석들이 되게 하실 것입니다. 이와 같은 믿음과 확신을 가지고 있는 사람들만이 어린 양을 향하여 '새 노래'로 찬양할 수 있는 것입니다.

이제 어린 양이 일곱 봉인을 하나씩 뗄 때마다 이 세상에 온갖 일들이 벌어질 것입니다. 흰색과 붉은색과 검은색과 청황색의 말이 나타날 것이고(6장), 그때마다 이 세상에는 큰 재앙과 환난이 임하게 될 것입니다. 그러나 그보다 더 무서운 일들이 일어난다고 하더라도 그것은 어린 양 피로 값을 치르고 사신 교회와 성도들에게는 아무런 문제가 되지 않습니다. 오히려 하나님 나라가 완성되는 날이 더욱 더 가까워질 뿐입니다.

그것은 앞에서 이미 언급한 것과 같이 출애굽할 때의 이스라엘 백성들이 목격한 열 가지 재앙과 같습니다. 이스라엘 백성들이 애굽에서 나온 후에 재앙이 임한 것이 아닙니다. 오히려 애굽에 머물고 있을 때 재앙이 임했습니다. 그러나 하나님은 이스라엘 백성을 지켜주셔서 해를 당하지 않았습니다(출 9:6; 10:23). 이스라엘 백성만이 아닙니다. 하나님의 말씀을 두려워하는 자들도 역시 지켜주셨습니다(출 9:20).

마지막 때도 마찬가지입니다. 어린 양에게 열쇠가 있습니다. 우리는 어린 양의 편입니다. 그러니 이 세상에 어떤 재앙이 임하고 심지어 천지가 개벽하는 일이 일어난다고 하더라도 우리는 결코 두려워할 필요가 없는 것입니다. 우리는 그저 어린 양을 향해 '새 노래'로 찬양하면서 기다리기만 하면 되는 것입니다.

새 노래의 확장

처음에는 네 생물과 이십사 장로들이 '새 노래'를 불렀습니다. 그러나 점점 더 많은 수가 새 노래에 참여하기 시작합니다.

11내가 또 보고 들으매 보좌와 생물들과 장로들을 둘러선 많은 천사의 음성이 있으니 그 수가 만만이요 천천이라. 12큰 음성으로 이르되 죽임을 당하신 어린 양은 능력과 부와 지혜와 힘과 존귀와 영광과 찬송을 받으시기에 합당하도다 하더라 (계 5:11-12).

이번에는 수천 수백만의 천사들이 큰소리로 어린 양에게 영광을 돌리는 새 노래를 합창합니다. 여기에는 스랍들과 그룹들도 포함되었을 것입니다. 노래는 조금 단순해졌지만 내용은 같습니다. 죽임을 당하신 어린 양은 영광과 찬송을 받으시기에 '합당하다'는 것입니다. 그뿐만이 아닙니다.

13내가 또 들으니 하늘 위에와 땅 위에와 땅 아래와 바다 위에와 또 그 가운데 모든 피조물이 이르되 보좌에 앉으신 이와 어린 양에게 찬송과 존귀와 영광과 권능을 세세토록 돌릴지어다 하니 14네 생물이 이르되 아멘 하고 장로들은 엎드려 경배하더라(계 5:13-14).

이제는 천상의 존재들만 찬양하는 것이 아닙니다. 온 우주에 존재하는 모든 피조물들이 어린 양을 향해 찬양하고 있는 것입니다. 시편 96편 기자는 마치 이를 예상이나 한 듯이 다음과 같이 기록했습니다.

1새 노래로 여호와께 노래하라. 온 땅이여 여호와께 노래할지어다… 11하늘은 기뻐하고 땅은 즐거워하며 바다와 거기에 충만한 것이 외치고 12밭과 그 가운데 있는 모든 것은 즐거워할지로다. 그때 숲의 모든 나무들이 여호와 앞에 즐거이 노래하리니 13그가 임하시되 땅을 심판하러 임하실 것임이라. 그가 의로 세계를 심판하시며 그의 진실하심으로 백성을 심판하시리로다(시 96:1, 11-13).

하나님께서 의로 세계를 심판하실 때 그가 창조하신 모든 자연 세계가 '새 노래'로 찬양하게 된다는 내용입니다. 바로 그 장면이 요한계시록

5장에서 펼쳐지고 있는 것입니다. 천상의 예배를 통해서 어린 양이 하나님으로부터 봉인된 두루마리를 받으셨고, 이제 그 봉인을 하나씩 떼어나가실 것입니다. 그렇게 함으로써 하나님이 본래 계획하셨던 구원을 완성해 나가실 것입니다. 바야흐로 그 일이 시작되려고 하는 순간입니다. 온 우주에 존재하는 모든 피조물의 시선이 어린 양의 손끝에 집중되고 있는 것입니다.

그런데 이 장면에서 제외되고 있는 피조물이 하나 있습니다. 그게 누구일까요? 그렇습니다. 인간들입니다. 사도 요한은 환상 중에 그 장엄한 장면을 목격하고 있지만, 인간 중에서는 아무도 그 자리에 참여하지 못하고 있습니다. 이 세상을 구원하시려는 하나님의 놀라운 계획이 드디어 테이프를 끊고 시작되려고 하는 순간에 정작 구원의 대상이 되는 인간이 그 사실을 모르고 있는 것입니다.

바로 그 이유 때문에 사도 요한이 그 자리에 와있는 것입니다. 하나님께서 어린 양을 통해서 이루어가실 일들을 목격한 대로 기록하여 사람들에게 알려야 하기 때문입니다. 그렇게 해서 요한계시록이 기록되었고, 우리에게 전해지게 된 것입니다.

합당한 자

6장에 기록된 일곱 봉인에 담긴 심판의 말씀을 이해하려면, 먼저 4장과 5장의 내용을 잘 살펴보아야 한다고 앞에서 말씀드렸습니다. 그래야 곁길로 빠지지 않습니다. 이 세상을 향한 하나님의 심판은 우리를 구원하기 위해서 임하는 것입니다. 그러니 '일곱 봉인'과 '일곱 나팔'과 '일곱 대접'의 환상을 통해 계시되는 심판과 파멸을 두려워하지 마십시오.

예수 그리스도를 믿고 따르는 믿음의 공동체와 성도들에게 약속된 결론은 새 하늘과 새 땅이 만들어진 후에 임하게 될 '새예루살렘'입니다

(21-22장). 그것이 우리가 다다르게 될 최종 목적지입니다. 그 목적지를 놓치지 않게 하려고 '중간 장의 환상들'이 곳곳에 삽입되어 우리의 주의를 환기시키고 있는 것입니다.

그런데 오늘 본문에서 계속 강조되는 표현이 하나 있습니다. 그것은 "합당하다"는 말입니다. 어린 양은 인봉을 떼기에 '합당하신' 분입니다(9절). 어린 양은 영광과 찬송을 받으시기에 '합당하신' 분입니다(12절). 그 어린 양을 통해서 하나님은 마지막 때의 일을 완성하실 것입니다.

그렇다면 우리는 어떻습니까? 하나님이 우리를 구원하기 위해 완성하실 하나님 나라에 우리는 과연 합당한 사람인가요? 우리는 '이기는 자'가 되기에 합당한 모습으로 살아가고 있나요? 하나님은 우리를 '나라와 제사장'으로 만들어가려고 하시는데, 우리는 얼마나 하나님의 일에 협력하고 있습니까?

이미 살펴본 대로 주님은 사데교회를 향해서 '살았다 하는 이름은 가졌으나 죽은 자'라고 선언하셨습니다(3:1). 그러나 그들 중에는 '흰 옷을 입을 자들'이 있다고 말씀하셨습니다(3:4). 그러면서 그 이유를 뭐라고 밝히셨습니까? 그렇습니다. "그들은 합당한 자인 연고라!" 주님이 비유에서 말씀하신 것처럼, 예복을 입지 않은 사람들은 혼인 잔치에 들어갔다고 하더라도 다시 쫓겨나게 되어 있습니다(마 22:11-13).

준비되지 않은 자에게 주님의 재림은 '구원의 날'이 아닙니다. 그 사실을 우리는 잊지 말아야 합니다. 오늘 우리에게 주어진 삶의 자리에서 어떤 모습으로 살아야 마침내 완성될 하나님 나라에 합당한 자가 될 수 있을지, 이 시간 우리 모두 성령님의 도우심과 지혜를 간구해야 하겠습니다.

네 마리 말의 환상

계 6:1-8

사도 요한은 천상의 예배에 참여했다가 어린 양이 일곱 인으로 봉해진 두루마리를 하나님으로부터 받는 장면을 목격합니다. 그 두루마리에는 마지막 때에 일어날 모든 일이 안팎으로 빽빽이 기록되어 있습니다. 네 생물과 이십사 장로들이 그 어린 양 앞에 엎드려 '새 노래'로 찬양을 드립니다. 그리고 그 찬양이 천군 천사들의 합창과 하나님이 창조하신 모든 피조물의 합창으로 점점 확장되어 갑니다.

이제 어린 양이 일곱 개의 봉인을 하나씩 떼실 차례가 되었습니다. 그렇게 함으로써 하나님이 오래전부터 품고 계셨던 구원의 계획이 완성을 향해 나아가게 될 것입니다. 마지막 때에 일어날 일들이 펼쳐지게 될 것입니다. 과연 어떤 일이 벌어지게 될 것인가…. 긴장된 순간입니다. 드디어 어린 양이 첫 번째 인을 떼심으로 두루마리에 기록된 마지막 때의 일들이 드러나기 시작합니다.

세 환상 시리즈의 구조

본문의 내용에 들어가기 전에 먼저 세 환상 시리즈의 전체적인 구조에 대해서 살펴볼 필요가 있습니다. 요한계시록 6장에는 '일곱 봉인의 환상' 중에서 여섯째 인을 떼는 일까지 기록되어 있습니다. 일곱째 인을 떼는 장면은 7장을 건너뛰고 8장에 가서야 나옵니다(8:1). 그러나 곧바로 '일곱 나팔의 환상'으로 이어집니다(8:2). 그러니까 일곱째 인은 다음 환상으로 넘어가기 위한 일종의 '다리'와 같은 역할을 할 뿐, 다른 인들을 뗄 때처럼 어떤 특별한 사건들이 언급되지 않습니다.

'일곱 나팔의 환상'도 마찬가지입니다. 첫 번째 천사가 부는 나팔부터 시작해서 여섯째 천사가 나팔을 부는 장면까지는 계속 이어집니다(계 8:6-9:21). 그러나 일곱째 천사가 나팔을 부는 장면은 훌쩍 건너뛰어 11장에 가서 짧게 언급되는 것이 전부입니다(11:15). 이때 역시 특별한 사건은 벌어지지 않습니다. 이에 비해서 16장의 '일곱 대접의 환상'은 첫째 대접부터 시작해서 마지막 대접까지 모두 연결되어 있고, 각각의 대접이 쏟아질 때 일어나는 일들도 자세하게 기록되어 있습니다.

이러한 구조를 어떻게 해석해야 할지를 놓고 성서학자들 사이에 많은 논쟁이 있어왔습니다. 특히 '세대주의Dispensationalism'의 종말론에 영향을 받은 사람들은, 세 가지의 환상을 연대기적으로 해석하려고 합니다. 다시 말해서 '일곱 봉인의 환상'이 역사적으로 실현된 이후에, 또 다시 '일곱 나팔의 환상'이 성취되고 그리고 제일 마지막에 '일곱 대접의 환상'이 이루어질 것이라는 해석입니다. 마치 일곱 교회에 주시는 말씀을 주님의 승천부터 재림까지 일곱 시대로 나누어 연대기적으로 적용하려고 하는 해석과 같습니다.

그러나 이러한 해석에는 큰 오류가 있습니다. 예를 들어 여섯째 인을 떼실 때의 장면을 살펴봅시다.

> 12내가 보니 여섯째 인을 떼실 때에 큰 지진이 나며 해가 검은 털로 짠 상복 같이 검어지고 달은 온통 피 같이 되며 13하늘의 별들이 무화과나무가 대풍에 흔들려 설익은 열매가 떨어지는 것 같이 땅에 떨어지며 14하늘은 두루마리가 말리는 것 같이 떠나가고 각 산과 섬이 제 자리에서 옮겨지매…(계 6:12-14).

해는 완전히 빛을 잃고 검게 됩니다. 달은 피 같이 되고, 별들은 모두 떨어집니다. 심지어 하늘이 두루마리처럼 말리듯이 사라집니다. 산과 섬이 본래 있던 자리에서 옮겨집니다. 말 그대로 천지개벽天地開闢이 일어나고 있는 것입니다. 그런데 그 다음 일곱 나팔의 환상을 보면 어찌된 일인지 또 다시 해와 달과 별들이 등장합니다.

> 넷째 천사가 나팔을 부니 해 삼분의 일과 달 삼분의 일과 별들의 삼분의 일이 타격을 받아 그 삼분의 일이 어두워지니 낮 삼분의 일은 비추임이 없고 밤도 그러하더라(계 8:12).

해와 달과 별들이 여전히 하늘에 떠 있습니다. 그리고 이때에 비로소 삼분의 일이 타격을 받아 어두워집니다. 만일 이 모든 환상들이 연대기적으로 일어나는 일들이라면 이 장면에서 해가 등장하면 안 됩니다. 일곱 봉인의 환상 때에 완전히 빛을 잃고 검게 되었기 때문입니다. 별들도 모두 떨어졌습니다. 아니 하늘 자체가 이미 사라졌습니다! 그런데 여기에 또다시 등장하고 있는 것입니다.

따라서 이 환상들은 연대기적인 사건들로 해석하려고 하면 안 됩니다. 오히려 같은 일들의 중복으로 이해하는 것이 맞습니다. 그것은 마치 요셉이 해몽해주었던 바로의 꿈과 같습니다. 바로는 7년간의 풍년과 그 뒤에 이어지는 7년간의 흉년에 대한 꿈을 두 번 반복해서 꿉니다(창 41장). 하나는 살진 일곱 암소를 앙상한 일곱 암소가 잡아먹는 꿈이고, 다른 하나는 무성하고 충실한 일곱 이삭을 마른 일곱 이삭이 삼키는 꿈이었습니다. 이것은 두 가지 다른 사건이 아니라 한 가지 사건의 중복입니다.

마찬가지로 요한계시록에 등장하는 세 가지 환상은 사실 세 가지의 서로 다른 이야기가 아니라 한 가지 이야기를 세 번 중복하여 설명하고 있는 것입니다. 이러한 해석을 가리켜서 전문적인 용어로 'recapitulation'이라고 합니다. 우리말로는 '개괄概括적 해석'이라고 할 수 있습니다. 그런데 단순한 반복이 아닙니다. 관점을 달리하여 더욱 깊게 해석하는 것입니다.

음악에서도 이와 같은 기법이 자주 사용되고 있습니다. 소나타 형식Sonata form에 보면 '제시부Exposition'와 '전개부Development'에 이어서 마지막에 '재현부Recapitulation'가 나옵니다. 앞에서 제시한 주제를 다시 반복하면서 마치는 것이지요. 그러나 단순한 반복이 아니라 변화를 가미하여 재현하는 것입니다. 베토벤의 〈합창교향곡〉(Symphony No.9 in D minor, Op.125 "Choral")이 바로 그 대표적인 예입니다. 요한계시록을 '합창교향곡'에 비유하고 있는 또 다른 중요한 이유이기도 합니다.

아무튼 '일곱 봉인'이나 '일곱 나팔'이나 '일곱 대접'의 환상은 사실상 하나의 시리즈인 셈입니다. 이 구조를 잘 이해하고 있으면 앞으로 이어지는 요한계시록 묵상에 큰 도움을 받게 될 것입니다.

네 마리 말의 환상

다시 오늘 본문으로 돌아옵니다. 요한계시록 6장에는 마지막 봉인을 제외한 나머지 여섯 개의 봉인을 떼는 이야기가 기록되어 있습니다. 여섯 개의 봉인 이야기도 세 부분으로 나누어집니다. 처음 네 개의 봉인이 떼어질 때 네 종류의 말이 등장합니다(6:2-8). 흰 말과 붉은 말과 검은 말과 청황색 말이 그것입니다. 다섯째 봉인이 떼어질 때는 순교 당한 영혼들이 등장합니다(6:9-11). 그리고 여섯째 봉인이 떼어질 때는 앞서 언급했던 천지개벽 사건이 일어납니다(6:12-17). 따라서 네 종류의 말이 등장하는 부분을 한 묶음으로 보는 것이 오히려 자연스럽습니다.

이것은 두 번째 일곱 나팔 환상에서도 똑같이 반복됩니다. 처음 네 개의 나팔을 불 때에 땅과 바다와 강물과 해, 달, 별이 차례대로 재앙을 받습니다(8:7-12). 그러나 다섯 번째 나팔을 불 때는 '황충들'이 등장하고(9:1-11), 여섯 번째 나팔을 불 때는 '유브라데에 결박한 네 천사'가 놓이고 '이만 만의 마병대'가 등장합니다(9:13-21). 앞부분과는 분위기가 사뭇 다르지요. 여기도 역시 처음 네 나팔의 재앙을 한 묶음으로 보는 것이 좋습니다.

사실 오늘 본문에 등장하는 '네 마리 말 환상'은 구약시대에 스가랴 선지자가 이미 목격했던 것입니다.

7다리오 왕 제이년 열한째 달 곧 스밧월 이십사일에 잇도의 손자 베레갸의 아들 선지자 스가랴에게 여호와의 말씀이 임하니라. 8내가 밤에 보니 한 사람이 붉은 말을 타고 골짜기 속 화석류나무 사이에 섰고 그 뒤에는 붉은 말과 자줏빛 말과 백마가 있기로 9내가 말하되 내 주여 이들이 무엇이니이까 하니… 10화석류나무 사이에 선 자가 대답하여 이르되 이는 여호와께서 땅에 두루 다니라고 보내신 자들이니라(슥 1:7-10).

네 마리 말에 대한 설명이 요한계시록과 조금 다르지만 그것이 의미하는 바는 전혀 다르지 않습니다. 네 마리의 말은 세상에 '재난'과 '공포'를 가져오는 임무를 맡은 자들입니다. 그러나 재난과 공포는 이스라엘 백성들에게 심판으로 임하는 것이 아닙니다. 오히려 그들을 회복하기 위해서 하나님께서 개입하시는 사건입니다(12절). 그리고 그 목표는 예루살렘에 하나님의 성전이 다시 세워지는 것입니다(16절).

사도 요한에게 보여주신 '네 마리 말의 환상'도 마찬가지입니다. 마지막 때에 일어날 일들은 세상에 재난과 공포로 임하게 될 것입니다. 그러나 그것은 교회와 성도들을 구원하시기 위한 하나님의 개입입니다. 그리고 그 마지막은 새예루살렘의 도래로 끝납니다. 이와 같은 큰 그림의 이해를 가지고 본문의 내용을 살펴보겠습니다.

흰 말을 탄 자

드디어 어린 양이 첫 번째 봉인을 떼자 네 생물 중의 하나의 호명에 따라 '흰 말을 탄 자'가 등장합니다.

> ¹내가 보매 어린 양이 일곱 인 중의 하나를 떼시는데 그 때에 내가 들으니 네 생물 중의 하나가 우렛소리 같이 말하되 오라 하기로 ²이에 내가 보니 흰 말이 있는데 그 탄 자가 활을 가졌고 면류관을 받고 나아가서 이기고 또 이기려고 하더라(계 6:1-2).

여기에서 '흰 말을 탄 자'를 예수 그리스도로 설명하려고 하는 사람들이 더러 있습니다. 아마도 19장에 나오는 '백마를 탄 자'와 비슷하다고 생각하기 때문일 것입니다(계 19:11). 물론 19장에 등장하는 백마를 탄 자는 분명히 예수 그리스도입니다. 우리 주님은 사탄의 연합군과 최후의 전쟁을 치르기 위해서 백마를 타고 등장하십니다(19:19).

그러나 오늘 본문에 나오는 흰 말을 탄 자는 전혀 다른 인물입니다.

우선 쓰고 있는 관이 다릅니다. 흰 말을 탄 자가 쓰고 있는 면류관은 '스테 파노스'(στέφανος, stephanos)입니다. 이것은 고대 올림픽 경기의 승자에 게 주어지는 월계관月桂冠입니다. 그러나 백마를 탄 자가 쓰고 있는 '디아 데마'(διάδημα, diadēma)는 왕관royal crown입니다.

게다가 하는 일이 다릅니다. 백마를 탄 자는 사탄의 연합군과 싸워서 전쟁을 끝내버립니다. 그러나 흰 말을 탄 자는 단지 '이기고 이기는 것con-quering and to conquer'을 목적으로 하고 있습니다. 면류관을 받았으면 전쟁을 끝내야 하는데, 더욱 정복하고 죽이기 위해서 계속 전쟁을 일으키는 것 입니다.

그렇다면 오늘 본문에 나오는 흰 말을 탄 자는 누구일까요? 그는 놀 랍게도 적그리스도Anti-Christ입니다. 그리스도를 대적하는 사탄입니다. 그 것을 어떻게 알 수 있을까요? 그가 사용하는 무기인 '화살'에 단서가 있습 니다. 하나님과 사탄의 영적인 싸움에서 하나님은 주로 칼을, 그에 대적 하는 무리들은 주로 화살을 사용합니다.

사도 바울이 에베소교회에 보낸 편지에 보면, 하나님의 전신갑주에 대해서 설명하면서 이렇게 말합니다.

16모든 것 위에 믿음의 방패를 가지고 이로써 능히 악한 자의 모든 불화살을 소멸 하고 17구원의 투구와 성령의 검 곧 하나님의 말씀을 가지라(엡 6:16-17).

영적인 전쟁에서 사탄은 '불화살'을 씁니다. 우리 그리스도인들은 하 나님의 말씀인 성령의 '검'으로 싸웁니다. 그러니까 영적인 전쟁은 사탄 의 '화살'과 하나님의 '검' 사이의 싸움이라고 할 수 있습니다.

요한계시록 20장에 보면 사탄이 곡과 마곡을 미혹하고 모아서 하나 님과 싸움을 벌이는 이야기가 나옵니다(계 20:7-10). 그 이야기의 배경이 되고 있는 에스겔서의 '곡에 대한 예언'에서도 이와 같은 영적 전쟁의 무기들을 찾아볼 수 있습니다. 이스라엘을 대적하는 연합군의 우두머리인 '곡'은 '활'을 무기로 사용합니다. 그러나 하나님은 그의 활을 검으로 쳐서 떨어뜨립니다. 그리고 곡의 온 군대는 살육당하여 새와 들짐승의 밥이 되고 맙니다(겔 39:1-20).

아무튼 어린 양이 첫 번째로 봉인을 떼자마자 적그리스도가 등장한다는 것은 아주 의외입니다. 사람들은 어린 양이 마지막 봉인을 뗄 때에 가서나 적그리스도가 등장할 것으로 기대합니다. 이렇게 일찍 등장하리라고는 생각하지 않습니다. 그래서 당황합니다. 아마 사도 요한 자신도 이 환상의 의미를 깨달았을 때에 당황했을 것입니다. 그러나 그는 여기에서 매우 중요한 교훈을 깨닫게 됩니다. "종말은 이미 시작되었다!"는 사실입니다.

실제로 성경이 말하는 '마지막 때', '종말終末', 또는 '말세末世'는 주님의 초림 이후부터 재림할 때까지의 전 과정을 가리키는 말입니다. 물론 언젠가 주님이 재림하셔서 그 모든일을 끝내실 때가 반드시 있을 것입니다. 그때가 언제가 되든지 말세는 이미 시작된 것입니다. 사도 요한은 후에 그의 서신을 통해서 적그리스도의 활동이 이미 시작되었다는 사실을 적극적으로 알리고 있습니다.

> 예수를 시인하지 아니하는 영마다 하나님께 속한 것이 아니니 이것이 곧 **적그리스도의 영이니라**. 오리라 한 말을 너희가 들었거니와 **지금 벌써 세상에 있느니라** (요일 4:3).

마지막 부분을 메시지 성경은 이렇게 표현합니다.

> … 여러분은 적그리스도가 오리라는 말을 들었습니다. 그런데 그 영이 우리가 생각한 것보다 빨리 왔습니다!(요일 4:3b, 메시지)

이 사실을 언제 깨닫게 되었을까요? 밧모섬에서 받은 계시로 깨닫게 된 것입니다. 적그리스도의 영이 지금 이 세상에서 활동하고 있다면, 그 것은 첫 번째 봉인이 이미 떼어졌다는 뜻입니다. 사도 요한은 하나님께 서 이루어가실 마지막 때의 일들을 알고 싶어 했습니다. 그래서 봉인을 뗄 수 있는 분을 찾지 못해 울었습니다. 그런데 이미 봉인은 떼어졌고 하 나님의 계획은 벌써 실행 중이라는 사실을 비로소 알게 된 것입니다.

여기에서 한 가지 질문이 생겨납니다. 왜 하필 적그리스도입니까? 교 회와 성도들을 구원하기 위해서 하나님이 개입하시는 일이 왜 적그리스 도의 등장으로 시작되는 것일까요?

붉은 말을 탄 자

둘째 봉인을 떼자, 이번에는 둘째 생물의 호령에 따라 '붉은 말을 탄 자'가 등장합니다.

> 3둘째 인을 떼실 때에 내가 들으니 둘째 생물이 말하되 오라 하니 이에 다른 붉은 말이 나오더라. 4그 탄 자가 허락을 받아 땅에서 화평을 제하여 버리며 서로 죽이 게 하고 또 큰 칼을 받았더라(계 6:3-4).

'붉은 말을 탄 자'는 땅에서 화평을 없애버리는 역할을 한다고 합니다. 그래서 서로 죽이도록 만든다고 합니다. 그런데 그런 일들은 이미 오래 전부터 시작되었습니다. 사소한 다툼으로 사람을 죽이는 일들이 우리 주 변에서 얼마나 많이 벌어집니까. 가정에서도 싸움이 그치지 않습니다. 부부관계와 부모자녀관계와 고부관계에 바람 잘 날이 없습니다. 지역 간 의 갈등과 사회계층 간의 다툼이 점점 심화됩니다. 같은 민족끼리 서로 싸우고, 나라들끼리 서로 싸웁니다. 이러한 일들을 볼 때 둘째 봉인은 이미 떼진 상태입니다. 말세가 오래전에 시작된 것입니다.

여기에서도 역시 한 가지 질문이 생깁니다. '붉은 말을 탄 자'는 분명히 누군가에게 '허락을 받아' 그 일을 한다고 합니다. 그렇다면 누가 화평을 제하고 서로 죽이게 만들도록 그에게 허락한 것일까요? 그런 일을 허락할 수 있는 권위를 가진 분이 과연 누구일까요?

주님은 제자들에게 이렇게 말씀하셨습니다.

> 34내가 세상에 화평을 주러 온 줄로 생각하지 말라. 화평이 아니요 검을 주러 왔노라. 35내가 온 것은 사람이 그 아버지와, 딸이 어머니와, 며느리가 시어머니와 불화하게 하려 함이니 36사람의 원수가 자기 집안 식구리라(마 10:34-36).

그렇다면 주님이 '붉은 말을 탄 자'에게 인간관계에 불화를 만들고 싸움을 부추기도록 허락하셨다는 뜻입니까? 하긴 어린 양이 인봉을 떼고 난 후에 '싸움의 적마'가 등장했으니 그것을 '허락'이라고 생각할 수도 있겠습니다. 그러나 '평화의 왕'으로 오신 주님이 화평이 아니라 오히려 불화하게 하신다는 말씀이 우리를 당혹스럽게 만듭니다. 적그리스도가 그런 일을 한다면 차라리 수긍하기가 쉬울 텐데 말입니다.

검은 말을 탄 자

셋째 봉인을 떼자, 이번에는 셋째 생물의 호령에 따라 '검은 말을 탄 자'가 등장합니다.

> 5셋째 인을 떼실 때에 내가 들으니 셋째 생물이 말하되 오라 하기로 내가 보니 검

은 말이 나오는데 그 탄 자가 손에 저울을 가졌더라. 6내가 네 생물 사이로부터 나는 듯한 음성을 들으니 이르되 한 데나리온에 밀 한 되요 한 데나리온에 보리 석 되로다. 또 감람유와 포도주는 해치지 말라 하더라(계 6:5-6).

검은 말을 탄 자는 손에 '저울'을 가지고 등장합니다. 밀이나 보리의 양을 측정하는 도구입니다. 한 데나리온은 노동자의 하루 품삯입니다. 그리고 밀 한 되는 한 사람의 하루치 식량입니다. 그보다 품질이 떨어지는 보리를 사면 세 사람의 식량을 해결할 수 있습니다. 감람유와 포도주는 사치품입니다. 메시지 성경의 표현대로 하자면, 기름과 포도주는 꿈도 못 꾸는 형편입니다. 검은 말은 '주림'을 상징합니다. 경제적인 빈곤 상태를 의미합니다.

앞서 살펴본 것처럼 서머나교회는 황제 숭배를 거부하다가 거지신세로 전락해 있었습니다(계 2:9). 일곱 봉인을 뗄 때에 교회와 성도들을 구원하기 위해서 하나님이 개입하시는 일이 진행될 것을 기대하고 있는데, 오히려 더욱 극심한 경제적인 빈곤이라니요. 이것을 어떻게 이해해야 할까요?

청황색 말을 탄 자

넷째 봉인을 떼자, 이번에는 넷째 생물의 호령에 따라 '청황색 말을 탄 자'가 등장합니다.

7넷째 인을 떼실 때에 내가 넷째 생물의 음성을 들으니 말하되 오라 하기로 8내가 보매 청황색 말이 나오는데 그 탄 자의 이름은 사망이니 음부가 그 뒤를 따르더라. 그들이 땅 사분의 일의 권세를 얻어 검과 흉년과 사망과 땅의 짐승들로써 죽이더라(계 6:7-8).

청황색 말을 탄 자의 이름이 아예 '사망Death'이라고 합니다. 그리고 그 뒤를 음부, 즉 '지옥Hades'이 뒤따르고 있습니다. 우리말 '청황색'으로 번역된 '클로로스'(χλωρός, chlōros)는 본래 'pale green연두색'을 의미합니다. 여기에서는 '핏기가 없는 창백한 말a sickly pale horse'이라고 하는 것이 문맥상 더 잘 어울립니다. 아무튼 죽음의 말이 등장함으로써 땅 사분의 일이 '검과 흉년과 사망과 땅의 짐승들'에 의해서 죽임을 당합니다.

이 네 가지는 에스겔 선지자를 통해서 선포하신 네 가지 벌과 정확하게 일치합니다.

> 주 여호와께서 이같이 이르시되 내가 나의 네 가지 중한 벌 곧 **칼과 기근과 사나운 짐승과 전염병**을 예루살렘에 함께 내려 사람과 짐승을 그 중에서 끊으리니 그 해가 더욱 심하지 아니하겠느냐(겔 14:21).

그러나 역시 같은 질문이 생깁니다. 에스겔을 통해서 선포하신 것은 이스라엘 백성들의 죄에 대한 심판의 말씀이지만, 사도 요한이나 당시의 그리스도인들이 가지고 있는 기대는 마지막 때 하나님께서 그들을 구원하실 계획입니다. 그런데 지금까지 '네 마리 말의 환상'을 통해서 그런 이야기는 한마디도 나오지 않습니다.

단지 적그리스도가 등장하여 전쟁을 일으키고, 인간관계가 더욱 적대관계가 되어가고, 경제적으로 빈곤한 상태가 되고, 결국 비참한 죽음으로 끝나는 이야기가 전부입니다. 그런 일들은 지금 교회와 성도들이 고통스럽게 감내해내고 있습니다. 그렇다면 하나님이 어떤 구원의 계획을 가지고 계신다는 말씀입니까? 하나님이 우리를 구원하기 위해 완성하실 하나님 나라는 어떻게 이루어진다는 것일까요?

남은 자, 이기는 자

하나님의 허락 없이는 그 어떤 심판도 임하지 않습니다. 심지어 적그리스도조차도 하나님 허락 없이는 활동할 수 없습니다. 그러나 마지막 때에 세상에 임하게 될 재난과 공포는 마치 애굽에 임한 열 가지 재앙과 같습니다. 이스라엘 백성들은 애굽에서 함께 그 재앙을 당했지만, 그것으로 인해 망하지 않았습니다. 오히려 하나님이 지켜주심으로 마침내 자유를 얻게 되었습니다.

마찬가지로 교회와 성도들은 이 땅에 두 발을 딛고 살아가기 때문에 '네 마리의 말'이 상징하는 재난과 공포를 함께 겪을 수밖에 없습니다. 그러나 그것으로 인해 망하지는 않습니다. 오히려 어린 양의 거룩한 신부로, 새예루살렘의 빛나는 보석으로 다듬어져서 나오게 될 것입니다. 하나님 앞에서 나라와 제사장으로 만들어질 것입니다.

그런 의미에서 네 가지 벌에 대한 에스겔의 예언 바로 뒤에 이어지는 말씀을 묵상할 필요가 있습니다.

> 22그러나 그 가운데에 피하는 자가 남아 있어 끌려 나오리니 곧 자녀들이라. 그들이 너희에게로 나아오리니 너희가 그 행동과 소행을 보면 내가 예루살렘에 내린 재앙 곧 그 내린 모든 일에 대하여 너희가 위로를 받을 것이라. 23너희가 그 행동과 소행을 볼 때에 그들에 의해 위로를 받고 내가 예루살렘에서 행한 모든 일이 이유 없이 한 것이 아닌 줄을 알리라. 주 여호와의 말씀이니라(겔 14:22-23).

하나님은 이유 없이 모든 일을 행하지 않으십니다. 그 어떤 재앙 속에서도 언제나 '남은 자'들이 있게 마련입니다. 아니 그들을 만들어내기 위해서 어쩌면 재앙이 꼭 필요한지도 모릅니다. 따라서 에스겔의 '남은 자'

와 요한계시록의 '이기는 자'는 사실상 같은 사람들입니다.

오늘 묵상을 통해서 마지막 때는 먼 미래에 다가오는 것이 아니라는 사실을 알게 되었습니다. 이미 시작되었기 때문입니다. 어린 양은 이미 두루마리의 인봉을 떼셨습니다. 요한 당시의 교회와 성도들은 이미 종말의 때를 지내고 있었던 것입니다. 지금 우리들도 마찬가지입니다.

또한 주님의 재림과 더불어 완성될 하나님의 나라는 이 세상의 재난과 환난으로부터 도망가는 '도피처'가 아닙니다. 오히려 환난을 믿음으로 잘 참아냄으로써 하나님 나라에 잘 어울리는 모습을 갖춘 자들에게 허락되는 '어린 양의 혼인잔치'입니다.

문제는 믿음입니다. 마지막 때에 어떤 재앙과 공포가 임한다고 하더라도, 그것은 어린 양 피로 값을 치르고 사신 교회와 성도들에게는 아무런 문제가 되지 않는다는 믿음…. 오히려 그 일을 통해서 하나님 나라가 완성되는 날이 더욱 더 가까워질 뿐이라는 믿음이 우리에게 있는가 하는 것입니다. 만일 우리에게 그런 믿음이 있다면 네 마리의 말이 아니라, 사백 마리의 말이 온갖 재앙과 재난을 가지고 등장한다 하더라도 결코 두려워하거나 놀랄 일이 아닙니다.

그런 믿음을 가지고 살아갈 수 있도록 성령님의 도우심이 우리 모두에게 필요합니다.

어린 양의 진노 그리고 침묵

계 6:9-17; 8:1

앞 장에서 '네 마리 말의 환상'에 대해서 살펴보면서, 우리는 몇 가지 교훈을 얻게 되었습니다. 먼저 종말은 먼 미래의 사건이 아니라는 사실을 알게 되었습니다. 주님의 초림初臨 때부터 이미 종말은 시작되었습니다. 두루마리의 인봉은 벌써 떼어진 것입니다. 사도 요한은 그 사실을 충격적으로 받아들였습니다. 그리고 적그리스도의 활동이 이미 시작되었음을 당시 교회들에게 서둘러 알리기 시작했습니다(요일 4:3).

그렇다면 지금 우리들은 더 말할 것도 없습니다. 종말의 때가 이미 깊어질 대로 깊어졌습니다. 말 그대로 말세지말末世之末입니다. 아직도 주님이 인봉을 떼기까지 시간이 남아있을 것이라 생각하십니까? 아닙니다. 인봉은 이미 떼어졌습니다. 주님은 지금 문 앞에 서 계십니다. 당장에 문을 열고 주님을 맞아들여야 합니다. 살아생전에 재림하시는 주님을 만나지 못한다고 하더라도, 죽고 나면 더 이상 재림을 준비할 수 없습니다. 그러니 우리에게 남겨진 시간이 그리 많지 않은 것입니다.

또 다른 한 가지 교훈은 마지막 때에 어떤 재앙과 공포가 임한다고 하더라도, 어린 양 피로 값을 치르고 사신 교회와 성도들에게는 아무런 문제가 되지 않는다는 사실입니다. 우리는 이 세상의 재난과 환난으로부터 도망가도록 부름을 받지 않았습니다. 오히려 환난을 믿음으로 잘 참아냄으로써 하나님 나라에 잘 어울리는 모습을 갖추도록 부름을 받았습니다. 어떤 경우에도 우리는 그것을 잊지 말아야 합니다.

다섯째 인

어린 양이 다섯째 인을 떼실 때 지금까지와는 전혀 다른 장면이 나타납니다.

> 9다섯째 인을 떼실 때에 내가 보니 하나님의 말씀과 그들이 가진 증거로 말미암아 죽임을 당한 영혼들이 제단 아래에 있어 10큰 소리로 불러 이르되 거룩하고 참되신 대주재여, 땅에 거하는 자들을 심판하여 우리 피를 갚아 주지 아니하시기를 어느 때까지 하시려 하나이까 하니…(계 6:9-10).

앞서 네 개의 인을 뗄 때에는 이 땅에 재앙과 공포를 가져오는 장본인들이 등장했습니다. 그러나 이제는 '죽임을 당한 영혼들'이 등장합니다. 그들이 죽임을 당한 것은 '하나님의 말씀'과 '그들이 가진 증거' 때문이었습니다. 우리말 '증거'에 해당되는 헬라어 '마르투리아'(μαρτυρία, marturia)를 영어로는 'witness증인' 또는 'testimony증언'로 번역합니다. 그러니까 하나님의 말씀을 증언하다가 죽임을 당한 순교자들의 영혼이 등장하고 있는 것입니다.

그 영혼들이 '제단 아래under the altar'에 있다는 것도 의미심장합니다. 제단은 하나님께 제물을 태워 바치는 번제단을 의미합니다. 제물을 바칠 때 그 피를 번제단 밑에 쏟게 되어 있습니다(레 4:7). 육체의 생명은 피에 있기 때문에, 어떤 경우에도 피는 먹어서도 안 되고 태워서도 안 됩니다(레 17:11). 오직 땅에 부어 묻어야 합니다. 믿음을 지키다 순교한 사람들은 하나님께 바쳐진 제물입니다. 그렇기 때문에 그들의 영혼이 제단 아래에 있는 것이지요.

그런데 어떤 재앙과 공포가 임한다고 하더라도 그것으로 인해 교회와 성도들은 결코 망하지는 않는다고 했습니다. 오히려 어린 양의 거룩한 신부로, 새예루살렘의 빛나는 보석으로 다듬어져서 나오게 될 것이라고 했습니다. 그렇다면 믿음을 지키다 죽임을 당한 사람들은 뭐라고 설명해야 할까요? 그들은 망한 것이 아닌가요? 실제로 그들은 "우리 피를 갚아 달라!"고 하면서 주님께 복수를 요구하고 있습니다. 그것은 스스로 억울하게 죽임을 당했다고 생각하고 있다는 증거가 아닐까요?

죽은 사람은 본래 말이 없는 법입니다. 억울하게 죽은 영혼이 원한을 갚아달라고 아우성치는 것은 귀신 영화에나 나오는 이야기입니다. 요한계시록은 그런 종류의 이야기가 아닙니다. 오히려 그 영혼들의 하소연은 사도 요한 당시 믿음의 공동체가 가지고 있던 신앙적인 질문으로 이해하는 것이 맞습니다. 순교자들의 영혼은 과연 어떻게 될 것인지, 어느 때까지 이런 비극이 계속되어야 하는지 그리고 이 모든 일을 끝내기 위해서 하나님은 지금 무얼 하고 계시는지 묻고 있는 것입니다.

사실 사도 요한이 일곱 봉인을 떼기에 합당한 분을 찾지 못해서 통곡하며 울었던 것도 바로 이 때문이었습니다. 그 또한 같은 의문을 마음에 품고 있었습니다. 그 대답을 찾고 있었던 것입니다. 주님은 그들의 질문에 무어라고 대답하실까요?

각각 그들에게 흰 두루마기를 주시며 이르시되 아직 잠시 동안 쉬되 그들의 동무 종들과 형제들도 자기처럼 죽임을 당하여 그 수가 차기까지 하라 하시더라(계 6:11).

주님은 우선 그들 각 사람에게 '흰 두루마기'를 주십니다. '흰 옷'은 생명책에 이름이 기록된 사람이며(계 3:5), 하나님의 보좌 앞에서 경배하던 이십사 장로들이 입고 있는 옷이며(계 4:4), 또한 재림하시는 주님을 맞이할 사람들이 입을 옷입니다(계 7:13). 그들은 주님의 재림과 더불어 완성될 하나님 나라에 들어갈 준비를 완전히 갖추고 있는 사람들이라는 것을 의미합니다.

주님은 그들에게 "아직 잠시 동안 쉬라"고 말씀하십니다. '쉬라'는 말은 '잠을 자라'는 말과 같습니다(마 26:45). 잠들어 쉬는 것은 곧 '죽음'을 의미합니다(요 11:13). 순교자들은 지금 죽음의 잠을 자고 있는 중입니다. 그러나 그렇게 잠자는 시간은 그리 오래 계속되지 않을 것입니다. 조만간 주님이 재림하실 때 모두 부활하게 될 것이기 때문입니다.

그 수가 차기까지

그 다음 말씀이 중요합니다. "그들의 동무 종들fellow-servants과 형제들brothers도 자기처럼 죽임을 당하여 그 수가 차기까지 하라." 그러니까 순교자의 수가 아직 덜 채워졌다는 것입니다. 그때까지는 주님의 재림과 역사의 종말이 이루어지지 않는다는 것입니다. 그렇다면 얼마나 더 채워져야 할까요? 그 구체적인 수는 무엇일까요? 여기에는 언급되지 않습니다. 그런데 다음 장에 가보면 인치심을 받은 '십사만 사천 명'이 나옵니다(계 7:4). 따라서 채워져야 할 순교자의 수를 '십사만 사천 명'일 것이라 생각하게 됩니다.

그러나 앞으로 7장을 묵상하면서 자세히 설명해 드리겠지만, 그런 식으로 단순하게 생각할 이야기가 아닙니다. 지금까지 얼마나 많은 이단들이 이 수를 들먹거리면서 그들을 추종하는 세력을 만들려고 했는지 모릅니다. 만일 '십사만 사천 명'이 채워져야 할 순교자의 수를 의미한다면 주님의 재림은 벌써 수백 번 이루어지고도 남았을 것입니다.

데이비드 바렛트David B. Barrett 교수의 연구에 따르면 지금까지의 기독교 역사를 통해서 순교당한 사람이 약 7천만 명에 이른다고 합니다. 나치 독일 체제에서 학살된 기독교인의 수만 해도 약 백만 명이고, 1917년과 1950년에 러시아에서 살해된 기독교인들이 약 천 오백만 명 정도라고 합니다. 2016년도의 통계에 따르면 그해 가장 핍박받은 종교가 기독교였고, 약 구만 명의 기독교인이 신앙 때문에 목숨을 잃었다고 합니다. 우리나라에서도 오만 명 이상의 순교자가 생겨났습니다.

사람들은 "채워져야 할 수가 얼마인가? 얼마나 더 많은 순교자가 나와야 주님의 재림이 이루어질까?"를 묻습니다. 그러나 이런 빗나간 호기심 때문에 눈이 가려져서 요한계시록을 통해서 말씀하시는 진짜 메시지를 보지 못하는 것입니다. 이 말씀의 강조점은 '수'에 있지 않습니다. 오히려 "그들의 동무 종들과 형제들도 그들처럼 죽임을 당할 것"이라는 말씀에 있습니다. 무슨 뜻입니까? 그리스도인이란 순교할 각오를 하고 주님을 따르는 사람들이라는 겁니다.

이 말씀은 사도 요한 당시 믿음의 공동체가 가지고 있던 신앙적인 질문에 대한 대답이라는 사실을 기억해야 합니다. 믿음을 지키다가 순교한 사람들은 결코 억울하게 죽은 것이 아닙니다. 그들은 '이기는 자'로 죽음을 맞이했습니다. 죽기까지 충성했습니다. 주님은 그들에게 약속한 모든 것을 반드시 다 이루어주실 것입니다. 그 일이 이루어지는 것은 단지 시간문제일 뿐입니다.

그리고 진짜 문제는 순교자들에게 있지 않습니다. 남아 있는 '동무 종들fellow-servants'이 오히려 더 큰 문제입니다. 주님은 앞서간 동무들처럼 '동무 순교자fellow-sufferers'가 되는 길을 선택할 수 있는지 지금 그들에게 묻고 계시는 것입니다.

왜 사람들은 십사만 사천 명이라는 순교자의 수에 그렇게 집착하는 것일까요? 그 숨겨진 동기를 알고 싶으십니까? 그것은 자신을 순교자의 수에서 열외 시키려고 하기 때문입니다. 천국에는 가고 싶지만, 순교자는 되고 싶지 않은 것이지요. 그래서 누군가가 대신 그 수를 채워주기를 기다리는 것입니다.

아닙니다. 남은 수를 채워야 할 사람은 바로 '나 자신'이라고 생각해야 합니다. 내가 순교자의 수에 포함되기 전까지는 주님이 재림하시지 않는다고 생각해야 합니다. 그것이 올바른 믿음의 자세입니다.

여섯째 인

이제 여섯째 인을 떼야 할 때가 되었습니다. 이 때 일어날 일들을 한 마디로 표현하면 천지개벽天地開闢이라 할 수 있습니다.

> 12다 내가 보니 여섯째 인을 떼실 때에 **큰 지진이 나며** 해가 검은 털로 짠 상복 같이 검어지고 달은 온통 피 같이 되며 13하늘의 별들이 무화과나무가 대풍에 흔들려 설익은 열매가 떨어지는 것 같이 땅에 떨어지며 14하늘은 두루마리가 말리는 것 같이 떠나가고 각 산과 섬이 제 자리에서 **옮겨지매**…(계 6:12-14).

우선 '큰 지진'이 일어납니다. 리히터 규모Richter scale로는 '9'가 가장 강한 지진이라고 합니다. 그렇다면 마지막 때에 일어날 큰 지진이 그 정도쯤 될까요? 아닙니다. 리히터 규모로 감히 측정할 수 없는 전혀 다른 종류의 지진입니다. 이미 하나님은 구약의 학개 선지자를 통해서 종말에 일어날 지진에 대해서 예고하셨습니다.

⁶만군의 여호와가 이같이 말하노라. 조금 있으면 내가 하늘과 땅과 바다와 육지를 진동시킬 것이요 ⁷또한 모든 나라를 진동시킬 것이며 모든 나라의 보배가 이르리니 내가 이 성전에 영광이 충만하게 하리라. 만군의 여호와의 말이니라(학 2:6-7).

여기에서 '진동시킨다'는 것은 '흔들어버린다will shake'는 뜻입니다. 땅만 흔들리는 것이 아닙니다. 바다와 육지도 흔들립니다. 어느 일부 지역만 흔들리는 것이 아닙니다. 하늘과 모든 나라까지 다 흔들립니다. 무슨 이야기입니까? 하나님이 창조하신 처음 하늘과 처음 땅에 큰 변혁이 일어난다는 것입니다. 지금까지 인간이 알아왔던 모든 자연의 질서가 완전히 뒤바뀐다는 것입니다. 그것이 바로 천지개벽입니다.

중요한 것은 그 다음에 나오는 말씀입니다. "모든 나라의 보배가 이르리니…." 우리말 '보배'로 번역된 히브리어는 '켐다chemdah'입니다. 영어로는 'desire' 또는 'delight'로 번역됩니다. 사무엘상에서는 '사모하는 자'(삼상 9:20)로 번역되기도 했습니다. 그러니까 처음 하늘과 처음 땅을 뒤흔드는 이와 같은 일들은 모든 나라와 백성들이 열망하는 분이 등장하는 예고라는 것입니다. 이 일들은 주의 재림 사건으로 해석할 때에 가장 잘 어울립니다.

아무튼 '큰 지진'이 나면서 태양은 빛을 잃고 칠흑처럼 검어집니다. 그리고 달은 온통 핏빛으로 변한다고 합니다. 이 또한 구약의 요엘 선지자를 통해서 이미 예고된 내용입니다.

³⁰내가 이적을 하늘과 땅에 베풀리니 곧 피와 불과 연기 기둥이라. ³¹여호와의 크고 두려운 날이 이르기 전에 해가 어두워지고 달이 핏빛 같이 변하려니와…(욜 2:30-31).

하나님이 하늘과 땅에 베풀 '이적'이 무엇일까요? 그것은 학개가 앞서 이야기했던 '진동'을 의미합니다. 그리고 해가 어두워지고 달이 핏빛으로 변한다고 합니다. 그것은 해와 달이 더 이상 제 기능을 하지 못하게 된다는 뜻입니다.

그게 끝이 아닙니다. 하늘의 별들이 대풍大風에 떨어지는 설익은 무화과나무처럼 그렇게 땅에 떨어진다고 합니다. 그리고 하늘이 두루마리가 말리는 것처럼 사라진다고 합니다. 이 또한 구약의 이사야 선지자를 통해서 예고된 말씀입니다.

> 하늘의 만상이 사라지고 하늘들이 두루마리 같이 말리되 그 만상의 쇠잔함이 포도나무 잎이 마름 같고 무화과나무 잎이 마름 같으리라(사 34:4).

여기에서 하늘의 '만상萬象'은 '일월성신日月星辰'을 의미합니다. 해와 달과 별들이 몽땅 사라진다는 것입니다. 게다가 하늘도 두루마리처럼 둘둘 말려서 없어집니다. 사도 요한이 보았던 환상과 정확하게 일치합니다. 거기에다 "각 산과 섬이 제자리에서 옮겨진다"(14절)고 합니다. 우리말 '옮기다'에 해당되는 헬라어 '키네오'(κινέω, kineō) 동사는 'move이동하다'라는 뜻과 함께 'remove제거하다'라는 뜻이 있습니다. 그러니까 높은 산이나 섬이 갑자기 있던 곳에서 사라진다는 겁니다.

이는 혼돈이나 파멸로 가고 있는 상황이 아니라, 새롭게 재편성되어 가는 상황을 의미합니다. 처음 하늘과 처음 땅은 없어지고 새 하늘과 새 땅이 만들어지고 있는 것이지요.

어린 양의 진노

그러나 이러한 일들에 대한 사람들의 반응은 그야말로 공포panic 그 자체입니다.

> 15땅의 임금들과 왕족들과 장군들과 부자들과 강한 자들과 모든 종과 자유인이 **굴과 산들의 바위 틈에 숨어** 16산들과 바위에게 말하되 우리 위에 떨어져 보좌에 앉으신 이의 얼굴에서와 그 어린 양의 진노에서 우리를 가리라. 17그들의 진노의 큰 날이 이르렀으니 누가 능히 서리요 하더라(계 6:15-17).

땅의 임금들부터 시작하여 일반 서민에게 이르기까지 모든 계층의 사람들이 총망라하여 언급됩니다. 이들의 공통점은 그동안 예수 그리스도와 상관없이 살았던 사람들이라는 사실입니다. 말하자면 주님의 재림을 준비하지 못한 사람들입니다. 그들에게 역사의 종말은 '공포의 날'이될 것입니다. 그들은 굴이나 바위틈에 숨어서 어떻게든 그 공포를 모면해 보려고 합니다. 산들과 바위에게 자신들을 가려달라고 부탁할 정도입니다.

그런데 이 표현은 주님이 십자가를 지기 위해 올라가실 때 슬피 울며 따라오던 여자들을 보시며 말씀하신 것입니다.

> 29보라, 날이 이르면 사람이 말하기를 잉태하지 못하는 이와 해산하지 못한 배와 먹이지 못한 젖이 복이 있다 하리라. 30그때에 사람이 산들을 대하여 우리 위에 무너지라 하며 작은 산들을 대하여 우리를 덮으라 하리라(눅 23:29-30).

무슨 뜻입니까? 주님의 재림은 주님을 십자가에 못 박은 자들에게는 그처럼 피하고 싶은 공포가 될 것이라는 말씀입니다. 그들은 이렇게 말합니다. "보좌에 앉으신 이의 얼굴에서와 그 어린 양의 진노에서 우리를 가리라"(16절).

사실 '어린 양the Lamb'과 '진노wrath'는 잘 어울리는 조합이 아닙니다. 어린 양은 인간을 구원하기 위하여 세상 죄를 대신 지고 십자가에서 죽으신 하나님의 아들입니다. 하나님 아버지의 그 놀라우신 사랑을 증명해보이신 분입니다. 그런데 어린 양의 진노를 두려워하다니요! 어린 양이 모든 사람에게 두려움의 대상이 되는 것은 아닙니다. 단지 어린 양을 거역한 자들에게는 두려움과 공포의 대상이 되는 것입니다.

그들은 "진노의 큰 날이 이르렀으니 누가 능히 서겠느냐?"고 탄식합니다. 아닙니다. 능히 설 자들이 있습니다. 그들이 누구입니까? 이기는 자입니다. 마지막 순간까지 믿음을 지킨 자들입니다. 죽도록 충성한 자들입니다. 순교의 피를 흘리고 제단 아래에서 흰 두루마기를 입고 잠시 쉬면서 기다리고 있는 자들입니다. 그들에게는 주님의 재림이 '진노의 큰 날'이 아닙니다. '구원의 큰 날'입니다. 어린 양의 혼인잔치가 벌어지는 '큰 축제의 날'입니다.

그러나 이런 이야기들은 여섯째 인을 떼는 장면에 등장하지 않습니다. 그저 주님의 재림을 준비하지 않았던 사람들의 두려움과 공포를 간단하게 소개하는 것으로 끝납니다. 뭔가 부족하다 싶지만, 이것이 요한계시록이 가지고 있는 개괄적 해석recapitulation의 특징이라는 점을 이해한다면, 다음 환상 시리즈의 반복을 통해서 조금 더 자세하게 설명될 것을 기대할 수 있을 것입니다.

일곱째 인

'일곱 봉인 환상'이 완전히 끝난 것은 아닙니다. 마지막 일곱째 인을 떼는 장면이 아직 남아있습니다. 그런데 그 이야기는 7장을 건너뛰어 8장에 가서 나옵니다. 게다가 한 절만 외롭게 떨어져 있습니다. 그것도 마치 '일곱 나팔 환상'의 도입부처럼 놓여 있습니다. 그렇지만 '일곱 봉인 환상'의 결론으로 보는 것이 마땅합니다. 일곱째 인을 떼기 전까지는 첫 번째 환상 시리즈가 끝난 것이 아니기 때문입니다.

> 1일곱째 인을 떼실 때에 하늘이 반 시간쯤 고요하더니 2내가 보매 하나님 앞에 일곱 천사가 서 있어 일곱 나팔을 받았더라(계 8:1-2).

우리말 성경의 번역이 이렇게 되어 있어서, 더더욱 일곱째 인을 떼는 장면이 마치 두 번째 시리즈인 '일곱 나팔 환상'을 시작하는 도입부처럼 생각하게 합니다. 그러나 실제로는 그렇지 않습니다. 1절은 일곱 봉인 환상의 결론부이고, 2절부터 새로운 환상 시리즈가 시작되고 있는 것입니다. 메시지 성경은 이 부분을 다음과 같이 잘 표현하고 있습니다.

> 어린양이 일곱 번째 봉인을 떼시자, 하늘이 갑자기 고요해졌습니다. 이 완전한 정적은 약 반 시간 동안 지속되었습니다(계 8:1).

자, 앞에서 여섯 번째 봉인을 뗄 때 어떤 일이 있었습니까? 천지개벽이 시작되었습니다. 세상 사람들은 그들에게 임한 '어린 양의 진노'를 피해서 도망가기에 바빴습니다. 그런데 일곱 번째 봉인을 떼시자 그 모든 소란이 사라지고 갑자기 고요해진 것입니다. 헬라어 원어 '에게네토 시게 엔 토 우라노'(ἐγένετο σιγὴ ἐν τῷ οὐρανῷ)를 영어로 직역하면 "there was silence in heaven"이 됩니다. 하늘에 '침묵'이 있었다는 뜻입니다. 이 갑작스러운 '침묵'은 무엇을 의미하는 것일까요?

세 번째 시리즈인 '일곱 대접 환상'의 마지막 부분을 보면, 그 답이 나옵니다. 일곱째 천사가 대접을 공중에 쏟아버립니다. 그러면 큰 성 바벨론이 진노의 포도주잔을 받게 됩니다. 그때 어느 힘센 천사가 이렇게 선포합니다.

21이에 한 힘센 천사가 큰 맷돌 같은 돌을 들어 바다에 던져 이르되 큰 성 바벨론이 이같이 비참하게 던져져 결코 다시 보이지 아니하리로다. 22또 거문고 타는 자와 풍류하는 자와 퉁소 부는 자들의 소리가 결코 다시 네 안에서 들리지 아니하고 어떠한 세공업자든지 결코 다시 네 안에서 보이지 아니하고 또 맷돌 소리가 결코 다시 네 안에서 들리지 아니하고 23등불 빛이 결코 다시 네 안에서 비치지 아니하고 신랑과 신부의 음성이 결코 다시 네 안에서 들리지 아니하리로다. 너의 상인들은 땅의 왕족들이라. 네 복술로 말미암아 만국이 미혹되었도다(계 18:21-23).

큰 성 바벨론은 사탄이 다스리는 왕국을 의미합니다. 그들에게 최후의 심판이 임하게 되는 상황을 설명하고 있는 것입니다. 그들의 특징은 온갖 잡소리로 시끄럽다는 것입니다. 그런데 그들에게 임한 하나님의 심판으로 그 소리들이 다시는 들리지 않게 됩니다. 한순간에 사라집니다. 그것이 바로 오늘 본문에 언급되는 '침묵'의 의미입니다.

이 침묵은 반시간 동안 지속됩니다. 그 후에 어떤 일이 있게 될까요? 19장에 계속 이어집니다.

1이 일 후에 내가 들으니 하늘에 허다한 무리의 큰 음성 같은 것이 있어 이르되 할렐루야 구원과 영광과 능력이 우리 하나님께 있도다. 2그의 심판은 참되고 의로운지라. 음행으로 땅을 더럽게 한 큰 음녀를 심판하사 자기 종들의 피를 그 음녀의 손에 갚으셨도다(계 19:1-2).

천상의 존재들이 부르는 세 번의 할렐루야 찬양이 계속 이어지고 있는 것입니다. 그러니까 앞에 있었던 잠시 동안의 침묵은 찬양을 위해서 준비하는 시간이었던 것입니다. 이 장면은 사실 첫 번째 시리즈에도 나옵니다. 바로 7장입니다. 인치심을 받은 십사만 사천 명과 각 나라에서 온 큰 무리가 하나님을 찬양하는 장면입니다. 그런데 어찌된 일인지 일곱 번째 인을 떼기 직전에 중간 장으로 삽입되어 있습니다. 본래의 순서대로 하자면 이 부분은 8장 1절 뒤에 나와야 하는데 말입니다. 여기에는 어떤 편집의 의도가 있었던 것으로 보입니다. 그것은 7장을 묵상하면서 살펴보도록 하겠습니다.

첫 번째 환상 시리즈는 이처럼 아주 짧게 기술되어 있습니다. 이 땅에 재난과 공포를 가져오는 네 마리 말의 환상, 믿음을 지키다 순교한 영혼들의 하소연, 처음 하늘과 땅이 흔들리는 천지개벽 그리고 갑작스러운 침묵…. 짧지만 중요한 내용은 모두 담겨 있습니다. 그리고 이제 다른 시리즈가 반복되면서 그 내용은 더욱 풍성해지고 깊어질 것입니다. 이와 같은 반복이 바로 요한계시록이 가지고 있는 개괄적 해석recapitulation의 특징입니다.

우리의 소망 무언가

사도 바울은 데살로니가교회 성도들에게 이렇게 말했습니다.

> 13형제들아 자는 자들에 관하여는 너희가 알지 못함을 우리가 원하지 아니하노니 이는 소망 없는 다른 이와 같이 슬퍼하지 않게 하려 함이라. 14우리가 예수께서 죽으셨다가 다시 살아나심을 믿을진대 이와 같이 예수 안에서 자는 자들도 하나님이 그와 함께 데리고 오시리라(살전 4:13-14).

'예수 안에서 자는 자들'은 믿음을 지키다가 죽음을 맞이한 성도들을 가리킵니다. 굳이 순교자일 필요는 없습니다. 마지막 순간까지 충성한 자들이라면 누구나 여기에 해당됩니다. 그런데 그들은 주님의 재림을 보지 못하고 죽었습니다. 그래서 혹시라도 그들에게 어떤 불이익이 있을까 염려하는 성도들이 있었나 봅니다. 그들에게 바울은 "소망 없는 다른 이와 같이 슬퍼하지 말라"고 권면합니다.

이 부분을 메시지 성경은 다음과 같이 풀이합니다.

> 우선, 여러분은 무덤이 끝이라는 생각에, 모든 기대를 포기한 사람들처럼 분별없이 처신해서는 안 됩니다(살전 4:13b, 메시지).
>
> First off, you must not carry on over them like people who have nothing to look forward to, as if the grave were the last word.

그렇습니다. 우리 그리스도인들은 마치 '무덤'이 가장 마지막 단어인 것처럼 생각하면 안 됩니다. 우리에게 마지막 단어는 '무덤'이 아니라, '부활'이요, '생명'입니다. 그렇기 때문에 소망 없는 사람처럼 지나치게 슬퍼하면 안 되는 것입니다.

우리의 소망은 다시 오실 '어린 양'에게 있습니다. 그날은 주님을 믿지 않는 사람들, 주님을 대적하던 무리들에게 '큰 진노의 날'이 되겠지만, 어린 양에게 모든 소망을 두는 우리에게는 '구원의 큰 날'이요, '큰 축제의 날'이 될 것입니다. 마지막 때에 어떤 일이 벌어진다고 하더라도 결코 이 소망을 놓치지 마십시오. 우리의 종착역은 주님의 재림과 더불어 완성될 '하나님 나라'입니다!

인치심을 받은 자들의 찬양

계 7:1-17

앞 장에서 일곱 봉인 환상을 살펴보면서, 여섯 번째 봉인과 일곱 번째 봉인 사이에 중간 장(7장)이 삽입되어 있다는 사실을 알게 되었습니다. 본래의 순서대로 하자면 여섯 번째 봉인을 떼는 이야기(6:12-17) 뒤에 곧 바로 일곱 번째 봉인을 떼는 이야기(8:1)가 이어져야 합니다. 그런데 그 사이에 인치심을 받은 십사만 사천 명과 각 나라에서 온 큰 무리가 하나님을 찬양하는 장면이 놓여 있는 것입니다(7:1-17).

그렇게 편집해놓은 사도 요한의 의도가 무엇인지 궁금해집니다. 그 이유는 바로 앞에 놓여 있는 두 가지 질문 때문입니다. 첫 번째 질문은 다섯째 인을 떼는 장면에 나옵니다.

> … 땅에 거하는 자들을 심판하여 우리 피를 갚아 주지 아니하시기를 어느 때까지 하시려 하나이까…(계 6:10b).

"얼마나 더 오래 기다려야 합니까?"(How long?) 믿음을 지키다가 순교한 영혼들이 하소연하는 내용입니다. 이것은 사도 요한 당시 믿음의 공동체가 가지고 있던 신앙적인 질문이라고 했습니다. 주님은 그들에게 흰 두루마기를 주시면서 수가 차기까지 '잠시동안' 쉬라고 말씀하셨지요. 그러나 그들의 질문에 대한 충분한 대답이 되지는 못했습니다.

또 다른 질문은 여섯째 인을 떼는 장면의 마지막 부분에 나옵니다.

그들의 진노의 큰 날이 이르렀으니 누가 능히 서리요 하더라(계 6:17).

"누가 설 수 있겠습니까?"(Who can stand?) 주님의 재림을 준비하지 못한 사람들이 어린 양의 진노 앞에서 두려움과 공포에 사로잡혀 탄식하면서 말하는 내용입니다. 만일 여기에서 곧바로 일곱 번째 봉인의 개봉과 갑작스러운 '침묵'으로 넘어간다면 어떻게 될까요? 이 질문들에 대한 답을 얻지 못한 상태로 한동안 침묵할 수밖에 없습니다. 따라서 그 대답을 먼저 주기 위해서 중간 장의 삽입이 필요했던 것이지요.

아무튼 이 두 가지 질문을 염두에 두고 오늘 본문을 살펴보겠습니다. 7장은 크게 두 부분으로 나누어집니다. '인침을 받은 십사만 사천 명'의 환상(7:1-8)과 '흰 옷 입은 큰 무리'의 환상(7:9-17)입니다. 서로 다른 환상이지만 내용상으로는 정확하게 일치하고 있습니다.

바람을 붙잡은 네 천사

첫 번째 환상은 땅 네 모퉁이에서 바람을 붙잡고 있는 네 천사의 이야기로 시작됩니다.

이 일 후에 내가 네 천사가 땅 네 모퉁이에 선 것을 보니 땅의 사방의 바람을 붙잡

아 바람으로 하여금 땅에나 바다에나 각종 나무에 불지 못하게 하더라(계 7:1).

앞서 여섯째 인을 뗄 때 '대풍大風'이 불었던 것을 기억하십니까. 얼마나 강한 바람이었는지 하늘의 별들이 무화과나무의 설익은 열매가 떨어지듯이 모두 떨어졌지요(계 6:12). 그런데 여기에서는 네 천사가 땅 네 모퉁이에 서서 바람이 불지 못하도록 사방의 바람을 붙잡고 있습니다. 이처럼 동서남북의 바람을 붙잡고 있는 네 천사에 대한 이야기는 예레미야에 이미 언급되고 있습니다.

엘람Elam에 대한 심판을 예고하시면서 하나님은 이렇게 말씀하십니다.

하늘의 사방에서부터 **사방 바람**을 엘람에 오게 하여 그들을 사방으로 흩으리니 엘람에서 **쫓겨난** 자가 가지 않는 나라가 없으리라(렘 49:36).

어느 한쪽에서 바람이 불어오면 어떻게든 피할 수 있습니다. 그러나 사방에서 강한 바람이 몰아치면 그 어디로도 피할 길이 없습니다. 고스란히 당할 수밖에 없습니다. 따라서 최후의 심판을 이야기할 때 성경은 이처럼 '사방 바람'으로 설명하고 있는 것입니다. 말하자면 'finishing blow'인 셈입니다. 여섯째 인을 뗄 때에 불어온 바람이 바로 'finishing blow'입니다. 하늘의 별들이 모두 떨어질 정도로 강한 바람이었던 것입니다.

자, 그렇다면 네 천사가 바람을 붙잡고 있다는 것은 마지막 결정타를 날리기 위해서 준비하고 있는 모습으로 보입니다. 논리적으로 생각하면, 여섯째 인을 떼기 직전의 상황으로 이해하는 것이 맞습니다. 그런데 바로 앞부분에 첫 번째 질문이 있었지요. "얼마나 더 오래 기다려야 합니까?"(How long?) 지금 그것에 대한 답을 주려고 하시는 것입니다.

2또 보매 다른 천사가 살아 계신 하나님의 인을 가지고 해 돋는 데로부터 올라와서 땅과 바다를 해롭게 할 권세를 받은 네 천사를 향하여 큰 소리로 외쳐 3이르되 우리가 우리 **하나님의 종들의 이마에 인치기까지** 땅이나 바다나 나무들을 해하지 말라 하더라(계 7:2-3).

여기에서 '해 돋는 데'는 단순히 동쪽을 의미하지 않습니다. 하나님으로부터 도움과 치유와 구원이 임하는 방향을 의미합니다. 해 돋는 데로부터 올라온 천사가 'finishing blow'를 준비하고 있는 네 천사들에게 말합니다. "우리가 하나님의 종들의 이마에 인을 치기까지 아무도 해하지 말라!" 이마에 인침을 받는 장면은 에스겔에게 주신 말씀을 연상하게 합니다.

여호와께서 이르시되 너는 예루살렘 성읍 중에 순행하여 그 가운데에서 행하는 모든 가증한 일로 말미암아 **탄식하며 우는 자의 이마에 표를 그리라** 하시고…(겔 9:4).

예루살렘에 횡행하는 우상숭배로 인해서 탄식하는 사람들의 이마에 '표'를 해두라는 겁니다. 여기에서 '표'는 히브리 알파벳의 마지막 글자인 '타우'를 가리킵니다. 그리고 성소에서부터 시작하여 그 표식이 없는 나머지 사람들에게 심판을 행할 것이라는 내용입니다. 그러니까 이 표식은 하나님을 향한 신실한 믿음을 가진 사람들에게 주는 것입니다. 역사의 종말에도 그렇게 인침을 받는 사람들이 있다는 것입니다.

자, 그렇다면 얼마나 더 오래 기다려야 할까요? 인침을 받는 사람들이 확정되기까지입니다. 앞에서 말한 "그 수가 차기까지 하라"(6:11)는 말씀의 반복처럼 들립니다. 그러나 여기에는 더 중요한 메시지가 담겨 있습니다. 믿음을 지키다 순교한 영혼들은 이미 인침을 받은 사람들이라는 것입니다. 하나님께서 이미 그들을 '이기는 자'로 인정해주셨다는 겁니다. 따라서 앞으로 얼마나 더 오래 기다려야 하는지를 궁금해 할 필요가 없습니다. 그들의 승리는 이미 결정된 상태니 말입니다.

십사만 사천 명

그런데 이 대목에서 사도 요한은 인침을 받은 자의 수를 들었다고 합니다.

> 내가 **인침을 받은 자의 수**를 들으니 이스라엘 자손의 각 지파 중에서 인침을 받은 자들이 **십사만 사천**이니…(계 7:4).

드디어 요한계시록에서 가장 유명한 수의 상징이 나옵니다. 바로 '십사만 사천'입니다. 이것을 주님의 재림과 최후의 심판이 시행되기 전에 채워져야 할 순교자의 수로 생각하는 사람들이 많이 있습니다. 그러나 지난 시간에 말씀드린 것처럼 '십사만 사천'을 단순히 문자적으로만 해석한다면, 주님의 재림이 수백 번 이루어지고도 남을 만큼 순교자의 수는 차고 넘칩니다. 그렇다고 해서 마지막 때에 구원받을 사람들의 수로 생각할 수도 없습니다. 순교자의 수가 이미 차고 넘친다면 구원받는 사람들의 수는 더 말할 것도 없기 때문입니다.

세대주의종말론자들은 '이스라엘의 열두 지파'를 문자적으로 이해합니다. 그래서 '십사만 사천'을 대환란 중에 예수를 믿어 구원받게 되는 유대인 크리스천Jewish Christians의 수로 풀이합니다. 그들은 "이리로 올라오라"(계 4:1)는 말씀을 들을 때에 교회는 이미 휴거된다고 주장합니다. 그리고 4-19장에 나오는 환난의 장면에서 '교회'라는 단어가 사라진 것을 그 근거로 제시합니다. 그러나 그것이야말로 자기의 입맛대로 성경을 짜 맞추는 것에 불과합니다.

따라서 이 수는 '문자적'이 아니라 '상징적'인 의미로 풀 수밖에 없습니다. 우선 '십사만 사천'이 어떻게 계산되었는지 살펴 보십시다. 열두 지파에 각각 '만 이천 명'씩 계산되었기 때문입니다(계 7:5-8). 관건은 각 지파에 '만 이천 명'을 포함시킨 근거입니다. 당시의 가장 큰 수의 개념은 '1,000'이었다고 합니다. 거기에 12를 곱한 것이지요. 그런데 왜 하필 12일까요? 어떤 사람들은 행정의 완전수로 설명합니다만, 여기에는 이스라엘 자손에 대한 새로운 이해가 담겨 있다고 보는 것이 맞습니다.

바울은 아브라함의 자손에 대한 새로운 정의를 다음과 같이 내립니다.

28너희는 유대인이나 헬라인이나 종이나 자유인이나 남자나 여자나 다 그리스도 예수 안에서 하나이니라. 29너희가 그리스도의 것이면 곧 아브라함의 자손이요 약속대로 유업을 이을 자니라(갈 3:28-29).

장차 구원받을 '십사만 사천 명'이 이스라엘 열두 지파의 이름으로 되어있는 것은 아브라함에게 주신 하나님의 약속 때문입니다. 하나님은 아브라함에게 그 수를 셀 수 없을 만큼 많은 후손을 주시겠다고 약속하셨습니다(창 15:5). 그런데 그 약속은 단지 '표면적 유대인'으로만 성취되지 않습니다. 그리스도 예수 안에서 모두 아브라함의 자손이요 약속의 유업을 이을 자가 되기 때문입니다.

따라서 열두 지파 속에 '이면적 유대인'을 상징하는 신약의 사도 또는 교회의 수가 포함되어야 합니다. 그리고 거기에 가장 큰 수인 '1,000'을 곱하게 된 것입니다. 그러나 시대에 따라서 가장 큰 수는 언제나 확장되어가는 법입니다. 그러니 '만 이천 명'은 그냥 문자적으로 '12,000'명'만을 의미하는 것이 아닙니다. 앞으로 구원받는 사람들은 얼마든지 그 속에 포함될 수 있는 것입니다.

아무튼 인침을 받는 자의 수가 확정된 후에 주님이 재림하십니다. 그 때까지는 기다려야 하는 것입니다.

흰 옷을 입은 큰 무리

그 다음은 흰 옷 입은 큰 무리의 환상(7:9-17)입니다. 이 환상은 두 번째 질문, 즉 "누가 설 수 있겠습니까?"(Who can stand?)에 대한 답으로 주어졌다는 사실을 충분히 짐작할 수 있습니다.

> 9이 일 후에 내가 보니 각 나라와 족속과 백성과 방언에서 아무도 능히 셀 수 없는 큰 무리가 나와 흰 옷을 입고 손에 종려 가지를 들고 보좌 앞과 어린 양 앞에 서서 10큰 소리로 외쳐 이르되 구원하심이 보좌에 앉으신 우리 하나님과 어린 양에게 있도다 하니…(계 7:9-10).

우리말 '이 일 후에'로 번역된 헬라어 '메타 타우타'(Μετὰ ταῦτα)는 단순히 앞에서 언급한 환상을 가리키는 말입니다. 그러니까 앞에서 본 '십사만 사천 명'의 환상 다음에 또 다른 환상을 보았다는 이야기지, 연대기적으로 그 다음에 이어지게 될 일들을 보았다는 이야기가 아닙니다. 사도 요한이 본 또 다른 환상은, 세계의 모든 나라로부터 큰 무리가 보좌에 앉으신 하나님과 어린 양 앞으로 나오는 장면입니다.

두 환상을 비교해보면 우선 '정해진 수'와 '셀 수 없는 수'의 대비에서 확실한 차이를 보입니다. 그래서 이들을 서로 다른 의미로 설명하려고 합니다. 예를 들어, '십사만 사천 명'은 유대인 중에서 구원받은 사람들을, '셀 수 없는 큰 무리'는 이방인 중에서 구원받은 사람들을 가리킨다는 식입니다. 그러나 하나님 나라가 완성되어 하나님과 어린 양에게 예배하러 나오는 장면에서까지 유대인과 이방인으로 굳이 구분하려고 드는 것이야말로 시대착오적인 생각입니다!

결론적으로 말씀드리면, 이 두 가지 환상은 서로 다른 것처럼 보이지만 내용적으로는 정확하게 일치합니다. 그것이 바로 요한계시록이 가지고 있는 개괄적 해석recapitulation의 특징입니다. 요셉이 해몽해주었던 바로 왕의 꿈도 두 가지 다른 사건이 아니라 한 가지 사건의 중복이었습니다(창 41장). 요한계시록 5장에서 사도 요한은 유다 지파의 '사자the Lion'가 일곱 인을 떼신다는 말을 들었습니다(5:5). 그러나 실제로는 죽임을 당한 것 같은 '어린 양the Lamb'을 보았습니다(5:6). 전혀 다른 것 같아도 같은 내용입니다.

따라서 '십사만 사천 명'이든 '셀 수 없는 큰 무리'이든 동일한 믿음의 공동체를 가리키는 것임에 틀림없습니다. 이 환상은 어린 양의 진노에 두려워하던 사람들의 질문에 대해서 답을 주고 있는 것입니다. "누가 설 수 있겠습니까?" 예수 그리스도를 믿고 구원받은 사람들은 누구나 설 수 있습니다! 그들에게는 진노의 날이 아니라 구원의 날입니다. 그들의 입에서는 탄식이 아니라 찬양이 나옵니다.

그들의 찬양은 하나님을 모시고 있는 천상의 존재들의 찬양으로 이어집니다.

> 11모든 천사가 보좌와 장로들과 네 생물의 주위에 서 있다가 보좌 앞에 엎드려 얼굴을 대고 하나님께 경배하여 12이르되 아멘 찬송과 영광과 지혜와 감사와 존귀와 권능과 힘이 우리 하나님께 세세토록 있을지어다 아멘 하더라(계 7:11-12).

5장에서 어린 양에게 드려지던 새 노래의 찬양이 어떻게 확장되어 갔는지 기억하실 겁니다. 네 생물과 이십사 장로들의 찬양에서부터 시작하여 온 우주의 피조물들의 찬양으로 점점 확장되어 갔지요. 그러나 그때만 해도 사람들의 찬양은 포함되지 않았습니다. 그런데 드디어 구원받은 큰 무리들의 찬양이 터져 나왔습니다. 그리고 그 찬양은 또 다시 천상의 존재들이 화답하는 찬양으로 이어지고 있는 것입니다.

이기는 자가 되라

그런 후에 이십사 장로 중의 하나와 요한의 대화가 이어집니다.

13장로 중 하나가 응답하여 나에게 이르되 이 흰 옷 입은 자들이 누구며 또 어디서 왔느냐, 14내가 말하기를 내 주여 당신이 아시나이다 하니 그가 나에게 이르되 이는 큰 환난에서 나오는 자들인데 어린 양의 피에 그 옷을 씻어 희게 하였느니라 (계 7:13-14).

장로 중 하나가 '응답했다answered'고 합니다. '응답'이란 질문에 대한 답변입니다. 그렇다면 사도 요한이 무언가 먼저 물어본 것이 있어야 합니다. 지금까지 요한은 아무런 말도 하지 않았습니다. 그저 환상을 묵묵히 지켜보기만 했을 뿐입니다. 그런데 장로는 응답을 한다고 합니다. 그러면서 오히려 요한에게 '질문'을 던집니다. "이 흰 옷 입은 자들이 누구며 또 어디서 왔느냐?"

요한이 마음에 품고 있던 질문을 장로가 대신 드러내고 있는 것입니다. 자신의 속내를 들킨 사도 요한은 흠칫 놀래면서 대답합니다. "저는 모르겠습니다. 그러나 장로님은 분명히 아실 것입니다." 장로가 그제야 대답을 합니다. "이는 큰 환난에서 나오는 자들인데 어린 양의 피에 그 옷을 씻어 희게 하였다."

"큰 환난에서 나왔다"고 해서 반드시 순교자일 필요는 없습니다. 끝까지 믿음을 지킨 사람들은 누구나 다 큰 환난을 이겨낸 사람들입니다. 왜냐하면 그리스도를 따르기 시작하는 순간부터 우리는 세상의 저항을 받게 되어 있기 때문입니다. 그렇기 때문에 큰 환난을 이겨내려면 먼저 구원의 확신이 있어야 합니다. "어린 양의 피에 옷을 씻어 희게 하였다" 는 말씀이 바로 그 뜻입니다. 예수 그리스도의 대속적인 죽음으로 말미암아 죄의 문제가 해결되고 정결하게 되었다는 확신이 있어야, 어떤 상황 속에서도 끝까지 믿음의 길을 걸을 수 있게 되는 것입니다.

계속해서 큰 환난에서 나온 자들에게 주시는 약속의 말씀이 선포됩니다.

17그러므로 그들이 하나님의 보좌 앞에 있고 또 그의 성전에서 밤낮 하나님을 섬기매 보좌에 앉으신 이가 **그들 위에 장막을 치시리니** 18그들이 **다시는 주리지도 아니하며 목마르지도 아니하고 해나 아무 뜨거운 기운에 상하지도 아니하리니** 19이는 보좌 가운데에 계신 어린 양이 그들의 목자가 되사 생명수 샘으로 인도하시고 하나님께서 **그들의 눈에서 모든 눈물을 씻어 주실 것임이라**(계 7:17-19).

여기에 담겨 있는 약속들은 모두 구약의 예언자들을 통해서 선포된 말씀들입니다.

26… 내 성소를 그 가운데에 세워서 영원히 이르게 하리니 27내 처소가 그들 가운데에 있을 것이며 나는 그들의 하나님이 되고 그들은 내 백성이 되리라(겔 37:26b-27).
그들이 주리거나 목마르지 아니할 것이며 더위와 볕이 그들을 상하지 아니하리니 이는 그들을 긍휼히 여기는 이가 그들을 이끌되 샘물 근원으로 인도할 것임이라(사 49:10).

... 주 여호와께서 모든 얼굴에서 눈물을 씻기시며 자기 백성의 수치를 온 천하에서 제하시리라...(사 25:8).

앞에서 살펴본 대로, 여섯째 인이 떼어지고 처음 하늘과 땅이 흔들릴 때 사람들은 산들과 바위에게 자신들을 가려달라고 요청했습니다(6:16). 그러나 하나님은 '이기는 자들'에게 친히 장막을 쳐주시겠다고 말씀하십니다. 하나님의 보호 속에서는 그 어떤 것으로도 해를 받지 않을 것을 약속하십니다. 그리고 어린 양이 그들의 목자가 되어주셔서 모든 눈물을 씻어 주실 것이라 말씀하십니다.

이러한 환상들은 사도 요한을 통해서 교회와 성도들에게 전하려고 하시는 중요한 메시지를 담고 있습니다. 그들이 당하고 있는 환난의 의미와 함께 왜 마지막까지 이기는 자가 되어야 하는지 그 이유를 알게 해줍니다. 그리고 실제로 그렇게 살아갈 수 있도록 용기를 북돋아줍니다.

'이기는 자'는 흰 옷을 입은 자들입니다. 어린 양의 피에 옷을 씻을 때에 흰 옷이 만들어집니다. 우리에게 '흰 옷'이 준비되어 있습니까? 예수님께서 십자가에 죽으심으로 우리의 죄가 깨끗이 씻어졌다고 믿으십니까? 예수 그리스도를 믿음으로 구원받았다는 확신이 있습니까?

그렇다면 걱정할 것이 없습니다. 우리의 나머지 인생에 어떤 흉악한 일이 일어난다고 하더라도 끝까지 믿음의 길에 서 있기만 하면 됩니다. 그러면 주님이 재림하시는 날 그 수를 감히 헤아릴 수 없는 큰 무리들과 함께 큰 소리로 주님을 찬양하며 어린 양의 혼인잔치 자리에 들어가게 될 것입니다. 하나님이 다 이루십니다!

성도의 기도, 어린 양의 중보

계 8:1-5

앞 장에서 우리는 여섯 번째 봉인과 일곱 번째 봉인 사이에 놓여 있는 중간 장(7장)에 대해서 살펴보았습니다. 이와 같은 편집에는 두 가지 질문에 대한 답을 주기 위한 의도가 있었다는 사실을 알게 되었습니다. "얼마나 더 오래 기다려야 합니까?"라는 질문과 "누가 설 수 있겠습니까?"라는 질문인데, 뒤의 질문부터 답을 하자면, '이기는 자'가 설 수 있습니다. '이기는 자'는 '큰 환난에서부터 나온 흰 옷 입은 자'입니다.

"얼마나 더 오래 기다려야 합니까?"라는 질문의 답은 "궁금해 하지 말라!"는 것입니다. 왜냐하면 하나님께서 이미 그들을 '이기는 자'로 인정해 주셨기 때문입니다. 그들의 승리가 이미 결정된 상태인데, 앞으로 얼마나 더 오래 기다려야 하는지를 궁금해 할 필요가 무엇 있겠습니까? 그것은 마지막 결과를 모르는 사람들이나 가지게 되는 초조함입니다.

첫 번째 시리즈의 끝, 침묵

아무튼 여섯 봉인은 모두 떼어졌습니다. 이제 마지막 일곱 번째 봉인이 떼어질 차례입니다. 앞에서 이미 살펴본 내용이긴 하지만 이 부분을 다시 한 번 읽어보겠습니다.

1 일곱째 인을 떼실 때에 하늘이 반시간쯤 고요하더니 2 내가 보매 하나님 앞에 일곱 천사가 서 있어 일곱 나팔을 받았더라(계 8:1-2).

첫 번째 시리즈의 마지막 일곱 번째 인이 떼어짐과 동시에 일곱 나팔의 새로운 시리즈가 시작되는 것처럼 보입니다. 그래서 이 세 가지 시리즈는 각각 서로 다른 심판이며, 또한 서로 다른 역사적인 현실로 성취될 것이라 주장하는 '세대주의종말론'에 현혹되기가 쉽습니다. 그렇지만 이미 말씀드린 대로 요한계시록은 같은 내용을 중복하여 강조하는 개괄적인 해석recapitulation interpretation의 특징을 가지고 있습니다. 세대주의종말론은 그와 같은 요한계시록의 특징을 제대로 알지 못해서 만들어진 결과물입니다.

그런데 자세히 들여다보면, 일곱째 인이 떼어지자마자 곧바로 일곱 나팔 시리즈가 시작되지 않았습니다. "하늘이 반시간쯤 고요했다"고 합니다. 무슨 이야기입니까? 하늘에 '침묵'이 있었던 것입니다! 이 '침묵'은 아무 일도 일어나지 않았다는 뜻이 아닙니다. 실제로는 엄청난 일이 벌어지고 있는 것입니다. 그것이 무엇입니까?

세 번째 시리즈에서는 이 침묵을 큰 성 바벨론에게 하나님의 심판이 임하고 난 다음에 주어지는 잠시 동안의 적막寂寞으로 설명합니다(계 18:21-23). 그리고 얼마 지나지 않아 구원받은 큰 무리가 부르는 찬양으로 그 침묵이 깨집니다(계 19:1-2). 천상의 존재들이 부르는 찬양이 계속 이어지고, 마침내 어린양의 혼인 잔치가 열립니다. 그러니까 침묵은 그냥 공백이 아닙니다. 침묵은 어린 양의 혼인 잔치를 알리는 서막인 셈입니다.

첫 번째 환상 시리즈는 이처럼 재난과 공포를 가져오는 네 마리 말의 환상과 믿음을 지키다 순교한 영혼들의 하소연 그리고 처음 하늘과 땅이 흔들리는 천지개벽 사건과 갑작스러운 침묵으로 아주 짧게 기술되어 있습니다. 비록 침묵으로 끝나는 것이 아쉽게 느껴질지 모르지만, 요점을 되풀이하는 요한계시록의 개괄적인 특징을 알고 있는 우리는 그로 인해 초조해하지 않습니다. 오히려 그 다음에 이어지는 시리즈에서 어떤 이야기로 더욱 자세하게 설명될지에 대한 기대를 품게 됩니다.

두 번째 시리즈의 시작, 기도

자, 그런데 두 번째 시리즈인 '일곱 나팔의 환상'이 시작부터 예사롭지 않습니다. 사도 요한은 일곱 천사가 일곱 나팔을 받아 가지고 있는 장면을 목격합니다(2절). 그 다음에 우리는 자연스럽게 일곱 천사가 차례대로 나팔을 부는 일이 진행될 것을 기대하게 됩니다. 그런데 그것은 6절에 가서나 나옵니다. 그 사이에는 천사가 성도들의 기도를 하나님 앞에 드리는 이야기가 기록되어 있습니다. 말하자면 두 번째 시리즈를 '기도'로 시작하고 있는 것입니다. 그 이유가 무엇일까요?

문득 첫 번째 시리즈를 시작하던 장면이 궁금해집니다. 어린 양이 봉인된 두루마리를 받고 그 인을 하나씩 뗌으로써 일곱 봉인 환상 시리즈가 시작되었지요. 그때에도 이와 같은 막간이 있었을까요?

7그 어린 양이 나아와서 보좌에 앉으신 이의 오른손에서 두루마리를 취하시니라.

8그 두루마리를 취하시매 네 생물과 이십사 장로들이 그 어린 양 앞에 엎드려 각
각 거문고와 향이 가득한 금 대접을 가졌으니 이 향은 성도의 기도들이라. 9그들
이 새 노래를 불러 이르되…(계 5:7-9).

어린 양이 보좌에 앉으신 이로부터 두루마리를 받습니다. 그것은 두
번째 시리즈에서 일곱 천사가 하나님으로부터 나팔을 받는 것과 똑같은
상황입니다. 그런데 아니나 다를까 역시 곧바로 진행되지 않습니다. 네
생물과 이십사 장로들이 어린 양에 앞에 엎드려 경배하며 '새 노래'를 부
르기 시작합니다. 그 노래는, 우리가 살펴본 대로, 천사들의 찬양과 모든
피조물의 찬양으로 확장되어 갔습니다(5:9-14). 그러니까 첫 번째 시리즈
는 '찬양'으로 시작되었던 것입니다!

이 장면에서 이십사 장로들이 각각 '거문고'와 '향이 가득한 금 대접'
을 가지고 있었다는 언급이 새삼스럽게 눈에 들어옵니다. 거문고는 물론
찬양을 드리기 위해서 필요한 것입니다. 그리고 그 뒤에 실제로 찬양이
진행되었습니다. 반면 성도의 기도들이라고 소개된 향이 가득한 금 대접
은 더 이상 등장하지 않습니다. 그러다가 두 번째 시리즈를 시작하는 바
로 이 대목에서 '성도의 기도'가 다시 언급되고 있는 것입니다.

이 역시 요점을 되풀이하는 요한계시록의 특성이 잘 드러나는 예라
고 할 수 있습니다. 같은 이야기를 반복하면서 첫 번째 시리즈는 '찬양'으
로, 두 번째 시리즈는 '기도'로 시작하고 있는 것이지요.

대제사장의 중보

오늘 본문은 제단의 향과 성도의 기도를 합하는 것으로 시작됩니다.

3또 다른 천사가 와서 제단 곁에 서서 금 향로를 가지고 많은 향을 받았으니 이는 모든 성도의 기도와 합하여 보좌 앞 금 제단에 드리고자 함이라. 4향연이 성도의 기도와 함께 천사의 손으로부터 하나님 앞으로 올라가는지라(계 8:3-4).

일곱 나팔을 받은 일곱 천사와 다른 한 천사가 등장합니다. 그리고 금 향로를 들고 제단the altar 곁에 서서 그 속에 많은 향incense을 담습니다. 우리말 '제단'으로 번역된 '두시아스테리온'(θυσιαστήριον, thusiastērion) 은 제물을 태워서 바치는 '번제단'을 가리키기도 하고(마 5:23; 23:19), 때로 는 향을 태워드리는 '분향단'을 가리키기도 합니다(눅 1:11). 모세를 통해 가르쳐주신 제사법에 따르면 번제단은 성소의 뜰에 있지만, 분향단은 성 소 안에 있습니다. 그것도 지성소에서 가장 가까운 곳에 위치하고 있습 니다. 지성소에는 물론 하나님의 임재를 상징하는 법궤가 놓여 있지요.

지금 천상의 예배가 진행되고 있는 상황을 감안하거나, 본문의 앞뒤 문맥을 살펴볼 때 이 제단은 분향단을 의미하고 있는 것이 분명해 보입니 다. 다섯 번째 봉인에서 순교자의 영혼이 제단 아래에 있었는데(6:9), 그 때의 제단은 번제단을 의미합니다. 아무튼 한 천사가 분향단에서 금 향 로에 향을 가득 담고 있습니다. 그것을 금 대접에 가득 담겨 있던 성도의 기도(5:8)와 함께 하나님께 올려드리는 것입니다.

여기에서 금 향로에 담은 '향'이 무엇을 의미하는지 궁금해집니다. 이 대목에서 우리는 구약에 기록된 분향단에 대한 규례를 살펴볼 필요가 있 습니다.

6그 제단을 증거궤 위 속죄소 맞은편 곧 증거궤 앞에 있는 휘장 밖에 두라. 그 속 죄소는 내가 너와 만날 곳이며 7아론이 아침마다 그 위에 향기로운 향을 사르되 등불을 손질할 때에 사를지며 8또 저녁 때 등불을 켤 때에 사를지니 이 향은 너희 가 대대로 여호와 앞에 끊지 못할지며…(출 30:6-8).

'그 제단'은 물론 '분향단'을 가리킵니다. 분향단에 아침저녁으로 향을 사르는 것은 제사장이 해야 할 가장 중요한 사역이었습니다. 이 향은 "대대로 여호와 앞에 끊지 못한다"고 했습니다. 다시 말해서, 단 한 번이라도 거르면 안 된다는 것입니다. 제사장이 목숨을 걸고 평생토록 감당해야 할 이 사역은 무엇을 의미할까요? 그것은 바로 이스라엘 백성들을 위한 '중보'였습니다.

지금 우리는 더 이상 구약의 제사법에 따라서 예배를 드리지는 않습니다. 그러나 그 본래의 의미가 사라진 것은 아닙니다. 누군가가 우리를 위해 중보할 때에만 우리의 기도가 하나님께 상달될 수 있습니다. 그렇다면 우리에게 있는 그 중보자가 누구입니까? 그렇습니다. 가장 큰 대제사장이신 어린 양 예수 그리스도입니다.

14그러므로 우리에게 큰 대제사장이 계시니 승천하신 이 곧 하나님의 아들 예수시라. 우리가 믿는 도리를 굳게 잡을지어다. 15우리에게 있는 대제사장은 우리의 연약함을 동정하지 못하실 이가 아니요 모든 일에 우리와 똑같이 시험을 받으신 이로되 죄는 없으시니라. 16그러므로 우리는 긍휼하심을 받고 때를 따라 돕는 은혜를 얻기 위하여 은혜의 보좌 앞에 담대히 나아갈 것이니라(히 4:14-16).

'큰 대제사장'이신 예수 그리스도는 '승천'하셨습니다. 그러나 우리의 큰 대제사장으로서 주님의 중보사역은 중단되지 않았습니다. 지금도 우리를 위해서 주님은 계속 중보하고 계십니다. 그렇기 때문에 우리가 담대하게 은혜의 보좌the throne of grace 앞으로 나아갈 수 있는 것입니다. 우리가 기도를 할 때마다 '예수님의 이름으로' 기도하는 것은 바로 그 때문입니다.

그런데 여기에서 '보좌'는 추상적인 의미로 사용된 것이 아닙니다. 사도 요한이 보았던 천상 예배의 장면을 다시 한 번 상기해보십시오. 이십사 장로들이 금 대접에 담긴 성도의 기도를 어린 양에게 드렸습니다(5:8). 그리고 그 기도는 금 향로에 담은 많은 향과 함께 하나님께 드려집니다(8:3). 무슨 뜻입니까? 대제사장이신 어린 양 예수 그리스도의 중보가 성도들의 기도와 합해져서 하나님께 드려진다는 뜻입니다. 그래서 향연香煙과 함께, 즉 어린 양의 중보기도와 함께 성도들의 기도가 하나님 앞으로 올라가는 것입니다.

물론 성도들의 기도 속에는 박해의 고통으로부터 벗어나기를 원하는 간구가 포함되어 있습니다. 이미 우리가 살펴본 대로, 첫 번째 시리즈의 다섯 번째 봉인에서 믿음을 지키다가 죽임을 당한 영혼들이 제단 아래에서 하나님께 하소연하는 장면이 있었습니다(6:9). 그 하소연은 당시 교회와 성도들이 품고 있던 간절한 기도였습니다. 그 기도 또한 이십사 장로들이 가지고 있던 금 대접에 담겨 있었음에 틀림없습니다. 거기에다 주님의 중보까지 더해져서 하나님의 보좌 앞에 상달되었고, 그로 인해서 두 번째 일곱 나팔 시리즈의 심판이 시작되고 있는 것입니다.

하나님의 응답

천사는 하나님께 기도를 올려드리는 것과 동시에 제단의 불을 향로에 담아 땅에 쏟아버립니다.

천사가 향로를 가지고 제단의 불을 담아다가 땅에 쏟으매 우레와 음성과 번개와 지진이 나더라(계 8:5).

이와 비슷한 장면을 모세에게서 발견할 수 있습니다. 하나님이 애굽에 여섯 번째 재앙을 내리는 대목입니다.

8여호와께서 모세와 아론에게 이르시되 너희는 화덕의 재 두 움큼을 가지고 모세가 바로의 목전에서 하늘을 향하여 날리라. 9그 재가 애굽 온 땅의 티끌이 되어 애굽 온 땅의 사람과 짐승에게 붙어서 악성 종기가 생기리라(출 9:8-9).

'화덕의 재'는 '제단의 불'과 같은 내용물을 담고 있습니다. 그것을 바로의 목전에서 날리라고 하십니다. 모세는 그 명령에 순종했고 실제로 악성 종기의 재앙이 실행되었습니다. 에스겔이 본 보좌 환상에서도 역시 비슷한 장면이 나옵니다.

하나님이 가는 베 옷을 입은 사람에게 말씀하여 이르시되 너는 그룹 밑에 있는 바퀴 사이로 들어가 그 속에서 숯불을 두 손에 가득히 움켜 가지고 성읍 위에 흩으라 하시매 그가 내 목전에서 들어가더라(겔 10:2).

'그룹 밑에 있는 바퀴'는 하나님이 타고 계시는 '이동식 보좌'의 밑 부분을 가리킵니다. 거기에서 숯불을 가져다가 예루살렘 성읍 위에 흩으라는 명령입니다. 실제로 우상숭배자들로 차고 넘쳤던 예루살렘에 하나님의 심판이 실행됩니다.

8나 주 여호와가 말하노라. 너희가 칼을 두려워하니 내가 칼로 너희에게 이르게 하고 9너희를 그 성읍 가운데에서 끌어내어 타국인의 손에 넘겨 너희에게 벌을 내리리니 10너희가 칼에 엎드러질 것이라. 내가 이스라엘 변경에서 너희를 심판하리니 너희는 내가 여호와인 줄을 알리라(겔 11:8-10).

결국 예루살렘은 바벨론에 의해 함락되고 나라는 망하고 말았습니다. 에스겔에게 보여주셨던 환상처럼 하나님의 심판이 실행되었던 것입니다. 이처럼 '제단의 불'은 하나님의 심판을 의미합니다. 그 불이 땅에 쏟아졌으니 이제 준엄한 하나님의 심판이 실행되는 일만 남은 것입니다. 그것을 우레thunders와 음성voices과 번개lightnings와 지진earthquake으로 설명합니다. 그러나 이것은 단순한 자연의 현상이 아닙니다. 환난 중에 하나님께 부르짖어 아뢰는 성도들의 기도에 대한 하나님의 응답입니다.

이와 같은 상황을 가장 잘 표현한 시편이 하나 있습니다.

> 6내가 환난 중에서 여호와께 아뢰며 나의 하나님께 부르짖었더니 그가 그의 성전에서 내 소리를 들으심이여 그의 앞에서 나의 부르짖음이 그의 귀에 들렸도다. 7이에 땅이 진동하고 산들의 터도 요동하였으니 그의 진노로 말미암음이로다. 8 그의 코에서 연기가 오르고 입에서 불이 나와 사름이여 그 불에 숯이 피었도다. … 13여호와께서 하늘에서 우렛소리를 내시고 지존하신 이가 음성을 내시며 우박과 숯불을 내리시도다. … 16그가 높은 곳에서 손을 펴사 나를 붙잡아 주심이여 많은 물에서 나를 건져내셨도다. 17나를 강한 원수와 미워하는 자에게서 건지셨음이여 그들은 나보다 힘이 세기 때문이로다(시 18:6-17).

이 시편은 다윗이 "그 모든 원수들의 손에서와 사울의 손에서 건져 주신 날에" 기록한 글이라고 소개되어 있습니다. 하나님은 다윗의 기도에 땅의 진동으로, 하늘의 우렛소리로, 우박과 숯불로 응답하셨다고 합니다. 그렇다고 해서 다윗의 원수들이 모두 벼락 맞아 죽은 것은 아닙니다. 단지 하나님이 다윗을 구원하기 위해 개입하셨다는 사실을 이렇게 시적으로 표현하고 있는 것이지요.

여기에서 우리는 두 번째 환상 시리즈가 왜 '기도'로 시작되고 있는지 그 이유를 알게 됩니다. 이 세상을 향한 하나님의 심판과 재앙은 교회와 성도들을 구원하기 위해서 하나님이 개입하시는 일입니다. 그리고 그것은 성도들의 간절한 기도에 대한 하나님의 응답입니다. 그러니 땅이 흔들리고 천둥이 치고 하늘로부터 우박과 숯불이 동시에 퍼붓는다고 하더라도, 우리는 두려워할 필요가 없습니다. 오히려 구원의 서막을 알리는 웅장하고 화려한 음악소리로 받아들이면 되는 것입니다.

하나님의 연단

그런데 이 세상에 하나님의 심판이 임할 때에 교회와 성도들도 그 현장에 있다는 사실을 우리는 기억해야 합니다. 물론 애굽에 재앙이 내릴 때 이스라엘 백성들을 보호하신 것처럼, 종말의 심판 때에도 하나님은 교회와 성도들을 보호하실 것이 분명합니다. 그러나 그 심판이 실행되는 현장에서 함께 있다는 것 자체가 사실은 고통입니다. 그 고통에서 완전히 자유로운 것은 아닙니다.

세대주의종말론자들은 7년 대환난이 일어나기 전에 교회가 비밀리에 휴거되어서, 이 세상에 임하는 무서운 심판을 멀리서 구경하게 된다고 주장합니다. 분명히 말씀드리지만 그것은 성경의 메시지를 곡해하는 잘못된 주장입니다. 이 세상에 쏟아버리는 '제단의 불'은 물론 악한 세력과 사람들에게는 무서운 심판으로 다가올 것입니다. 그러나 동시에 교회와 성도들에게는 그들을 연단하시는 하나님의 손길이 된다는 사실을 우리는 잊지 말아야 합니다.

> 7만군의 여호와가 말하노라. 칼아 깨어서 내 목자, 내 짝 된 자를 치라. 목자를 치면 양이 흩어지려니와 작은 자들 위에는 내가 내 손을 드리우리라. 8여호와가 말하노라. 이 온 땅에서 삼분의 이는 멸망하고 삼분의 일은 거기 남으리니 9내가 그 삼분의 일을 불 가운데에 던져 은 같이 연단하며 금 같이 시험할 것이라. 그들이 내 이름을 부르리니 내가 들을 것이며 나는 말하기를 이는 내 백성이라 할 것이요 그들은 말하기를 여호와는 내 하나님이시라 하리라(슥 13:7-9).

하나님의 심판이 악한 자들만 한자리에 모아놓고 그들에게만 집행되는 그런 방식이 될 것이라 기대하지 마십시오. 오히려 악한 자들과 선한 사람들이 함께 섞여서 사는 곳에 하나님의 심판이 임하게 됩니다. 그런데 악한 자들은 그 심판의 불로 인해서 모두 망하게 됩니다. 그러나 하나님께서 구원하시는 자들은 그 불로 연단을 받아 정금이 되어 나옵니다. 그들이 바로 '남은 자'들이요 '이기는 자'들인 것입니다.

그러니까 이 세상에 하나님의 심판이 임할 때 우리는 그저 손 놓고 구경하고 있을 게 아닙니다. 우리 안에 있는 불순물을 제거하는 일을 해야 합니다. 우리는 지금 완벽한 존재가 아닙니다. 어린 양의 거룩한 신부로 빚어진 상태가 아닙니다. 하나님 나라의 빛나는 보석으로 완성된 상태가 아닙니다. 마치 다이아몬드가 지표로부터 100km 이상의 깊은 땅속에서 엄청난 온도와 압력을 통해서 만들어지듯이, 그런 연단의 과정 없이는 그 누구도 하나님 나라에 합당한 모습을 갖출 수 없는 것입니다.

앞서 인용했던 다윗의 시편 나머지 부분에 매우 의미심장한 내용이 기록되어 있습니다.

> 25자비로운 자에게는 주의 자비로우심을 나타내시며 완전한 자에게는 주의 완전하심을 보이시며 26깨끗한 자에게는 주의 깨끗하심을 보이시며 사악한 자에게는 주의 거스르심을 보이시리니 27주께서 곤고한 백성은 구원하시고 교만한 눈은 낮추시리이다(시 18:25-27).

마지막 심판의 때에 악한 자들이 당하는 비극과 재앙을 보면서, 우리가 마냥 즐거워할 수만은 없는 이유입니다. 우리는 완전하지도, 깨끗하지도 않기 때문입니다. 세상의 온갖 불순물들이 우리 삶의 구석구석에 여전히 남아있기 때문입니다. 그 불순물을 완전히 태워버리지 않고서는 그 누구도 마지막 때 하나님 앞에 바로 설 수 없는 것입니다.

우리가 매일 '은혜의 보좌' 앞에 담대하게 나아갈 수 있는 것은 우리를 위해서 중보하고 계시는 주님이 계시기 때문입니다. 그러나 주님은 우리가 아무런 문제없이 살아가도록 중보하지 않는다는 사실을 기억하십시오. 주님은 하나님의 뜻에 합당한 자가 되도록 중보하십니다. 비록 환난과 시험이 있을지라도 그에 굴하지 않고 믿음의 사람으로 온전히 세워지기를 위해서 중보하십니다. 주님의 중보기도에 믿음으로 반응하며 살아가는 우리의 나머지 생애가 되기를 간절히 소망합니다.

네 나팔의 재앙

계 8:6-13

첫 번째 봉인 시리즈는 '찬양'으로, 두 번째 나팔 시리즈는 '기도'로 시작하고 있다는 사실을 알게 되었습니다. 찬양과 기도는 모두 하나님께 드리는 예배의 중요한 요소입니다. 하나님께 예배하는 가운데 맞이하는 종말은 결코 두려운 일이 아닙니다. 그러나 예배와 상관없이 살다가 맞이하는 종말은 정말 피하고 싶은 두려움과 공포로 다가오는 것입니다.

주님의 재림 또한 마찬가지입니다. 어린 양이 재림주가 되어 이 땅에 다시 오시는 그날이 만일 심판과 진노의 날로 느껴진다면, 그것은 평소에 예배하면서 살지 않았기 때문입니다. 그러나 구원받은 감격으로 늘 하나님께 예배하면서 살던 사람에게 그날은 큰 구원의 날이요 축제의 날이 되는 것입니다.

예배하지 않는 자들은 심판의 불로 인해서 망하게 됩니다. 그러나 예배하는 자들은 그 불로 인해서 오히려 연단을 받아 정금이 되어 나옵니다. 그들이 바로 '남은 자'들이요, '이기는 자'들입니다. 그래서 예배가 우리에게 그렇게 중요한 것입니다. 우리 모두 마지막 순간까지 예배하는 일에 성공하는 인생이 되기를 간절히 소망합니다.

첫 번째 시리즈 묵상을 통해서 우리는 역사의 종말을 향해 나아가는 일들에 대해서 어느 정도 윤곽을 그려볼 수 있었습니다. 그러나 그 속에는 아직도 여백이 많이 남아있다는 사실을 또한 알게 되었습니다. 그 여백은 앞으로 반복되는 두 번째 시리즈와 세 번째 시리즈를 통해서 더욱 풍성하게 채워지게 될 것입니다. 그것이 요한계시록이 가지고 있는 개괄적 해석recapitulation의 특징입니다.

첫 번째 나팔

이제 일곱 나팔 환상의 막을 올릴 때가 되었습니다.

> 6일곱 나팔을 가진 일곱 천사가 나팔을 불기를 준비하더라. 7첫째 천사가 나팔을 부니 피 섞인 우박과 불이 나와서 땅에 쏟아지매 땅의 삼분의 일이 타 버리고 수목의 삼분의 일도 타 버리고 각종 푸른 풀도 타 버렸더라(계 8:6-7).

일곱 천사가 나팔을 불 준비를 마치자, 첫째 천사가 나팔을 붑니다. 첫 번째 나팔은 '피 섞인 우박과 불hail and fire mixed with blood'을 쏟아냅니다. 이것들은 땅의 수목을 태워버립니다. 삼분의 일이 타 버립니다. 이 장면은 이스라엘 백성들이 출애굽하던 당시 애굽에 내려졌던 열 가지 재앙 중의 하나를 떠올리게 합니다.

> 23모세가 하늘을 향하여 지팡이를 들매 여호와께서 우렛소리와 우박을 보내시고 불을 내려 땅에 달리게 하시니라. 여호와께서 우박을 애굽 땅에 내리시매 24우박이 내림과 불덩이가 우박에 섞여 내림이 심히 맹렬하니 나라가 생긴 그 때로부터

애굽 온 땅에는 그와 같은 일이 없었더라(출 9:23-24).

일곱 번째 재앙이 실행되는 장면입니다. 우박과 불덩이가 함께 섞여 내리는 재앙입니다. 우박이 입히는 피해에 대해서는 모두들 잘 알고 있지만, 불덩이가 우박에 섞여 내리는 일은 아무도 경험해 보지 못한 이야기입니다. 그래서 학자들 중에는 앞에 있는 '우렛소리' 즉 천둥과 연결하여 '불덩이'를 번갯불lightening로 설명하려고 하는 사람들이 있습니다. NIV 성경도 "hail fell and lightening fleshed"(우박이 쏟아지고 번개가 번쩍거렸다)로 번역합니다. 사람들의 경험상 이해할 수 있는 일로 풀이하는 것이지요.

그러나 단지 그 정도라면 "나라가 생긴 이래 애굽 온 땅에 그와 같은 일이 없었다"고 하지는 않았을 것입니다. 사람들이 평생 한 번도 경험해 보지 못한 일이 벌어진 것입니다. 그것은 비단 애굽 사람들만의 이야기가 아닙니다. 지금까지의 인류의 역사를 통해서 이때를 제외하고 단 한 번도 이와 같은 일은 일어나지 않았습니다. 그래서 하나님이 이스라엘을 구원하기 위하여 개입한 특별한 사건으로 설명할 수밖에 없는 것입니다.

마찬가지로 마지막 때에도 하나님은 우박과 불덩이를 쏟아내심으로 이 땅을 심판하십니다. 이번에 달라지는 것이 하나 있습니다. 그것은 피가 '섞여' 쏟아진다는 사실입니다. 그런데 헬라어 원어 '엔 하이마티'(ἐν αἵματι)는 사실 'with blood피가 섞여'가 아니라 'in blood피 속에'라고 해야 정확합니다. 그러니까 피가 쏟아지는 속에 우박과 불덩이가 함께 떨어진다는 그런 뜻입니다. 이는 요엘 선지자를 통해서 예고하신 '피와 불과 연기 기둥'(욜 2:30)의 이적과 연결됩니다.

아무튼 상상만 해도 섬뜩한 일이 아닐 수 없습니다. 땅의 삼분의 일만 피해를 입는다는 것이 오히려 다행스럽게 느껴질 정도입니다. 그러나 우리가 잊지 말아야 할 것은 이 재앙이 무엇을 목표로 하고 있는지 입니다. 이것은 교회와 성도들을 심판하기 위해 임하는 재앙이 아닙니다. 하나님이 그들을 구원하기 위해서 개입하시는 사건입니다. 그렇다면 이보다 더 험악하고 끔찍한 장면이 펼쳐진다고 하더라도 결코 두려워할 필요가 없는 것입니다.

두 번째 나팔

이제 두 번째 나팔이 울릴 차례입니다.

> 8둘째 천사가 나팔을 부니 불붙는 큰 산과 같은 것이 바다에 던져지매 바다의 삼분의 일이 피가 되고 9바다 가운데 생명 가진 피조물들의 삼분의 일이 죽고 배들의 삼분의 일이 깨지더라(계 8:8-9).

두 번째 나팔은 '불붙는 큰 산a great mountain burning with fire' 같은 것이 바다에 떨어지게 합니다. 그로 인해 바다의 삼분의 일이 피가 되고 바다에 살고 있던 생명 가진 피조물들의 삼분의 일이 죽게 됩니다. 이 장면 역시 애굽에 내려졌던 첫 번째 재앙을 연상하게 합니다.

> 17여호와가 이같이 이르노니 네가 이로 말미암아 나를 여호와인 줄 알리라. 볼지어다. 내가 내 손의 지팡이로 나일 강을 치면 그것이 피로 변하고 18나일 강의 고기가 죽고 그 물에서는 악취가 나리니 애굽 사람들이 그 강 물 마시기를 싫어하리라 하라(출 7:17-18).

물이 피로 변하고 고기가 죽어 악취가 난다는 점에 있어서 요한계시록의 장면과 일치합니다. 물론 '나일 강'과 '바다'는 규모에 있어서 큰 차이가 있습니다. 그러나 나일 강은 애굽의 생존이 달려있는 전부입니다.

지구 전체의 생존이 달려있는 바다와 의미상 다르지 않습니다. 또한 '모세의 지팡이'와 '불붙는 큰 산' 또한 감히 비교할 수 없을 정도의 차이가 있지만, 재앙을 일으키는 기폭제의 역할을 한다는 점에서는 같습니다.

그런데 '불붙는 큰 산' 같은 것이 무엇을 의미할까요? 어떤 사람들은 소행성이나 운석으로 설명하려고 합니다. 공룡이 멸종된 것도 지름 10km 정도의 소행성이 지구와 충돌한 결과라는 가설이 있습니다. 그래서 지구 생존을 위협하는 소행성의 출현을 소재로 하는 영화들이 만들어지곤 합니다. 1998년에 만들어진 〈아마겟돈Armageddon〉이 바로 그 대표적인 영화입니다. 그러나 이 또한 요한계시록을 세상의 종말에 대한 가십거리로 만든 하나의 예에 불과합니다. 말 자체에서부터 모순투성이인 공상과학空想科學으로 성경을 해석할 수는 없는 일입니다.

거듭 반복되는 이야기이지만, 상징은 상징으로 풀어야 합니다. 그렇지 않으면 이상한 괴물이 만들어집니다. 이 또한 마찬가지입니다. 우리는 예레미야의 예언을 통해서 '불붙는 산'이 구체적으로 무엇을 상징하는지 알 수 있습니다.

> 25여호와의 말씀이니라. 온 세계를 멸하는 **멸망의 산**아 보라. 나는 네 원수라. 나의 손을 네 위에 펴서 너를 바위에서 굴리고 너로 **불 탄 산이** 되게 할 것이니 26사람이 네게서 집 모퉁잇돌이나 기촛돌을 취하지 아니할 것이요 너는 영원히 황무지가 될 것이니라. 여호와의 말씀이니라(렘 51:25-26).

여기에서 '멸망의 산destroying mountain'이나 '불 탄 산burned-out mountain'은 모두 바벨론제국을 가리키는 말입니다. 예레미야 당시 세계를 주름잡고 있던 바벨론은 스스로를 '강한 산'이라고 자부했습니다. 그러나 하나님은 말씀하십니다. 그들의 기초가 되는 뿌리를 뽑아서 불태워 굴려버리겠다고 말입니다.

실제로 요한계시록 18장에 가보면 사탄이 통치하는 '큰 성 바벨론'에 대한 하나님의 심판이 자세하게 기록되어 있습니다. 특히 바벨론이 치부 致富하는 데 결정적인 수단이 되었던 배들에 대한 이야기가 나오고, 그 모든 부가 '한 시간'만에 그야말로 졸지에 망해버리는 이야기가 나옵니다 (18:15-19). 이 또한 두 번째 나팔의 재앙에서 언급된 '배의 삼분의 일이 깨지는 심판'을 잘 설명해줍니다. 배의 상실은 곧 경제력의 상실을 의미합니다.

큰 성 바벨론에 대한 심판의 결론은 이렇게 끝납니다.

이에 한 힘센 천사가 큰 맷돌 같은 돌을 들어 바다에 던져 이르되 큰 성 바벨론이 이같이 비참하게 던져져 결코 다시 보이지 아니하리로다(계 18:21).

그러니까 두 번째 나팔의 재앙은 처음에는 애굽에 내린 재앙의 이미지로 시작되지만, 실제로는 바벨론을 염두에 두고 있다는 사실이 점점 분명해집니다. 그러나 하나님의 백성을 억압하고 박해하는 세력이라는 점에서 애굽이나 바벨론이 상징하는 의미는 크게 다르지 않습니다.

이 대목에서 우리는 첫 번째 나팔과 두 번째 나팔이 겨냥하는 심판의 직접적인 대상에 대해서 다시 한 번 생각하지 않을 수 없습니다. 표면적으로는 땅의 삼분의 일과 바다의 삼분의 일이 큰 피해를 입는 것으로 나타나 있습니다. 그래서 천재지변의 재앙처럼 생각하기 쉽습니다. 그러나 하나님이 심판하시는 것은 자연이 아닙니다. 교회와 성도들을 박해하던 세력입니다. 땅이나 바다와 같은 자연이 피해를 입게 되는 것은 그 심판에 따른 불가피한 결과인 것입니다.

세 번째 나팔

세 번째 천사가 나팔을 불 차례입니다.

> 10셋째 천사가 나팔을 부니 **횃불 같이 타는 큰 별**이 하늘에서 떨어져 강들의 삼분
> 의 일과 여러 물샘에 떨어지니 11이 별 이름은 **쓴 쑥**이라. 물의 삼분의 일이 쓴
> 쑥이 되매 그 물이 쓴 물이 되므로 많은 사람이 죽더라(계 8:10-11).

세 번째 나팔은 하늘에서 '큰 별a great star'이 횃불 같이 타면서 떨어지게
합니다. 그리고 이 별이 강들과 물샘에 떨어져서 쓴 물을 만들어냅니다.
이때 역시 삼분의 일이 오염되는데, 그 쓴 물을 마시는 많은 사람들이 죽
게 됩니다. 그래서 그 별을 '쓴 쑥'이라고 부릅니다. 그런데 쓴 쑥은 우리
가 알고 있는 '쑥' 나물을 가리키는 것이 아닙니다. 이에 해당되는 헬라어
'압신토스'(ἄψινθος, apsinthos)는 영어로 'wormwood'로 번역되는데, 몹
시 쓴맛을 내는 식물을 의미합니다.

성경에 등장하는 쓴 쑥은 언제나 우상숭배와 관련되어 언급됩니다.

> 18너희 중에 남자나 여자나 가족이나 지파나 오늘 그 마음이 우리 하나님 여호와
> 를 떠나서 그 모든 민족의 신들에게 가서 섬길까 염려하며 **독초와 쑥의 뿌리**가
> 너희 중에 생겨서 19이 저주의 말을 듣고도 심중에 스스로 복을 빌어 이르기를
> 내가 내 마음이 완악하여 젖은 것과 마른 것이 멸망할지라도 내게는 평안이 있으
> 리라 할까 함이라(신 29:18-19).

하나님은 이스라엘 백성들이 가나안에 들어가기 전부터 우상숭배에
빠지지 않도록 모세를 통해서 여러 번 경고하셨습니다. 우상숭배는 마치

'쑥의 뿌리'가 생기는 것과 같습니다. 한번 뿌리가 내리면 그 다음에 쑥대 밭이 되는 것은 시간문제입니다. 사람들은 그것이 죽음으로 이끄는 독초 라는 사실을 처음에는 잘 알아차리지 못한다는 것이 진짜 문제입니다.

> 13여호와께서 말씀하시되 이는 그들이 내가 그들 앞에 세운 나의 율법을 버리 고 내 목소리를 순종하지 아니하며 그대로 행하지 아니하고 14그 마음의 완악함 을 따라 그 조상들이 자기에게 가르친 바알들을 따랐음이라 15그러므로 만군의 여호와 이스라엘의 하나님께서 이와 같이 말씀하시니라 보라 내가 그들 곧 이 백 성에게 **쑥을 먹이며 독한 물을 마시게 하고** 16그들과 그들의 조상이 알지 못하던 여러 나라 가운데에 그들을 흩어 버리고 진멸되기까지 그 뒤로 칼을 보내리라 하 셨느니라(렘 9:13-16).

이스라엘은 하나님의 선택을 받은 민족이었지만, 약속의 땅에 들어 가서 하나님의 율법을 버리고 가나안 사람들이 섬기던 바알을 따랐습니 다. 그래서 하나님은 그들에게 쑥을 먹이고 독한 물을 마시게 하여 여러 나라로 흩어버리셨다고 합니다. 그러나 사실은 하나님이 그들에게 억지 로 쑥 물을 마시게 한 것이 아닙니다. 그들이 스스로 자초한 일입니다. 그것에 대해 하나님은 심판하셨을 뿐입니다.

그런데 여기에서 하늘에서 떨어진 '쓴 쑥'이라 불리는 큰 별은 무엇을 상징하는 것일까 궁금해집니다. 학자들은 이사야 14장에서 그 답을 찾 습니다.

> 12너 **아침의 아들 계명성이여** 어찌 그리 하늘에서 떨어졌으며 너 열국을 엎은 자 여 어찌 그리 땅에 찍혔는고. 13네가 네 마음에 이르기를 내가 하늘에 올라 하나 님의 뭇 별 위에 내 자리를 높이리라. 내가 북극 집회의 산 위에 앉으리라. 14가장 높은 구름에 올라 **지극히 높은 이와 같아지리라 하는도다.** 15그러나 이제 네가

스올 곧 구덩이 맨 밑에 떨어짐을 당하리로다(사 14:12-15).

이 말씀은 바벨론제국을 향한 하나님의 심판 선언입니다. 어떤 사람들은 '아침의 아들 계명성'을 타락한 천사로 해석하기도 하지만, 문맥상 바벨론 왕을 가리키고 있음이 분명합니다(사 14:4). 그는 자만하여 스스로를 하나님처럼 높였습니다. 그러나 결국에는 하늘에 떨어져서 스올 구덩이의 맨 밑바닥으로 떨어지고 말았습니다. 바벨론제국의 멸망을 설명하고 있는 것입니다. 여기까지는 두 번째 나팔의 재앙과 비슷하게 보입니다.

그런데 세 번째 나팔에서는 그 뉘앙스가 조금 달라집니다. 두 번째 나팔에서 '불붙는 큰 산'이 바다에 떨어졌을 때, 바다 속의 생물들이 피해를 입었습니다. 그런데 세 번째 나팔에서 '횃불 같이 타는 큰 별'이 떨어지면서 강물과 물샘을 오염시킵니다. 그리고 그 오염된 쓴 물을 먹는 많은 사람들이 죽게 됩니다. 자, 그렇다면 그 사람들도 바다의 생물처럼 불가피하게 피해를 입은 것일까요?

아닙니다. 사람은 다른 피조물과 다릅니다. 그들은 하나님의 형상으로 지음을 받은 존재이기 때문입니다. 하나님의 뜻을 분별하여 알 수 있도록 창조되었습니다. 사람이 어쩔 수 없이 쓴 물을 마시게 되는 것은 아니라는 말입니다. 바벨론제국이 무너져도 그 '쓴 쑥'의 성질은 강물과 물샘을 오염시키기에 아직도 충분합니다. 죄의 문제가 완전히 해결되지 못한 사람들, 우상숭배에 익숙한 사람들은 그 쓴 물을 스스로 찾아다닙니다. 그래서 망하게 되는 것입니다.

아시아의 일곱 교회에 주시는 말씀을 묵상하면서 교회 안에도 쓴 물이 들어와 있었다는 사실을 알게 되었습니다. 거짓 사도들과 니골라당의 교훈과 이세벨의 교훈을 따르는 사람들이 바로 그들입니다. 바울은 골로새교회에 보낸 편지에서 '탐심은 우상숭배'라고 말했습니다(골 3:5). 자기 욕심을 채우기 위한 수단으로 신앙생활을 선택하는 사람들은, 비록 신앙 공동체 안에 들어와 있다고 하더라도 본질상 탐심이라는 우상숭배에 빠져있는 것입니다.

어린 양의 신부가 되려면 우리의 삶에 우상숭배라는 쑥이 뿌리내리지 않도록 해야 합니다. 하나님 나라의 빛나는 보석이 되려면 탐심의 쓴 물을 마시지 않도록 늘 조심해야 하는 것입니다.

네 번째 나팔

이제 네 번째 천사가 나팔을 불 차례입니다.

> 넷째 천사가 나팔을 부니 해 삼분의 일과 달 삼분의 일과 별들의 삼분의 일이 타격을 받아 그 삼분의 일이 어두워지니 낮 삼분의 일은 비추임이 없고 밤도 그러하더라(계 8:12).

첫 번째 봉인 시리즈에서 여섯째 봉인이 떼어질 때, 해와 달이 완전히 빛을 잃고 별들이 모두 떨어지고 하늘이 두루마리가 말리는 것같이 사라지게 될 것을 우리는 이미 살펴보았습니다(6:12-14). 그러나 두 번째 나팔 시리즈에서는 아직 거기까지 가지는 않았습니다. 단지 해와 달과 별들의 삼분의 일이 타격을 받아 빛을 잃었을 뿐입니다. 다른 것들도 마찬가지입니다. 땅도, 바다도, 강물도 삼분의 일만 타격을 입은 상태입니다.

그렇다면 아직은 괜찮은 것일까요? 아직은 삼분의 이가 남아있으니 조금은 안심해도 될까요? 여기에서 우리는 하나님이 한꺼번에 재앙을 내리지 않고 오직 '삼분의 일'의 재앙만을 허락하신 이유를 생각해보아야 합니다. 그것은 분명합니다. 우리에게 마지막 기회를 주시는 것입니다.

이번처럼 다음에도 삼분의 일의 재앙이 임하는 것이 아닙니다. 더 이상의 기회는 없습니다. 그것은 마치 네 천사로 하여금 '사방 바람'을 잡은 채 기다리게 하는 것과 같습니다(7:1). 하나님은 한 사람이라도 더 인을 쳐서 구원하기 원하십니다. 그러나 이번 기회를 놓치면 구원받을 수 있는 또 다른 기회가 오지 않습니다.

그 메시지를 알리기 위해서 이번에는 독수리가 등장합니다.

> 내가 또 보고 들으니 공중에 날아가는 독수리가 큰 소리로 이르되 땅에 사는 자들에게 화, 화, 화가 있으리니 이는 세 천사들이 불어야 할 나팔 소리가 남아 있음이로다 하더라(계 8:13).

여기에 등장하는 '독수리'는 아마도 '천사'를 가리키는 것으로 보입니다. 그러나 굳이 독수리라고 표현한 이유가 있습니다. 왜냐하면 독수리는 높이 날면서 멀리 내다볼 수 있기 때문입니다. 마치 선견자the seer처럼 저 멀리 지구 끝에서 다가오고 있는 재앙들을 보고 있는 것입니다. 독수리의 입에서 세 번씩이나 같은 말이 나옵니다. "화禍로다!" "화로다!" "화로다!" 그러면서 "나팔 불 천사들이 아직 셋이나 남아있다"고 합니다. 지금까지와는 비교할 수 없는 엄청난 재앙이 앞으로 임하게 될 것을 예고하고 있는 것입니다.

우리의 소속은 어디인가?

오늘 말씀을 묵상하면서, 우리가 정말 염려하고 걱정해야 할 것은 이 세상에 어떤 재앙이 어떻게 임하는지가 아니라는 사실을 알게 되었습니다. 정말 중요한 것은 우리의 소속입니다. 만일 우리가 '어린 양'의 소속이라면 조금도 걱정할 것이 없습니다. 어떤 재앙도 전혀 두려워할 일이 아닙니다. 왜냐하면 지금 하나님은 교회와 성도들을 구원하기 위해서 역사 속에 개입하고 계시기 때문입니다. 그러나 하나님 나라와 세상 사이의 회색지대에 존재하는 사람들이라면 정신 차려야 합니다. 소속을 분명하게 해야 합니다. 더 늦기 전에 어린 양에 속한 자들이 되어야 합니다.

요한계시록 7장과 8장을 묵상해 오면서, 우리는 대조적인 두 그룹이 있음을 알게 됩니다. 구원받은 자는 어린 양의 피에 그 옷을 씻어 희게 합니다(7:14). 반면 성도들이 순교의 피를 흘리게 만든 세상(6:10)에는 하늘로부터 피가 쏟아지며 우박과 불덩이가 함께 떨어집니다(8:7). 그리고 바다의 삼분의 일이 피가 됩니다(8:8). 어린 양을 따르는 자는 뜨거운 태양의 위협으로부터 보호받습니다(7:16). 반면 이 세상은 불로 위협을 받습니다(8:8, 10). 어린 양은 생명수의 샘으로 인도하십니다(7:17). 반면 이 땅의 오염된 샘물은 쓴 물을 냅니다(8:11).

자, 그렇다면 지금 우리는 어느 그룹에 속해 있습니까? 지금 우리의 소속을 분명히 해야 합니다. 왜냐하면 나중에는 그럴 기회가 주어지지 않기 때문입니다. 사도 바울은 말합니다. "지금은 은혜 받을 만한 때요, 지금은 구원의 날이로다"(고후 6:2). 교회의 '교회다움'과 성도의 '성도다움'이 진정한 능력이라고 했습니다. '어린 양'의 소속이 우리로 하여금 그 능력을 드러내게 만듭니다. 마지막 순간까지 우리의 소속을 분명히 하며 믿음의 길을 걸어갈 수 있기를 간절히 소망합니다.

첫째 화: 메뚜기 재앙

계 9:1-11

앞 장에서 우리는 처음 네 나팔이 가져오는 재앙에 대해서 살펴보았습니다. 우박과 불덩이가 피와 함께 쏟아지는 첫 번째 재앙으로부터 시작하여, '불붙는 큰 산'이 바다에 떨어져 피로 물드는 두 번째 재앙, '쓴쑥'이라 불리는 '큰 별'이 강물과 물샘에 떨어져 쓴 물을 만들어내는 세 번째 재앙 그리고 해와 달과 별의 삼분의 일이 빛을 잃어버리는 네 번째 재앙까지, 상상만 해도 섬뜩해지는 장면이었습니다.

그러나 앞으로 다가올 나머지 재앙에 비하면 아무것도 아닙니다. 독수리가 "화, 화, 화가 있으리로다!"(8:13) 예고한 것처럼, 남아있는 세 가지 재앙은 땅에 사는 사람들에게 엄청난 화를 가져오게 될 것입니다. 그렇지만 하나님의 인침을 받은 사람들은 물론 전혀 두려워할 것이 없습니다. 종말로 나아가는 과정에서 일어나는 일들은 교회와 성도들을 구원하기 위해서 하나님이 개입하시는 사건이기 때문입니다.

무저갱이 열리다

계속해서 다섯 번째 나팔의 재앙을 살펴보겠습니다. 다섯째 천사가 나팔을 불자 하늘에서 별 하나가 떨어집니다.

다섯째 천사가 나팔을 불매 내가 보니 하늘에서 땅에 떨어진 별 하나가 있는데 그가 무저갱의 열쇠를 받았더라(계 9:1).

이 '별'은 하나님께서 보내시는 사자使者를 의미합니다(1:20). 어떤 사람들은 이 천사를 하나님의 명령에 불복해서 쫓겨난 타락한 천사로 생각하기도 하는데, 그렇게 해석할 이유가 전혀 없습니다. 아마도 땅에 '떨어졌다'는 말 때문에 '타락했다'고 생각하는가 본데, 이에 해당되는 헬라어 '핍토'(πίπτω, piptō) 동사는 단순히 위에서 아래로 '내려왔다to fall down'는 그런 뜻입니다. 실제로 요한계시록 20장에는 무저갱의 열쇠를 가진 천사가 하늘로부터 '내려왔다'고 되어 있습니다(계 20:1).

'무저갱無底坑'이란 말 그대로 '밑바닥이 없는 구덩이'입니다. KJB은 이를 'the bottomless pit'라고 표현합니다. 역시 같은 뜻입니다. 그러나 헬라어 원어를 직역하면 'the pit of the abyss'가 됩니다. 'abyssἄβυσσος'는 하나님이 천지를 창조하시는 장면에 나오는 '깊음'입니다(창 1:2). 그 끝을 알 수 없는 깊은 심연深淵을 가리키는 말입니다. 그곳에서는 히브리어로는 '아바돈Abaddon'이라고 하고 헬라어로는 '아볼루온Apollyon'이라는 이름을 가진 사탄이 왕 노릇 하고 있습니다(9:11).

그러니까 다섯 번째 나팔을 불자 그 무저갱의 열쇠를 받은 천사가 내려온 것입니다. 물론 무저갱의 뚜껑을 열려고 하는 것이겠지요. 지금까지의 재앙이 위에서부터 내려오는 것이었는데, 이제는 아래로부터 재앙이 올라올 것을 시사하고 있는 장면입니다.

연기와 황충

아니나 다를까 무저갱이 열리자 거기에서 연기와 황충이 올라옵니다.

2그가 무저갱을 여니 그 구멍에서 큰 화덕의 연기 같은 연기가 올라오매 해와 공기가 그 구멍의 연기로 말미암아 어두워지며 3또 황충이 연기 가운데로부터 땅 위에 나오매 그들이 땅에 있는 전갈의 권세와 같은 권세를 받았더라(계 9:2-3).

먼저 무저갱의 구멍으로부터 '연기smoke'가 끝없이 올라옵니다. 그래서 '해'와 '공기'가 그 연기로 인해 어두워졌다고 합니다. 여기서 공기(ἀήρ, aēr)란 인간이 호흡하는 그런 공기가 아니라 하늘과 땅 사이의 공간, 즉 공중을 의미합니다(살전 4:17). 그 공간이 무저갱으로부터 올라온 연기로 채워져서 아예 해가 보이지 않을 정도가 된 것입니다. 요즘 미세먼지로 인해서 하늘이 뿌옇게 되는 일이 잦아지고 있는데, 그보다 훨씬 더 심각한 상태를 연상해 볼 수 있습니다.

그것이 전부가 아닙니다. 이번에는 연기 속에서 '황충蝗蟲'이 기어 나오기 시작합니다. 물론 무저갱으로부터 올라온 것입니다. 황충은 메뚜기 locusts를 의미합니다. 그런데 그냥 보통 메뚜기가 아닙니다. 이들은 '전갈의 권세the power of the scorpions'를 받았다고 합니다. 메뚜기는 식물을 갉아먹음으로써 인간에게 간접적으로 해를 끼치는 곤충이지만, 전갈은 꼬리의 독침을 쏨으로써 인간에게 직접적인 해를 끼칠 수 있는 곤충입니다. 그러니 메뚜기라고 해서 우습게 볼 일이 아닙니다.

4그들에게 이르시되 땅의 풀이나 푸른 것이나 각종 수목은 해하지 말고 오직 이마에 하나님의 인침을 받지 아니한 사람들만 해하라 하시더라. 5그러나 그들을 죽이지는 못하게 하시고 다섯 달 동안 **괴롭게**만 하게 하시는데 그 **괴롭게 함**은 전갈이 사람을 쏠 때에 **괴롭게 함**과 같더라. 6그 날에는 사람들이 죽기를 구하여도 죽지 못하고 죽고 싶으나 죽음이 그들을 피하리로다(계 9:4-6).

애굽 땅에 내려진 여덟 번째 메뚜기의 재앙(출 10:12-15) 때와 달리, 무저갱에서 올라온 메뚜기들은 초목을 건드리지 못하게 되어 있습니다. 단지 이마에 하나님의 인침을 받지 않은 사람들만 해치도록 허락되었습니다. 바로 이 대목에서 우리는 왜 하나님이 천사를 보내어 무저갱의 뚜껑을 열게 했는지 그 이유를 알게 됩니다.

이 재앙은 하나님과 상관없이 살아가는 인간들을 향한 심판인 것입니다. 이마에 인침을 받은 사람들, 즉 하나님을 향한 신실한 믿음을 가진 사람들과는 아무런 상관이 없습니다. 따라서 만일 우리가 하나님의 인침을 받은 사람들이라면 이 재앙을 두려워해야 할 그 어떤 이유도 없는 것입니다.

그러나 이마에 인침을 받지 못한 사람들이라고 하더라도, 메뚜기의 재앙으로 인해 죽임을 당하지는 않게 하셨습니다. 그리고 오직 '다섯 달' 동안만 한시적으로 괴롭힘을 받게 하셨습니다. 왜 하필 다섯 달일까요? 그것은 아마도 메뚜기의 한 세대를 가리키는 기간으로 보입니다. 메뚜기가 출현하는 시기는 보통 5월부터 9월까지라고 합니다. 사람들이 경험적으로 이해할 수 있는 기간입니다.

5개월은 사실 그렇게 긴 시간이 아닙니다. 게다가 한시적입니다. 그러나 무저갱의 메뚜기로 인한 고통은 사람들의 상상을 초월합니다. 전갈이 사람을 쏠 때에 괴롭게 함과 같다고 하는데, 그 고통이 얼마나 극심한지 차라리 스스로 목숨을 끊으려고 할 정도입니다. 문제는 죽고 싶어도 죽지 못한다는 사실입니다. 왜냐하면 죽음이 그들을 피해 다닐 것이기 때문입니다. 그런 고통을 하루 이틀도 아니고 장장 5개월을 견뎌야 한다는 것은 정말 고문 중의 고문이 아닐 수 없습니다. 우리말 '괴롭게 함'에 해당되는 헬라어 '바사니스모스'(βασανισμός, basanismos)를 영어로는 'torture고문'로 번역하는 것도 바로 그 때문입니다.

그런데 하나님은 왜 이런 식으로 사람들을 괴롭히는 것일까요? 차라리 그냥 죽게 만들지 않으시고 말입니다. 하나님은 악한 사람들이 당하는 고통을 보고 즐기는 그런 괴팍한 분일까요? 아니면 인침을 받은 우리들이 그것을 보고 즐거워하라고 그러시는 것일까요? 물론 아닙니다. 하나님은 지금 그들에게 기회를 주고 계시는 것입니다. 무슨 기회입니까? 회개하고 돌아올 수 있는 기회입니다. 하나님의 인침을 받은 사람들처럼 살 수 있는 기회를 주시는 것입니다. 이 기회를 놓쳐버리면 또 다시 기회가 주어지지 않습니다.

사탄의 졸개들

요한은 곧 이어서 무저갱에서 올라온 메뚜기의 모양새를 자세히 설명하고 있습니다.

> 7**황충들의 모양은 전쟁을 위하여 준비한 말들 같고** 그 머리에 금 같은 관 비슷한 것을 썼으며 그 얼굴은 사람의 얼굴 같고 8또 여자의 머리털 같은 머리털이 있고 그 이빨은 사자의 이빨 같으며 9또 철 호심경 같은 호심경이 있고 그 날개들의 소리는 병거와 많은 말들이 전쟁터로 달려 들어가는 소리 같으며 10또 전갈과 같은 꼬리와 쏘는 살이 있어 그 꼬리에는 다섯 달 동안 사람들을 해하는 권세가 있더라 (계 9:7-10).

여기에서 우리가 먼저 이해해야 할 것은 '같은' 또는 '비슷한'이라는 말이 자주 사용되고 있다는 것입니다. 정확하게 묘사할 적당한 표현이 없어서 그런 식으로 말하고 있는 것입니다. 그러니까 굳이 무저갱에서 올라온 메뚜기가 어떤 모습인지 궁금해 할 필요는 없습니다. 단지 그 표현에 담겨 있는 의미를 우리는 주목해야 합니다.

먼저 메뚜기들은 '전쟁을 위하여 준비한 말들horses prepared for battle' 같다고 합니다. 이는 선지자 요엘이 하나님의 심판 때의 징조로 선포했던 메뚜기 떼의 재앙과 매우 흡사합니다.

> 4그의 모양은 말 같고 그 달리는 것은 기병 같으며 5그들이 산꼭대기에서 뛰는 소리는 병거 소리와도 같고 불꽃이 검불을 사르는 소리와도 같으며 강한 군사가 줄을 벌이고 싸우는 것 같으니 6그 앞에서 백성들이 질리고, 무리의 낯빛이 하얘졌도다(욜 2:4-6).

그러나 요한계시록의 메뚜기는 더욱 소름끼치는 특성을 가지고 있습니다. 사람의 얼굴과 여자의 머리털을 가지고 있지만, 그 이빨은 사자의 것처럼 튀어나와 있습니다(8절). 또한 그 날개들의 소리는 엄청난 소음을 만들어냅니다(9절). 게다가 전갈의 꼬리와 '쏘는 살stingers'을 가지고 있습니다(10절). '쏘는 살'에 해당되는 헬라어는 '켄트론'(κέντρον, kentron)인데, 고린도전서 15장에서 '사망의 쏘는 것'(고전 15:56)으로 번역된 바로 그 단어입니다. 그 독침으로 다섯 달 동안 사람들에게 해를 끼칩니다.

그 메뚜기들의 배후에는 무저갱의 왕으로 군림하고 있는 사탄이 있습니다.

> 그들에게 왕이 있으니 무저갱의 사자라. 히브리어로는 그 이름이 아바돈이요 헬라어로는 그 이름이 아볼루온이더라(계 9:11).

우리말 '왕'에 해당되는 헬라어는 '바실레우스'(βασιλεύς, basileus)입니다. '왕국kingdom'을 의미하는 '바실레이아'(βασιλεία, basileia)의 통치자를 가리키는 말입니다. 지하 왕국을 다스리는 바실레우스는 '사탄'입니다. 그 이름이 히브리어로는 '아밧돈Abaddon'이요 헬라어로는 '아볼루온'('Aπολ-λύων, Apollyon)입니다. 모두 '파괴자Destroyer'라는 뜻입니다. 아직은 전면에 등장하지 않고 있습니다. 메뚜기들은 바로 그 파괴자의 졸개들로서 파괴하는 일을 수행하고 있는 것입니다. -

그러나 하나님 나라, 즉 바실레이아를 다스리는 바실레우스는 하나님이요, 예수 그리스도입니다. 요한계시록 19장에 보면 하늘의 군대들이 희고 깨끗한 세마포 옷을 입고 백마를 타고 역시 백마를 타고 계신 '만왕의 왕The king of kings' 예수 그리스도를 따르는 멋진 모습이 나옵니다(계 19:11-16). 하늘의 군대가 등장하는 이유는 사탄의 연합군과의 전쟁을 치르기 위해서입니다. 그 전쟁에서의 승패는 보나마나 뻔합니다.

무저갱에서 올라온 군사가 제 아무리 '전쟁에 준비한 말들' 같을지라도, 진짜 말과는 감히 싸움이 되지 않습니다. 또한 제아무리 소름끼치는 흉측한 모습을 하고 전갈의 꼬리와 쏘는 살로 나온다고 하더라도, 하늘의 천군 천사들과는 감히 견줄 수 없습니다. 전쟁이 벌어지는 즉시 사탄의 군사들은 몰살하게 되어 있습니다. 실제로 그렇게 됩니다. 그러니 최후의 전쟁이 어떻게 될 것인지에 대해 우리는 초조해하거나 궁금해할 필요가 전혀 없습니다.

탐심의 독침

그렇다면 메뚜기 재앙의 환상은 우리에게 무엇을 말하고 있는 것일까요? 그것은 앞으로 먼 미래에 다가올 종말의 심판이나 재앙이 아니라,

인간이 지금 살아가면서 경험하고 있는 현실적인 고통의 원인이 무엇인지를 이야기해주는 것입니다. 첫 번째 봉인을 열 때에 이미 적그리스도가 등장했습니다. 종말의 때가 벌써 시작된 것입니다. 그러니 무저갱의 뚜껑이 열리고 사탄의 졸개들이 등장하는 것은 먼 훗날에 나타날 일이 아닙니다. 벌써 진행되고 있는 중입니다.

바울은 에베소교회에 보낸 편지에서 이렇게 말합니다.

1그는 허물과 죄로 죽었던 너희를 살리셨도다. 2그 때에 너희는 그 가운데서 행하여 이 세상 풍조를 따르고 공중의 권세 잡은 자를 따랐으니 곧 지금 불순종의 아들들 가운데서 역사하는 영이라. 3전에는 우리도 다 그 가운데서 우리 육체의 욕심을 따라 지내며 육체와 마음의 원하는 것을 하여 다른 이들과 같이 본질상 진노의 자녀이었더니 4궁휼이 풍성하신 하나님이 우리를 사랑하신 그 큰 사랑을 인하여 5허물로 죽은 우리를 그리스도와 함께 살리셨고 (너희는 은혜로 구원을 받은 것이라) 6또 함께 일으켜사 그리스도 예수 안에서 함께 하늘에 앉히시니...(엡 2:1-6).

이 세상은 '공중의 권세 잡은 자'와 '불순종의 아들들 가운데서 역사하는 영'에게 넘어갔습니다. 말하자면 이미 무저갱의 뚜껑이 열려서 연기가 공중을 뒤덮고 황충들이 세상을 휘저으며 다니고 있는 것입니다. 그로 인해서 사람들은 사탄의 졸개들이 쏘아대는 독침을 맞으면서 죽고 싶지만 죽지 못하고 고통스럽게 살아가고 있습니다. 예수 그리스도를 믿기 전에 우리도 그렇게 살던 사람들이었습니다. 본질상 다른 이들과 같이 진노의 자녀였습니다.

그러나 이제는 예수 그리스도의 은혜를 받아들임으로써 그와 같은 상태에서 벗어날 수 있었습니다. 어린 양의 소속으로 달라진 것입니다. 아직도 이 세상에는 육체의 욕심을 따라 제 마음이 내키는 대로 살아가는 사람들이 더 많이 있습니다. 그들은 메뚜기가 쏘아대는 독침을 맞으면서 죽지 못해 살고 있습니다. 그러면서도 고통의 이유를 알지 못합니다. 바로 그와 같은 현실을 요한계시록은 메뚜기의 재앙으로 풀어내고 있는 것입니다.

인간에게 가장 큰 고통을 안겨주고 있는 독침이 무엇일까요? 바울은 그것을 '탐심'이라고 말합니다.

> 9부하려 하는 자들은 시험과 올무와 여러 가지 어리석고 해로운 욕심에 떨어지나니 곧 사람으로 파멸과 멸망에 빠지게 하는 것이라. 10돈을 사랑함이 일만 악의 뿌리가 되나니 이것을 탐내는 자들은 미혹을 받아 믿음에서 떠나 많은 근심으로써 자기를 찔렀도다(딤전 6:9-10).

이 세상은 이미 오래전부터 '돈을 사랑하는 사람들이 사는 곳'이 되었습니다. 요즘은 대놓고 "돈을 사랑하라"는 광고를 대문짝만하게 냅니다. 유럽의 어느 유명한 주식 투자가는 『돈, 사랑한다면 투자하라』는 책을 썼습니다. 사람들은 그 책을 베스트셀러가 되게 만들었습니다. 돈을 사랑하는 것이 전혀 부끄럽지 않은 세상이 된 것입니다. 이 세상은 바울이 이야기한 대로 '부자가 되고 싶어 하는 사람들'로 차고 넘치는 것입니다.

그런데 사람들이 잘 모르는 게 하나 있습니다. 그것은 돈을 사랑하는 것이 모든 악의 뿌리가 되고, 그와 같은 탐심이 결국 자기 자신을 찌르고 있는 사탄의 독침이라는 사실입니다. 보십시오. 돈과 양심을 바꾸는 사람들이 이 세상에 얼마나 많이 있습니까? 돈 문제로 부모와 자식과 형제가 싸우는 일이 일상이 되었습니다. 심지어 돈 몇 푼 때문에 사람의 목숨을 빼앗는 일이 비일비재합니다. 그 이유가 무엇일까요? 탐심의 독침에 찔린 것입니다. 바로 무저갱에서 올라온 사탄의 졸개에게 쏘인 것입니다.

문제는 우리 그리스도인들도 부자가 되려는 욕심에서 자유롭지 않다는 사실입니다. 실제로 탐심의 유혹에 넘어가서 아예 믿음의 길을 떠나간 사람들이 있다고 바울은 말합니다. 그러고 나서 후회하는 사람들이 적지 않다는 것입니다. 분명히 사탄의 졸개인 메뚜기는 '이마에 하나님의 인침을 받지 않은 사람들'만 해하게 되어 있습니다(4절). 그렇다면 교회와 성도들은 메뚜기가 '쏘는 살'에 고통당하지 않아야 마땅합니다. 그런데 실제로는 돈을 사랑하여 어리석고 해로운 욕심에 떨어진 사람들이 있습니다. 무슨 뜻입니까?

믿음의 공동체에 들어와 있다고 해서 모두 하나님의 인침을 받은 사람은 아니라는 뜻입니다. 그러고 보면 사람들이 고통을 받는 것은 돈에 대한 탐심만이 아닙니다. 권력욕과 명예욕과 정욕에 대한 탐심에 찔림을 받아 고통을 겪는 사람들도 많이 있습니다. 사람들이 뒤에서 수군거리는 소리에 쉽게 상처받기도 하고, 자신의 수고를 알아주지 않는다고 자주 시험에 들기도 합니다. 사소한 일에도 그렇게 찔려서 아파한다는 것은 우리가 아직도 하나님의 인침을 받은 사람이 아니라는 뜻입니다. 그리고 그렇게 약한 모습을 보이기 때문에 사탄의 집중 공격을 받는 표적이 된다는 사실을 우리는 알아야 합니다.

죄의 독침

이 대목에서 이마에 하나님의 인침을 받은 자들은 흰 옷을 입고 있다는 사실을 상기할 필요가 있습니다. 흰 옷 입은 자들이 누구며 어디서 왔다고 했습니까?

… 이는 큰 환난에서 나오는 자들인데 어린 양의 피에 그 옷을 씻어 희게 하였느니라(계 7:14).

그렇습니다. 흰 옷 입은 자들은 어린 양의 피에 옷을 씻은 자들입니다. 예수 그리스도의 대속의 은혜로 죄 사함을 받은 사람들입니다. 죄의 문제가 완전히 해결된 사람들입니다. 죄에 대해서는 완전히 죽은 사람들입니다(벧전 2:24). 이런 사람들은 죄가 아무리 독침을 쏘아댄다고 하더라도 꿈쩍도 하지 않는 것입니다.

바울은 죄에 대한 승리의 노래를 다음과 같이 부릅니다.

> 55사망아 너의 승리가 어디 있느냐. 사망아 네가 쏘는 것이 어디 있느냐. 56사망이 쏘는 것은 죄요 죄의 권능은 율법이라. 57우리가 주 예수 그리스도 말미암아 우리에게 승리를 주시는 하나님께 감사하노니 58그러므로 내 사랑하는 형제들아 견실하며 흔들리지 말고 항상 주의 일에 더욱 힘쓰는 자들이 되라. 이는 너희 수고가 주 안에서 헛되지 않은 줄 앎이라(고전 15:55-58).

'사망'이 쏘는 것은 '죄'라고 했습니다. 죄는 사탄의 무기입니다. 그러나 예수 그리스도의 은혜로 말미암아 죄에 대해서 완전히 죽은 사람들에게 그 무기는 더 이상 통하지 않습니다. 사탄의 졸개들이 아무리 독침을 쏘아대도 이미 예수 그리스도의 보혈로 면역이 되어 있기 때문에 전혀 아프지 않습니다. 그래서 해칠 수 없는 것입니다. 그런 사람들이 바로 이마에 하나님의 인침을 받은 사람들인 것입니다.

우리가 만일 하나님의 인침을 받은 사람이라면, 앞으로 다가올 마지막 때의 재앙에 대해서 두려워할 필요는 전혀 없습니다. 우리가 만일 어린 양의 소속이 분명하다면, 앞으로 어떤 일이 벌어진다고 하더라도 아무런 문제될 것이 없습니다. 그러나 우리가 그렇게 완전하지 못하다는 것이 문제입니다. 죄에 대해서 아직 완전히 죽지 못했고, 이런저런 탐심에 여전히 흔들리고 있다는 것이 문제입니다.

그래서 우리는 은혜의 보좌 앞에 나가는 것입니다. 우리를 어린 양의 신부로 빚어 가시는 주님의 손길이 필요하기 때문입니다. 하나님 나라의 빛나는 보석으로 다듬어 가시는 주님의 도움이 필요하기 때문입니다. 앞으로 우리에게 남겨진 나머지 인생을 통해서 탐심과 죄의 독침에 찔리지 않도록, 아니 아무리 사탄의 졸개들이 독침을 쏘아대도 전혀 문제될 것이 없는 '이기는 자'로 우뚝 서도록, 우리 모두 성령님의 도우심을 간구해야 하겠습니다.

둘째 화: 마병대 재앙

계 9:12-21

처음 네 나팔의 재앙이 실시된 이후에 독수리가 등장하여 남아있는 세 가지 재앙이 훨씬 더 크고 중할 것이라 예고했습니다(8:13). 그렇게 시작된 첫 번째 재앙이 바로 무저갱에서 나온 메뚜기떼의 재앙이었습니다. 이들은 파괴자 '아볼루온'이라 불리는 사탄의 졸개들로서 이마에 하나님의 인침을 받지 아니한 사람들에게만 피해를 입히도록 허락되었습니다. 그 피해도 죽이는 것이 아니라 독침을 쏘아 고통스럽게 만드는 것이었고, 그것도 오직 다섯 달 동안만 한시적으로 허락되었습니다. 앞 장에서 우리가 살펴본 첫 번째 화였습니다.

오늘은 두 번째 화에 대해서 살펴보겠습니다.

첫째 화는 지나갔으나 보라 아직도 이후에 화 둘이 이르리로다(계 9:12).

그런데 재앙의 규모에 있어서나 시각적인 충격에 있어서는 처음 네 나팔의 재앙이 훨씬 더 크게 느껴지는 것이 사실입니다. 땅이 불타고 바다가 피로 변하고 강물과 물샘이 쓴 물로 변하고 해, 달, 별의 삼분의 일이 피해를 입는 것이니 말입니다. 그러나 메뚜기가 주는 괴로움은 개개인에게 심각한 고통을 줍니다. 그래서 더욱 큰 화(禍)라 할 수 있습니다. 세계적으로 일어나는 문제보다는 개인적인 문제가 훨씬 더 크게 느껴지는 법이기 때문입니다.

아무튼 이제 여섯 번째 나팔의 재앙이 전개될 차례입니다. 본문에 들어가기에 앞서서 다시 한 번 상기할 것이 있습니다. 그것은 요한계시록에 등장하는 세 가지 시리즈의 재앙이 연대기적인 사건이 아니라는 점입니다. 세대주의종말론자들은 물론 그렇게 생각합니다. 일곱 봉인의 환상이 역사적인 사건으로 실현된 이후에, 일곱 나팔의 환상이 실제로 이루어진다는 식입니다. 그러나 요한계시록이 가지고 있는 요점을 되풀이하는 개괄적 해석의 특성을 이해하고 나면 세 가지 시리즈는 똑같은 사건의 반복이라는 사실을 알게 됩니다.

이와 같은 사실은 같은 시리즈 안에서도 적용되어야 합니다. 첫 번째 재앙이 일어나고 난 후에 두 번째, 세 번째 재앙이 연대기적인 순서대로 일어나는 것이 아니라는 겁니다. 역사의 종말을 향해 나아가는 과정의 여러 가지 현상들을 사도 요한이 본 환상의 순서대로 나열해 두었을 뿐입니다. 이렇게 말하는 이유는 오늘 우리가 살펴볼 여섯 번째 나팔의 재앙이 다섯 번째 재앙의 반복처럼 느껴지기 때문입니다. 단지 '황충'이 '마병대'로 바뀌어서 등장할 뿐, 내용적으로는 그리 큰 차이가 없어 보입니다.

네 천사가 놓이다

여섯째 천사가 나팔을 불자 우선 네 천사를 놓아주라는 명령이 떨어집니다.

13여섯째 천사가 나팔을 불매 내가 들으니 하나님 앞 금 제단 네 뿔에서 한 음성이 나서 14나팔 가진 여섯째 천사에게 말하기를 큰 강 유브라데에 결박한 네 천사를 놓아 주라 하매 15네 천사가 놓였으니 그들은 그 년 월 일 시에 이르러 사람 삼분의 일을 죽이기로 준비된 자들이더라(계 9:13-15).

하나님 앞 '금 제단the golden altar'은 분향단을 가리키는 것으로 보입니다. 나팔 환상 시리즈를 시작하기 전에 한 천사가 금향로에서 향을 받은 바로 그곳입니다(8:2). 이는 앞으로 진행되는 재앙이 성도들의 기도에 대한 응답임을 다시 한 번 확인하고 있는 것입니다. 그 제단에서 '한 음성a voice'이 나서 "유브라데에 결박한 네 천사를 놓아 주라"고 합니다. 그런데 천사가 '결박'되어 있다는 것도 그렇고, '사람 삼분의 일을 죽이려고 준비된 자들'이라는 것도 그렇고, 어쩐지 '천사ἀγγέλους'라고 부르기에 적합지 않아 보입니다.

그러나 7장에서도 '사방 바람'을 붙잡고 있는 '네 천사'가 등장합니다 (7:1). 그 바람은 천지개벽을 일으킬 'finishing blow'입니다. 하나님의 종들의 이마에 인치기까지 아무도 해하지 말라는 명령이 그들에게 내려집니다(7:3). 그 이야기는 그 천사들이 잡고 있던 바람을 놓아버리면 많은 사람들이 죽고 다치게 된다는 의미입니다. 큰 강 유브라데에 결박한 네 천사도 역시 그와 같은 이유로 붙잡혀 있었던 것입니다.

게다가 실제로 사람 삼분의 일을 죽이는 역할을 하는 것은 '이만 만의 마병대'(16절)입니다. 그것은 마치 다섯 번째 나팔 재앙에 등장하는 메뚜기와 같습니다. 만일 무저갱의 열쇠를 가진 천사가 뚜껑을 열어주지 않았다면 그들은 무대에 등장하여 인침을 받지 못한 사람들을 해치지 못했을 것입니다. 마찬가지로 네 천사가 놓여지지 않았다면 마병대 역시 나올 수 없는 것입니다.

여기에서 우리가 주목해야 할 것은 하나님의 허락 없이는 그 어떤 일도 시행될 수 없다는 사실입니다. 유브라데에 묶여있던 네 천사는 정해진 시간에, 즉 정해진 해와 달과 날과 시에 등장하여 사람 삼분의 일을 죽이기로 준비된 자입니다. 그 시간을 누가 정합니까?

그렇습니다. 하나님이 정하십니다. 그러니까 네 천사는 하나님께서 사용하시는 심판의 도구인 셈입니다.

하나님은 악한 자를 심판하기 위해서 반드시 선한 자를 동원하시지는 않습니다. 오히려 악한 자들을 동원하여 악한 자들을 심판하는 경우가 많습니다. 구약의 선지자 하박국은 그 점을 잘 이해하지 못했습니다.

> 주께서는 눈이 정결하시므로 악을 차마 보지 못하시며 패역을 차마 보지 못하시거늘 어찌하여 거짓된 자들을 방관하시며 악인이 자기보다 의로운 사람을 삼키는데도 잠잠하시나이까(합 1:13).

이스라엘 백성들의 죄를 심판하기 위해서 그들보다 더 악한 민족을 사용하시려고 하는 하나님에 대해서 의문을 제기하고 있는 것입니다. 그러나 하나님이 인류 역사를 주관하신다는 것을 고백한다면, 또한 하나님이 그 어떤 민족을 그 어떤 일에도 사용하실 수 있다는 사실을 고백하지 않을 수 없습니다.

그러니까 오늘 본문에 등장하는 '네 천사'는 말하자면 '악역을 맡은 천사들'이라고 말할 수 있을 것입니다. '천사'로 번역된 헬라어 '앙겔로스'(ἄγγελος, aggelos)는 본래 하나님으로부터 보냄을 받은 '사자a messenger'를 의미합니다. 주어진 역할이 어떤 것이든 하나님이 시키는 일을 한다면 얼마든지 '앙겔로스'라고 불릴 수 있는 것이지요.

이만 만의 마병대

아무튼 그렇게 해서 네 천사가 묶임에서 풀려납니다. 그렇지만 정작 무대에 등장하는 것은 '이만 만'의 마병대였습니다.

16마병대의 수는 이만 만이니 내가 그들의 수를 들었노라(계 9:16).

'이만 만'이란 이만 명의 마병대 군단이 만 개가 있다는 그런 뜻입니다. 문자적으로 계산하면 '20,000 × 10,000' 즉 '2억'을 의미합니다. 지구상에서 이만한 수의 마병대를 동원할 수 있는 나라가 과연 있을까요? 요한계시록 20장에 등장하는 곡과 마곡의 군대 수가 "바다의 모래 같다"(20:8)고 되어 있는데, 사실상 마병대 또한 그처럼 많은 수를 의미하고 있다고 보아도 괜찮을 것입니다.

일곱 봉인의 환상에서 처음에 네 마리 말이 등장했습니다. 그런데 지금은 그와는 감히 비교할 수 없을 정도로 엄청난 수의 말이 등장하고 있는 것입니다. 그냥 말horses만 등장하는 것이 아닙니다. 거기에는 같은 수의 '마병horsemen'이 타고 있습니다. 그것만으로도 이 세상을 압도하기에 충분합니다. 그러나 그게 전부가 아닙니다.

17이같은 환상 가운데 그 말들과 그 위에 탄 자들을 보니 불빛과 자줏빛과 유황빛 호심경이 있고 또 말들의 머리는 사자 머리 같고 그 입에서는 불과 연기와 유황이 나오더라. 18이 세 재앙 곧 자기들의 입에서 나오는 불과 연기와 유황으로 말미암아 사람 삼분의 일이 죽임을 당하니라. 19이 말들의 힘은 입과 꼬리에 있으니 꼬리는 뱀 같고 또 꼬리에 머리가 있어 이것으로 해하더라(계 9:17-19).

말들과 마병이 모두 세 가지 색깔의 호심경으로 무장하고 있습니다.

'불빛'과 '자줏빛' 그리고 '유황빛'은 말들의 입에서 나오는 세 가지 무기, 즉 '불fire'과 '연기smoke'와 '유황brimstone'과 일치합니다. 앞서 등장했던 메뚜기는 겨우 '사자의 이빨'을 가졌지만(9:8), 말들은 아예 머리가 통째로 사자 머리 같습니다.

메뚜기는 전갈 같은 꼬리와 독침을 가지고 있었지만, 마병대의 말들은 뱀 같은 꼬리에 머리가 달려있어서 그것으로 또한 사람을 해칩니다. 메뚜기는 단지 사람들을 괴롭게 했지만, 마병대는 세계를 휩쓸고 다니면서 실제로 사람 삼분의 일을 죽입니다. 독수리가 예고한 것(8:13)처럼 점점 화禍가 가중되어가고 있는 모습을 우리는 확인할 수 있습니다.

그러나 심판의 본질은 조금도 달라지지 않았습니다. 메뚜기 재앙은 "오직 이마에 하나님의 인침을 받지 아니한 사람들"에게만 임하게 되어 있었습니다(9:4). 마병대 역시 마찬가지입니다. 그들에게 죽임을 당하는 사람들은 '어린 양 소속'이 아닙니다. 어린 양과 상관없이 살아가는 사람들입니다. 하나님은 메뚜기 독침의 고통을 통해서 회개하고 돌아올 수 있는 기회를 그들에게 이미 주셨습니다. 그때 회개하고 돌아왔다면 마병대의 심판을 받지 않았을지도 모릅니다.

그렇다면 이번에는 어떨까요? 삼분의 일이 죽임을 당하는 재앙을 겪었으니, 남아있는 사람들은 지금쯤 정신을 차리고 회개하게 되지 않았을까요?

회개하지 않는 사람들

물밀 듯이 거듭 밀려오는 재앙의 파괴로부터 구원받기 위해서 사람들은 이제라도 하나님을 찾고 하나님께로 돌아설 것이라고 우리는 기대합니다. 그러나 놀랍게도 그들은 우리의 기대와 달리 회개하기를 거절합니다.

> 20 이 재앙에 죽지 않고 남은 사람들은 손으로 행한 일을 **회개하지 아니하고** 오히
> 려 여러 귀신과 또는 보거나 듣거나 다니거나 하지 못하는 금, 은, 동과 목석의
> 우상에게 절하고 21 또 그 살인과 복술과 음행과 도둑질을 회개하지 아니하더라
> (계 9:20-21).

여기에서 우리는 이 모든 재앙의 목적이 '회개'에 있음을 알게 됩니다.
피 섞인 우박과 불이 땅에 쏟아진 것도, 불붙는 큰 산이 바다에 떨어진
것도, 횃불 같이 타는 큰 별이 강물에 떨어진 것도, 해와 달과 별의 삼분의
일이 어두워진 것도 모두 회개를 촉구하는 하나님의 시위였습니다. 무저
갱의 뚜껑을 열어 메뚜기가 올라오게 하여 그 독침으로 괴롭힘을 받게
한 것도, 이만 만의 마병대를 놓아 수많은 사람들이 죽임을 당하게 한 것
도, 하나님께 돌아오라고 초대하시는 일이었습니다.

그럼에도 불구하고 그 모든 재앙으로부터 살아남은 사람들은 지금까
지 자기들이 해 오던 일을 그만두지 않습니다. 그들은 계속해서 '여러 귀
신'을 찾습니다. NIV 성경의 표현대로 하면, 마귀를 예배하는 일을 그만
두지 않습니다(they did not stop worshiping demons). 스스로 보거나 듣거
나 움직이지도 못하는 우상에게 계속 절합니다. 왜 그러는 것일까요? 아
직도 삼분의 이가 남아 있기 때문일까요? 어떻게든 이번에도 살아남았
기 때문일까요?

그들 나름대로 내세우는 자기변명의 논리가 있습니다. 악한 세력에
둘러싸여 있는 상황에서 생존하기 위해서는 오히려 불가피하게 악을 수
용할 수밖에 없다고 생각하는 것이지요. 그러니까 마귀들의 압박과 박해
에서 살아남기 위해서 오히려 마귀들을 경배하는 것입니다. 그래서 '사
탄 숭배자'들이 만들어집니다. 그들은 사탄이 악한 존재라는 것을 몰라

서 사탄을 숭배하는 게 아닙니다. 오히려 잘 알기 때문에 숭배합니다. 그것이 생존의 비결이라고 생각하는 것이지요.

그러나 그들이 회개하지 않고 마귀들과 우상들을 경배하는 진짜 이유는 따로 있습니다. 그들 자신이 '살인'과 '복술'과 '음행'과 '도둑질'을 좋아하기 때문입니다(21절). 그 일들을 포기하고 싶지 않은 것입니다. 사람들은 말합니다. 악한 세상에서 살아남기 위해서 때로는 어쩔 수 없이 악한 일을 할 수밖에 없노라고…. 아닙니다. 그것은 자기변명입니다. 그들이 악하기 때문에 악한 일을 하는 것입니다.

시편 기자는 다음과 같이 노래합니다.

1복 있는 사람은 악인들의 꾀를 따르지 아니하며 죄인들의 길에 서지 아니하며 오만한 자들의 자리에 앉지 아니하고 2오직 여호와의 율법을 즐거워하여 그의 율법을 주야로 묵상하는도다(시 1:1-2).

복 있는 사람들은 어떤 상황에서도 악인들의 꾀를 따르지 않습니다. 어떤 경우에도 죄인들의 길에 서지 않습니다. 그러나 악인들의 꾀를 따르고, 죄인들의 길에 서는 것은 그들이 바로 죄인이기 때문입니다. 악한 세력 밑에서 생존의 길을 찾는 것처럼 어리석은 일은 없습니다. 왜냐하면 악한 세력은 자기를 추종하는 사람들을 보호해줄 생각을 조금도 하지 않기 때문입니다. 그래서 악인의 길은 결국 망하는 것으로 끝나고 마는 것입니다.

지금이 종말이다

보통 사람들은 종말終末을 하나님 앞에서 선인善人과 악인惡人으로 마지막 판단을 받는 것으로 생각합니다. 마치 마태복음 25장에 나오는 '양과 염소의 비유'처럼 말입니다.

> 인자가 자기 영광으로 모든 천사와 함께 올 때에 자기 영광의 보좌에 앉으리니
> 모든 민족을 그 앞에 모으고 각각 구분하기를 목자가 양과 염소를 구분하는 것
> 같이 하여 양은 그 오른편에 염소는 왼편에 두리라 (마 25:31-33).

물론 맞습니다. 최후의 심판 때에 하나님은 이와 같은 방식으로 구원
받은 사람들을 구분하실 것입니다. 그 이야기가 요한계시록 20장에 나
옵니다.

> 11 또 내가 크고 흰 보좌와 그 위에 앉으신 이를 보니 땅과 하늘이 그 앞에서 피하
> 여 간 데 없더라. 12 또 내가 보니 죽은 자들이 큰 자나 작은 자나 그 보좌 앞에 서
> 있는데 책들이 펴 있고 또 다른 책이 펴졌으니 곧 생명책이라. 죽은 자들이 자기
> 행위를 따라 책들에 기록된 대로 심판을 받으리니…(계 20:11-12).

이 세상의 모든 사람은 최후의 심판 때에 그들의 행위에 따라 심판을
받게 될 것입니다. 그러나 이것은 그야말로 가장 마지막 단계에 가서나
있을 일입니다. 세 가지 환상 시리즈는 아직 그 단계까지 가지 않았습니
다. 주님이 재림하시기 전의 이야기입니다. 우리가 기억해야 할 것은 '종
말'이란 가장 마지막 단계만을 가리키는 말이 아니라는 사실입니다. 주
의 초림 이후부터 재림까지의 전 과정은 모두 종말이요, 마지막 때에 속
합니다.

이때에는 아직 양과 염소의 구분이 명확하지 않습니다. 마지막 단계
에서처럼 인침을 받은 자와 그렇지 않은 자가 완전히 확정된 상태가 아닙
니다. 오히려 그렇게 만들어져 가고 있는 중입니다. 그 과정 속에서 이런
저런 재앙들이 벌어지고 있는 것입니다. 그 재앙들을 통해서 사람들의

정체성이 드러납니다. 구원받은 성도는 더욱 더 성도답게 되어갑니다. 그러나 구원받지 못하는 사람들은 더욱 더 심판받기에 합당한 사람으로 되어가는 것입니다.

무엇이 그런 차이를 만드는 것일까요? 말씀에 대한 반응의 차이입니다.

> **15**보라, 내가 오늘 생명과 복과 사망과 화를 네 앞에 두었나니 **16**곧 내가 오늘 네게 명령하여 네 하나님 여호와를 사랑하고 그 모든 길로 행하며 그의 명령과 규례와 법도를 지키라 하는 것이라. 그리하면 네가 생존하며 번성할 것이요 또 네 하나님 여호와께서 네가 가서 차지할 땅에서 네비 복을 주실 것임이니라(신 30:15-16).

이스라엘 백성들이 약속의 땅에 들어가기 전에 모세를 통해서 주신 말씀입니다. 아주 오래된 이야기지만, 주님의 재림과 하나님 나라의 소망을 가지고 있는 우리에게도 여전히 유효한 지침입니다. 하나님의 말씀에 순종하여 따르는 사람은 생명과 복을 선택하게 됩니다. 그러나 자기의 욕심에 따라 살아가면 사망과 화를 선택하게 되는 것입니다. 그 선택에 대한 결과는 스스로 책임져야 합니다.

우리의 종말은 먼 훗날 갑자기 다가오는 것이 아닙니다. 종말은 매일 매일 선과 악을 선택하며 살아가는 치열한 삶의 끝에 오는 것입니다. 그 과정에서 매순간 하나님을 선택하고, 매사에 하나님의 말씀에 따라 순종하고, 만일 회개해야 할 것이 생긴다면 빨리 회개하고, 환난과 어려움을 만날 때 참음으로 견뎌내는 그런 사람들이 마침내 하나님 나라에 합당한 보석이 되는 것입니다.

그 반대로 매순간 세상을 선택하고, 매사에 하나님의 뜻과 정반대의 길로 걸어가고, 회개해야 하는 일에 대해서 회개하지 않고, 환난과 어려움을 피해서 요리조리 도망 다니기만 하는 그런 사람들은, 지금은 살아

남은 자일지 모르지만 결국 하나님의 준엄한 심판대 앞에 설 수밖에 없고
영원한 벌을 받을 수밖에 없는 것입니다.

따라서 지금이 종말입니다. 오늘 나의 선택이 마지막 때 내가 있게
될 자리를 예약할 것입니다. 지금 회개하지 않으면 나의 삶을 바로 잡을
기회가 또 다시 주어지지 않습니다. 오늘 하나님의 말씀에 순종하지 않
으면 끝까지 순종할 수 없게 됩니다. 요한계시록을 시작할 때 묵상한 말
씀을 우리는 기억해야 합니다.

> **이 예언의 말씀을 읽는 자와 듣는 자와 그 가운데에 기록한 것을 지키는 자는 복이**
> **있나니 때가 가까움이라**(계 1:3).

주님이 재림하시는 때가 언제인지 우리는 모릅니다. 그러나 우리에
게 주어진 시간은 얼마 남지 않았습니다. '시간'은 곧 '기회'입니다. 말씀
을 읽을 수 있는 기회, 말씀을 들을 수 있는 기회 그리고 말씀대로 순종하
며 살아갈 수 있는 기회가 우리에게 얼마나 많이 주어질 것이라 생각하십
니까? 회개도 마찬가지입니다. 고쳐야 할 때 고치지 않으면 평생 그렇게
살아갑니다. 그러다가 후회하게 되는 것입니다.

후회하는 인생을 살지 않으려면 지금이 종말이라 생각하십시오. 그
리고 지금 우리에게 주어진 기회를 놓치지 마십시오. 특별한 기회는 따
로 오지 않습니다. 오늘 우리에게 주어진 기회가 전부입니다. 오늘이 나
의 종말입니다.

작은 두루마리의 환상

계 10:1-11

지금까지 우리는 두 번째 나팔 시리즈의 여섯 번째 재앙까지 살펴보았습니다. 독수리가 예고한 세 가지 화禍 중에서는 두 번째까지였습니다. 이제 나팔 시리즈의 마지막 일곱 번째 재앙이자 세 번째 화만 남아 있는 셈입니다. 그런데 바로 이 대목에서 또 다시 중간 장(10:1-11:14)이 등장합니다. 그리고 일곱 번째 재앙은 11장 뒷부분으로 밀려나 있습니다(11:15). 이것은 첫 번째 봉인 시리즈에서 우리가 이미 경험한 일입니다. 그 때도 여섯 번째 재앙(6:12-17)이 끝나고 일곱 번째(8:1)로 넘어가기 전에 중간 장(7장)이 삽입되어 있었지요.

이와 같은 요한계시록의 특별한 구조에는 두 가지 정도의 숨겨진 의도가 있다고 봅니다. 하나는, 앞의 여섯 번과 달리 마지막 일곱 번째에는 무언가 정말 큰 일이 일어난다는 예고입니다. 종말의 마지막 단계가 진행될 것을 기대하게 하는 것이지요. 다른 하나는, 그 마지막 단계를 언급하기 전에 독자의 시선을 환기시킨다는 의미입니다. 지금까지는 마지막 때에 일어날 여러 가지 재앙에 온통 마음을 빼앗겼습니다. 그러나 그 모든 재앙의 끝이 어디인지, 다시 말해서 하나님이 성취해나가시는 목적이 무엇인지를 다시 상기하게 하는 것입니다.

그러니까 요한계시록의 중요한 메시지는 사실 중간 장에 기록되어 있다고 해도 결코 지나친 말이 아닐 것입니다. 첫 번째 시리즈에서는 하나님의 인치심을 받은 십사만 사천 명과 각 나라에서 나온 아무도 능히 셀 수 없는 큰 무리가 하나님께 찬양을 드리는 장면이 중간 장에 기록되어 있었습니다(7:1-17). 자, 그렇다면 두 번째 시리즈에는 과연 어떤 내용이 기록되어 있을까요?

힘센 천사의 등장

제일 먼저 힘센 천사가 등장합니다.

> 1내가 또 보니 힘센 다른 천사가 구름을 입고 하늘에서 내려오는데 그 머리 위에 무지개가 있고 그 얼굴은 해 같고 그 발은 불기둥 같으며 2그 손에는 펴 놓인 작은 두루마리를 들고 그 오른 발은 바다를 밟고 왼 발은 땅을 밟고 3사자가 부르짖는 것 같이 큰 소리로 외치니 그가 외칠 때에 일곱 우레가 그 소리를 내어 말하더라(계 10:1-3).

여기에 묘사된 천사를 예수 그리스도로 풀이하는 사람들이 많이 있습니다. 구름을 옷처럼 입었다든가, 머리 위에 무지개가 있다든가, 얼굴은 해 같고 발은 불기둥 같다든가, 오른발은 바다를 밟고 왼발은 땅을 밟고 있다든가, 그가 큰소리로 외칠 때에 일곱 우레가 소리를 내어 말한다든가 하는 등의 표현이 예수 그리스도에게 적용되어야 마땅할 것처럼 보입니다. 사도 요한이 직접 목격했던 예수 그리스도의 환상(1:13-16)과 비교하여 보아도 결코 손색이 없을 정도입니다.

그럼에도 불구하고 이 천사는 예수 그리스도가 아니라는 사실이 명백합니다. 우리가 그렇게 판단할 수밖에 없는 이유는 바로 '힘센 다른 천사another mighty angel'라는 말 때문입니다. '다른 천사'는 말 그대로 또 다른 '천사'일 뿐입니다. 그러나 모든 천사들이 그러하듯이 그가 가진 권위와 능력은 모두 하나님으로부터 주어지는 것입니다. 그리고 그렇게 엄위한 모습으로 등장해야 하는 이유는 그에게 맡겨진 사명이 그만큼 엄중하기 때문입니다. 그의 사명이 무엇입니까? '작은 두루마리a small scroll'를 요한에게 전해주는 것입니다.

그런데 왜 '작은' 두루마리일까요? 그것은 요한계시록 5장에서 살펴본 것처럼 어린 양이 받았던 봉인된 두루마리와 비교하여 보았을 때 '작다'는 뜻입니다. 실제로 5장과 10장에 각각 등장하는 두 개의 두루마리를 비교해보면 몇 가지 차이가 눈에 뜨입니다.

우선 두루마리를 전해주는 분이 다릅니다. 어린 양은 '보좌에 앉으신 이'로부터 직접 받습니다(5:7). 그러나 사도 요한은 '힘센 천사'로부터 전해 받습니다(10:2). 또한 두루마리의 상태가 다릅니다. 어린 양이 받은 두루마리는 일곱 개의 인으로 봉해져 있었습니다(5:1). 그러나 사도 요한이 받게 될 두루마리는 펴진 상태였습니다(10:2). 어린 양은 두루마리의 봉인을 하나씩 뗍니다(6:1). 그러나 사도 요한은 그 두루마리를 통째로 먹어버립니다(10:10).

따라서 '작은 두루마리'라는 것은 실제 두루마리의 크기에 있어서 '작다'는 뜻이기도 하지만, 그와 동시에 어린 양이신 예수 그리스도가 받은 사명과 사도 요한이 받은 사명의 차이에 있어서도 '작다'는 뜻이 됩니다. 그러나 '작다'고 해서 '중요하지 않다'는 것은 아닙니다. 오히려 사도 요한 자신을 위해서뿐만 아니라 모든 교회와 성도들을 위해서도 반드시 전해져야 할 중요한 말씀이 그 속에 기록되어 있습니다. 그래서 '힘센 천사'의 모습이 그처럼 엄위하게 묘사되고 있는 것입니다.

일곱 우레소리

천사가 큰소리로 외칩니다.

3사자가 부르짖는 것 같이 큰 소리로 외치니 그가 외칠 때에 일곱 우레가 그 소리를 내어 말하더라. 4일곱 우레가 말을 할 때에 내가 기록하려고 하다가 곧 들으니 하늘에서 소리가 나서 말하기를 일곱 우레가 말한 것을 인봉하고 기록하지 말라 하더라(계 10:3-4).

본문의 상황을 메시지 성경은 다음과 같이 잘 풀어 설명하고 있습니다. "When he called out, the Seven Thunders called back"(계 10:3a _MSG). 그 천사가 큰소리로 외치니까 일곱 우레가 되받아서 외쳤다는 것입니다. 마치 천사가 한 말을 일곱 개의 천둥소리가 따라하는 것처럼 보입니다. 그래서 무슨 소리인지 알아들을 수 없게 만드는 것이지요.

예수님이 기도 속에 하나님 아버지와 대화를 나누실 때에, 곁에 서 있던 사람들은 "천둥이 울었다"고 말합니다. 또 어떤 사람은 "천사가 말하였다"고 합니다(요 12:29). 그러자 예수님이 이렇게 대답하십니다. "이 소리가 난 것은 나를 위한 것이 아니요 너희를 위한 것이니라"(요 12:30). 그러면서 십자가의 죽음에 대해서 말씀하기 시작하셨습니다. 들을 귀가 없으면 하나님의 음성이 그저 천둥소리처럼 들리는 것입니다.

사도 바울이 다메섹으로 가던 도중에 강한 빛으로 임하신 예수님을 만나는 장면에서도, "같이 가던 사람들은 소리만 듣고 아무도 보지 못하여 말을 못하고 서 있었다"(행 9:7)고 합니다. 그들도 분명히 무슨 소리를 듣기는 했지만, 그것이 누가 하는 말인지, 또한 무슨 말인지 전혀 깨닫지 못했던 것입니다. 아마도 예수님이 바울에게 말씀하실 때에 그 말을 천둥소리가 따라한 것이 아닐까 싶습니다.

그러나 다른 사람들은 몰라도 바울은 예수님의 음성을 분명히 들었습니다. 사도 요한도 마찬가지였습니다. 그는 천사의 말을 따라하는 일곱 우레의 소리를 듣고 무슨 내용인지 알아차렸습니다. 그래서 그것을 기록하려고 했던 것입니다. 그러자 '하늘에서 나는 소리a voice out of the heaven'가 그 내용을 기록하지 말라고 하십니다. 이 소리는 물론 하나님의 음성입니다. 하나님이 직접 막으셨던 것입니다.

그런데 잘 보십시오. "기록하고 봉인하라"(Write it down and seal up)가 아닙니다. "인봉하고 기록하지 말라"(Seal up and do not write it down)입니다. 천사가 큰소리로 외친 것은 작은 두루마리에 기록된 내용이었던 것입니다. 이미 기록된 내용을 다시 적을 필요는 없습니다. 게다가 그 내용은 사람들에게 읽혀질 것들이 아닙니다. 아마도 종말의 마지막 단계에 일어날 일들에 대한 이야기였는지도 모릅니다.

무엇이 되었든지 간에 요한계시록을 기록하는 목적에 부합되는 이야기가 아닌 것입니다. 요한계시록은 종말에 될 일들에 대한 사람들의 궁금증을 풀기 위한 목적으로 기록된 것이 아니기 때문입니다. 오히려 주님의 재림과 하나님 나라의 완성을 바라보는 교회와 성도들이 지금 무엇을 어떻게 해야 할지에 대한 하나님의 뜻을 알려주는 것입니다.

그러니 종말의 일들을 알게 되었다고 해서, 무슨 대단한 비밀이라도 알게 된 것처럼 함부로 떠벌려서는 안 된다는 말씀입니다. 이는 지금까지 수많은 사람들이 요한계시록에 대해서 잘못 가져온 생각들처럼, 하나님이 완성하실 일들을 종교적인 가십거리로 만드는 큰 잘못을 저지르게 될 것이기 때문입니다.

하나님의 비밀

이번에는 천사가 하나님께 맹세하며 말합니다.

5내가 본 바 바다와 땅을 밟고 서 있는 천사가 하늘을 향하여 오른손을 들고 6세세토록 살아 계신 이 곧 하늘과 그 가운데에 있는 물건이며 땅과 그 가운데에 있는 물건이며 바다와 그 가운데에 있는 물건을 창조하신 이를 가리켜 맹세하여 이르되 **지체하지 아니하리니** 7일곱째 천사가 소리 내는 날 그의 나팔을 불려고 할 때에 하나님이 그의 종 선지자들에게 전하신 복음과 같이 **하나님의 그 비밀이 이루어지리라** 하더라(계 10:5-7).

이 광경을 여러분의 머릿속에 한번 그려보십시오. 구름의 옷을 입고, 머리에 무지개를 두르고, 얼굴은 해 같이 밝고, 발은 불기둥 같은 '힘센 천사'가, 바다와 땅을 밟고 서서 하늘을 향해 오른손을 들고 이 세상을 창조하신 하나님 앞에 엄숙하게 맹세하는 장면을 말입니다. 이제부터 그가 하는 말은 정말 중요하고 확실할 것이라는 느낌이 들지 않습니까? 그가 선언한 말씀은 두 가지입니다. 하나는 "지체하지 않을 것이다"와 "하나님의 비밀이 이루어질 것이다"입니다. 이는 하나씩 곱씹어 볼 필요가 있는 말씀입니다.

먼저 "지체하지 않을 것이다"라는 말씀입니다. 무엇을 지체하지 않는다는 것일까요? NIV 성경은 이 부분을 "There will be no more delay!"라고 번역합니다. 우리말 성경과 크게 다르지 않습니다. 아마도 주님의 재림이나 그와 더불어 완성될 하나님의 나라가 곧 이루어질 것이라는 말씀처럼 들립니다. 그러나 헬라어 원어를 읽어보면 뉘앙스가 조금 다르다는 것을 발견하게 됩니다.

"크로노스 우케티 에스타이"(χρόνος οὐκέτι ἔσται). 여기에서 '크로노스'(χρόνος, chronos)는 흘러가는 시간time을 가리킵니다. '우케티'(οὐκέτι, ouketi)는 '더 이상… 아닌'(no longer)이라는 뜻입니다. 그리고 '에스타이'(ἔσται, estai)는 영어 'be'에 해당되는 '에이미'(εἰμί, eimi) 동사의 3인칭 미래형입니다. 이를 영어로 직역하면 "There will be time no longer!", 즉 "더 이상의 시간은 없다!"가 됩니다.

'시간'은 하나님이 태초에 인간을 위해 창조해 놓으신 것입니다. 그 시간의 흐름 속에서 사람들은 삶을 영위해왔고 그 토대 위에 인류의 역사가 만들어져 왔습니다. 그런데 그 '시간'이 더 이상 남지 않았다는 것입니다. 시간이 끝나면 인류의 역사도 자동적으로 끝나게 되어 있습니다. 그것을 가리켜서 우리는 '역사의 종말'이라고 말합니다. 그러나 역사의 종말이 곧 지구의 파괴나 인류의 멸망을 의미하는 것은 아닙니다. 단지 하나님이 태초에 창조해 놓으신 시간이 이제 끝나버린다는 뜻입니다.

그 다음에 어떤 일들이 벌어지는가는 오직 하나님께 속한 문제입니다. 우리가 전혀 신경 쓸 일이 아닙니다. 정작 문제는 얼마 남지 않은 시간 속에서 살아가고 있는 우리 자신입니다. 지금 이 천사는 앞으로 하나님이 어떤 놀라운 일을 행하실지 말하려고 하지 않습니다. 오히려 우리 인간들에게 시간이 얼마 남지 않았다는 사실을 힘주어 선포하고 있는 것입니다. 다시 말해서 정해진 시간이 거의 다 끝나가고 있음에도 불구하고 아무런 준비를 하지 못하고 있는 인간들이 참으로 걱정스럽다는 것입니다.

그 다음은 "하나님의 비밀이 이루어질 것이다"라는 말씀입니다. 여기에서 '비밀'로 번역된 헬라어는 '무스테리온'(μυστήριον, mustērion)입니다. 영어 'mystery미스터리'가 바로 여기에서 나왔습니다. 그러니까 사실은 '하나님의 비밀'이 아니라 '하나님의 계시' 또는 '하나님의 신비'로 번역되어야 합니다. 이 '계시'가 언제 이루어진다는 것입니까? 일곱 번째 천사가 나팔을 불려고 할 때에, 즉 나팔을 붐과 동시에 이루어집니다.

이 '계시'는 지금까지 수많은 선지자들을 통해서 하나님께서 전해오신 '복음'입니다. 그러나 사람들에게는 늘 '비밀'이 되어 왔습니다. 보여주어도 보지 못하는 인간이 가지고 있는 죄성의 한계 때문입니다. 그렇지만 이제 마지막 때 하나님이 확실하게 드러내시면reveal 모두 알 수 있게 될 것입니다. 그래서 계시啓示입니다.

자, 그렇다면 이 대목에서 우리가 관심을 가져야 할 것이 무엇입니까? 마지막 때에 어떤 기상천외한 일들이 벌어질 것인지 미리 자세하게 알아보는 것일까요? 아니면 우리에게 얼마 남지 않은 시간 동안 하나님께서 우리에게 기대하고 계시는 일이 무엇인지, 또 그것을 어떻게 해야 하는지 찾아서 행하는 것일까요? 정말 지혜가 있는 사람이라면 후자를 선택할 것입니다.

입에 달고 배에 쓴 말씀

또 다시 하늘에서 음성이 요한에게 들립니다.

8하늘에서 나서 내게 들리던 음성이 또 내게 말하여 이르되 네가 가서 바다와 땅을 밟고 서 있는 천사의 손에 펴 놓인 두루마리를 가지라 하기로 9내가 천사에게 나아가 작은 두루마리를 달라 한즉 천사가 이르되 갖다 먹어 버리라. **네 배에는 쓰나 네 입에는 꿀 같이 달리라** 하거늘 10내가 천사의 손에서 작은 두루마리를 갖다 먹어 버리니 내 입에는 꿀 같이 다나 먹은 후에 내 배에서는 쓰게 되더라(계 10:8-10).

이렇게 두루마리를 받아먹는 장면은 구약의 에스겔 선지자에게서도 찾아볼 수 있습니다.

¹또 그가 내게 이르시되 인자야 너는 발견한 것을 먹으라. **너는 이 두루마리를 먹고 가서 이스라엘 족속에게 말하라** 하시기로 ²내가 입을 벌리니 그가 그 두루마리를 내게 먹이시며 ³내게 이르시되 인자야 내가 네게 주는 이 두루마리를 네 배에 넣으며 네 창자에 채우라 하시기에 내가 먹으니 그것이 내 입에서 달기가 꿀 같더라(겔 3:1-3).

여기에서 우리는 두루마리를 먹는 상징적인 행동은 곧 그 말씀을 전하는 '예언자의 사명'과 관련되어 있다는 사실을 알게 됩니다. 실제로 에스겔이 먹은 두루마리에는 '애가와 애곡과 재앙의 글'이 기록되어 있었습니다(겔 2:10). 이스라엘을 향하신 하나님의 심판을 대언해야 하는 것입니다. 그것은 결코 유쾌한 일이 아니었을 겁니다. 그럼에도 불구하고 입에는 달기가 꿀 같았다고 합니다.

예레미야서에도 그 비슷한 말씀이 기록되어 있습니다.

¹⁶만군의 하나님 여호와시여 나는 주의 이름으로 일컬음을 받는 자라. 내가 주의 말씀을 얻어먹었사오니 주의 말씀은 내게 기쁨과 내 마음의 즐거움이오나 ¹⁷내가 기뻐하는 자의 모임 가운데 앉지 아니하며 즐거워하지도 아니하고 주의 손에 붙들려 홀로 앉았사오니 이는 주께서 분노로 내게 채우셨음이니이다(렘 15:16-17).

예레미야도 주의 말씀을 먹는 것은 '기쁨'과 '즐거움'이라고 말합니다. 그러나 그 말씀을 먹은 후에는 "웃으며 떠들어대는 사람들과 함께 어울려 즐거워하지 않았다"(새번역)고 합니다. 오히려 "주님께서 채우신 분노를 가득 안은 채로 외롭게 앉아 있다"고 합니다. 왜 그랬을까요? 예레미야가 받은 말씀은 에스겔의 경우처럼 이스라엘을 향한 하나님의 심판의 메시지였기 때문입니다. 나라가 망한다는 말씀을 전해야 하는데 어찌 잔치자리에 앉아있을 수 있었겠습니까?

이처럼 에스겔과 예레미야의 이야기를 통해서 우리는 "입에는 달고 배에는 쓰다"(Sweet in my mouth, bitter in my belly)는 말씀이 무엇을 의미하는지 조금은 짐작할 수 있게 되었습니다. 그렇습니다. 하나님의 말씀을 받아먹는 것은 꿀처럼 달지만, 그 말씀대로 살아내는 것은 배앓이를 해야 할 만큼 힘겨운 일입니다. 특히 역사의 종말을 향해 달려가는 이때에는 더더욱 그렇습니다. 하나님의 말씀대로 순종하며 살아가려면 순교할 각오를 해야 하기 때문입니다. 그러나 그것이 지금 우리가 마땅히 해야 할 일입니다. 더 이상의 시간은 없습니다.

두루마리를 받아먹은 사도 요한은 더더욱 그렇습니다.

> 그가 내게 말하기를 네가 많은 백성과 나라와 방언과 임금에게 다시 예언하여야 하리라 하더라(계 10:11).

이때의 사도 요한은 이미 나이를 먹을 만큼 먹었습니다. 물리적으로 그에게 남은 시간도 건강도 여력도 없습니다. 그런데 그에게 맡겨진 사명은 엄청납니다. "많은 백성과 나라와 방언과 임금에게 다시 예언해야 한다"(You must prophesy again concerning many peoples and nations and tongues and kings. NASB)고 하십니다. 어떻게 그와 같은 막중한 일을 감당할 수 있을까요? 그가 할 수 있는 일이 있습니다. 그것은 요한계시록을 쓰는 것입니다. 글을 통해서 '예언'하는 것입니다. 글을 통해서 하나님의 말씀을 '대언'하는 것입니다.

요한은 실제로 그렇게 했습니다. 그래서 지금 우리의 손에까지 요한계시록 말씀이 전해지게 되었던 것입니다.

말씀대로 살아내기

"하나님이 세상을 이처럼 사랑하사 독생자를 주셨으니 이는 그를 믿는 자마다 멸망하지 않고 영생을 얻게 하려 하심이라"(요 3:16)는 말씀을 먹으면 우리의 입에 꿀처럼 달게 느껴집니다. 그러나 "내가 너희를 사랑한 것 같이 너희도 서로 사랑하라"(요 13:34)는 말씀을 먹으면 배가 쓰라리고 아픕니다. 주님처럼 사랑하려면 내 목숨을 내려놓아야 하기 때문입니다. 원수에게도 그런 사랑을 베풀어야 하기 때문입니다.

우리 그리스도인에게는 이와 같은 갈등이 있습니다. 말씀을 받아먹을 때는 달콤하지만 그 말씀대로 살아내기는 너무 힘들기 때문입니다. 그러나 이런 긴장과 갈등이 없다면 우리는 제대로 신앙생활하지 못하고 있는 것입니다. 우리에게 남은 시간이 얼마나 되든지 간에, 우리는 더욱 더 치열하게 이 싸움을 해내야 합니다. 그러는 가운데 우리는 점점 더 성도답게 되어가고, 점점 더 교회답게 바뀌어가는 것입니다.

말씀을 잘 배워서 많이 아는 것이 물론 중요합니다. 그러나 그보다 더 중요한 것은 말씀대로 살아내기입니다. 바로 여기에 하나님 나라에서의 우리 모습이 달려있습니다. 지금 우리가 가장 힘써야 할 것은 바로 이것입니다. 그렇게 하나님 나라의 빛나는 보석이 되어가는 것입니다. 때로 실패할 수도 있습니다. 넘어질 수도 있습니다. 그러나 다시 일어서야 합니다. 다시 시작해야 합니다.

우리가 요한계시록을 묵상하려고 하는 이유는 바로 이 메시지를 듣기 위해서입니다. 역사의 종말에 일어날 일들에 대한 궁금증을 해결하기 위해서가 아니라, 오늘 우리가 어떻게 살아야 할지를 깨닫기 위해서입니다. 그렇다면 언제부터 우리는 말씀대로 살아가기를 시작해야 할까요? 깨닫는 날부터 시작해야 합니다. 오늘이 바로 그 날입니다. 하루라도 빨리 시작하면 할수록 좋습니다. 우리에게는 더 이상의 시간이 없기 때문입니다.

제 3 악 장

적그리스도에 대한 계시

〈계 11:1-18:24〉

두 중인의 환상

계 11:1-13

이제 '하나님 나라의 완성 교향곡' 제3악장에 들어갑니다. 지금까지 우리가 묵상해온 말씀을 간단히 정리해 보면, 1악장은 '교회를 향한 계시'(계 1:9-3:22)의 말씀이었습니다. 아시아 지방의 일곱 교회에 보내는 편지로 채워져 있습니다. 그리고 2악장은 '역사의 종말에 대한 계시'(계 4:1-10:11)의 말씀이었습니다. 두 개의 환상 시리즈, 즉 일곱 봉인과 일곱 나팔 환상을 통해서 마지막 때에 이 세상에 임하게 되는 일반적인 재앙들을 불신자들이 당하는 고통에 초점을 맞추어 조명하고 있습니다.

이에 비해서 3악장 '적그리스도에 대한 계시'(계 11:1-18:24)는 마지막 때에 적그리스도에 의해 짓밟힘을 당하는 교회와 성도들에게 시선을 돌립니다. 앞에서는 무저갱의 뚜껑이 열려서 독침으로 무장한 메뚜기 떼가 출현하여 '인침을 받지 않은' 불신자들에게 고통을 주었지요(9:4). 그러나 3악장에 들어오면 무저갱에서 올라온 '짐승'에 의해서 교회를 상징하는 '두 중인'이 죽임을 당하는 이야기(11:7)로 시작하여, 직접적으로 믿음의 공동체를 억압하고 박해하는 적그리스도의 활동에 초점을 맞추고 있습니다.

물론 두 번째 나팔 시리즈가 완전히 끝난 것은 아닙니다. 셋째 화禍인 일곱 번째 나팔이 아직도 남아 있습니다(11:15). 그러나 오늘 우리가 살펴보려고 하는 '두 증인의 환상'(11:1-13)에서부터 시작하여 적그리스도를 상징하는 '짐승'이 등장하여 교회를 대적하는 이야기가 본격적으로 전개됩니다. 그래서 이 부분을 새로운 악장에 포함시켜 구분하게 된 것입니다.

그러나 앞에서 누누이 말씀드린 것처럼, 마지막 때에 어떤 일이 벌어진다고 하더라도 우리는 하나님이 시작하시고 또한 이루어가고 계시는 '그 일'을 향한 시선을 놓치지 말아야 합니다. 만일 역사의 종말을 향해 나아가는 과정에서 일어나는 무서운 재앙이나 믿음의 공동체가 당하는 박해와 환난에 우리의 시선을 모두 빼앗기게 되면, 요한계시록을 통해서 우리에게 전해주시려고 하는 복음의 메시지를 놓쳐버릴 수밖에 없습니다.

앞 장에서 우리는 "입에는 달고 배에는 쓰다"는 말씀을 묵상했습니다. 이것이 바로 적대자들에 의해 짓밟히는 믿음의 공동체를 위해서 주신 말씀입니다. 하나님은 의로우시며 당신을 믿고 따르는 자들을 끝까지 보호하시며 마침내 구원을 완성하실 것이라는 약속의 말씀은 달지만, 그 목적을 달성하기까지는 믿음의 공동체와 성도들의 고난과 죽음이 수반되는 과정을 참아내야 합니다. 그 현실은 쓸 수밖에 없습니다.

우리 그리스도인들은 "환난과 나라와 참음에 동참하는 자"(계 1:9)라고 했습니다. '환난'과 '참음' 사이에 끼어서 '하나님의 나라'에 합당한 존재로 빚어지고 있는 중입니다. 그래서 하나님의 말씀은 입에는 달고 배에는 씁니다. 말씀대로 살아내는 것은 배앓이를 해야 할 만큼 고통스러운 일입니다. 그렇지만 우리는 마지막을 잘 알고 있습니다. 우리는 '이기는 자'입니다. 이겨놓고 싸우는 사람들인 것입니다.

짓밟히는 믿음의 공동체

'두 증인의 환상'은 성전과 제단을 측량하라는 명령으로부터 시작됩니다.

> 1또 내게 지팡이 같은 갈대를 주며 말하기를 일어나서 하나님의 성전과 제단과
> 그 안에서 경배하는 자들을 측량하되 2성전 바깥마당은 측량하지 말고 그냥 두
> 라. 이것은 이방인에게 주었은즉 그들이 거룩한 성을 마흔두 달 동안 짓밟으리라
> (계 11:1-2).

사도 요한에게 측량자로 쓸 수 있는 막대기a measuring rod가 주어집니다.
그리고 "성전과 제단과 그 안에서 경배하는 자들을 측량하라"는 명령을
받습니다. '성전'과 '제단'은 얼마든지 자로 잴 수 있습니다. 그런데 '그 안
에서 경배하는 자들'은 어떻게 잴 수 있을까요? 게다가 예루살렘 성전은
이미 오래전에 로마 군인들에 의해서 완전히 초토화되었습니다. 따라서
이 성전은 눈에 보이는 건물을 의미하지 않음이 분명합니다.

그렇다면 무엇일까요? '성전과 제단과 경배하는 자들'을 '성전과 제
단, 곧 경배하는 자들'로 번역하면 금방 이해가 됩니다. '경배하는 자들'은
'예배하는 공동체'를 가리킵니다. 그들을 통해서 하나님께서 장차 만들어
가실 '하나님의 나라'를 의미합니다. 그 일을 예배하는 공동체 즉 믿음의
공동체인 교회를 통해서 이루어가실텐데, 그 무형의 성전을 측량하라는
말씀인 것입니다.

그런데 '성전 바깥마당'은 측량하지 말라고 하십니다. 왜냐하면 이방
인들에 의해 '마흔두 달' 동안 짓밟힐 것이기 때문이랍니다. 왜 하필 마흔
두 달일까요. 3절에서는 이 기간을 날로 풀어서 '천이백육십 일'이라고

표현합니다. 역시 같은 수입니다. 이 수 속에는 이스라엘의 고통스러웠던 역사가 담겨있습니다.

알렉산더 대왕이 죽고 난 후에 그가 통치하던 헬라제국이 넷으로 나누어집니다. 그 중에서 시리아 왕국을 다스리던 안티오커스 에피파네스 Antiochus Epiphanes라는 아주 악명이 높은 왕이 있었습니다. 그는 예루살렘 성전에 불경스럽게도 제우스 상을 세우고 그 앞에 유대인들이 가장 싫어하는 돼지고기 제물을 바치면서 강압적으로 제사를 드리게 했습니다. 유대인들은 그것을 다니엘의 예언이 성취된 사건으로 이해했습니다(단 9:27; 12:11).

이때가 B.C. 167년이었는데, 유대인들은 마카비Maccabeus 가문을 중심으로 하여 이에 강력하게 저항했고, 마침내 B.C. 164년 말에 예루살렘 성전을 회복하여 다시 봉헌할 수 있게 되었습니다. 그렇게 성전이 더럽혀진 기간을 계산해보면 정확하게 42개월, 즉 3년 반(단 12:7)이 나옵니다. 유대인들은 이날을 기념하여 절기를 지키기 시작했는데, 요한복음에 언급된 수전절修殿節이 바로 그 절기입니다(요 10:22). 오늘날에는 하누카 Hanukkah라는 이름으로 성탄절과 비슷한 때에 지키고 있습니다.

이와 같은 이스라엘 민족의 역사적인 경험에 비추어 볼 때, 마지막 때에 적그리스도의 세력에 의해서 교회가 박해받는 기간을 오늘 본문에서 '마흔두 달'이라는 상징적인 수로 설명하고 있다는 사실을 알게 됩니다. 그러나 마흔두 달을 문자적으로 42개월이라고 생각할 필요는 없습니다. 그것은 단지 상징적인 수일 뿐입니다.

아무튼 마지막 때에 믿음의 공동체가 적그리스도의 세력에 의해서 짓밟히게 되겠지만, 그럼에도 불구하고 하나님은 경배하는 자들을 당신의 성전으로 삼아서 그들을 보호하며 장차 하나님의 나라를 완성해가겠다는 계획을 지금 말씀하고 계시는 것입니다.

두 증인의 활동

그렇게 거룩한 성이 짓밟히는 동안 하나님은 두 증인을 세우시겠다고 하십니다.

> 3또 내가 나의 두 증인에게 권세를 주리니 그들이 굵은 베옷을 입고 천이백육십일을 예언하리라. 4그들은 이 땅의 주 앞에 서 있는 두 감람나무와 두 촛대니…(계 11:3-4).

'증인證人'이란 법정에서 사실을 증언하는 사람입니다. 이에 해당되는 헬라어 '마르투스'(μάρτυς, martus)에서 영어 'martyr순교자'라는 단어가 나왔습니다. 그들은 '굵은 베옷'을 입고 '천이백육십 일'을 예언할 것이라고 합니다. 앞에서 언급했듯이 천이백육십 일은 마흔두 달과 동의어입니다. 그러니까 한편으로는 믿음의 공동체가 박해를 받는 동안, 두 증인이 하나님의 말씀을 대언한다는 것입니다. 그 내용은 굵은 베옷이 상복喪服임을 미루어보아 이 세상에 임할 하나님의 심판과 재앙에 대한 것으로 보입니다.

그런데 이들이 과연 누구를 가리키는 것일까요? '두 감람나무'와 '두 촛대'라는 말에서 실마리를 찾아볼 수 있습니다. 이 이미지는 스가랴에 등장합니다.

> 2그가 내게 묻되 네가 무엇을 보느냐. 내가 대답하되 내가 보니 순금 등잔대가 있는데 그 위에는 기름 그릇이 있고 또 그 기름 그릇 위에 일곱 등잔이 있으며 그 기름 그릇 위에 있는 등잔을 위해서 일곱 관이 있고 3그 등잔대 곁에 두 감람나무가 있는데 하나는 그 기름 그릇 오른쪽에 있고 하나는 그 왼쪽에 있나이다 … 14이

르되 이는 기름 부음 받은 자 둘이니 온 세상의 주 앞에 서 있는 자녀라 하더라(슥 4:2-3, 14).

여기에서 두 감람나무는 스가랴가 예언하던 당시의 대제사장 여호수아와 총독 스룹바벨을 가리킵니다. 그들에 의해서 성전 건축이 완료될 것을 말씀하고 있는 장면입니다. 그러나 요한계시록 본문과 달리 등잔대(촛대)는 두 개가 아니라 하나입니다. 이 이미지를 차용하고 있는 것임에는 틀림없지만, 그 안에 담고 있는 내용은 다르다는 사실을 알 수 있습니다. 그렇다면 두 증인two witnesses, 두 감람나무two olive trees, 두 촛대two lampstands 는 누구를 가리키는 것일까요?

지금까지 많은 사람들이 이 세 가지 쌍을 각각 어느 특정한 개인을 가리키는 것으로 해석하려고 애써왔습니다. 그러나 결론적으로 말씀드리자면 이들은 모두 하나이고, 또한 모두 믿음의 공동체인 '교회'를 의미합니다. 그렇다면 왜 '둘'일까요? 왜냐하면 둘은 유효한 증인의 최소한의 수이기 때문입니다.

사람의 모든 악에 관하여 또한 모든 죄에 관하여는 한 증인으로만 정할 것이 아니요 두 증인의 입으로나 또는 세 증인의 입으로 그 사건을 확정할 것이며…(신 19:15).

우리 주님께서도 제자들을 둘씩 짝지어서 파송하셨습니다(막 6:7). 그들은 하나님 나라의 증인으로 파송되었기 때문입니다. 최소한 두 명이 있어야 증인의 역할을 감당할 수 있습니다. 따라서 '두 증인', '두 감람나무', '두 촛대'는 모두 교회를 상징하고 있는 것입니다.

5만일 누구든지 그들을 해하고자 하면 그들의 입에서 불이 나와서 그들의 원수를 삼켜 버릴 것이요 누구든지 그들을 해하고자 하면 반드시 그와 같이 죽임을 당하리라. 6그들이 권능을 가지고 하늘을 닫아 그 예언을 하는 날 동안 비가 오지 못하게 하고 또 권능을 가지고 물을 피로 변하게 하고 아무 때든지 원하는 대로 여러 가지 재앙으로 땅을 치리로다(계 11:5-6).

그들은 하늘을 닫아 비가 오지 못하게 하고 물을 피로 변하게 하기도 합니다. 전자는 엘리야 이야기를, 후자는 모세의 이야기를 차용하고 있다는 것을 우리는 잘 알고 있습니다. 그렇다면 무슨 뜻입니까? 한편으로는 믿음의 공동체가 박해를 받겠지만, 그럼에도 불구하고 담대하고 능력 있게 복음을 증언하게 될 것을 이야기하고 있는 것입니다. 얼마동안 그렇게 할까요? 천이백육십 일, 즉 마흔두 달 동안입니다.

그 다음에는 어떤 일이 벌어질까요?

짐승과의 전쟁

무저갱으로부터 짐승이 올라옵니다.

7그들이 그 증언을 마칠 때에 무저갱으로부터 올라오는 짐승이 그들과 더불어 전쟁을 일으켜 그들을 이기고 그들을 죽일 터인즉 8그들의 시체가 큰 성 길에 있으리니 그 성은 영적으로 하면 소돔이라고도 하고 애굽이라고도 하니 곧 그들의 주께서 십자가에 못 박히신 곳이라(계 11:7-8).

이미 다섯 번째 나팔 재앙에서 무저갱의 뚜껑이 열렸고 전갈의 독침으로 무장한 메뚜기 떼들이 나왔습니다. 그러나 무저갱의 왕은 아직까지 등장하지 않았습니다. 바로 이때 무저갱으로부터 '짐승the beast'이 올라옵니다. 요한계시록에서 가장 처음으로 '짐승'이 언급되는 대목입니다. 뒷부분으로 가면서 여러 가지 종류의 짐승들이 점점 더 많이 언급되는데, 그 본질은 같습니다. 모두 하나님과 교회를 대적하는 '적그리스도'를 의미합니다.

짐승과의 전쟁에서 두 증인은 죽임을 당하고, 그들의 시체는 '큰 성 길'에 방치됩니다. 그런데 그 성은 영적으로 하면 '소돔'이요, '애굽'이라고 합니다. 소돔은 성적으로 방탕한 도시였고, 애굽은 하나님의 백성을 억압하고 박해하던 나라였습니다. 그 다음이 문제입니다. 주께서 십자가에 못 박히신 곳은 '예루살렘'입니다. 하나님의 성전이 있던 곳입니다. 그렇다면 '큰 성'이란 도대체 어디를 가리키는 것일까요?

> 9백성들과 족속과 방언과 나라 중에서 사람들이 그 시체를 사흘 반 동안을 보며 무덤에 장사하지 못하게 하리로다. 10이 두 선지자가 땅에 사는 자들을 괴롭게 한 고로 땅에 사는 자들이 그들의 죽음을 즐거워하고 기뻐하여 서로 예물을 보내리라 하더라(계 11:9-10).

'큰 성'에 대한 설명이 나옵니다. '백성들과 족속과 방언과 나라'입니다. '이 세상'을 가리키는 말입니다. 요한계시록 7장에서는 '각 나라와 족속과 백성과 방언'에서 아무도 능히 셀 수 없는 구원받은 큰 무리가 나와서 하나님을 찬양했습니다(7:9). 그런데 지금 교회가 박해를 당하고 죽임을 당했을 때 이 세상은 그것을 보고 즐깁니다. 이때의 '이 세상'은 하나님으로부터 인침을 받지 못한 불신자들을 가리킵니다. 그들이 즐거워하는 이유는, '두 선지자가 땅에 사는 자들을 괴롭게 했기 때문'입니다.

어떻게 괴롭게 했을까요? 하나님의 말씀으로 그들의 양심을 찔러 괴롭혔던 것입니다. 마음껏 죄를 즐기지 못하도록 했기 때문입니다. 그래서 교회가 죽임을 당했을 때 그들은 환호성을 지르며 잔치를 열고 선물을 주고받는다는 것입니다. 이 '큰 성'을 요한계시록 뒷부분에서는 '바벨론'이라고 부릅니다(14:8; 18:2). '큰 성 바벨론'은 하나님을 대항하는 모든 세력의 집합체입니다. 물론 그 두목은 적그리스도요 사탄입니다.

주님이 말씀하신 것처럼 세상에서 믿음의 공동체는 박해와 환난을 받게 되어 있습니다(요 16:33). 그것이 교회의 타고난 운명입니다. 하나님의 아들 예수 그리스도도 적대자들에 의해서 죽임을 당하셨습니다. 만일 예수 그리스도를 따르는 교회와 성도들이 박해를 받지 않는다면, 그것은 세상과 타협했기 때문입니다. 세상이 그들을 자기편이라고 생각하기 때문입니다. 진정한 교회는 언제나 세상으로부터 미움과 박해를 받게 되어 있습니다. 종말의 때에도 마찬가지입니다. 하나도 새삼스러울 것이 없습니다.

재림, 부활, 휴거

그러나 교회가 죽임을 당하고 세상으로부터 조롱과 수치의 대상이 된다고 해도 그 기간이 그리 오래 지속되지는 않습니다.

삼 일 반 후에 하나님께로부터 생기가 그들 속에 들어가매 그들이 발로 일어서니 구경하는 자들이 크게 두려워하더라(계 11:11).

예수님은 장사 지낸 지 '사흘' 만에 부활하셨습니다. 그런데 여기에서 '삼 일 반'은 무엇일까요? 이 또한 상징적인 수입니다. '사십이 주' 즉 '삼 년 반'이 긴 시간을 의미한다면, '삼 일 반' 또는 '반 이레'(단 9:27)는 상대적으로 아주 짧은 시간을 의미합니다.

교회가 비록 박해를 받고 죽임을 당한다고 하더라도, 그 기간은 그리

길지 않습니다. 왜냐하면 '하나님의 생기'가 그 속에 들어가 다시 살아날 것이기 때문입니다. 주님이 재림하실 때의 장면을 의미하는 것으로 보입니다. 그렇다면 무엇입니까? 주님의 재림이 '삼 일 반' 정도밖에 남지 않았다는 뜻입니다! 그 다음에는 과연 어떤 일이 벌어질까요?

> 하늘로부터 큰 음성이 있어 이리로 올라오라 함을 그들이 듣고 **구름을 타고 하늘로 올라가니** 그들의 원수들도 구경하더라(계 11:12).

교회가 구름을 타고 하늘로 올라갑니다. 물론 재림하시는 주님을 맞이하기 위해서입니다. 사도 바울은 주님의 재림 때에 일어날 사건에 대해서 다음과 같이 잘 정리해서 설명하고 있습니다.

> 16주께서 호령과 천사장의 소리와 하나님의 나팔 소리로 친히 하늘로부터 강림하시리니 그리스도 안에서 죽은 자들이 먼저 일어나고 17그 후에 우리 살아남은 자들도 그들과 함께 구름 속으로 끌어 올려 공중에서 주를 영접하게 하시리니 그리하여 우리가 항상 주와 함께 있으리라(살전 4:16-17).

주님의 강림이 제일 먼저 일어납니다. 그 다음에는 죽은 자들이 부활합니다. 그때에 살아있던 자들도 부활의 몸으로 변화됩니다. 그리고 함께 구름 속으로 끌어 올려 공중에서 주를 영접하게 됩니다. 그때 천국가족 재상봉 행사가 진행됩니다.

만일 이때 '부활한 두 증인'이 상징하고 있는 교회가 하늘로 올라가는 것을 '휴거'라고 한다면, 세대주의종말론자들이 주장하는 것처럼 '교회의 비밀 휴거'란 있을 수가 없습니다. 왜냐하면 "그들의 원수들도 구경할 것"이기 때문입니다. 교회의 원수들이 누구입니까? 교회를 박해하던 대적들입니다. 그 원수들에게는 어떤 일이 일어날까요?

> 그 때에 큰 지진이 나서 성 십분의 일이 무너지고 지진에 죽은 사람이 칠천이라.
> 그 남은 자들이 두려워하여 영광을 하늘의 하나님께 돌리더라(계 11:13).

거대한 지진이 일어나서 성의 십분의 일이 파괴됩니다. 그리고 그 지진으로 인해 칠천 명이 죽게 됩니다. 이 '칠천 명'은 엘리야 시대에 하나님이 남겨두신 사람들과 같은 수입니다(왕상 19:18). 엘리야 시대에 하나님을 향한 신실한 믿음을 가진 남은 사람만큼만 죽임을 당하는 것입니다. 게다가 아모스 선지자는 심판의 때에 십분의 구가 죽게 될 것을 예언했는데(암 5:3), 여기에서는 십분의 일만 파괴됩니다. 이 묘한 수의 대비는 "그 남은 자들이 두려워하여 영광을 하늘의 하나님께 돌렸다"는 말과 연결되어, 마치 교회를 박해하던 원수들도 마지막 때에 회개하게 되었다는 식의 해석을 낳기도 합니다.

그러나 그러한 주장은 비록 낭만적으로 보이기는 하지만 사실은 억지스러운 주장입니다. 그들은 두려움과 공포로 인해서 하나님께 영광을 돌렸다고 하나, 그 어디에도 회개했다는 징조가 보이지 않습니다. 그들이 하나님 앞에 가지고 있는 두려움은 열 가지 재앙을 모두 겪은 후에 바로와 그 신하들이 보인 태도와 전혀 다르지 않습니다. 두 번째 화를 통해서 이미 확인한 것처럼, 재앙 속에서 살아남은 불신자들은 회개하지 않고 오히려 귀신과 우상에게 절합니다(9:20). 그게 세상입니다.

따라서 생각보다 적은 수가 심판을 받은 것처럼 보이지만, 이것은 앞으로 다가올 더욱 큰 심판과 재앙의 전주곡에 불과합니다. 아직도 세 번째 화가 실행되지 않고 남아 있는 이유이기도 합니다.

종말론적 신앙생활

10장에서는 '작은 두루마리의 환상'을 통해서 "더 이상의 시간은 없다!"는 말씀과 "하나님의 비밀이 이루어질 것이다"라는 말씀이 선포되었습니다. 그리고 하나님의 말씀은 입에는 달지만 배에는 쓰다고 했습니다. 말씀대로 살아내는 것이 그만큼 힘들다는 뜻입니다. 이 말씀은 그 다음 11장의 '두 증인의 환상'으로 이어집니다.

두 증인의 환상은 종말의 때를 살아가는 교회의 모습을 이야기합니다. 대적에게 짓밟히는 상황에서도 더욱 담대하게 복음을 증언하다가 장렬하게 죽임을 당하는 믿음의 공동체의 모습을 그립니다. 그러나 주님이 재림하시는 날, 다시 부활하여 공중에서 주님을 맞이하게 될 것이라 했습니다. 그때까지 '삼 일 반' 남았습니다. 얼마 남지 않은 것입니다.

그렇다면 우리는 어떻게 해야 할까요? 조금만 더 참아내면 됩니다. 조금만 더 견뎌내면 됩니다. 조금만 더 말씀대로 살아내면 됩니다. 물론 쉽지 않습니다. 단지 예수 믿는다는 이유로 따돌림을 당하고 조롱을 받고 손해를 입고 때로는 죽임을 당하기까지 합니다. 죽고 난 후에도 장사를 치르지 못하고 세상 사람들의 구경거리가 되는 수치가 되기도 합니다. 속에서 부글거리고 울분이 치솟습니다.

그러나 조금만 더 참아내야 합니다. 조금만 더 견뎌내야 합니다. 조금만 더 말씀대로 살아내야 합니다. 그래서 속이 쓰라립니다. 창자가 뒤틀리고 간장이 끊어지듯 아픕니다. 그렇지만 우리의 입에 단 하나님의 말씀을 또 다시 먹으면서 참아내야 합니다. 얼마나 더 참아내야 할까요? '삼 일 반'입니다. 얼마 남지 않았습니다. 바로 이것이 우리 그리스도인의 종말론적 신앙생활인 것입니다.

오늘도 우리는 종말을 살아가고 있습니다. 우리에게 주어진 신앙의 경주를 끝까지 완주해내는 '이기는 자'가 되기를 간절히 소망합니다.

셋째 화와 하나님의 나라

계 11:14-19

'하나님 나라의 완성 교향곡'인 요한계시록의 2악장을 마치고, 앞 장에서부터 이미 3악장에 들어섰습니다. 그러나 두 번째 나팔 시리즈가 완전히 끝난 것은 아닙니다. 여섯째 천사의 나팔까지 계속 진행되어 오다가, 요한계시록의 특징인 중간 장의 삽입으로 인해서 잠시 중단되었지요. 이제는 나팔 시리즈를 마무리할 때가 되었습니다. 요한은 '셋째 화'가 속히 임한다는 경고로 다시 그 흐름을 이어가려고 합니다.

둘째 화는 지나갔으나 보라 셋째 화가 속히 이르는도다(계 11:14).

네 번째 나팔 후에 독수리가 등장하여 세 가지 화를 선포했습니다(8:13). 첫째 화는 메뚜기 재앙(9:1-11)이었고, 둘째 화는 마병대 재앙(9:12-21)이었습니다. 모두 불신자들에게 임하는 하나님의 심판이었습니다. 메뚜기는 무저갱에서부터 나왔고, 마병대는 유브라데 강을 넘어왔습니다. 메뚜기는 사람을 죽이지는 못하고 독침으로 고통을 주었습니다. 그러나 마병대는 삼분의 일의 사람을 죽였습니다. 재앙의 강도가 점점 강해지고 있음을 금방 알아차릴 수 있습니다.

이제 마지막 셋째 '화'가 진행될 차례입니다. 이번에는 어떤 무시무시한 일들이 벌어지게 될까요.

셋째 화의 반전

그런데 막상 뚜껑을 열어보니까 우리의 기대와는 전혀 다른 장면이 나타납니다.

> 일곱째 천사가 나팔을 불매 하늘에 큰 음성들이 나서 이르되 **세상 나라가 우리 주와 그의 그리스도의 나라가 되어** 그가 세세토록 왕 노릇 하시리로다 하니…(계 11:15).

우리의 기대는 불신자들이 이전보다 더 강한 심판과 재앙으로 멸망하는 모습을 보는 것이었습니다. 그러나 그런 모습은 보이지 않고 정반대로 하늘에 큰 음성들이 찬양하는 소리가 들립니다. 그 내용은 "세상 나라가 우리 주와 그리스도의 나라가 되었다"(The kingdom of the world is become of our Lord, and of His Christ)는 것과 "그가 세세토록 왕 노릇하신다"(He shall reign to the ages of ages)는 것입니다. 다시 말해서 하나님이 처음부터 계획하시고 목적하셨던 '하나님 나라의 완성'을 공식적으로 선포하고 있는 것입니다.

우리의 기대와 다르다고 해서 실망할 것이 전혀 아닙니다. 왜냐하면 바로 이것이 본래부터 하나님이 계획하고 이루어 오신 바로 '그 일'이기 때문입니다. 이 목적을 향해서 지금까지 달려온 것입니다. 그럼에도 불

구하고 이 상황을 의외로 받아들이게 되는 것은, 그동안 우리의 잠재의
식 속에서는 여전히 역사의 종말을 파멸로 인식해왔다는 반증입니다.

첫 번째 봉인 시리즈에서도 그랬지요. 일곱 번째 인이 떼어졌을 때
어떤 일이 벌어졌습니까? 하늘에 '침묵'이 있었습니다(8:1). 우리는 그것
을 뜻밖의 상황으로 받아들였습니다. 마치 아무 일도 일어나지 않은 것
처럼 생각했습니다. 그러나 스가랴의 말처럼, 하나님께서 이루시는 구원
의 역사 앞에서 사람들은 일단 잠잠할 수밖에 없는 것입니다(슥 2:13). 그
리고 그 다음에는 찬양이 터져 나오게 되는 것입니다.

그런데 우리는 성급하게 악인들이 망하는 꼴을 보려고 합니다. 그들
에게 임하는 심판과 재앙이 어떤 것인지 궁금해합니다. 이와 같은 인간
의 속성을 너무나 잘 알고 있기에, 그동안 요한계시록은 중간 장을 통해
서 우리의 시선을 거듭 환기시켜왔던 것입니다.

그러나 이 대목에 자세히 설명되어 있지 않다고 해서, 교회와 성도들
을 대적하던 적그리스도의 세력에 대한 하나님의 심판이 없었다고 성급
하게 판단하지는 마십시오. 셋째 '화'는 앞의 두 '화'보다 훨씬 더 크고 엄
중하게 실행되었습니다. 그 이야기는 세 번째 대접 시리즈의 마지막 부
분에 자세히 기록되어 있습니다.

17일곱째 천사가 그 대접을 공중에 쏟으매 큰 음성이 성전에서 보좌로부터 나서
이르되 되었다 하시니 18번개와 음성들과 우렛소리가 있고 또 큰 지진이 있어 얼
마나 큰지 사람이 땅에 있어 온 이래로 이같이 큰 지진이 없었더라. 19큰 성이 세
갈레로 갈라지고 만국의 성들도 무너지니 큰 성 바벨론이 하나님 앞에 기억하신
바 되어 그의 맹렬한 진노의 포도주 잔을 받으매 20각 섬도 없어지고 산악도 간
데 없더라. 21또 무게가 한 달란트나 되는 큰 우박이 하늘로부터 사람들에게 내리
매 사람들이 그 우박의 재앙 때문에 하나님을 비방하니 그 재앙이 심히 큼이러라
(계 16:17-21).

그러나 이것이 역사의 종말이 다다르게 될 종착역이 아닙니다. 그 결론은 오늘 본문에 기록되어 있습니다. "세상 나라가 우리 주와 그의 그리스도의 나라가 되어 그가 세세토록 왕 노릇 하시리로다"(11:15). 드디어 주님이 가르쳐주신 기도가 성취된 것입니다! 하나님의 뜻이 하늘에서 이루어진 것처럼 이 땅에서도 이루어지는 '그 일'이 완성된 것입니다!

그동안 '세상 나라'는 사탄이 통치하던 곳이었습니다. 죄와 사망의 권세로 사람들을 겁박하고 공포로 휘두르던 곳이었습니다. 교회와 성도들을 박해하고 죽이던 곳이었습니다. 그러나 이제는 '세상 나라'가 하나님이 통치하시는 '하나님의 나라'가 되었습니다. 하나님의 나라가 이 땅에 임하게 된 것입니다. 그러니 무엇부터 선포해야 하겠습니까? 적그리스도의 세력이 망한 것입니까? 아니면 하나님의 나라가 완성된 것입니까?

이십사 장로의 찬양

하나님 나라의 완성이 선포되자 이십사 장로들이 엎드려 하나님께 경배하며 다음과 같이 찬양합니다.

> 16하나님 앞에서 자기 보좌에 앉아 있던 이십사 장로가 엎드려 얼굴을 땅에 대고 하나님께 경배하여 17이르되 감사하옵나니 **옛적에도 계셨고 지금도 계신 주 하나님 곧 전능하신 이여** 친히 큰 권능을 잡으시고 왕 노릇 하시도다. 18이방들이 분노하매 주의 진노가 내려 죽은 자를 심판하시며 종 선지자들과 성도들과 또 작은 자든지 큰 자든지 주의 이름을 경외하는 자들에게 상 주시며 또 땅을 망하게 하는 자들을 멸망시키실 때로소이다 하더라(계 11:16-18).

이 찬양 중에서 우리가 눈여겨보아야 할 몇 가지 내용이 있습니다.

가장 먼저 주목해야 할 것은 "옛적에도 계셨고 지금도 계신 주 하나님"(17절)이라는 말씀입니다. 요한계시록의 첫 부분에서 하나님은 사도 요한에게 당신 자신을 가리켜서 이렇게 말씀하셨습니다.

주 하나님이 이르시되 나는 알파와 오메가라. 이제도 있고 전에도 있었고 장차 올 자요 전능한 자라 하시더라(계 1:8).

사도 요한이 직접 목격했던 천상의 예배 장면에서 네 생물이 이렇게 찬양했습니다.

… 거룩하다, 거룩하다, 거룩하다. 주 하나님 곧 전능하신 이여. 전에도 계셨고 이제도 계시고 장차 오실 이시라(계 4:8).

이 두 가지 본문과 오늘 본문의 이십사 장로의 찬양과 비교해보면 무엇이 달라졌습니까? 그렇습니다. '장차 오실 이'가 빠졌습니다. 미래 시제가 빠졌다는 것은 미래형이 더 이상 필요 없게 되었다는 뜻입니다. 왜입니까? 마지막 때가 이미 임했기 때문입니다. 더 이상의 기다림은 필요없게 된 것입니다. 지난 시간에 언급한 '삼일 반'의 시간이 그렇게 지나간 것입니다.

그 다음에 주목할 것은 "이방들이 분노한다"(The nations were angry)는 말씀입니다. 이것은 하나님의 능력에 도전하는 적그리스도의 마지막 발악을 암시하고 있습니다. 이미 지난 시간에 묵상한 '두 증인의 환상'을 통해서 교회와 성도들을 박해하고 죽이는 적그리스도의 세력을 살펴보았습니다. 그리고 그들의 발악은 망할 때까지 계속 이어집니다. 그 장면은 요한계시록 뒷부분에서 확인하게 될 것입니다.

그러나 하나님에 대해서 분노하고 대적한다고 해서 그들이 하나님을 이길 수는 없습니다. 주의 진노 앞에 그들은 굴복할 수밖에 없습니다. 시편기자가 이 진리를 다음과 같이 잘 표현해 놓고 있습니다.

> 1어찌하여 이방 나라들이 분노하며 민족들이 헛된 일을 꾸미는가. 2세상의 군왕들이 나서며 관원들이 서로 꾀하여 여호와와 그의 기름 부음 받은 자를 대적하며 3우리가 그들의 맨 것을 끊고 그의 결박을 벗어 버리자 하는도다. 4하늘에 계신 이가 웃으심이여, 주께서 그들을 비웃으시리로다(시 2:1-4).

하나님에 대해서 분노하고 대적하는 것처럼 어리석은 일은 이 세상에 없습니다. 하늘에 계신 하나님이 웃으실 일입니다. 메시지 성경의 표현대로 하면 "하나님께서 웃음을 터뜨리십니다"(God breaks out laughing). 그러니 어느 편에 설 것인지 잘 선택해야 합니다. 하나님을 대적하는 편에 설 것인지, 아니면 하나님 편에 설 것인지…. 줄 잘못 섰다가는 정말 큰일 납니다. '영생永生'과 '영벌永罰'이 그 선택에 달려 있습니다.

그 다음은 "**죽은 자를 심판하신다**"(to judge the dead)는 말씀입니다. 사람들은 흔히 "죽으면 그만"이라고 생각합니다. 아닙니다. 하나님은 죽은 자를 살려내어 심판하는 분이십니다. 그 이야기는 요한계시록 20장에 더 자세히 기록되어 있습니다.

> 12또 내가 보니 죽은 자들이 큰 자나 작은 자나 그 보좌 앞에 서 있는데 책들이 펴 있고 또 다른 책이 펴졌으니 곧 생명책이라. 죽은 자들이 자기 행위를 따라 책들에 기록된 대로 심판을 받으니 13바다가 그 가운데에서 죽은 자들을 내주고 또 사망과 음부도 그 가운데에서 죽은 자들을 내주매 각 사람이 자기의 행위대로 심판을 받고 14사망과 음부도 불못에 던져지니 이것은 둘째 사망 곧 불못이라. 15누구든지 생명책에 기록되지 못한 자는 불못에 던져지더라(계 20:12-15).

따라서 아무리 죽을죄를 지었다고 하더라도 스스로 목숨을 끊어버리는 극단적인 선택을 하면 안 됩니다. 오히려 평생을 속죄하며 살아야 합니다. 회개하고 예수님을 믿어 새사람이 되어야 합니다. 그러면 그의 이름이 생명책에 기록됩니다. 보십시오. 생명책에 기록되지 못한 사람들은 누구든지 둘째 사망에 던져진다고 하지 않습니까! 그러니 살아있을 동안에 하나님께 항복하는 것이 더 지혜로운 선택인 것입니다.

그 다음은 "**주의 이름을 경외하는 자들에게 상 주신다**"(rewarding your people who revere your name)는 말씀입니다. 하나님 나라에서 받게 될 상이 무엇일까요? 어떤 물질적인 보상으로 생각하는 사람들이 많이 있습니다. '내가 본 천국'에 흔히 등장하는 단골 메뉴가 바로 천국에서 살게 될 집에 대한 언급입니다. 어떤 사람은 호화로운 맨션에서 살지만, 어떤 사람은 다 쓰러져가는 초가집에서 산다고 합니다. 이 세상에서 살면서 세운 공로에 따라서 그렇게 차등 대접을 받는다는 것이지요. 그야말로 하나님이 배꼽잡고 웃으실 일입니다.

하나님께서 주실 상의 내용은 아시아의 일곱 교회에 주신 말씀에 이미 다 기록되어 있습니다. 에베소교회에는 "하나님의 낙원에 있는 생명나무의 열매를 주어 먹게 할 것"(2:7)을 약속하셨고, 서머나교회에는 "둘째 사망의 해를 받지 않을 것"(2:11)을 약속하셨습니다. 버가모교회에는 "감추었던 만나와 새 이름을 기록한 흰 돌을 주실 것"(2:17)을, 두아디라교회에는 "만국을 다스릴 권세"(2:26)를 약속하셨습니다. 사데교회에는 "흰 옷을 입을 것"(3:5)을, 빌라델비아교회에는 "하나님 성전에 기둥이 되게 할 것"(3:12)을 약속하셨습니다. 그리고 라오디게아교회에는 "주님의 보좌에 함께 앉게 해주실 것"(3:21)을 약속해 주셨습니다.

그 무엇보다 우리가 '어린 양의 신부'가 되어 있다는 것과 '하나님 나라의 보석'이 되어 있다는 것이 가장 큰 상급입니다(21:10). 하나님 나라에 들어가서 주님과 더불어 영원히 살 수 있다는 것보다 더 큰 상급이 어디에 있겠습니까? 그런데 이 세상에서 다 채우지 못한 물질적인 욕심을 하나님 나라에서 채우려고 덤벼들고 있으니, 그것을 어떻게 제대로 된 신앙이라고 할 수 있겠습니까? 그와 같은 탐심과 비뚤어진 호기심이 바로 요한계시록의 메시지를 오염시키는 주범인 것입니다.

마지막으로 주목할 것은 **"땅을 망하게 하는 자들을 멸망시키신다"**(destroying those who destroy the earth)는 말씀입니다. '하나님의 나라'는 이 세상을 구원하기 위하여 태초부터 계획하고 이루어 오신 하나님의 작품입니다. 그러나 아무나 구원받게 되는 것은 아닙니다. 구원받을 사람들과 멸망 받을 사람들이 따로 있습니다. 하나님이 멸망시키는 사람들은 누구입니까? '땅을 망하게 하는 자들'입니다. 하나님께서 창조해 놓으신 생태계를 탐욕의 죄로 파괴하는 자들을 하나님은 반드시 심판하십니다. 그렇게 함으로써 이 세상을 구원하시고 본래의 창조 질서를 회복하시고 하나님의 나라를 완성하시는 것입니다.

자, 이렇게 하나씩 살펴보니까 어떻습니까? 이십사 장로들의 찬양 속에 하나님이 목적하신바 그 모든 내용이 다 들어있지 않습니까! 그래서 '세상 나라'가 '하나님의 나라'가 되었다는 이 기쁜 소식을 가장 먼저 선포하고 있는 것입니다. 적그리스도와 그를 추종하던 세력이 망한 것 보다, 하나님의 뜻과 하나님의 나라가 이루어진 것이 우리에게 더욱 기쁜 일이기 때문입니다(눅 10:20).

하나님의 언약궤

일곱째 나팔 소리로 시작된 마지막 환상은 아주 의미심장한 장면으로 마칩니다. 그것은 하늘에 있는 언약궤를 보여주시는 것입니다.

이에 하늘에 있는 하나님의 성전이 열리니 성전 안에 하나님의 언약궤가 보이며

또 번개와 음성들과 우레와 지진과 큰 우박이 있더라(계 11:19).

모세는 하나님께서 보여주신 모양 그대로 성막을 만들었습니다(출 25:9). B.C. 587년 바벨론에 의해서 예루살렘 성전이 파괴되었을 때 지성소에 있었던 언약궤도 잃어버리고 말았습니다. 그렇지만 사람들은 언젠가 하늘에서 그 언약궤를 찾을 수 있을 것이라 생각해왔습니다. 그런데 사도 요한의 환상을 통해서 실제로 하늘에 있는 하나님의 성전이 열리고 그 성전 안에 언약궤가 있다는 사실을 확인하게 된 것입니다.

언약궤가 가지고 있는 여러 가지 상징적인 의미가 있지만, 그 중에서도 가장 중요한 것은 하나님이 사람들과 만나는 곳이라는 사실입니다.

거기서 내가 너와 만나고 속죄소 위 곧 증거궤 위에 있는 두 그룹 사이에서 내가 이스라엘 자손을 위하여 네게 명령할 모든 일을 네게 이르리라(출 25:22).

따라서 언약궤가 등장하고 있다는 것은 이제 사람들이 하나님과 만날 준비를 해야 한다는 표시입니다. 그것이 역사의 종말이 다다를 종착역입니다. 지난 시간에 살펴본 '두 증인의 환상'에서도 믿음의 공동체를 상징하는 '두 증인'이 부활하여 구름을 타고 하늘로 올라가는 장면이 나옵니다(11:12). 그렇게 하나님을 만나는 것이 바로 우리의 '종말'입니다.

그런데 모든 사람들이 하나님을 만나는 것은 아닙니다. 두 증인의 원수들은 올라가지 못하고 밑에서 구경만 하고 있었습니다. 하나님을 대적하고 교회와 성도들을 박해한 사람들에게 하나님과의 만남은 두려움이요, 공포일 것입니다. 그들에게는 머지않아 '번개'와 '음성들'과 '우레'와 '지진'과 '큰 우박'이 쏟아질 것입니다.

자, 그렇다면 역사의 종말이 '화'로 이해되어야 할까요? 아니면 하나님의 통치에 대한 '축제'로 이해되어야 할까요? 하나님의 통치를 온전히 받아들이지 못하고 오히려 하나님 나라를 대적하던 사람들에게는 분명 '화'가 될 것입니다. 그러나 하나님의 통치를 온전히 받아들여 믿음의 공동체 안에서 하나님 나라의 빛나는 보석으로 만들어진 사람들에게 역사의 종말은 어린 양의 혼인잔치가 벌어지는 '축제'가 될 것입니다.

우리 주님은 말씀하셨습니다.

> 그런즉 너희는 먼저 그의 나라와 그의 의를 구하라. 그리하면 이 모든 것을 너희에게 더하시리라(마 6:33).

이 땅에서부터 하나님 나라와 하나님의 뜻을 먼저 구하면서 살던 사람들이 주님께서 재림하실 때 하나님 나라의 주인공이 되는 것입니다. 그러나 세상의 물질적인 가치를 먼저 추구하고 나의 뜻이 이루어지기를 먼저 구하면서 살던 사람들은 하나님 나라에 들어가지 못합니다. 오늘 우리의 선택이 마지막 때 우리가 있게 될 자리를 예약하는 것입니다. 그래서 오늘이 바로 우리의 종말입니다. 이 종말의 때에 우리는 무엇을 먼저 구해야 하겠습니까?

하나님을 먼저 구하고, 하나님 나라를 먼저 구하고, 하나님의 뜻을 먼저 구하는 지혜로운 자들이 되기를 간절히 소망합니다.

여자와 붉은 용의 환상

계 12:1-17

  3악장은 '적그리스도에 대한 계시'의 말씀입니다. 하나님을 대적하는 사탄과 그의 추종자들이 마지막 때에 어떻게 출현하고 소멸되는지에 초점을 맞추고 있습니다. 그러나 여기에서도 주인공은 '적그리스도'가 아니라 '하나님'입니다. 적그리스도는 하나님이 펼쳐 가시는 구원의 역사에 훼방꾼으로 등장하지만 결국은 망하고 마는 존재입니다. 따라서 앞으로 전개되는 구원의 드라마에서 우리는 적그리스도의 활동이 아니라 하나님의 일하심에 주목해야 합니다.

  그런데 3악장은 아주 생소한 이미지와 환상들로 차고 넘칩니다. 지금까지는 나머지 성경 말씀의 도움을 받아 상징의 의미를 풀어내는 것이 가능했지만 이제부터는 양상이 많이 달라집니다. 어디까지가 성경적인 이야기인지, 또는 무엇이 신화적인 요소인지 잘 구분이 되지 않을 때가 많이 있습니다. 그래서 마치 볼거리가 많은 '마블 영화'를 보는 것 같습니다. 화려하고 역동적인 장면이 빠르게 이어지기는 하는데, 막상 그 속에 담긴 메시지의 맥을 잡기가 쉽지 않습니다.

그러나 요한계시록은 '계시'이며, '예언의 말씀'이며, 교회를 향한 '편지'입니다. 주님의 재림을 기다리며 준비하고 있는 교회와 성도들에게 주신 하나님의 말씀입니다. 물론 사도 요한 당대의 대중문화적인 요소가 많이 포함되어 있지만, 그것은 성경의 메시지를 돋보이게 하는 배경으로 사용되었을 뿐입니다. 배경에 시선을 빼앗겨 주인공을 놓쳐버리는 우를 범하면 안 됩니다. 따라서 모든 장면의 배경을 너무 자세히 알려고 하지 마십시오. 중요한 것은 하나님이 펼쳐나가시는 구원의 드라마이기 때문입니다.

요한계시록 12장은 크게 3막으로 나눌 수 있습니다. 1막에서는 여자와 용이 등장하고(1-6절), 2막에서는 용이 하늘의 전쟁에서 패해 쫓겨납니다(7-12절). 그리고 마지막 3막에서는 용이 여자를 박해하는 장면이 나옵니다(13-17절). 1막부터 차례대로 살펴보겠습니다.

1막: 여자와 용의 등장

가장 먼저 하늘에 한 여자가 등장합니다.

1하늘에 큰 이적이 보이니 해를 옷 입은 한 여자가 있는데 그 발 아래에는 달이 있고 그 머리에는 열두 별의 관을 썼더라 2이 여자가 아이를 배어 해산하게 되매 아파서 애를 쓰며 부르짖더라(계 12:1-2).

먼저 이 환상은 '하늘'에 펼쳐지는 '큰 이적'이라는 점을 이해할 필요가 있습니다. '이적'에 해당되는 헬라어 '세메이온'(σημεῖον, sēmeion)은 a sign표적, miracle기적, indication암시 등으로 번역되는 말입니다. 해와 달과 별들이 등장하고 있는 것으로 미루어보아 하늘의 별자리star sign를 해석하고 있는 장면처럼 보입니다. 마치 하늘에 걸려 있는 대형 스크린을 통해서 어떤 영화를 보고 있는 셈이지요.

아무튼 '해the sun'를 옷처럼 입고 '달the moon'을 발판 삼고 '열두 별'의 관을 머리에 쓴 '여자'가 하늘의 스크린에 등장합니다. 그런데 느닷없이 아이를 배어 해산의 고통에 소리를 지르고 있습니다. 너무 자세하게 해석하려 하지 말고, 일단 그 다음 장면으로 넘어가 보겠습니다. 이번에는 '붉은 용'이 등장합니다.

> 3하늘에 또 다른 이적이 보이니 보라 한 큰 붉은 용이 있어 머리가 일곱이요 뿔이 열이라. 그 여러 머리에 일곱 왕관이 있는데 4그 꼬리가 하늘의 별 삼분의 일을 끌어다가 땅에 던지더라…(계 12:3-4a).

'용'에 해당되는 헬라어는 '드라콘'(δράκων, drakōn)입니다. 영어 dragon이 여기에서 나왔습니다. 드라콘은 뱀 모양을 하고 하늘을 날아다니면서 입에서 불을 뿜어내는 신화 속의 괴물a mythical monster입니다. 그런데 여기에 등장하는 용은 머리가 일곱 개이고, 그 머리에 일곱 왕관을 쓰고 있습니다. 그리고 그 꼬리로 하늘에서 별 삼분의 일을 비워버립니다. 마치 자신의 힘을 과시하려는 듯이 말입니다.

여기까지만 보면 한 편에는 우아하고 화려한 모습의 임신한 여자가, 다른 한 편에는 자신의 힘을 과시하려고 하는 무섭게 생긴 용이 등장해 있는 것입니다. 이 둘 사이에 뭔가 심상치 않은 일이 벌어질 것이 충분히 예상되는 순간입니다.

> 4… 용이 해산하려는 여자 앞에서 그가 해산하면 그 아이를 삼키고자 하더니… (계 12:4b).

아니나 다를까, 용은 여자가 해산하는 아이를 자신의 먹잇감으로 삼으려고 기다리고 있었습니다. 바로 이 대목에서 사도 요한 시대의 독자들은 이 이야기가 그리스신화와 매우 비슷하다는 사실을 알아차립니다.

그것은 아폴로Apollo 신의 어머니인 레토Leto 이야기입니다. 레토가 제우스Zeus와 관계하여 임신하였을 때 헤라Hera의 사주를 받은 피톤Python이라는 포악한 용이 레토와 그가 해산할 아들을 죽이려고 합니다. 우여곡절 끝에 레토는 아폴로를 낳았고, 4일 후에 아폴로는 용을 추격하여 복수한다는 이야기입니다.

그러나 이어지는 이야기에서 독자들은 사도 요한의 환상과 그리스신화의 결정적인 차이를 발견하게 됩니다.

> 5여자가 아들을 낳으니 이는 장차 철장으로 만국을 다스릴 남자라. 그 아이를 하나님 앞과 그 보좌 앞으로 올려가더라. 6그 여자가 광야로 도망하매 거기서 천이백육십 일 동안 그를 양육하기 위하여 하나님께서 예비하신 곳이 있더라(계 12:5-6).

여자가 낳은 아들은 '장차 철장鐵杖으로 만국을 다스릴 남자'라고 합니다. 이 분은 누구를 가리키는 것일까요? 두아디라교회에 보낸 편지에서 '철장으로 만국을 다스리는 권세를 가진 분'이 이미 언급되었지요(2:27). 이 분은 바로 예수 그리스도입니다. 그러면 이야기가 완전히 달라집니다. 예수 그리스도의 성육신을 둘러싼 음모와 박해에 대한 비유로 바뀌게 되는 것입니다.

그런데 그 아이는 하나님의 보좌 앞으로 올라가고 여자는 광야로 도망가서 천이백육십 일 동안, 즉 마흔두 달 동안 도피처에 숨어서 지냅니다. 비록 예수님의 십자가 사건에 대한 언급 없이 출생에서 승천으로 곧바로 옮겨지지만, 요한계시록의 독자들은 그 나머지 이야기들을 충분히 인식하고 있었을 것입니다. 문제는 '여자'입니다. 여자를 단순하게 예수님의 어머니 마리아로 설명하기에는 뭔가 충분하지 않습니다. 그것은 뒤에서 다루도록 하겠습니다.

1막의 주제는 '성육신하신 예수 그리스도'입니다. '붉은 용'으로 상징되는 사탄은 예수 그리스도를 자신의 경쟁자로 생각하여 삼켜버리려고 합니다. 그는 베들레헴의 아기들을 몰살한 헤롯대왕으로 등장하기도 하고, 40일 금식 후에 주님을 시험하는 마귀로 등장하기도 합니다. 사사건건 주님을 훼방했던 바리새인들로 나타나기도 하고, 마침내 로마 권력의 힘을 빌어 십자가의 처형을 이끌어냈던 유대인의 종교지도자들로 나타나기도 합니다. 그러나 사탄의 시도는 실패로 끝납니다. 자신의 경쟁자를 파괴하는 대신에 오히려 하늘의 왕좌에 앉게 했으니 말입니다. 여기까지가 1막의 내용입니다.

2막: 용과 미가엘의 전쟁

이제 장면이 바뀌자 이번에는 뜬금없이 천사장 미가엘Michael이 이끄는 천사들과 용이 이끄는 군대 사이에 전쟁이 벌어지는 이야기가 나옵니다.

7하늘에 전쟁이 있으니 미가엘과 그의 사자들이 용과 더불어 싸울새 용과 그의 사자들도 싸우나 8이기지 못하여 다시 하늘에서 그들이 있을 곳을 얻지 못한지라. 9큰 용이 내쫓기니 옛 뱀 곧 마귀라고도 하고 사탄이라고도 하며 온 천하를 꾀는 자라. 그가 땅으로 내쫓기니 그의 사자들도 그와 함께 내쫓기니라(계 12:7-9).

미가엘은 이스라엘을 박해하는 세력들을 패배시킨 '천사장'입니다(단

10:13, 21). 미가엘은 하나님의 백성을 위한 하늘의 '보호자'이며, 사탄의 '대적자'입니다(유 1:9). 그런데 여기에서는 무슨 이유로 미가엘과 큰 용이 전쟁을 벌이게 되었는지, 또한 어떻게 그 용이 패하게 되었는지 설명하지 않습니다. 단지 큰 용이 미가엘과 싸웠고 패했고 땅으로 쫓겨났다고만 이야기합니다.

그리고 오히려 '큰 용'의 실체를 자세하게 밝힙니다. 그는 옛 뱀the ancient serpent이요, 마귀the devil요, 사탄Satan이요, 온 천하를 꾀는 자the deceiver라고 합니다. 11장에서는 짐승the beast으로 이미 소개되기도 했습니다(11:7). 이름은 다양하지만 실체는 하나입니다. 바로 '적그리스도'입니다. '큰 용'이 미가엘과의 전쟁에서 패한 진짜 이유는 그 다음에 나오는 '하늘의 음성'으로 드러납니다.

> 내가 또 들으니 하늘에 큰 음성이 있어 이르되 이제 우리 하나님의 구원과 능력과 나라와 또 그의 그리스도의 권세가 나타났으니 우리 형제들을 참소하던 자 곧 우리 하나님 앞에서 밤낮 참소하던 자가 쫓겨났고…(계 12:10).

우리말 번역에는 잘 표현되고 있지 않지만, 헬라어 원어에는 '구원'과 '능력'과 '나라'와 '권세'에 모두 정관사가 붙어 있습니다. 그러니까 '그 구원'(ἡ σωτηρία)과 '그 능력'(ἡ δύναμις)과 '그 나라'(ἡ βασιλεία)와 '그 권세'(ἡ ἐξουσία)가 나타났다는 것입니다. 왜 정관사가 붙어 있을까요? 그것은 하나님께서 오래전부터 계획하고 실행해오시던 구원의 역사를 언급하고 있기 때문입니다. 그 일이 드디어 이루어졌다는 뜻입니다.

그리고 그 결과로 하나님 앞에서 형제를 참소하던 자가 쫓겨났다고 합니다. 사탄Satan의 문자적 의미는 '대적자'입니다. 오늘 본문에 나온 참소자the accuser와 같은 뜻입니다. 그는 마치 법정에서 죄를 캐내어 지적하는 검사처럼, 늘 비난하고 깎아내리는 일을 하는 존재입니다. 예를 들어서 하나님은 욥을 의로운 자라고 생각하시지만, 사탄은 욥이 진정으로 하나님을 경외하는 것은 아니라고 주장합니다(욥 1:6-12). 매사가 그런 식입니다. 그 사탄이 드디어 쫓겨났다는 것입니다.

그런데 사실 이것은 우리가 기대하던 대답은 아닙니다. 우리는 미가엘이 사탄을 패퇴시키는 어떤 스펙터클한 액션을 기대했는데, 그런 이야기는 한마디도 꺼내지 않고 그냥 하나님의 구원과 능력과 나라와 그리스도의 권세가 나타났다고 합니다. 그래서 참소자가 하늘에서 쫓겨났다는 것입니다.

여기에서 우리는 미가엘과 사탄의 전쟁이 할리우드 영화에서 보는 천사와 악마가 겨루는 그런 싸움을 이야기하고 있는 게 아니라는 사실을 알게 됩니다. 오히려 예수 그리스도께서 십자가에서 이루신 구원의 역사를 설명하고 있는 것입니다!

이 대목에서 십자가를 앞두고 우리 주님이 하신 말씀을 되새겨볼 필요가 있습니다.

> 30 이제 이 세상에 대한 심판이 이르렀으니 이 세상의 임금이 쫓겨나리라 31 내가 이 땅에 들리면 모든 사람을 내게로 이끌겠노라 하시니 33 이렇게 말씀하심은 자기가 어떠한 죽음으로 죽을 것을 보이심이러라(요 12:30-32).

"땅에서 들린다"는 것은 십자가에 달려 죽으신다는 뜻입니다. 그런데 그렇게 함으로써 이 세상에 대한 심판이 집행되고, 또한 이 세상의 임금이 쫓겨난다고 합니다. '이 세상의 임금the prince of this world'은 사탄을 가리키는 말입니다. 그러니까 예수님의 죽으심으로 사탄이 패배할 것이라는 뜻입니다. "죽음으로 승리한다"는 것은 대단한 역설입니다. 이와 같은 역설을 우리는 과연 어떻게 이해해야 할까요?

이를 가장 잘 풀어서 설명한 사람이 바로 사도 바울입니다.

우리가 알거니와 우리의 옛 사람이 예수와 함께 십자가에 못 박힌 것은 죄의 몸이 죽어 다시는 우리가 죄에게 종노릇 하지 아니하려 함이니 이는 죽은 자가 죄에서 벗어나 의롭다 하심을 얻었음이라(롬 6:6-7).

우리의 옛 사람은 죄에게 종노릇 하고 있었습니다. '죄'를 '사탄'으로 바꾸면 더욱 실감납니다. 사탄은 우리의 죄를 끊임없이 참소하는 자입니다. 우리는 사탄에 매여서 꼼짝없이 그가 시키는 대로 종노릇하며 살 수밖에 없었습니다. 그런데 어린 양 예수님께서 우리의 죄를 대신 지고 십자가에 죽으심으로 우리의 죄가 없어졌습니다. 죄가 없어지고 나니까 사탄은 더 이상 우리에 대한 자신의 권리를 주장할 수 없게 된 것입니다.

33누가 능히 하나님께서 택하신 자들을 고발하리요. 의롭다 하신 이는 하나님이 시니 누가 정죄하리요. 34죽으실 뿐 아니라 다시 살아나신 이는 그리스도 예수시니 그는 하나님 우편에 계신 자요 우리를 위하여 간구하시는 자시니라(롬 8:33-34).

그렇습니다. 사탄은 예수 그리스도께서 깨끗하게 하신 성도들을 더 이상 비난할 수 없게 되었습니다. 그래서 사탄이 영적인 전쟁에서 보기 좋게 패배한 것입니다. 사탄은 힘의 열세로 인해 전쟁에 진 것이 아닙니다. 예수님의 대속사역으로 인해 패배한 것입니다. 그동안 사탄의 수하에서 종노릇하던 사람들이 예수 그리스도의 보혈로 구원받아 사탄의 수중에서 모두 벗어나 버렸기 때문입니다.

사탄의 수중에서 벗어났을 뿐만 아니라 이제는 적극적으로 사탄을 대적하며 살게 되었습니다. 그 이야기가 그 다음 말씀에 나옵니다.

또 우리 형제들이 어린 양의 피와 자기들이 증언하는 말씀으로써 그를 이겼으니 그들은 죽기까지 자기들의 생명을 아끼지 아니하였도다(계 12:11).

사탄은 '어린 양의 피' 앞에 아무런 힘을 발휘하지 못합니다. 순교를 각오하고 믿음을 지키는 성도들을 감당할 수 없습니다. 그런데 이것이 전부가 아닙니다. 3막으로 넘어가기 위한 중요한 단서가 언급됩니다.

그러므로 하늘과 그 가운데에 거하는 자들은 즐거워하라. 그러나 땅과 바다는 화 있을진저 이는 마귀가 자기의 때가 얼마 남지 않은 줄을 알므로 크게 분내어 너희 에게 내려갔음이라 하더라(계 12:12).

사탄이 하늘에서 완전히 쫓겨났다는 이야기를 '주기도문'으로 풀면, "뜻이 하늘에서 이루어진 것 같이"가 됩니다. 하늘에서는 사탄이 더 이상 발붙일 데가 없게 되었습니다. 그러나 하늘 아래의 땅과 바다는 다릅니다. 하나님의 뜻이 아직 완전히 이루어지지 않았습니다. 물론 구원받은 하나님의 백성들이 있습니다. 그들은 사탄을 대적하며 치열하게 살아가고 있기는 하지만, 아직도 대부분의 사람들은 죄의 종노릇하며 살아가고 있습니다. 그래서 사탄이 발붙일 데를 찾아서 내려온 것입니다.

그러나 그것은 자기의 때가 얼마 남지 않은 줄을 알고 있는 사탄의 마지막 발악입니다. 이 땅에 남아 있는 교회와 성도들은 사탄의 발악에 고통을 겪어야 할지 모릅니다. 그렇지만 결국에는 하나님의 뜻이 하늘에서 이루어진 것 같이 땅에서도 이루어지게 될 것입니다. 하나님의 나라가 완성될 것입니다. 여기까지가 2막입니다.

3막: 용과 여자의 후손

마지막 3막은 우리가 이미 예상하고 있던 장면이 펼쳐집니다. 땅으로 내려온 용은 이제 본격적으로 여자와 남은 자손들을 박해하기 시작합니다.

13용이 자기가 땅으로 내쫓긴 것을 보고 남자를 낳은 여자를 박해하는지라. 14그 여자가 큰 독수리의 두 날개를 받아 광야 자기 곳으로 날아가 거기서 그 뱀의 낯을 피하여 한 때와 두 때와 반 때를 양육 받으매 15여자의 뒤에서 뱀이 그 입으로 물을 강같이 토하여 여자를 물에 떠내려가게 하려 하되 16땅이 여자를 도와 그 입을 벌려 용의 입에서 토한 강물을 삼키니…(계 12:13-16).

여기에서 우리는 '남자를 낳은 여자'가 누구를 의미하는지 생각해보아야 합니다. '남자'가 예수 그리스도라면 '여자'는 그의 모친 마리아라고 해야 합니다. 그런데 용이 마리아 개인을 그렇게 집요하게 박해하고 있다고 생각할 수는 없는 일입니다. 결론적으로 말씀드리면, '여자'는 '하나님의 백성' 또는 '믿음의 공동체'를 상징하고 있습니다. 구약의 이스라엘과 신약의 교회를 모두 아우르는 개념입니다. 그 공동체를 통해서 메시아가 탄생했고, 또한 어린 양의 피로 구원받은 교회가 세워진 것입니다.

특히 3막에서 '여자'는 주님의 재림을 기다리는 교회이고, '그 여자의 남은 자손'(17절)은 성도들을 가리키고 있습니다. 요한계시록 11장의 '두 증인의 환상'에서 살펴본 것처럼 하나님의 백성은 성전으로 상징되었습니다. 그들은 적대적인 세력들에 의해 짓밟히며 마흔두 달 동안 박해를 받습니다. 여기에서도 똑같은 패턴의 이야기가 반복됩니다.

여자는 광야로 가서 '한 때와 두 때와 반 때'를 지내는데, 거기까지 사탄이 찾아와서 박해합니다. '때'에 해당되는 헬라어는 '카이로스'(καιρός, kairos)입니다. 'time' 또는 'season'으로 번역되는 말입니다. 여기에서 '한 때'는 '일 년'을 의미하는 것으로 보입니다. 그래야 '두 증인의 환상' 때의 '마흔두 달'(11:2)과 같은 기간이 되고, 1막에서 여자가 광야로 도망가 있던 '천이백육십 일'(12:6)과도 일치하게 되기 때문입니다.

그런데 우리의 시선을 끄는 한 가지 변화가 감지됩니다. 그것은 14절과 15절에서 '용'(드라콘, δράκων)을 '뱀'(오피스, ὄφις)으로 바꾸어 부르고 있다는 사실입니다. 물론 곧바로 16절에 '용'으로 다시 돌아오지만, 여기에는 사도 요한의 어떤 의도가 깔려있는 것으로 보입니다. 일곱 개의 머리와 열 뿔을 가진 무시무시한 짐승인 '용'은 곧 '옛 뱀'(12:9)이라는 사실을 넌지시 상기시켜 주고 있는 것입니다. 왜냐하면 곧이어 용이 여자의 자손과 싸우려고 하는 장면이 나오기 때문입니다.

> 용이 여자에게 분노하여 돌아가서 그 여자의 남은 자손 곧 하나님의 계명을 지키며 예수의 증거를 가진 자들과 더불어 싸우려고 바다 모래 위에 서 있더라(계 12:17).

이 구절은 다음 장으로 넘어가기 위한 연결 고리입니다. 13장에서는 바다에서 올라온 짐승과 땅에서 올라온 다른 짐승이 용과 합세하는 이야기가 나옵니다. 교회와 성도들을 향한 박해가 한층 더 강해질 것이 불을 보듯 뻔합니다. 그러나 하나님의 계명을 지키며 예수의 증거를 가지고 있는 '그 여자의 남은 자손'이 대결해야 하는 '용'은 사실 '옛 뱀'입니다. '옛 뱀'과 '여자의 자손' 이야기는 우리를 에덴동산으로 이끌어 갑니다. 하와를 꾀었던 뱀에게 하나님은 이렇게 저주하셨지요.

> 내가 너로 여자와 원수가 되게 하고 네 후손도 여자의 후손과 원수가 되게 하리니 여자의 후손은 네 머리를 상하게 할 것이요 너는 그의 발꿈치를 상하게 할 것이니라…(창 3:15).

이것은 예수 그리스도를 통한 인류 구원의 약속이면서, 동시에 믿음의 공동체가 사탄의 박해를 받지만 결국은 승리할 것을 약속해주시는 말씀입니다. 사탄은 기껏해야 성도들의 발꿈치나 상하게 할 뿐입니다. 예수 그리스도의 대속사건으로 인해서 더 이상은 어떻게 할 수 없게 되었기 때문입니다. 따라서 우리는 우리에게 주신 말씀을 붙잡고 예수 그리스도의 증인으로 남아있기만 하면 됩니다. 그러면 얼마든지 '이기는 자'가 될 수 있습니다.

그러나 사탄은 물론 가만히 있지 않을 것입니다. 마지막까지 발악할 것입니다. 혼자서 안 되면 여러 세력을 규합해서라도 어떻게든 교회와 성도들을 유혹하고 시험에 들게 하고 결국 넘어뜨리려고 할 것입니다. 그렇기에 우리는 어떤 경우에도 선줄로 생각하면 안 됩니다. 늘 겸손하게 "시험에 들게 하지 마옵시고, 다만 악에서 구하옵소서"라고 하나님께 기도해야 하는 것입니다.

우리가 두려워할 것은 적그리스도가 아닙니다. 그가 아무리 대단한 존재라고 해도 어린 양의 피로 인침을 받은 우리를 어떻게 할 수 없습니다. 그렇기 때문에 우리가 정말 두려워해야 할 것은 하나님의 백성으로서 우리의 정체성을 잃어버리는 것입니다. 예수 안에서 삶의 자리를 잃어버리는 것입니다. 우리는 '이기는 자'로 부름을 받았습니다. 어떤 어려움과 환난 속에서도 끝까지 믿음의 길을 걸어갈 수 있기를 간절히 소망합니다.

바다에서 나온 짐승의 환상

계 13:1-10

앞 장에서 우리는 '여자와 붉은 용의 환상'을 살펴보았습니다. '여자'는 믿음의 공동체인 구약의 '이스라엘'과 신약의 '교회'를 모두 아우르는 하나님의 백성을 상징한다고 했습니다. 그리고 '붉은 용'은 하나님의 백성을 대적하고 박해하는 '사탄' 즉 '적그리스도'의 세력을 상징한다고 했습니다. 처음에 사탄은 그리스도를 삼키려고 하다가 실패하고, 그 후에는 여자를 해치려고 하지만 그것도 여의치 않게 되자, 마지막에는 여자의 후손인 그리스도인을 공격의 대상으로 삼게 됩니다.

이것은 종말의 마지막 단계에 대한 설명이라기보다는, 예수 그리스도의 성육신 사건을 둘러싼 적그리스도의 활동과 주님이 재림하실 때까지 계속되는 박해받는 교회의 현실을 요약하여 설명하고 있는 것입니다. 그러나 어린 양의 대속사역은 이미 사탄에게 치명적인 패배를 안겼습니다. 그가 아무리 대단한 권세와 능력을 가지고 있다고 하더라도 어린 양의 피로 인침을 받은 사람들에게는 더 이상 아무런 해도 끼치지 못합니다.

물론 사탄이 가만히 있지는 않습니다. 마지막 때에는 자신의 하수인을 총동원하게 될 것입니다. 그들이 바로 요한계시록 13장에 등장하는 '두 마리의 짐승the Two Beasts'입니다. 말하자면 적그리스도의 세력들이 연합하게 되는 것입니다. 그들은 모든 수단과 방법을 사용하여 어떻게든 교회와 성도들을 유혹하고 시험에 들게 하려고 마지막까지 발악을 하게 될 것입니다. 그 일들이 이제 막 펼쳐지려고 하는 상황인 것입니다.

무법자와 큰 배교

그런데 본문에 들어가기에 앞서서, 우리는 주님의 재림 때에 일어날 일들에 대한 사도 바울의 언급을 살펴볼 필요가 있습니다. 데살로니가교회에 보낸 편지에서 그는 주님의 재림 직전에 등장하게 될 '무법자the Anarchist'와 그들의 활동으로 일어날 '큰 배교the great Apostasy'에 대해서 예고하고 있습니다. 그 이야기를 먼저 살펴보는 것이 오늘 본문을 이해하는데 큰 도움이 될 것입니다.

> 3누가 어떻게 하여도 너희가 미혹되지 말라. 먼저 **배교하는 일이** 있고 저 **불법의 사람** 곧 **멸망의 아들이** 나타나기 전에는 그 날이 이르지 아니하리니 4그는 대적하는 자라. 신이라고 불리는 모든 것과 숭배함을 받는 것에 대항하여 그 위에 자기를 높이고 하나님의 성전에 앉아 자기를 하나님이라고 내세우느니라(살후 2:3-4).

여기에서 '그 날'은 주님이 재림하시는 날을 가리킵니다. 당시 데살로니가교회에는 주님의 재림이 이미 이루어졌다고 주장하는 사람들로 인해 혼란이 빚어지고 있었습니다. 그런 잘못된 주장에 미혹되지 말라고 하면서, 바울은 그 날이 이르기 전에 먼저 '두 가지 일'이 있을 것이라고 이야기합니다. 그것은 '배교하는 일'과 '불법의 사람이 나타나는 일'입니다. 메시지 성경은 이 부분을 다음과 같이 풀이합니다.

> 그날이 오기 전에 몇 가지 일이 일어날 것입니다. 먼저, 배교하는 일이 있을 것입니다. 그런 다음, 무법자 곧 사탄의 개가 등장할 것입니다(살후 2:3_ 메시지).
> Before that day comes, a couple of things have to happen. First, the Apostasy. Second, the debut of the Anarchist, a real dog of Satan(MSG).

'배교하는 일the Apostasy'과 '무법자의 등장the debut of the Anarchist'이 일어나야 주님의 재림이 이루어진다는 것입니다. 이 두 가지 일에 대해서 조금 더 자세히 살펴볼 필요가 있습니다.

먼저 배교하는 일입니다. 이에 해당하는 헬라어는 '아포스타시아'(ἀπο-στασία, apostasia)인데, 이는 '떠나다leave, depart'라는 뜻의 '아포apó'와 '서다stand'라는 뜻의 '히스테미hístēmi'가 합성되어 생긴 말입니다. 그러니까 배교란 '본래 서 있던 자리에서 떠난 것'을 말합니다. 배교자들이 본래 서 있던 자리가 어디일까요? 그렇습니다. 그리스도 안in Christ입니다. 교회 안in Church입니다. 믿음의 공동체인 교회에 몸담고 신앙생활 하던 사람이 그 자리를 떠났을 때, 그것을 가리켜서 우리는 배교背敎라고 하는 것입니다.

그런 의미에서 배교의 원조는 가룟 유다라고 말할 수 있습니다. 그는 주님께서 제자로 불러주셨을 뿐만 아니라, 그 중에서도 특별히 사도로 세워주신 사람입니다(눅 6:13, 16). 제자 공동체에서 특별히 '돈궤를 맡는' 중책을 가지고 있었습니다(눅 12:6). 그러나 그는 결정적인 순간에 대제사장들과 장로들에게 은 30을 받고 주님을 팔아넘겼지요. 하나님의 아들로 믿고 따르던 스승을 배신하고 그를 떠나간 것입니다. 이것이 바로 전형적인 배교입니다.

그러나 바울이 언급하고 있는 배교는 그런 일반적인 경우가 아닙니다. 이렇게 말하는 이유는 '아포스타시아'(ἀποστασία) 앞에 영어 'the'에 해당되는 정관사 '헤'(ἡ, hē)가 붙어있기 때문입니다. 그러니까 그냥 '하나의 배교an apostasy'가 아니라 바로 '그 배교the apostasy'입니다. 바울이 말하는 '그 배교'란 무엇을 가리키는 것일까요?

이것은 불법의 사람 혹은 무법자의 등장과 깊은 관계가 있습니다. 우리말 불법의 사람에서 '불법'으로 번역된 헬라어는 '아노미아'(ἀνομία, anomia)입니다. 이는 부정어(not) '아ἀ'와 '법law'을 뜻하는 '노모스nómos'가 합성된 말입니다. 이것을 NIV 성경은 'lawlessness'로 번역하고 있는데, 이것은 사실 불법不法보다는 무법無法으로 번역하는 것이 더 적절합니다.

바로 여기에서부터 가치관이나 도덕 기준이 없는 '사회적인 혼돈 상태'를 뜻하는 영어 'anomie'라는 말이 나왔습니다. 메시지 성경이 '불법의 사람'을 'the Anarchist'(무정부주의자, 무법자)로 번역하고 있는 것도 바로 이 때문입니다. 그러나 성경이 말하는 '법nómos'은 단지 사회적인 규범이나 기준만을 의미하지 않습니다. 오히려 기록되었거나 직접 선포되고 있는 살아 있는 '하나님의 말씀'을 의미합니다. 그러니까 불법의 사람이란 하나님의 말씀을 완전히 무시하고 제멋대로 사는 무법자를 뜻하는 것입니다.

바울은 이 '불법의 사람'을 '멸망의 아들the son of destruction'이라고도 표현합니다. 우리말 멸망에 해당되는 헬라어는 '아폴레이아'(ἀπώλεια, apōleia)인데, 이는 그냥 망하는 정도가 아니라 지옥에서 영원히 계속되는 벌perdition을 의미합니다. 즉, 영원한 하나님의 심판을 받게 될 사람을 가리켜서 멸망의 아들이라고 말하고 있는 것이지요. 그러니까 불법의 사람은 결국에는 멸망의 아들이 될 수밖에 없습니다.

실제로 우리 주님께서 제자들을 위해 중보기도하시면서 이 '멸망의 아들'에 대해서 말씀하신 적이 있습니다.

내가 그들과 함께 있을 때에 내게 주신 아버지의 이름으로 그들을 보전하고 지키었나이다. 그 중의 하나도 멸망하지 않고 다만 멸망의 자식뿐이오니 이는 성경을 응하게 함이니이다(요 17:12).

여기에서 우리 주님이 언급하고 있는 '멸망의 자식the son of destruction'이, 바로 데살로니가후서에서 바울이 말하고 있는 멸망의 아들입니다. 그런데 주님은 누구를 가리켜서 이렇게 말씀하고 계시는 것일까요?

지금 주님은 제자들을 위해서 중보기도를 하고 계시다고 했습니다. '그들'은 주님의 제자들입니다. 그런데 그들 중에 하나도 멸망하지 않고 오직 멸망의 자식만 망했다고 합니다. 그렇다면 멸망의 자식은 누구를 가리킬까요? 그렇습니다. 주님을 배신하고 떠난 가룟 유다를 가리키는 말입니다. 그러니까 가룟 유다는 배교를 했을 뿐만 아니라, 그 일로 인해서 결국 멸망의 자식이 되고 말았던 것입니다.

그러나 바울은 지금 가룟 유다를 염두에 두고 이 말을 하고 있는 것은 아닙니다. 바울은 주의 날, 즉 주님이 재림하시는 날이 이르기 전에 나타날 두 가지 구체적인 일에 대해서 말하고 있습니다. 그렇다면 바울이 말하는 그 배교the apostasy와 그 무법자the Anarchist는 각각 무엇을 의미하며 또한 누구를 가리키는 것일까요? 그 대답을 요한계시록 13장에서 찾을 수 있습니다.

바다에서 나온 짐승

먼저 바다에서 올라온 짐승에 대해서 살펴보겠습니다.

¹내가 보니 바다에서 한 짐승이 나오는데 뿔이 열이요 머리가 일곱이라. 그 뿔에는 열 왕관이 있고 그 머리들에는 신성 모독 하는 이름들이 있더라. ²내가 본 짐승

은 표범과 비슷하고 그 발은 곰의 발 같고 그 입은 사자의 입 같은데 용이 자기의

능력과 보좌와 큰 권세를 그에게 주었더라(계 13:1-2).

우리말 성경은 '내가 보니'로 시작하고 있지만, 대부분의 영어 성경은
"The dragon stood at the shore of the sea"로 시작하고 있습니다. 우리말
성경의 12장 끝에 "용이··· 바다 모래 위에 서 있더라"(12:17b)로 번역된
바로 그 부분입니다. 이것은 앞으로 등장할 '두 마리의 짐승'과 '용'의 관
계를 설명하기 위한 아주 중요한 재배치라고 봅니다. 그러니까 '바다에
서 나오는 짐승the Beast out of the Sea'과 '땅에서 나오는 짐승the Beast out of the Earth'
그리고 '龍the Dragon'이 모두 한 자리에 등장하고 있는 것이지요.

어떤 학자는 이를 가리켜서 '사탄의 삼위三位'라고 표현하기도 합니다.
마치 성부 성자 성령 하나님이 삼위이면서 한분이듯이, 사탄 역시 삼위
이지만 결국 하나라는 것입니다. '두 마리의 짐승'을 사도 바울이 단수인
'그 무법자the Anarchist'로 표현하고 있는 이유를 충분히 짐작할 수 있는 대목
입니다. 두 마리의 짐승은 그 무법자에 대한 메시지 성경의 풀이(살후 2:3)
처럼 모두 사탄의 앞잡이a dog of Satan일 뿐만 아니라, 사탄과 동격이기 때문
입니다. 그러니까 '바다에서 나온 짐승'이든 '땅에서 나온 짐승'이든 모두
마지막 때에 교회와 성도들을 박해하기 위해서 등장하는 '용'의 또 다른
분신일 뿐입니다.

아무튼 바다에서 나오는 짐승에게는 뿔이 열이고 머리가 일곱이고
열 개의 뿔에 열 왕관이 있다고 했습니다. 이는 용의 것과 아주 비슷합니
다(계 12:3). 다른 점이 있다면 용에게는 단지 일곱 왕관이 있다는 것입니
다. 바다에서 나오는 짐승은 표범a leopard의 몸을 가졌고, 그 발은 곰a bear과
같았고, 사자a lion의 입을 가지고 있다고 하는데, 이 또한 붉은 용과 외모
에 있어서 구분됩니다.

이러한 이미지는 다니엘이 본 환상에 이미 등장하고 있는 것들입니

다. 다니엘은 하나님의 나라가 도래하기 이전에 일어나는 왕국들에 대해서 이야기하면서, 첫 번째는 '사자'와 같고 두 번째는 '곰'과 같고, 세 번째는 '표범'과 같고 네 번째는 '열 뿔'을 가졌다고 설명합니다(단 7:1-8). 오늘 요한계시록 본문은 이 모든 특징들을 바다에서 올라오는 '한 짐승'에게로 집약시키고 있는 것입니다.

특히 다니엘서에 등장하는 네 번째 짐승에 대한 설명이 우리의 눈을 사로잡습니다.

25그가 장차 지극히 높으신 이를 말로 대적하며 또 지극히 높으신 이의 성도를 괴롭게 할 것이며 그가 또 때와 법을 고치고자 할 것이며 성도들은 그의 손에 붙인 바 되어 한 때와 두 때와 반 때를 지내리라. 26그러나 심판이 시작되면 그는 권세를 빼앗기고 완전히 멸망할 것이요…(단 7:25-26).

'한 때와 두 때와 반 때'는 요한계시록에서 용이 여자를 박해하던 때와 정확하게 일치합니다(계 12:14). 그러니까 지금 다니엘은 마지막 때에 있을 적그리스도의 활동에 대해서 설명하고 있는 것입니다. 다니엘 시대에 이와 같은 예언이 선포되고 있다는 것이 참으로 놀라운 일입니다. 하나님은 이미 오래전부터 역사의 종말을 준비하고 계셨다는 사실을 이를 통해서 확인할 수 있는 것입니다.

적그리스도의 특징들

그 짐승의 가장 큰 특징은 어린 양을 모방하고 있다는 것입니다.

3그의 머리 하나가 상하여 죽게 된 것 같더니 그 죽게 되었던 상처가 나으매 온

땅이 놀랍게 여겨 짐승을 따르고 4 용이 짐승에게 권세를 주므로 용에게 경배하며
짐승에게 경배하여 이르되 누가 이 짐승과 같으냐, 누가 능히 이와 더불어 싸우리
요 하더라. 5 또 짐승이 과장되고 신성 모독을 말하는 입을 받고 또 마흔두 달 동안
일할 권세를 받으니라(계 13:3-5).

짐승은 일곱 개의 머리를 가지고 있었다고 했습니다. 그 중의 하나가
상하여 거의 죽게 되었다가 그 상처가 나아서 살아나는 놀라운 이적을
보입니다. 그러자 온 땅이 그 짐승을 따릅니다. 이는 사도 요한이 목격한
어린 양의 모습(5:6), 즉 일찍이 죽임을 당했지만 여전히 살아계신 어린
양을 그대로 모방하여 따라하고 있는 것입니다.

거기에다가 그 짐승을 경배하는 사람들이 "누가 이 짐승과 같으냐.
누가 능히 이와 더불어 싸우리요"라고 말합니다. 이는 모세의 노래를 개
작한 것입니다. "여호와여 신 중에 주와 같은 자가 누구니이까? 주와 같
이 거룩함으로 영광스러우며 찬송할 만한 위엄이 있으며 기이한 일을 행
하는 자가 누구니이까"(출 15:11). 그렇게 하면서 그 짐승은 자화자찬하며
하나님을 모독하는 말을 거침없이 쏟아냅니다. 적그리스도의 특징은 이
처럼 하나님을 모방하면서 자신을 하나님의 자리에 내세우는 것입니다.

또 다른 한 가지 특징은 '비방'입니다.

짐승이 입을 벌려 하나님을 향하여 비방하되 그의 이름과 그의 장막 곧 하늘에
사는 자들을 비방하더라(계 13:6).

사탄은 본래 '참소자the accuser'였습니다. 바다에서 나온 짐승은 사탄의
능력과 권세를 받아서 대적하고 비방하는 일부터 시작합니다. 하나님을
향하여 비방하고, 하나님의 이름을 비방하고, 하늘에 사는 자들 즉 천상
의 존재들을 비방합니다. 그도 그럴 것이 사탄은 미가엘과의 전쟁에서

패배하여 하늘에서 완전히 쫓겨났습니다. 그러니 하나님에 대해서 좋게 이야기할 리가 없겠지요. 그 아버지에 그 자식이라고, 참소자였던 사탄처럼 바다에서 나온 짐승도 똑같이 참소자의 본색을 드러내고 있는 것입니다.

오늘날 이 땅에 우후죽순처럼 자라나는 이단들이 한결같이 기존의 교회와 목회자를 비방하는 것을 봅니다. 그것은 그들의 뿌리가 적그리스도에게 있다는 사실을 스스로 시인하는 꼴입니다. 물론 이 세상에 완벽한 교회란 없습니다. 그래서 세상 사람들에게 욕먹을 짓을 더러 하기도 합니다. 그 일들은 비판을 받아 마땅합니다. 그러나 건설적인 비판과 악의적인 비난은 전혀 다릅니다. 비판은 바로 세우기 위한 동기에서 하는 것이라면, 비난은 단순히 무너뜨리기 위한 목적에서 하는 행동이기 때문입니다.

성도의 패배

'용' 즉 사탄은 '바다에서 나온 짐승'에게 자신의 능력과 보좌와 큰 권세를 줍니다. 다시 말해서 사탄의 분신分身으로 삼은 것입니다. 그 최종적인 목적이 무엇일까요? 물론 그리스도인을 박해하여 배교하게 만드는 것입니다.

7또 권세를 받아 **성도들과 싸워 이기게 되고** 각 족속과 백성과 방언과 나라를 다스리는 권세를 받으니 8죽임을 당한 어린 양의 생명책에 창세 이후로 이름이 기록되지 못하고 이 땅에 사는 자들은 다 그 짐승에게 경배하리라(계 13:7-8).

여기에서 우리가 주목해야 할 말씀은 그 짐승이 용으로부터 권세를 받아 '성도들과 싸워서 이기게' 된다는 것입니다. 이는 12장에서 사탄이 '하늘의 전쟁'에서 패한 것과 정반대의 상황입니다. 하늘에서는 미가엘과 그의 사자들이 용과 그의 사자들과 싸워 이겼습니다. 그래서 용이 하늘에서 쫓겨나지 않았습니까? 그런데 땅에서는 용의 대리인인 그 짐승이 그리스도를 믿고 따르는 성도들과 싸워서 이깁니다.

성도들의 패배는 박해로 인해서 죽임을 당하고 순교를 당한다는 것을 의미할까요? 아닙니다. 믿음을 지키다가 순교한다면 그것은 패배가 아니라 승리입니다. 앞 장에서 우리는 어린 양의 죽음이 사탄에게 치명적인 패배를 안겼다는 사실을 살펴보았습니다. 또한 어린 양의 피와 증언하는 말씀으로 '이기는 형제들'에 대한 이야기도 보았습니다(12:11). 그들은 죽음으로써 오히려 승리했습니다!

그렇다면 적그리스도의 영적인 싸움에서 패배란 무엇을 의미할까요? 그렇습니다. 그것은 살기 위해서 적그리스도에게 굴복하는 것을 말합니다. 적그리스도와 적당히 타협하는 것입니다. 그리하여 또 다시 죄의 종노릇하며 살던 옛 사람으로 되돌아가는 것입니다. 이것이 바로 바울이 말하고 있는 배교The Apostasy입니다. 본래 서 있던 자리에서 떠난 것입니다. 그리스도 안in Christ에서, 교회 안in Church에서 떠난 것입니다.

8절에 보면 "어린 양의 생명책에 이름이 기록되지 못한 사람들은 모두 그 짐승에게 경배하게 된다"고 합니다. 사실 이것은 특별한 일이라고 할 수 없습니다. 그들은 본래 어린 양과 상관없는 사람들이었기 때문입니다. 그들은 세상에 속해있던 사람들입니다. 세상적인 가치관을 쫓아서 살던 사람들입니다. 그러니 그들이 '그 짐승'에게 경배하는 것은 지극히 자연스러운 일입니다.

그러나 영적인 싸움에서 성도들의 패배라는 관점으로 이 말씀을 다시 읽으면, '생명책에 이름이 적히지 않은 사람'이 아니라 '생명책에서 이름이 지워진 사람'이 보입니다. 사데교회에 주신 말씀에서 주님은 다음과 같이 약속하셨습니다.

> 내가 그 이름을 생명책에서 결코 지우지 아니하고 그 이름을 내 아버지 앞과 그의
> 천사들 앞에서 시인하리라(계 3:5).

이 말씀을 묵상하면서 우리는 예수 그리스도를 믿음으로 세례를 받을 때에 생명책에 이름이 기록되지만, 사람들 앞에서 주님을 부인하면 그 이름이 지워진다는 사실을 알게 되었습니다. 그래서 우리 주님이 하늘에 계신 아버지 앞에서 그 사람을 부인할 수밖에 없는 것이지요(마 10:33).

실제로 초대교회 성도들 중에는 순교자들만 있었던 것은 아닙니다. 오히려 극심한 박해를 견디지 못하고 사탄의 앞잡이에게 무릎 꿇는 성도들도 적지 않았습니다. 그처럼 마지막 때에 주님이 재림하시기 전에는 성도들 중에 수많은 사람들이 적그리스도와의 싸움에서 패배하여 무릎을 꿇게 되는 일이 벌어진다는 예언입니다. 이것이 바로 바울이 말하고 있는 '큰 배교the great Apostasy'입니다. 그 일은 땅에서 올라온 두 번째 짐승으로 인해 성취됩니다.

인내와 믿음

오늘 말씀을 묵상하면서 주님의 재림이 과거보다는 더 가까워지고 있는 것은 사실이지만, 아직 마지막 단계에 이른 것은 아니라는 느낌이 듭니다. 왜냐하면 요한계시록이 설명하고 있는 '큰 배교'와 같은 사건은 아직 일어나지 않았기 때문입니다. 그러나 분명한 것은 어떤 상황에서도 끝까지 믿음을 지키는 성도들이 여전히 있다는 사실입니다.

⁹누구든지 귀가 있거든 들을지어다. ¹⁰사로잡힐 자는 사로잡혀 갈 것이요 칼에 죽을 자는 마땅히 칼에 죽을 것이니 성도들의 인내와 믿음이 여기에 있느니라(계 13:9-10).

믿음을 지키다가 사로잡혀갈 수도 있고 칼에 죽임을 당할 수도 있지만, 그래도 성도들의 무기는 끝까지 참아내는 '인내'와 마지막 순간까지 지키는 '믿음'입니다. 메시지 성경은 이 부분을 "God's holy people passionately and faithfully stand their ground"라고 표현합니다. "하나님의 거룩한 백성은 열정적으로 또한 신실하게 그들의 자리에 서 있다"는 뜻입니다.

메시지 성경에 나오는 '열정적으로passionately'에서 'passion'은 '수난'(고통)을 의미합니다. 믿음을 지키는 것은 사실 고통스러운 일입니다. 그래도 끝까지 열정을 가지고 그것을 참아내며 자신이 서 있어야 할 자리에 서 있는 것, 그것이 바로 하나님 나라의 빛나는 보석으로 빚어지고 있는 성도들의 모습입니다. 그리고 그런 자들이 결국 하나님 나라의 주인공이 될 것입니다.

우리들도 마지막 순간까지 마땅히 있어야 할 자리에서 마땅히 해야 할 일을 감당하는 그런 충성스러운 믿음의 사람이 되기를 간절히 소망합니다.

땅에서 올라온 짐승의 환상

계 13:11-18

요한계시록 12장과 13장에는 이른바 사탄의 삼위三位가 등장합니다. 재미있는 것은 이들이 각각 다른 곳으로부터 등장한다는 사실입니다. 붉은 용의 모습을 한 사탄은 '하늘로부터' 땅으로 쫓겨 내려옵니다(계 12:13). 지난 시간에 살펴본 표범처럼 생긴 머리 일곱 개 달린 짐승은 '바다에서부터' 나옵니다(계 13:1). 그리고 오늘 우리가 살펴보게 될 어린 양 같은 두 뿔을 가진 짐승은 '땅에서부터' 올라옵니다(계 13:11). 그러니까 하늘과 바다와 땅에서부터 적그리스도의 세력들이 한자리로 집결하고 있는 것이지요.

그들이 모인 목적은 단 한 가지입니다. 교회와 성도들을 박해하여 배교하게 하는 것입니다. 그것은 이미 오래전부터 사탄이 해오던 주요 사업이었습니다. 이제는 그 사업을 바다와 땅에서 올라온 짐승들에게 위임하고 있는 것이지요. 그러나 그들은 사탄과 전혀 다른 존재가 아닙니다. 시대마다 조금씩 다른 모습으로 나타나지만, 결국 그들은 모두 사탄의 앞잡이요 사탄의 분신이라는 사실이 드러날 뿐입니다.

땅에서 올라온 짐승

특히 땅에서 올라온 짐승은 더욱 많은 그리스도인을 배교로 이끌어 갑니다.

> 11내가 보매 또 다른 짐승이 땅에서 올라오니 어린 양 같이 두 뿔이 있고 용처럼 말을 하더라. 12그가 먼저 나온 짐승의 모든 권세를 그 앞에서 행하고 땅과 땅에 사는 자들을 처음 짐승에게 경배하게 하니 곧 죽게 되었던 상처가 나은 자니라(계 13:11-12).

땅에서 올라온 두 번째 짐승 역시 '용'의 분신입니다. 그래서 "용처럼 말을 한다"(it spoke like a dragon)고 했습니다. 그러나 그 외모는 바다에서 올라온 첫 번째 짐승과 비교해서 조금은 덜 괴물스럽게 생겼습니다. 단지 두 개의 뿔만 있으니 말입니다. 이 역시 "어린 양 같다"고 합니다. 적그리스도의 어린 양 모방하기가 여기서도 반복되고 있는 것입니다.

그런데 두 번째 짐승이 하는 중요한 사명은 땅에 사는 사람들을 '처음 짐승' 즉 '바다에서 나온 짐승'에게 경배하게 만드는 것입니다. 앞에서 생명책에 이름이 기록되지 못한 사람들은 모두 처음 짐승을 경배하게 되었다고 했습니다(계 13:8). 그렇다면 두 번째 짐승이 목표로 삼는 사람들은 누구일까요? 그렇습니다. 처음 짐승을 경배하지 않던 사람들, 다시 말해서 생명책에 이름이 기록된 사람들입니다.

그들을 미혹하기 위해서 땅에서 올라온 짐승은 더욱 교활한 전략을 사용합니다.

> 13큰 이적을 행하되 심지어 사람들 앞에서 불이 하늘로부터 땅에 내려오게 하고

14짐승 앞에서 받은 바 이적을 행함으로 땅에 거하는 자들을 미혹하며 땅에 거하는 자들에게 이르기를 칼에 상하였다가 살아난 짐승을 위하여 우상을 만들라 하더라. 15그가 권세를 받아 그 짐승의 우상에게 생기를 주어 그 짐승의 우상으로 말하게 하고 또 짐승의 우상에게 경배하지 아니하는 자는 몇이든지 다 죽이게 하더라(계 13:13-15).

그는 먼저 '큰 이적'을 행합니다. 심지어 불이 하늘로부터 땅에 내려오게 합니다. 그리고 처음 짐승의 우상을 만들게 하고, 그 우상이 직접 말을 하게 만듭니다. 인류 역사상 엄청난 크기로 만들어진 우상은 있었지만, 입으로 직접 말을 하는 우상은 지금까지 없었습니다. 그러니 사람들이 충분히 미혹될만하지 않겠습니까? 그래도 우상에게 경배하지 않는다면 그 수에 상관없이 모두 잔인하게 죽입니다. 그런데 그게 전부가 아닙니다.

16그가 모든 자 곧 작은 자나 큰 자나 부자나 가난한 자나 자유인이나 종들에게 그 오른손에나 이마에 표를 받게 하고 17누구든지 이 표를 가진 자 외에는 매매를 못하게 하니 이 표는 곧 짐승의 이름이나 그 이름의 수라(계 13:16-17).

빈부귀천을 막론하고 짐승으로부터 표를 받지 못하면 아예 매매賣買를 못하게 합니다. 즉 사고파는 기본적인 경제활동을 원천적으로 봉쇄하는 것이지요. 그런데 짐승의 표를 강요당하기 전에 '하나님의 종들'은 이마에 인치심을 받은 상태입니다(계 7:3). 그리고 이마에 하나님의 이름이 새겨진 사람들만 장차 새예루살렘에 들어가서 하나님의 얼굴을 볼 수 있습니다(계 22:4).

그러나 문제는 언제나 현실입니다. 오른손에나 이마에 두 뿔 달린 짐승의 이름을 새기지 않는다면, 이 세상에서 경제활동을 하며 먹고 살 수 없도록 만들어 놓는 것입니다. 무슨 뜻입니까? 하나님이나 사탄 둘 중에서 하나만을 선택하라는 것이지요. 하나님을 선택하면 먹고 살 수가 없고, 사탄을 선택하면 하나님 나라에 들어가지 못합니다. 그렇다면 과연 누구를 선택해야 하겠습니까?

마음으로는 "하나님을 선택해야지…" 하겠지만, 경제적인 불이익을 감수하면서 게다가 살해의 협박을 당하면서까지 하나님을 계속 선택할 수 있는 사람들은 이 세상에 그리 많지 않습니다. 그래서 이때 안타깝게도 어린 양 생명책에 이름이 기록된 그리스도인들 중에서 '큰 배교the great Apostasy'가 일어나게 된다는 것입니다.

두 번째 짐승의 실체

그렇다면 이 무법자의 실체는 무엇일까요? 그에 대한 해석이 계속 이어집니다.

> 지혜가 여기 있으니 총명한 자는 그 짐승의 수를 세어 보라. 그것은 사람의 수니 그의 수는 육백육십육이니라(계 13:18).

그런데 이 해석이 오히려 사람들에게 더 많은 오해를 불러일으켰습니다. 특히 '666'이라는 상징적인 수를 둘러싸고 지금까지 얼마나 다양한 추론들이 생산되었는지 모릅니다. 문제는 그 대부분이 단지 흥밋거리로 만들어진 억지스러운 주장이라는 사실입니다. 그럼에도 불구하고 그것을 마치 사실인 양 받아들여 믿고 있는 사람들이 참 많이 있습니다. 요즘 가짜 뉴스에 쉽게 현혹되는 사람들처럼 말입니다.

사도 요한은 '666'을 분명히 '사람의 수'라고 설명했습니다. NIV 성경은 "it is the number of a man"이라고 번역합니다. 그러니까 '666'은 '한 사람a man'을 가리키는 수입니다. 그리고 이 무법자가 어떤 사람인지 알려면 '지혜'가 필요하다고 말합니다. 우리말 성경에는 '지혜가 여기 있으니…'라고 되어있지만, NIV 성경은 "This calls for wisdom"이라고 표현합니다. 그러니까 "이것은 지혜를 필요로 한다"는 뜻입니다.

여기에서 '지혜'로 번역된 헬라어 '소피아'(σοφία, sophia)는 세상적인 지혜가 아닙니다. 오직 하나님으로부터 주어지는 통찰력insight을 의미합니다. 우리 주님을 보고 사람들이 감탄할 수밖에 없었던 바로 그 '지혜'입니다(마 13:54). 따라서 이 '666'이라는 수도 세상적인 지혜나 이성적인 추론으로 풀려고 하면, 오히려 더 복잡해지고 이상한 해석이 나올 수밖에 없습니다. 오직 하나님의 지혜로부터 출발해야 제대로 풀립니다. 하나님의 지혜는 어디에 있습니까? 바로 성경에 담겨있습니다. 그래서 성경은 성경으로 풀어야 하는 것입니다.

그에 앞서서 '666의 실체'를 규명하기 위하여 지금까지 시도되어온 여러 가지 해석들을 한번 살펴볼 필요가 있습니다.

666과 게마트리아

'666'이라는 상징적인 수에 대한 가장 흔한 해석은 단어들을 조합하여 그 수에 해당되는 사람의 이름을 찾아보려는 시도입니다. 아라비아 수가 보편화되기 전에, 사람들은 알파벳에 수의 값을 붙여 사용했습니다. 이와 같이 알파벳을 수로 치환해서 암호와 비밀을 전달하는 방법을 '게마트리아Gematria'라 부릅니다. 이를 영어로는 'numerology'라고 하고, 우리말로는 '수비학數秘學'이라고 하지요.

예를 들어 구약성경의 히브리어 알파벳은 모두 22자인데, 처음 아홉 글자는 1부터 9까지의 수를, 다음의 아홉 글자는 10부터 90까지 10단위 수를, 나머지 네 글자는 100부터 400까지를 나타내는 그런 방식입니다.

헬라어나 라틴어도 그와 비슷하게 알파벳의 순서에 따라서 수의 값을 붙여서 사용했습니다. 따라서 사람의 이름도 얼마든지 수의 값으로 바꾸어서 해석할 수 있습니다.

자, 그렇다면 수 '666'을 게마트리아 방식으로 풀이한다면 과연 어떤 이름이 나오게 될까요? 가장 오래전의 기독교 문헌에서 등장한 이름은 바로 네로 황제Nero Caesar였습니다. 네로는 유대인과 그리스도인을 극심하게 박해했던 아주 악랄한 황제로 알려지고 있습니다. 심지어 가든파티를 하면서 사람을 횃불로 만들어(human torches) 태웠다고 합니다. 베드로와 바울을 순교자로 만든 장본인도 네로였습니다. 그러니 '666'에 아주 적합한 인물처럼 보이지 않습니까?

그러나 문제가 있습니다. 네로는 요한계시록이 기록되기 한참 전에 죽은 인물이라는 사실입니다. 게다가 신약성경이 기록된 헬라어가 아니라 굳이 히브리어로 바꾸어서, 그것도 잘 쓰지도 않는 철자법을 사용하여(Nero가 아니라 Neron으로 표기) 수를 억지로 맞추고 있다는 것도 문제입니다. 요한계시록에서 사도 요한은 주님이 재림하시기 직전에 등장하게 될 적그리스도의 무법자를 설명하고 있는데, 오래전에 죽은 인물을 염두에 두고 이야기했을 리가 없습니다.

그 다음에 기독교 문헌에 등장하는 이름은 '라테이노스Lateinos'입니다. 이것은 헬라어로 '라틴 말을 하는 사람the Latin speaking man'이란 뜻입니다. 당시의 로마제국을 '라틴 왕국the Latin Kingdom'이라고 불렀는데, 이는 기독교 역사상 교회와 기독교인을 가장 많이 박해한 정권이었습니다. 그러니까 앞에서 언급한 네로 황제는 아니지만, 아무튼 라틴 말을 하는 로마제국의 황제가 마지막 때에 '666'으로 등장하게 될 것이라는 풀이입니다.

이렇게 주장한 사람은 초대교회 교부였던 폴리캅Polycarp의 제자 이레니우스(Irenaeus, c. 130~202 A.D.)였습니다. 그는 초기 기독교 역사에 큰 흔적을 남긴 아주 유명한 신학자였습니다. 더군다나 그의 사부였던 폴리

칸이 사도 요한의 직계 제자였다는 점에서, '666'에 대한 그의 풀이를 신
빙성 있게 받아들이는 사람들이 많이 있었습니다.

그러나 이 또한 문제가 있습니다. 우선 'Lateinos'라는 단어가 당시에
일반적으로 사용되던 것이 아니었다는 사실입니다. 보통은 'e'(수 5에 해
당)가 없어야 합니다. 그 이야기는 '666'이라는 수를 맞추기 위해서 굳이
'e'를 삽입했다는 뜻이 됩니다. 게다가 '라틴 왕국'은 그 후에 기독교 국가
가 되었습니다. 그리고 라틴어는 로마 가톨릭교회의 공식용어가 되었습
니다. 지금도 공식적인 자리에서는 라틴어를 사용합니다. 그러면 가톨릭
교회를 대표하는 교황이 마지막 때에 등장하게 될 '그 무법자'라고 주장
할 수도 있지 않을까요?

놀랍게도 그렇게 생각하는 사람들이 더러 있습니다. 그렇지만 제가
볼 때에 그것은 오류에서 출발하여 더 큰 오류로 발전한 터무니없는 주장
일 뿐입니다. 그럼에도 불구하고, 실제로 로마 교황이 적그리스도 '666'
의 실체라고 주장하는 또 다른 해석이 등장했습니다. 이번에는 로마 교
황에게 붙여진 라틴어 직함인 'VICARIUS FILII DEI'(하나님의 아들을 대신
하여, in place of the Son of God이라는 뜻)를 게마트리아 방식으로 풀이했
더니 '666'이라는 수가 나온 것입니다.

그러나 그런 식으로 풀이하자면, 이 세상에 존재하는 어떤 이름도 다
가능합니다. 심지어 종교개혁자 마틴 루터Martin Luther도 얼마든지 '666'으
로 만들 수 있습니다. 실제로 중세 가톨릭교회에서는 루터의 이름을 히
브리어로 바꾸면 '666'이 된다고 하면서, 그를 적그리스도로 지목하고 개
신교의 종교개혁을 '배교'라고 폄하하기도 했습니다. 이 모두는 자기 입
맛에 따라서 종교적인 라이벌을 제거하기 위해서 갖다 붙인 얄팍한 계산
에서 나온 것이지, 하나님께서 주시는 통찰력에 근거한 풀이라고 말할
수 없습니다.

666과 상거래

그렇다면 '두 번째 짐승'에 대한 정보를 성경에서 얻을 수는 없을까요? 몇 가지 힌트가 있습니다. 그 중의 하나는 '666'이라는 수가 요한계시록 이외의 다른 곳에도 나오는지를 살펴보는 것입니다. 그랬더니 구약성경의 세 곳에 언급되고 있다는 사실을 발견하게 되었습니다. 그 중에서 바벨론 포로에서 돌아온 아도니감 자손의 수가 '666명'이었다는 에스라서의 기록은 사실 마지막 때의 일과는 아무런 상관이 없는 것으로 보입니다(에 2:13).

그러나 나머지 두 곳에는 아주 흥미로운 내용이 담겨있습니다. 모두 솔로몬 왕에 대한 기록입니다.

> 솔로몬의 세입금의 무게가 금 육백육십육 달란트요 그 외에 또 상인들과 무역하는 객상과 아라비아의 모든 왕들과 나라의 고관들에게서도 가져온지라(왕상 10:14-15; 대하 9:13-14).

솔로몬 왕이 일 년 동안 세입금으로 거두어들인 금의 무게가 '666' 달란트였다는 것입니다. 이 수가 우리의 주목을 끌고 있는 이유는 솔로몬이 국제적인 무역을 통해서 얻은 수익금이기 때문입니다. 솔로몬은 주전 10세기 사람이었습니다. 이스라엘이 위치하는 지리적인 이점을 잘 활용하여, 육상은 물론이고 해상을 통해서도 다른 나라와의 무역을 활발하게 추진했습니다. 솔로몬 당시에 거래되던 물품 목록이 공교롭게도 요한계시록 18장에 기록된 '큰 성 바벨론'의 상권을 통해서 거래되던 목록과 거의 일치하고 있습니다(왕상 10:14-29; 계 18:12-13).

그러니까 솔로몬의 '666'은 다른 나라와의 상품 매매를 통해서 얻은 경제적인 이익을 상징하는 수라고 할 수 있습니다. 만일 솔로몬이 주전 10세기에 시도했던 방식을 더욱 발전시켜서, 앞으로 전 세계의 상거래를 독점적으로 지배하는 어떤 유력한 사람이 나타나게 된다면, 그의 입김에 따라서 전 세계가 영향을 받을 수밖에 없게 될 것입니다. 실제로 세계경제의 글로벌화가 점점 더 가속되고 있는 오늘날에는 뉴욕증시가 기침을 하면 세계가 몸살을 앓게 되어 있습니다. 이와 같은 상황에서 만일 어느 특정인에게 경제적인 권력이 집중된다면, 그 영향력이란 솔로몬 시대와는 비교할 수 없을 정도로 엄청나게 될 것입니다.

이와 관련하여 한 가지 흥미로운 사실은 마지막 때에는 두 번째 짐승의 표를 받지 못한 사람들은 "매매를 하지 못하게 한다"는 언급입니다(계 13:17). 매매를 하지 못한다는 것은 가장 기본적인 경제활동을 할 수 없게 된다는 뜻이며, 이는 생존의 문제로 직결됩니다. 세계의 경제적인 권력을 독점적으로 실현하고 있는 어떤 막강한 개인이 실제로 등장한다고 가정해봅시다. 그래서 자신이 나누어주는 어떤 표식을 가지지 않으면 아예 경제활동을 할 수 없게 만든다면 그리고 거기에 어떤 종교적인 의미를 부여하여 기독교 신앙을 포기해야만 그 표식을 받을 수 있게 한다면, 과연 우리 그리스도인은 그것에 어떻게 대응하게 될까요?

바로 이와 같은 상황을 가정하여, 오늘날 상거래 편의를 위해 만들어놓은 바코드Bar Code가 성경이 말하고 있는 '666'의 표식이라고 주장하는 사람들이 생겨났습니다. 그들은 짐승의 표인 666이 들어있는 칩을 이마나 손에 받는 사람들은 결국 지옥에 가게 될 것이라고 말합니다. 특히 우리나라에서는 지난 1992년 시한부종말론이 한창 기승을 부릴 때 덩달아서 이런 주장들이 크게 유행하기도 했습니다.

하지만 현재 시중에 거래되는 상품 중에서 바코드가 부착되지 않은 것은 하나도 없습니다. 백화점에서 의류를 사든지, 아니면 동네 편의점에서 아이스크림 하나를 사려고 해도 바코드가 찍혀있는 것을 구입해야 합니다. 그렇다면 그것을 구입하고 판매하는 모든 사람들은 짐승의 표를 이용하는 종들이라는 뜻입니까? 만일 바코드가 사탄의 표식이라면, 굳이 이마나 손에 짐승의 표를 받을 필요도 없습니다. 이 세상 사람들은 이미 사탄의 종들이 되어있는 셈이기 때문입니다.

바코드를 666으로 신봉하는 사람들은 인터넷이나 컴퓨터 또한 바코드와 같은 종류라고 생각합니다. 실제로 '인터넷internet'이나 '컴퓨터computer'를 게마트리아 방식으로 풀이하여 '666'을 억지로 산출해내기도 합니다. 그러나 이러한 주장은 사람들의 관심을 끌 수 있을지는 모르지만, 결코 성경의 지지를 받을 수가 없습니다. 무엇보다도 요한계시록 본문에는 '그것은 사람의 수'(계 13:18)라고 분명히 기록되어 있습니다. 따라서 인터넷이나 컴퓨터, 또는 바코드를 666이라고 주장하는 것은 아예 첫단추부터 잘못 꿰고 시작한 것입니다.

그렇다면 사도 요한이 말하고 있는 적그리스도 '666'에 가장 근접한 역사 인물이 과연 누구일까요? 많은 학자들은 도미티아누스(Domitianus, 81~96 A.D.) 황제를 지목하고 있습니다. 그러나 만일 도미티아누스 황제가 '666'이었다면 곧바로 주님의 재림이 이루어졌어야 했습니다. 적그리스도 '666'의 실체를 규명하는 일은 아직도 미지의 숙제로 남아 있습니다.

그러나 한 가지는 분명합니다. 그리스도인을 배교하게 만드는 일에 적그리스도 사탄이 사용하게 될 최종적인 무기는 바로 '돈'이라는 사실입니다. 애굽의 바로가 이스라엘 백성들을 재물을 미끼로 마지막까지 붙잡아두려고 했지요. 첫 번째 짐승의 박해도 무섭지만, 돈을 앞세운 두 번째 짐승의 회유전략이 더욱 무섭습니다. 육체적인 박해로 인한 배교보다, 경제적인 협박으로 인한 배교가 더욱 큰 규모로 발생할 것이기 때문입니다.

따라서 우리는 마지막 때가 가까울수록 "하나님과 재물을 겸하여 섬기지 못한다"(마 6:24)는 주님의 말씀을 더욱 기억해야 합니다. 그리스도인을 배교하게 만드는 사탄의 치명적인 무기가 바로 재물입니다. 요즘 경제적인 이유로 주일을 성수하지 못하고 하나님을 섬기지 못하고, 아예 교회를 떠나가는 사람들이 점점 늘어나고 있는 현실을 볼 때에, 우리는 그날이 점점 가까워지고 있음을 피부로 느끼지 않을 수 없습니다.

'666'과 관련하여 성경이 우리에게 알려주는 마지막 힌트가 하나 더 남아 있습니다. 그것은 요한계시록 뒷부분에 기록되어 있습니다. 그 말씀을 묵상할 때에 자세히 설명하도록 하겠습니다.

사람들은 바다에서 나온 '첫째 짐승'과 땅에서 올라온 '둘째 짐승'의 역사적인 실체가 무엇인지, 또는 언제 나타날 것인지를 궁금해합니다. 특히 세대주의종말론자들은 그것을 규명하는 일에 사활을 겁니다. 왜냐하면 주님의 재림에 대한 시간표가 거기에 달려 있다고 확신하기 때문입니다.

그러나 우리는 질문을 바꾸어서, 그 짐승들이 나타나지 않았던 때가 언제였는지 한번 물어보아야 합니다. 우상숭배가 위협이 되지 않았던 때가 과연 있었던가요? 어린 양을 따르는 자들이 그들의 헌신을 포기하도록 하는 압박을 경험하지 않았던 적이 지금까지 과연 단한번이라도 있었습니까? 지금까지 모든 시대의 믿음의 공동체는 적그리스도의 위협과 대면해왔습니다. 언제나 배교의 유혹을 받아왔습니다.

'인내'와 '믿음'(계 13:10)은 모든 시대의 교회와 성도들을 위한 메시지입니다. 우리는 이미 종말의 시대를 살고 있음을 잊어버리지 않아야 합니다. 역사의 종말은 먼 훗날의 이야기가 아닙니다. 지금 이미 상당히 진행된 상태입니다. 적그리스도의 영 또한 마찬가지입니다. 물론 마지막 때에 '무법자의 등장'과 '큰 배교'가 있겠지만, 적그리스도의 영은 이미 우리 가운데에서 역사하고 있다는 사실을 기억해야 합니다.

우리는 '이기는 자'로 부름을 받았습니다. 매순간 매사에 하나님을 인정하고 하나님 편을 선택할 때 우리는 마침내 '이기는 자'로 주님 앞에 서게 될 것입니다.

마지막 때의 추수 환상

계 14:1-20

요한계시록 12장과 13장을 살펴보면서, 이 땅을 지배하고 있는 적그리스도의 세력에 대해서 어느 정도 윤곽을 그릴 수 있게 되었습니다. 그들은 미가엘과의 전쟁에서 패배하고 쫓겨난 큰 용과 바다에서 나온 일곱 머리 달린 짐승 그리고 땅에서 올라온 어린 양 같이 두 뿔이 있는 또 다른 짐승입니다. 이른바 '사탄의 삼위三位'입니다. 용이 하늘에서 쫓겨날 때 "땅과 바다는 화 있을진저…"(12:12)라고 경고했는데, 그 말씀대로 첫째 짐승은 바다를 지배하고, 둘째 짐승은 땅을 지배하는 일이 실제로 벌어지게 된 것입니다.

사탄은 속이는 일에 최고의 전문가the deceiver입니다(12:9). 하늘에서 쫓겨난 후에는 자신이 직접 나서지 않고 대리자인 '무법자the Anarchist'를 등장시켜 더욱 교활하게 세상을 속입니다. 하나님과 어린 양의 흉내를 내게 하고 이적을 행하고 스스로를 과장해 드러냄으로써 사람들의 눈을 현혹하고 하나님의 자리를 꿰차려고 합니다. 한편으로는 신체적인 억압과 박해로, 다른 한편으로는 경제적인 압박으로 성도들과 싸워 이깁니다. 표를 받지 못하면 아무도 경제활동을 하지 못하게 합니다. 그렇게 해서 바울이 말하고 있는 '큰 배교the great Apostasy'가 생겨나는 것입니다.

그러나 그것은 역사의 종말을 향해가는 과정에서 반드시 일어나야 할 일들입니다. 이제 드디어 주님이 재림주로 이 세상에 등장하실 때가 된 것입니다. 제아무리 '무법자'가 판을 치고 '큰 배교'의 사건이 벌어진다고 하더라도, 구원받을 사람들은 언제나 구원받습니다. 사로잡힐 자는 잡혀가고 칼에 죽을 자는 그렇게 죽임을 당한다고 하더라도, '인내'와 '믿음'으로 마땅히 있어야 할 자리를 끝까지 지키는 사람들이 있습니다(13:10). 그들이 바로 하나님 나라의 주인공들인 것입니다.

3악장은 '적그리스도에 대한 계시'의 말씀입니다. 그러나 여기에서도 주인공은 여전히 '적그리스도'가 아니라 '하나님'입니다. 적그리스도는 단지 하나님이 펼쳐 가시는 구원의 드라마에 훼방꾼이요, 적대자로 등장할 뿐입니다. 그들의 마지막은 심판이요, 멸망입니다. 따라서 우리가 주목해야 할 것은 하나님이 마침내 완성하실 '하나님 나라'입니다. 그 나라에 빛나는 보석이 되어가는 것입니다.

오늘 우리가 묵상하려고 하는 요한계시록 14장 말씀은 우리의 시선을 적그리스도의 활동에서 하나님이 이루어가시는 일로 향하게 합니다.

구원받은 무리들의 찬양

적그리스도의 세력들이 그렇게 바닷가에 진을 치고 있을 때, 그와 대조적으로 하나님의 어린 양은 시온 산에 자리하고 있습니다.

> 또 내가 보니 보라 어린 양이 **시온 산**에 섰고 그와 함께 십사만 사천이 서 있는데 그들의 이마에는 어린 양의 이름과 그 아버지의 이름을 쓴 것이 있더라(계 14:1).

'시온 산'은 하나님이 백성들을 다스리시는 장소라는 상징적인 의미를 가져왔습니다(사 24:23). 또한 창조주요 구원자이신 하나님께 예배를 드리는 장소이기도 합니다(시 146:10). 그런데 지금 이곳 시온 산에 '어린 양'과 '십사만 사천'이 서 있습니다. 이 장면은 재림하신 주님을 맞이하는 모임처럼 보입니다. '십사만 사천'은 하나님으로부터 인침을 받은 하나님의 종들입니다(7:4). 이들의 이마에는 어린 양의 이름과 아버지의 이름이 새겨져 있습니다.

　땅에서 올라온 짐승이 모든 사람들에게 그 오른손에나 이마에 표를 받게 하고 그 표가 없으면 경제활동을 하지 못하게 하는 장면을 살펴보았습니다(13:16-17). 그래서 적지 않은 수의 성도들이 배교자가 되었지요. 그런데 지금 시온 산에 모인 십사만 사천 명은 '짐승의 표'가 아니라 '어린 양의 이름'을 받았습니다. 극심한 박해와 환난과 협박과 회유 속에서도 끝까지 믿음을 지켜온 무리들이 재림하신 주님 앞에 그렇게나 많이 나온 것입니다!

　이들은 구원받은 감격을 새 노래로 표현합니다.

> 2내가 하늘에서 나는 소리를 들으니 많은 물소리와도 같고 큰 우렛소리와도 같은데 내가 들은 소리는 거문고 타는 자들이 그 거문고를 타는 것 같더라. 3그들이 보좌 앞과 네 생물과 장로들 앞에서 새 노래를 부르니 땅에서 속량함을 받은 십사만 사천 밖에는 능히 이 노래를 배울 자가 없더라(계 14:2-3).

　요한은 시온 산에 서 있는 어린 양과 십사만 사천 명의 구원받은 무리를 보고 있으면서, 동시에 하늘에서 나는 소리를 듣고 있습니다. 그 소리는 '많은 물소리' 또는 '큰 우렛소리'와 같다고 합니다. 그들은 거문고 타는 자들에 맞추어 찬양을 하고 있습니다. 보좌 앞과 네 생물과 장로들 앞에서 찬양을 하고 있다고 하는데, 이로 미루어보아 7장에 등장하는 수많은 무리의 천사들을 이야기하는 것으로 보입니다(7:11).

그들이 부르는 찬양은 '새 노래'였습니다. 그 내용이 여기에 등장하지는 않습니다. 하지만 어린 양이 봉인된 두루마리를 받으시던 장면에서 천상의 존재들이 부르던 바로 그 노래라는 것을 우리는 잘 알고 있습니다(계 5:9-10). '새 노래'의 내용은 어린 양이 인봉을 떼기에 합당하신 분이라는 것 그리고 그 이유는 십자가의 죽음을 통해서 피로 값을 치르시고 사람들을 사셨다는 것, 또한 그들을 하나님의 나라와 제사장으로 삼으셨다는 것, 마침내 그들이 주님과 더불어 왕 노릇하게 된다는 것을 골자로 하고 있습니다.

그런데 '새 노래'는 아무나 부를 수 있는 것이 아닙니다. 오직 땅에서 속량함을 받은 십사만 사천 명만 배울 수 있는 노래입니다. 성악의 훈련을 받은 전문가들만 부를 수 있다는 뜻이 아닙니다. 여기에서 십사만 사천 명은 믿음을 지켜 구원받은 사람들입니다. 그처럼 예수 그리스도를 통한 구원의 은혜를 직접 체험해보지 못한 사람들은 아무리 목소리가 좋다고 해도 새 노래를 부를 수는 없다는 것입니다.

그렇다면 과연 어떤 사람들이 새 노래를 부를 수 있을까요? 그 구체적인 설명이 뒤에 계속 이어집니다.

> 4이 사람들은 여자와 더불어 더럽히지 아니하고 순결한 자라. 어린 양이 어디로 인도하든지 따라가는 자며 사람 가운데에서 속량함을 받아 처음 익은 열매로 하나님과 어린 양에게 속한 자들이니 5그 입에 거짓말이 없고 흠이 없는 자들이더라 (계 14:4-5).

'여자와 더불어 더럽히지 않는 순결한 자'가 새 노래를 부를 수 있습니다. 이것을 여성 혐오적인 표현이라고 생각하는 사람들이 더러 있습니다만, 그럴 필요는 전혀 없습니다. 성경은 여성을 좋은 이미지로 더 많이 사용합니다. 12장에서는 믿음의 공동체를 '여자'로 표현하지 않았습니까. 그러나 여기에서 '여자'는 조만간 등장하게 될 '큰 음녀' 즉 '바벨론'을 가리킵니다(17:4-5). 바벨론은 사탄이 다스리는 왕국입니다. 따라서 '순결'을 지켰다는 말은 적그리스도와 타협하거나 그들에게 굴복하지 않고 끝까지 순수한 신앙을 지켰다는 뜻입니다. 그런 사람들이 '새 노래'를 부를 수 있습니다.

또한 '어디든지 어린 양을 따라가는 자'가 새 노래를 부를 수 있습니다. 누가복음 9장에 보면 어떤 사람이 주님에게 말합니다. "어디로 가시든지 나는 따르리이다." 대단한 결심이 아닐 수 없습니다. 그러나 주님은 그에게 이렇게 대답하십니다. "여우도 굴이 있고 공중의 새도 집이 있으되 인자는 머리 둘 곳이 없도다"(눅 9:58). 주님이 지금 어디를 향해 가시는지 알고 어디든 따르겠다고 했을까요? 주님이 결국 십자가를 지고 죽어야 한다는 사실을 이 사람이 과연 알고 있었을까요? "무식이 용감하다"고, 잘 모르니까 이렇게 덤벼드는 것이지요.

그러나 어디든지 따라가는 자들이 있습니다. '아골 골짝 빈들에도' 복음 들고 가는 사람들이 있습니다. 주님을 따르면서 믿음을 지키다가 순교자가 되는 사람들이 있습니다. 십사만 사천 명이 바로 그런 사람들입니다. 그들이 '처음 익은 열매firstfruits'입니다. 그런 사람들이 '새 노래'를 부를 수 있는 것입니다.

마지막으로 '그 입에 거짓말이 없고 흠이 없는 자들'이 새 노래를 부를 수 있습니다. '거짓말'로 번역된 헬라어 '슈도스'(ψεῦδος, pseudos)는 본래 '가짜a falsehood'라는 뜻입니다. 그러니까 부풀리거나 과장이 심한 말을 하지 않는다는 것입니다. 이는 바다에서 나온 짐승이 '과장되게'(13:5) 말하는 것과 정반대의 모습입니다. 그런데 사람들은 왜 부풀려 말할까요? 그 이유는 자신을 드러내기 위해서입니다. 아무리 좋은 일이라고 하더라도 자꾸 부풀려 말하기 시작하면 결국에는 자기 자랑으로 끝나고 마는 것입니다. 정직한 입술만이 어린 양을 높이는 '새 노래'를 부를 수 있습니다.

세 천사들의 메시지

시온 산에 있는 십사만 사천 명이 하늘에 있는 천사들과 함께 새 노래를 부른 후에, 이제 장면이 바뀌어 세 천사들이 연속적으로 등장합니다. 이들이 전하는 메시지는 '심판의 시간'이 이르렀다는 것입니다.

6또 보니 다른 천사가 공중에 날아가는데 땅에 거주하는 자들 곧 모든 민족과 종족과 방언과 백성에게 전할 영원한 복음을 가졌더라. 7그가 큰 음성으로 이르되 하나님을 두려워하며 그에게 영광을 돌리라. 이는 그의 심판의 시간이 이르렀음이니 하늘과 땅과 바다와 물들의 근원을 만드신 이를 경배하라 하더라(계 14:6-7).

첫 번째 천사가 공중으로 날아갑니다. 그는 아직도 땅에 살고 있던 모든 사람에게 전할 '영원한 복음'을 가지고 있습니다. 그러나 복음이라고는 하지만 재림하신 주님을 시온산에서 영접하지 못하고 여전히 땅에 거주하고 있던 사람들에게 과연 기쁜 소식이 될 수 있을까요? 아닙니다. 그것은 심판의 시간이 다다랐다는 경고가 될 뿐입니다. 창조주 하나님을 경배하라고 하지만 이제 와서 그들이 경배할 수 있을까요? 그들에게 기회는 이미 지나갔습니다. 공의로운 심판이 집행되는 일만 남은 것입니다.

또 다른 천사 곧 둘째가 그 뒤를 따라 말하되 무너졌도다. 무너졌도다. 큰 성 바벨론이여. 모든 나라에게 그의 음행으로 말미암아 진노의 포도주를 먹이던 자로다 하더라(계 14:8).

두 번째 천사는 '큰 성 바벨론'에 대한 심판을 선언합니다. 앞에서 '여자'(4절)로 소개된 바로 그 장본인입니다. 구약시대의 바벨론은 B.C. 587년에 남유다를 멸망시키고 예루살렘을 파괴했습니다. 그래서 A.D. 70년 로마가 예루살렘을 파괴했을 때에도, 그들을 바벨론으로 묘사하기도 했습니다. 요한계시록에서 바벨론은 하나님의 백성과 믿음의 공동체를 박해하고 파괴하는 이 세상을 의미합니다. 물론 그 우두머리는 적그리스도입니다.

바벨론이 하던 일은 "음행으로 말미암아 진노의 포도주를 먹이는 것"이었습니다. '음행'은 물론 순수한 믿음을 지키지 못하고 적그리스도와 타협하는 것을 말합니다. 권력이나 돈의 힘 앞에 굴복하는 것을 말합니다. 그것은 마치 포도주를 먹고 취하는 것과 같습니다. 그런데 그 포도주는 '진노의 포도주'입니다. 그렇게 취해서 살아가는 것 자체가 이미 심판입니다. 그동안 그 원인을 제공해온 바벨론에게 이제 마침내 준엄한 심판이 내려질 때가 되었다는 예고입니다.

> 9또 다른 천사 곧 셋째가 그 뒤를 따라 큰 음성으로 이르되 만일 누구든지 짐승과 그의 우상에게 경배하고 이마나 손에 표를 받으면 10그도 하나님의 진노의 포도주를 마시리니 그 진노의 잔에 섞인 것이 없이 부은 포도주라. 거룩한 천사들 앞과 어린 양 앞에서 불과 유황으로 고난을 받으리니 11그 고난의 연기가 세세토록 올라가리로다. 짐승과 그의 우상에게 경배하고 그의 이름 표를 받는 자는 누구든지 밤낮 쉼을 얻지 못하리라 하더라(계 14:9-11).

세 번째 천사는 적그리스도와 타협하거나 굴복한 짐승 숭배자들에게 심판을 선언합니다. 그들의 공통점은 짐승의 우상에 경배하고 이마나 손에 짐승의 '이름 표'를 받았다는 사실입니다. 그런데 사람들은 이것을 이마에 바코드가 새겨진다거나, 생체 내에 마이크로칩이 이식된다거나 하는 식으로 해석하려고 합니다. 마치 자신의 의지와 상관없이 받게 되는 것처럼 말입니다. 아닙니다. 그것이야말로 하나님의 심판을 가십거리로 만드는 일입니다. 여기에는 훨씬 더 심각한 이슈가 담겨 있습니다.

'이름'은 그 사람의 정체성을 드러내는 것입니다. 짐승의 이름을 받았다는 것은 짐승이 추구하는 삶의 방식이나 목표에 적극적으로 동의하여 따른다는 뜻입니다. 앞에서 어린 양의 이름이 새겨진 사람은 어린 양이 어디로 인도하든지 따라가는 사람이라고 했습니다(14:4). 마찬가지입니다. 짐승의 이름을 받은 사람은 짐승이 가자는 대로 가고, 하라는 대로 하는 사람입니다. 그가 사용하는 말투나 관심이나 하는 일들을 보면 모두 짐승을 쏙 빼닮아 있습니다.

우리 주님은 자신을 대적하는 유대인들에게 이렇게 말씀하셨습니다.

> 42예수께서 이르시되 하나님이 너희 아버지였으면 너희가 나를 사랑하였으리니 이는 내가 하나님께로부터 나와서 왔음이라 … 44너희는 너희 아비 마귀에게서 났으니 너희 아비의 욕심대로 너희도 행하고자 하느니라 그는 처음부터 살인한 자요 진리가 그 속에 없으므로 진리에 서지 못하고 거짓을 말할 때마다 제 것으로 말하나니 이는 그가 거짓말쟁이요 거짓의 아비가 되었음이라(요 8:42-44).

정말 그렇습니다. 유대인들이 주님을 대적하는 진짜 이유는 그들의 아비가 '마귀'이기 때문입니다. 자기는 그러고 싶지 않은데 짐승으로부터 '이름표'를 받았기 때문에 어쩔 수 없이 주님을 대적하는 것이 아니라는 말입니다. 오히려 주님을 대적하는 그 모습으로 그들이 뿌리가 되고 있는 아비의 정체와 그들의 정체를 알 수 있게 됩니다. 그래서 짐승이 받는 심판을 그들도 똑같이 받게 되는 것입니다. 그들은 진노의 포도주를 마시고, 불과 유황으로 고통을 받게 될 것입니다. 잠시의 쉼도 그들에게 주어지지 않을 것입니다.

성도들의 인내가 여기 있나니 그들은 하나님의 계명과 예수에 대한 믿음을 지키는 자녀라(계 14:12).

하나님을 아버지로 모신 사람들도 그 아버지에 그 아들입니다. 그들은 하나님의 계명을 지킬 수밖에 없습니다. 예수에 대한 믿음을 지킬 수밖에 없습니다. 그로 인해 어떤 불이익과 어려움을 당하더라도 말입니다. 이와 같이 성도들은 '인내'로서 자신의 정체성을 드러내는 것입니다. 그들에게는 진정한 안식의 복이 주어집니다.

또 내가 들으니 하늘에서 음성이 나서 이르되 기록하라. 지금 이후로 주 안에서 죽는 자들은 복이 있도다 하시매 성령이 이르시되 그러하다. 그들이 수고를 그치고 쉬리니 이는 그들의 행한 일이 따름이라 하시더라(계 14:13).

"주 안에서 죽는 자들은 복이 있다!" 이것은 모든 그리스도인에게 큰 위로가 되는 말씀이면서, 동시에 큰 숙제를 안겨주는 말씀입니다. 왜냐하면 마지막 순간까지 '주 안'에 있어야 하기 때문입니다. 배교背敎란 '본래 서 있던 자리에서 떠난 것'이라고 했습니다. 그리스도 안in Christ과 교회 안in Church을 떠나는 것이 배교입니다. 그런데 끝까지 믿음의 자리를 지켜내는 것은 말처럼 쉽지 않습니다. 그래서 많은 사람들이 도중에 하차하는 것을 봅니다.

그러나 어찌 되었든지 마지막까지 있어야 할 곳에 남아있는 사람들에게는 '수고를 그치고 쉬는' 안식의 복이 주어집니다. 이는 짐승 숭배자들이 '밤낮 쉼을 얻지 못하는'(11절) 영벌永罰을 받게 되는 것과 아주 대조적입니다.

"그들이 행한 일이 따른다"는 말씀을 메시지 성경은 "그들이 행한 일은 그 어떤 것도 헛되지 않다"(None of what they've done is wasted)로 풀이합니다. 그렇습니다. 믿음의 공동체에서 성도들과 함께 웃고 울며 지내던 시간들, 주님이 맡기신 일을 하려고 애쓰던 모습들, 박해와 환난을 참음으로 이겨내던 일들은 결코 낭비가 아닙니다. 하나님이 그 모든 것으로 인해 복을 주실 것이기 때문입니다!

수확과 심판

요한계시록을 읽는 독자들은 심판에 대한 경고와 복에 대한 약속 사이에서 선택하며 살아야 합니다. 14장에 기록된 마지막 두 환상은 우리가 어느 것을 선택하며 살아야 할지 더욱 확실하게 깨닫게 해줍니다.

> 14또 내가 보매 흰 구름이 있고 구름 위에 인자와 같은 이가 앉으셨는데 그 머리에는 금 면류관이 있고 그 손에는 예리한 낫을 가졌더라. 15또 다른 천사가 성전으로부터 나와 구름 위에 앉은 이를 향하여 큰 음성으로 외쳐 이르되 당신의 낫을 휘둘러 거두소서. 땅의 곡식이 다 익어 거둘 때가 이르렀음이니이다 하니 16구름 위에 앉으신 이가 낫을 땅에 휘두르매 땅의 곡식이 거두어지니라(계 14:14-16).

'구름 위에 앉으신 인자'는 물론 재림하시는 주님의 모습입니다. 주님은 손에 '예리한 낫a sharp sickle'을 가지고 계십니다. 낫은 곡식을 추수하는 도구입니다. 앞에서 시온 산에 모인 십사만 사천 명을 '처음 익은 열매'라고 했습니다(14:4). 이는 보리 추수를 본격적으로 시작하기 전에 먼저 첫 이삭 한 단을 추수하여 하나님께 요제로 흔들어 드리는 '초실절'의 규례(레 23:9-14)로 잘 설명될 수 있습니다. 이제 본격적인 추수를 시작하시는 것입니다. 물론 일반적으로 추수는 알곡을 가라지로부터 분리하는 작업을 포함하지만, 여기에서는 단순히 '하나님의 백성'을 수확하는 장면으로 보입니다.

이에 비해서 두 번째 환상은 심판의 부정적인 면을 강조합니다.

17또 다른 천사가 하늘에 있는 성전에서 나오는데 역시 예리한 낫을 가졌더라. 18또 불을 다스리는 다른 천사가 제단으로부터 나와 예리한 낫 가진 자를 향하여 큰 음성으로 불러 이르되 네 예리한 낫을 휘둘러 땅의 포도송이를 거두라. 그 포도가 익었느니라 하더라. 19천사가 낫을 땅에 휘둘러 땅의 포도를 거두어 하나님의 진노의 큰 포도주 틀에 던지매 20성 밖에서 그 틀이 밟히니 틀에서 피가 나서 말굴레에까지 닿았고 천육백 스다디온에 퍼졌더라(계 14:17-20).

포도를 거두어 짓이기는 환상은 분명히 심판을 의도하고 있습니다. 앞에서 '진노의 포도주를 먹이던' 바벨론에 대한 심판을 예고했는데(14:8), 이제 그것이 실제로 실행되고 있는 것입니다. 그들은 '진노의 큰 포도주 틀'에 던져져서 짓밟힙니다. 그들의 피는 '말굴레'에까지 닿았다고 합니다. 굴레는 말의 입부분에 씌우는 고삐를 말합니다. 거기까지 피가 튀었다는 것은 심판의 강도가 얼마나 심했는지를 짐작하게 합니다.

게다가 피가 '천육백 스다디온'에 퍼졌다고 합니다. '스다디온'(στάδιον, stadion)은 사도 요한 당시 말 경주를 하는 경기장의 크기를 가리킵니다. 여기에서부터 오늘날의 스포츠 경기장을 뜻하는 영어 a stadium스타디움이란 말이 나왔습니다. 보통 말 경기장의 크기는 200m 정도 된다고 합니다. 그렇다면 '천육백 스다디온' 즉 천육백 개의 경기장이 얼마나 넓은지 충분히 상상할 수 있을 것입니다. 진노의 포도주 틀에서 나오는 피가 장장 320km의 지면을 덮고 있는 것입니다.

이와 같은 대조를 통해서 요한계시록은 우리에게 무엇을 선택하며 살아야 할 것인지, 어느 편에 서야 할 것인지를 분명히 알려줍니다.

성도들의 인내

우리 주님은 말씀하셨습니다.

··· 아무든지 나를 따라오려거든 자기를 부인하고 날마다 제 십자가를 지고 나를
따를 것이니라(눅 9:23).

이것은 씹기도, 소화시키기도 쉽지 않은 '질긴 고기'와 같은 말씀입니다. 그러나 이것이야말로 우리를 '이기는 삶'으로 초대하는 귀한 말씀입니다. 메시지 성경은 이렇게 풀이합니다.

누구든지 나와 함께 가려면 내가 가는 길을 따라야 한다. 결정은 내가 한다. 너희
가 하는 것이 아니다. 고난을 피해 달아나지 말고, 오히려 고난을 끌어안아라.
나를 따라오너라. 그러면 내가 방법을 일러 주겠다. 자기 스스로 세우려는 노력
에는 아무 희망이 없다. 자기를 희생하는 것이야말로 너희 자신, 곧 너희의 참된
자아를 찾는 길이며, 나의 길이다(눅 9:23 _메시지).

"결정은 내가 한다. 너희가 하는 것이 아니다"(You are not in the driver's seat - I am), "고난을 피해 달아나지 말고, 오히려 고난을 끌어안아라"(Don't run from suffering; embrace it), "자기 스스로 세우려는 노력에는 아무 희망이 없다"(Self-help is no help at all). 이런 말씀들이 강하게 부딪혀옵니다. 그렇습니다. 성도들의 '인내'는 스스로를 세우려는 노력이 아닙니다. 주님의 결정을 수용하여 따르는 노력입니다. 그렇게 한 걸음 한 걸음 걷다보면 마침내 주 안에서 죽는 '복된 자'들이 될 수 있는 것입니다.

앞으로 우리에게 주어진 삶의 길이가 얼마나 되든지, 매순간 '인내'로서 우리의 정체성을 드러내며 살아가기를 간절히 소원합니다.

마지막 재앙의 준비

계 15:1-8

지금까지 우리가 살펴본 대로 요한계시록은 세 개의 환상 시리즈를 주축으로 하여 사이사이에 중간 장들이 삽입되어 있는 구조를 가지고 있습니다. 2악장에서는 '일곱 봉인의 환상'과 '일곱 나팔의 환상'이 진행되었습니다. 3악장에 들어와서는 한동안 적그리스도의 활동에 대한 이야기가 나오다가, 이제 드디어 마지막 재앙인 '일곱 대접의 환상'이 펼쳐지는 대목에 다다른 것입니다.

이 세 개의 환상은 서로 다른 이야기가 아니라, 같은 이야기의 반복입니다. 그것이 요한계시록이 가지고 있는 개괄적 해석recapitulation의 특징입니다. 관점을 조금씩 달리하여 같은 사건을 되풀이하고 있는 것입니다. '봉인'을 떼는 첫 번째 시리즈는 마지막 때의 일들을 대략적으로 '설명'하려고 합니다. '나팔'을 부는 두 번째 시리즈는 다가오는 재앙에 대해서 '경고'하려고 합니다. 그리고 '대접'을 쏟아버리는 세 번째 시리즈는 마지막 심판의 '집행'에 초점을 맞춥니다.

하나님의 진노

오늘 우리가 살펴보려고 하는 요한계시록 15장은 마지막 재앙을 준비하는 이야기입니다.

> 또 하늘에 크고 이상한 다른 이적을 보매 일곱 천사가 일곱 재앙을 가졌으니 곧 마지막 재앙이라. 하나님의 진노가 이것으로 마치리로다(계 15:1).

사도 요한은 '크고 이상한 다른 이적'을 보았다고 합니다. 우리말 '이상한'으로 번역된 헬라어 '다우마스토스'(θαυμαστός, thaumastos)를 영어로는 'wonderful훌륭한' 또는 'marvelous놀라운'으로 번역합니다. 그래서 메시지 성경은 이 부분을 '거대하고 숨이 멎을 듯한huge and breathtaking'으로 풀이하고 있습니다.

지금까지 요한은 여러 가지 환상을 보아왔습니다. 그러나 이런 식으로 표현하지는 않았습니다. 단순히 '내가 보니', '또 보니' 하면서 자신이 본 것을 가능한 객관적으로 서술하려고 해왔습니다. 그런데 여기에서는 요한 자신의 느낌과 감정을 담아서 표현하고 있는 것입니다. 이는 아마도 '마지막 재앙'인 '일곱 대접의 재앙'에 다다랐다는 생각 때문으로 보입니다. 그러나 마지막 재앙이 곧 최후의 심판을 의미하는 것은 아닙니다. 단지 세 개의 시리즈 중에서 마지막이라는 뜻일 뿐입니다.

그런데 이 대목에서 우리는 '하나님의 진노'에 대해서 다시 한 번 곱씹어 생각해볼 필요가 있습니다. 진노震怒는 높으신 분이 몹시 노하시는 모습을 의미합니다. 하나님은 인격적인 분이시라, 자신의 감정을 숨기지 않고 솔직하게 드러내십니다. 우상을 언급하시면서 "나는 질투하는 하나님이다"(출 20:5)라고 하셨고, 우상숭배자들에게는 "내 마음이 너희를 싫어한다"(레 26:30)고 하셨습니다. 하나님께서 범죄한 인간에 대해서, 특히 적그리스도에 대해서 진노하시는 것은 지극히 당연한 일처럼 보입니다.

그러나 그렇게 버럭 화를 내시는 하나님의 모습은 세상을 이처럼 사랑하여 당신의 독생자를 아낌없이 내어주시던 하나님의 모습과 잘 어울리지 않습니다. 우리가 아직 죄인 되었을 때에 그리스도를 십자가에 죽게 하심으로 당신의 사랑을 보여주신 바로 그 하나님께서, 이제 마지막 때가 되었다고 죄인들에게 아낌없이 분노를 몽땅 쏟아붓는 모습을 보는 것은 참으로 어색한 일입니다.

바울에 의하면 그와 같은 '분냄'은 성령을 거스르는 사람들이 가지고 있는 특징 중의 하나입니다(갈 5:20). 만일 진노에 담겨있는 하나님의 감정이 그처럼 잔뜩 화를 내고 있는 것에 불과하다면, 우리 인간들과 별로 다를 바가 없지 않겠습니까. 그런 고민을 가지고 우리말 '진노'로 번역된 헬라어를 찾아보았습니다. '두모스'(θυμός, thumos)라는 말이었습니다. 여기에 붙여진 영어 해석이 눈에 들어왔습니다. "an outburst of passion." 'passion의 분출'이라는 뜻입니다. 'passion'은 강한 사랑의 감정이 묻어나는 말입니다. 주로 열정熱情으로 번역되는 이유입니다. 이것에 인간의 죄성이 포함되면 정욕情慾이나 격노激怒가 되기도 합니다. 그러나 이 말을 하나님에 적용하면 '수난'과 '아픔'이 됩니다.

하나님은 공의의 하나님이시기에 심판하실 수밖에 없습니다. 그렇지만 그 심판 속에는 여전히 '사랑'이 담겨있습니다. 하나님의 진노는 기계적이 아닙니다. "죄를 지었으니까 당연히 벌을 받아야 해!" 하는 식이 아니라는 말입니다. 그 속에는 하나님의 '아픔'이 담겨있습니다. 하나님은 이 세상이 구원받기를 원하셨습니다. 마지막 심판의 대상이 되기를 원하지 않으셨습니다. 그래서 마지막까지 회개할 수 있는 기회를 주셨던 것입니다(9:20).

그러나 이 세상은 '진노의 포도주'를 먹이고 또한 스스로 먹었습니다

(계 14:8). 그리하여 하나님의 진노를 자초하게 된 것입니다. 그런 의미에서 "하나님의 진노가 이것으로 마치리로다"라는 선언에서, 오히려 일종의 안도감 같은 것을 느낄 수 있습니다. 이제는 더 이상 마음 아파하면서 이 세상을 심판하지 않아도 된다는 그런 안도감 말입니다.

따라서 우리는 앞으로 진행될 마지막 재앙을 마치 적군을 물리치고 승리하는 권선징악의 영화를 보듯이 그렇게 통쾌한 마음으로 보면 안 됩니다. 그것은 분명히 고통스러운 비극입니다. 그러나 새 하늘과 새 땅을 재창조하기 위해서 반드시 겪어야 하는 진통입니다. 중요한 것은 우리의 선택입니다. 마지막 심판의 대상이 될 것인지, 아니면 재창조의 주인공이 될 것인지를 우리는 선택해야 하는 것입니다.

불이 섞인 유리 바다

금방이라도 마지막 재앙이 시작될 것처럼 했는데, 그것과는 별로 상관없어 보이는 이야기가 그 다음에 진행됩니다.

2또 내가 보니 불이 섞인 유리 바다 같은 것이 있고 짐승과 그의 우상과 그의 이름의 수를 이기고 벗어난 자들이 유리 바다 가에 서서 하나님의 거문고를 가지고 3하나님의 종 모세의 노래, 어린 양의 노래를 불러 이르되…(계 15:2-3a).

첫 번째와 두 번째 시리즈에서도 이와 같은 막간이 있었습니다. 일곱 봉인을 떼기 전에는 천상의 존재들의 찬양이 있었고, 일곱 나팔을 불기 전에는 성도들의 기도가 어린 양의 중보와 함께 드려지는 일이 있었습니다. 세 번째 시리즈는 구원받은 무리들이 불이 섞인 유리 바닷가에 서서 찬양을 부르고 있습니다. 이것은 마지막 재앙을 시작하는 부분이 아니라 사실은 결론 부분에 해당됩니다. 독자들로 하여금 이 목표를 향하여 가고 있음을 먼저 환기시켜 주는 것이지요.

여기에서 우리가 가장 먼저 주목해야 할 것은 바로 '불이 섞인 유리 바다'(a sea of glass mingled with fire _ESV)입니다. 이것은 출애굽 때에 이스라엘 백성들이 기적적인 구원을 체험했던 '홍해'를 상징하고 있습니다. 뒤에 '모세의 노래'가 언급되고 있는 것도 바로 그 때문입니다. 모세의 노래는 홍해의 기적을 경험한 직후에 나옵니다.

> 30그 날에 여호와께서 이같이 이스라엘을 애굽 사람의 손에서 구원하시매 이스라엘이 바닷가에서 애굽 사람들이 죽어 있는 것을 보았더라. 31이스라엘이 여호와께서 애굽 사람들에게 행하신 그 큰 능력을 보았으므로 백성이 여호와를 경외하며 여호와와 그의 종 모세를 믿었더라. 1이 때에 모세와 이스라엘 자손이 이 노래로 여호와께 노래하니…(출 14:30-15:1).

아마도 바다에서 죽은 애굽 사람들로 인해서 홍해가 더욱 붉은 빛이 되었을 것입니다. 그것을 요한계시록에서는 '불이 섞인 유리 바다'로 표현하고 있는 것이지요. 여기에서 단지 '모세의 노래'만 부른 것은 아닙니다. 그들은 또한 '어린 양의 노래'를 불렀습니다. 다시 말해서 마지막 때에 어린 양의 보혈로 구원받은 것을 출애굽 사건에 빗대어 묘사하고 있는 것입니다.

이때 구원받은 사람들을 "짐승과 그의 우상과 그의 이름의 수를 이기고 벗어난 자들"이라고 표현합니다. 여기에서 '짐승the beast'은 바다에서 나온 첫째 짐승을, '그의 우상'은 첫째 짐승의 우상을, '그의 이름의 수'는 육지에서 올라온 둘째 짐승의 상징적인 수 '666'을 의미합니다. 13장에서 우리가 살펴본 바로 그 이야기입니다.

적그리스도의 박해와 협박과 회유로 인해서 큰 배교가 있었지만 그 모든 것을 이겨내고 승리한 사람들이, 마치 이스라엘이 홍해를 건넌 후에 찬양을 부르듯이 그렇게 핍박의 바다를 건너 도착한 하늘의 유리 바닷가에 서서 찬양을 하고 있는 것입니다.

> 3… 주 하나님 곧 전능하신 이시여, 하시는 일이 크고 놀라우시도다. 만국의 왕이시여 주의 길이 의롭고 참되시도다. 4주여 누가 주의 이름을 두려워하지 아니하며 영화롭게 하지 아니하오리이까. 오직 주만 거룩하시니이다. 주의 의로우신 일이 나타났으매 만국이 와서 주께 경배하리이다 하더라(계 15:3b-4).

이 노래에 비록 모세의 이름이 붙어있기는 하지만, 출애굽기 15장의 '모세의 노래'와 비교해보면 별로 닮은 것 같지 않습니다. 그러나 하나님이 행하신 구원의 역사를 찬양하며 하나님을 높여드린다는 점에 있어서는 조금도 다르지 않습니다. 구원의 은혜를 체험한 사람들은 누구나 이렇게 찬양할 수밖에 없습니다.

이 노래에서 가장 두드러지는 특징은 자신들의 성취나 승리에 대해서 한마디의 언급도 하지 않는다는 사실입니다. 이들은 적그리스도의 박해와 협박을 이겨낸 사람들입니다. 기꺼이 순교자가 된 사람들입니다. 그렇다면 얼마든지 할 말이 많을 텐데, 그들은 한마디도 하지 않습니다. 오직 하나님이 행하신 일을 찬양합니다.

그렇습니다. 하나님의 은혜 앞에서 우리가 지금까지 무엇을 어떻게 했는지는 그다지 중요하지 않습니다. 하나님의 계획과 목적과 그것을 이루기 위해서 행하신 놀라운 역사를 발견하고 나면, 사람들은 자신이 행한 일이 얼마나 미미한 것인지 깨달을 수밖에 없습니다. 하나님의 하나님 되심 앞에 한 번도 서보지 못했기 때문에, 사람들은 자신의 공로를 인정해달라고 하나님과 사람들에게 자꾸 요구하는 것입니다.

증거 장막의 성전

장면이 바뀌어서 요한은 하늘에 있는 증거 장막의 성전을 봅니다.

5또 이 일 후에 내가 보니 하늘에 증거 장막의 성전이 열리며 6일곱 재앙을 가진
일곱 천사가 성전으로부터 나와 맑고 빛난 세마포 옷을 입고 가슴에 금 띠를 띠고
7네 생물 중의 하나가 영원토록 살아 계신 하나님의 진노를 가득히 담은 금 대접
일곱을 그 일곱 천사들에게 주니…(계 15:5-7).

여기에서 '증거 장막의 성전'은 '성전, 곧 증거 장막'(the temple - that
is, the tabernacle of the covenant law _NIV)이라고 해야 합니다. 나팔 시리
즈의 마지막 장면에서 우리는 하늘에 있는 하나님의 성전이 열리고 그
안에 하나님의 언약궤가 있는 것을 확인했습니다(계 11:19). 그런데 '하나
님의 성전'이 바로 '증거 장막'이라는 사실을 여기에서 다시 확인하고 있
는 것입니다.

증거 장막the tabernacle of witness은 이스라엘 백성들이 광야 생활을 하는 동
안 하나님께 예배하던 장소입니다. 성막聖幕 또는 회막會幕이라고도 불립
니다. 하나님은 이곳에서 이스라엘 백성들을 만나 주셨고 그들에게 말씀
을 가르쳐주셨습니다. 증거 장막이라는 이름이 붙은 것은 하나님으로부
터 받은 십계명 돌 판이 들어있는 언약궤가 있었기 때문입니다. 그것은
하나님께서 그의 백성들 가운데 영원히 계신다고 하는 '증거'입니다.

언약궤는 지성소 안에 있었습니다. "성전이 열렸다"고 하는 것은 "지
성소가 열렸다"는 뜻입니다. 요한은 그곳으로부터 일곱 재앙을 가진 일
곱 천사가 나오고 있는 장면을 보고 있습니다. 하나님의 직접적인 명령
으로 인해 이 일이 수행되고 있음을 암시하는 것입니다. 그들은 제사장

들처럼 세마포 옷을 입고 있습니다. 가슴에 금 띠를 띠고 있었는데, 이는 명령을 수행할 준비가 되었다는 뜻입니다.

그들은 하나님의 보좌를 호위하는 네 생물 중의 하나로부터 '금 대접'을 받습니다. '대접'에 해당되는 헬라어 '피알레'(φιάλη, phialē)를 영어로는 'bowl'로 번역합니다. 평평한 plate접시와 다르게 국물을 담을 수 있을 만큼 깊이가 있는 그릇을 말합니다. 우리말 대접도 역시 같은 뜻입니다. 그 속에는 하나님의 진노가 가득히 담겨있었습니다.

이 금 대접에는 본래 성도들의 기도의 향이 가득 담겨있었습니다(5:8). 그리고 일곱째 인을 떼는 장면에서 그 기도의 향이 대제사장이신 어린 양의 중보와 함께 하나님 앞으로 올라갔었지요.

> 3또 다른 천사가 와서 제단 곁에 서서 금 향로를 가지고 많은 향을 받았으니 이는 모든 성도의 기도와 합하여 보좌 앞 금 제단에 드리고자 함이라. 4향연이 성도의 기도와 함께 천사의 손으로부터 하나님 앞으로 올라가는지라. 5천사가 향로를 가지고 제단의 불을 담아다가 땅에 쏟으매 우레와 음성과 번개와 지진이 나더라 (계 7:3-5).

이 장면에서는 어린 양의 중보가 담겨있던 향로에 제단의 불을 담아다가 땅에 쏟았습니다. 그러나 오늘 본문에서는 성도들의 기도가 담겨있던 금 대접에 하나님의 진노를 담아서 일곱 천사에게 나누어주고 있습니다. 이는 앞으로 진행될 심판과 재앙이 성도들의 기도에 대한 하나님의 응답임을 시사하고 있는 것입니다.

그 다음 장면이 아주 의미심장합니다.

> 하나님의 영광과 능력으로 말미암아 성전에 연기가 가득 차매 일곱 천사의 일곱 재앙이 마치기까지는 성전에 능히 들어갈 자가 없더라(계 15:8).

하나님의 영광을 연기나 구름으로 상징하는 것은 성경에서 흔히 볼 수 있는 현상입니다. 하나님이 시내 산에 임하셨을 때 '빽빽한 구름'이 산을 덮었습니다(출 19:16). 이사야가 보좌 환상을 볼 때에도 '성전에 연기가 충만'했습니다(사 6:4). 우리 주님이 승천하실 때에도 '구름이 그를 가리어' 보이지 않게 되었습니다(행 1:9). 사도 요한은 구름 위에 앉으신 주님을 보았습니다(계 14:14).

특히 모세가 성막을 봉헌할 때에 이와 같은 현상이 가장 두드러지게 나타났습니다.

> 34구름이 회막에 덮이고 여호와의 영광이 성막이 충만하매 35모세가 회막에 들어갈 수 없었으니 이는 구름이 회막 위에 덮이고 여호와의 영광이 성막에 충만함이었으며…(출 40:34-35).

여기에서 우리의 주목을 끄는 것은 "모세가 회막에 들어갈 수 없었다"는 말씀입니다. 오늘 본문의 "성전에 능히 들어갈 자가 없더라"는 말씀과 사실상 똑같은 표현입니다. 솔로몬이 언약궤를 지성소로 옮기면서 성전을 봉헌할 때에도 같은 일이 벌어졌습니다.

> 10제사장이 성소에서 나올 때에 구름이 여호와의 성전에 가득하매 11제사장이 그 구름으로 말미암아 능히 서서 섬기지 못하였으니 이는 여호와의 영광이 여호와의 성전에 가득함이었더라(왕상8:10-11).

여기에서도 성전에 가득한 구름으로 인해 제사장이 섬길 수 없었습니다. 더 이상 예배를 진행하지 못하는 형편이 된 것입니다. 물론 이 대목에서는 하나님이 모세의 성소와 솔로몬의 성전을 얼마나 기쁘게 여기셨는지를 극적으로 드러내는 장면이라고 할 수 있습니다.

그러나 지금 요한이 목격하고 있는 현상은 기쁨보다는 불길한 징조처럼 보입니다. 바로 앞에 있는 "일곱 재앙이 마치기까지는"이라는 말 때문입니다. 일곱 재앙이 마칠 때까지 아무도 성전에 들어갈 수 없다는 것은, 그때까지 성전이 일시적으로 그 기능을 하지 못한다는 것을 의미합니다. 하나님께 드리는 기도나 하나님께 사람이 예배하러 나아가는 모든 일이 중지된다는 것입니다.

다른 말로 바꾸면, 지금 실행되고 있는 하나님의 심판은 번복되거나 변경될 수 없다는 뜻입니다. 하나님의 진노가 부어지는 것 외에 다른 일들은 벌어지지 않는다는 뜻입니다. 땅에 재앙들을 쏟아부어야 할 천사들이 그들에게 맡겨진 모든 사역을 완성하기까지는 되돌아오지 못한다는 뜻입니다.

그렇다면 앞에서 살펴본 막간(2-4절)은 이 모든 재앙이 다 끝나고 난 다음의 장면을 미리 보여주고 있는 셈이 됩니다. 이 땅에 부어질 하나님의 진노와 무시무시한 재앙에도 불구하고 믿음을 지켜 구원받은 사람들은 결국 "불이 섞인 유리 바다" 가에 서서 하나님의 거문고를 가지고 하나님을 찬양하게 될 것을 말씀하고 있는 것입니다. 그러니 어린 양의 피로 인침을 받은 사람들은 전혀 두려워할 일이 없는 것이지요.

구원의 문이 닫힐 때

구약의 예언자들에게 하나님의 구원은 언제나 '열려있는 문'이었습니다. 물론 그들이 지은 죄로 인해서 겪어야 하는 심판의 재앙을 피할 수는 없을지라도, 그것으로 인해 완전히 망하지는 않는다는 확신이 그들에게 있었습니다. 하나님께 돌아오기만 하면 얼마든지 회복될 수 있는 것입니다. 예레미야의 예언에서 그 예를 찾아볼 수 있습니다.

4이스라엘의 하나님 여호와께서 말씀하시니라. 무리가 이 성읍의 가옥과 유다 왕궁을 헐어서 갈대아인의 참호와 칼을 대항하여 5싸우려 하였으나 내가 나의 노여움과 분함으로 그들을 죽이고 그들의 시체로 이 성을 채우게 하였나니 이는 그들의 모든 악행으로 말미암아 나의 얼굴을 가리어 이 성을 돌아보지 아니하였음이라(렘 33:4-5).

여기까지만 읽으면 구원의 문이 완전히 닫혀 있는 듯합니다. 어떤 수를 쓰더라도 유다의 멸망을 막을 수는 없기 때문입니다. 하나님은 그들의 죄악으로 인해 예루살렘 성을 망하게 하기로 작정하셨습니다. 그것은 더 이상 변경할 수 없는 일입니다. 그러나 그것이 전부가 아닙니다.

6그러나 보라. 내가 이 성읍을 치료하며 고쳐 낫게 하고 평안과 진실이 풍성함을 그들에게 나타낼 것이며 7내가 유다의 포로와 이스라엘의 포로를 돌아오게 하여 그들을 처음과 같이 세울 것이며 8내가 그들이 내게 범한 그 모든 죄악에서 정하게 하며 그들이 내게 범하며 행한 모든 죄악을 사할 것이라(렘 33:6-8).

나라가 망하고 예루살렘 성이 무너졌다고 해서 하나님의 구원의 역사가 끝난 것이 아닙니다. 하나님은 그들을 포로생활에서 돌아오게 하실 것이고 다시 영광스러운 백성으로 회복시켜주실 것을 약속하고 계십니다. 그들에게 여전히 구원의 문은 열려있는 것입니다. 인류의 역사를 통해서 이와 같은 일들은 계속 반복되어 왔습니다.

그러나 마지막 때는 지금까지와는 다릅니다. 그래서 역사의 종말입니다. 지금은 하늘의 성전이 잠시 동안 그 기능을 상실한 정도이지만, 언젠가 구원의 문이 완전히 닫힐 때가 옵니다. 그때에는 아무리 가슴을 치고 후회해야 소용이 없습니다. 그때 가서 "천부여 의지 없어서 손들고 옵니다~" 해보아야 한번 닫힌 문은 다시는 열리지 않습니다. 어린 양의 피로 인침을 받은 사람은 구원받을 것이고, 그렇지 못한 사람들은 하나님의 진노를 받아야 할 것입니다.

문제는 그 마지막 때가 우리에게 얼마 남아 있지 않다는 사실입니다. 아니 엄밀하게 말해서 우리에게 종말은 이미 시작되었습니다. 현재진행형입니다. 그러니 어떻게 해야 할까요? 하나님의 사랑을 빌미 삼아 버틸 수 있을 때까지 버티시렵니까? 어떻게든 되겠지 생각하고 세상이 권하는 진노의 포도주를 계속해서 받아 마시렵니까?

하늘의 성전이 완전히 닫힐 때가 옵니다. 들어가고 싶어도 들어가지 못할 때가 반드시 옵니다. 이 말씀을 듣고 있는 오늘이 우리에게 주어진 마지막 기회일 수도 있습니다. 그러니 오늘 우리는 어떻게 살아야 할까요? 이 마지막 기회를 어떻게 사용하시렵니까?

요한계시록 묵상 28

일곱 대접의 재앙

계 16:1-21

✤

    앞 장에서 우리는 '하나님의 진노'에 담겨있는 하나님의 아픔에 대해서 생각해보았습니다. 하나님은 이 세상을 사랑하십니다. 이 세상 모든 사람이 구원받기를 원하십니다. 그러나 그들은 진노의 포도주를 마심으로써 스스로 재앙을 자초했습니다. 물론 그들에게 진노의 포도주를 마시도록 적극적으로 권장하고 유혹하는 세력이 있었습니다(14:8). '큰 성 바벨론'이라 불리는 적그리스도가 다스리는 이 세상입니다. 그렇다고 해서 사람들의 죄가 가벼워지는 것은 아닙니다. 그들은 바벨론과 함께 하나님의 심판을 받게 될 것입니다.

    그러나 하나님의 심판 속에는 여전히 하나님의 아픈 사랑이 담겨있습니다. '일곱 대접의 재앙'이 비록 마지막 재앙이지만 최후의 심판은 아닙니다. 구원받을 수 있는 기회가 아직 남아 있습니다. 지금이라도 회개하고 돌아오기만 하면 됩니다. 물론 재앙이 모두 마치기까지 하늘의 성전에는 아무도 들어가지 못합니다. 일곱 대접의 재앙은 예정대로 진행될 것입니다. 그렇다고 해서 구원의 문이 완전히 닫힌 것은 아닙니다. 단지 성전의 기능이 일시적으로 중단되었을 뿐입니다.

일곱 대접의 재앙을 받게 된 사람들은 과연 어떤 반응을 보일까요? 그들은 회개하고 돌아오게 될까요? 실망스럽게도 그들은 회개하지 않습니다. 오히려 하나님의 이름을 비방합니다. 그렇게 스스로 구원의 문을 닫아버리고, 최후의 심판을 향해 고집스럽게 나아가는 것입니다.

땅과 바다 그리고 물의 근원

이제 본격적으로 일곱 대접의 재앙이 시행됩니다. 나팔 시리즈와 마찬가지로 대접 시리즈 역시 땅과 바다와 물의 근원에 임하는 재앙으로부터 시작됩니다.

> 1또 내가 들으니 성전에서 큰 음성이 나서 일곱 천사에게 말하되 너희는 가서 하나님의 진노의 일곱 대접을 땅에 쏟으라 하더라. 2첫째 천사가 가서 그 대접을 땅에 쏟으매 짐승의 표를 받은 사람들과 그 우상에게 경배하는 자들에게 악하고 독한 종기가 나더라(계 16:1-2).

성전에서 나온 '큰 음성'이 재앙의 집행을 명령합니다. 이는 하나님의 음성이 분명합니다. 하나님이 허락하신 마지막 재앙이 바야흐로 시작되고 있는 것입니다. 첫 번째 대접의 재앙은 땅에 부어집니다. 그런데 그 재앙은 무분별한 파괴가 아니었습니다. 재앙의 대상이 특정되어 있었습니다. 그들이 누구입니까? 바로 '짐승의 표를 받은 사람들'과 '그 우상에게 경배하는 자들'입니다.

짐승의 우상에게 경배하지 않는 사람들에게 어떤 가혹한 일들이 행해졌는지 우리는 잘 알고 있습니다.

… 또 짐승의 우상에게 경배하지 아니하는 자는 몇이든지 다 죽이게 하더라(계 13:15b).

수많은 사람들이 순교자가 되었습니다. 또한 짐승의 표를 받지 않은 사람들은 아예 경제활동을 할 수 없게 되었습니다(13:17). 서머나교회 성도들이 '거지'처럼 살아야 했던 것도 바로 그 때문입니다(2:9). 그래서 '큰 배교'가 일어나게 되었던 것입니다. 먹고 살려고 하니 다른 방법이 없었던 것이지요.

그런데 이제 하나님의 진노가 '짐승의 표를 받은 사람들'과 '그 우상에게 경배하는 자들'에게 부어지고 있습니다. 그 재앙은 '악하고 독한 종기'가 나는 것이었습니다. 애굽에 내려졌던 여섯째 재앙과 같은 종류입니다(출 9:10-11). 그들이 짐승의 표를 받고 짐승을 따르게 된 것은 고통을 피하기 위해서였는데, 이제 그들에게만 고통을 안겨주는 악성 종기가 생기게 된 것입니다. 그렇습니다. 짐승은 그를 따르지 않으면 죽이겠다고 협박하지만, 정작 그를 따르는 자들을 보호하지는 못합니다.

둘째 천사가 그 대접을 바다에 쏟으매 바다가 곧 죽은 자의 피 같이 되니 바다 가운데 모든 생물이 죽더라(계 16:3).

두 번째 대접은 바다에 쏟아집니다. 그랬더니 바다가 '죽은 자의 피 같이' 되었다고 합니다. 아마도 차갑게 응고되어 얼어붙었다는 말처럼 들립니다. 물론 그 속에 있던 모든 생물은 죽을 수밖에 없습니다. 나팔 시리즈에서는 바다의 삼분의 일이 피가 되었는데(8:9), 이제는 바다 전체에 재앙이 미치고 있는 것을 봅니다.

이 대목에서 우리는 하나님의 정의로움에 대해서 한 가지 심각한 질문을 갖게 됩니다. 하나님은 바다를 만드시고 그 안에 있는 모든 것을 창조하셨습니다(14:7). 사도 요한이 목격한 천상의 예배 장면에서 바다에 있는 모든 피조물도 하나님을 찬양했습니다!(5:13) 그렇다면 이 재앙은 도대체 무엇입니까? 무고한 피조물들이 이렇게 죽임을 당해야 하는 까닭이 무엇일까요?

여기에서 우리는 하나님의 재앙이 쏟아진 '바다'가 그냥 바다ocean를 의미하는 것이 아님을 짐작할 수 있습니다. 사실 바다는 하나의 상징입니다. 바다가 무엇을 의미하고 있는지는 뒤의 17장에 잘 설명되어 있습니다.

> 또 일곱 대접을 가진 일곱 천사 중 하나가 와서 내게 말하여 이르되 이리로 오라. **많은 물 위에 앉은 큰 음녀**가 받을 심판을 네게 보이리라(계 17:1).
> 또 천사가 내게 말하되 네가 본 바 **음녀가** 앉아 있는 물은 백성과 무리와 열국과 **방언들**이니라(계 17:15).

'큰 음녀the great whore'는 이 세상을 미혹하는 적그리스도가 다스리는 '큰 성 바벨론'과 동의어로 사용되는 말입니다(17:5). 그가 다스리고 있는 모든 나라와 사람들을 '많은 물'이라고 표현하고 있는 것입니다. 그렇다면 첫 번째 대접의 재앙과 그리 다르지 않습니다. 적그리스도의 다스림을 받는 사람들에게 부어지는 재앙이기 때문입니다.

세 번째 대접은 강과 물 근원에 쏟아집니다.

> 4셋째 천사가 그 대접을 강과 물 근원에 쏟으매 피가 되더라. 5내가 들으니 물을 차지한 천사가 이르되 전에도 계셨고 지금도 계신 거룩하신 이여. 이렇게 심판하시니 의로우시도다. 6그들이 성도들과 선지자들의 피를 흘렸으므로 그들에게 피를 마시게 하신 것이 합당하니이다 하더라. 7또 내가 들으니 제단이 말하기를 그러하다. 주 하나님 곧 전능하신 이시여. 심판하시는 것이 참되시고 의로우시도다

하더라(계 16:4-7).

이 또한 세 번째 나팔의 재앙과 비슷합니다. 그때는 '쓴 쑥'이라는 이름의 별이 강과 물샘에 떨어져서 '쓴 물'을 만들어냈고, 그 결과로 인해 많은 사람들이 죽었지요(8:10-11). 그러나 여기에서는 물이 피가 됩니다. 그리고 그 피를 마시는 것이 하나님의 심판이라고 합니다. 왜냐하면 그들이 성도들과 선지자들의 피를 흘렸기 때문입니다. 의인화된 제단the altar도 그와 같은 심판의 정당성을 옹호합니다. 이 제단은 다섯째 봉인의 환상에서 순교자들의 영혼이 등장하는 '번제단'을 가리키는 것으로 보입니다(6:9).

그러나 이 대목에서 우리는 또 다시 하나님의 공의로움에 대한 질문을 갖게 됩니다. 이것이 과연 정당한 형벌일까요? 성경은 분명히 '생명은 생명으로' 갚아야 한다고 가르칩니다(출 21:23). "다른 사람의 피를 흘리면 그 사람의 피도 흘릴 것"이라고 했습니다(창 9:6). 그렇다면 성도들의 피를 흘리게 한 자들은 그와 똑같은 벌을 받아야 마땅한 일입니다. 그런데 그렇게 죽임을 당하지 않고, 단지 피를 마시는 심판이 주어지다니요.

그러고 보니 악성 종기도 죽을병은 아닙니다. 바다의 생물이 죽었지 사람이 죽은 것은 아닙니다. 게다가 피를 마신다고 해서 당장 죽게 되는 것도 아닙니다. 이와 같은 하나님의 심판을 우리는 어떻게 이해해야 할까요?

일곱 대접의 재앙은 악한 자를 파멸시킬 목적으로 주어진 징벌이 아닙니다. 오히려 사람들을 '회개'로 인도하기 위해서 계획된 것입니다!

해와 어두움

이와 같은 회개의 주제는 네 번째 대접의 재앙을 통해 더욱 분명하게 드러납니다.

> 8넷째 천사가 그 대접을 해에 쏟으매 해가 권세를 받아 불로 사람들을 태우니 9사
> 람들이 크게 태움에 태워진지라. 이 재앙들을 행하는 권세를 가지신 하나님의 이
> 름을 비방하며 또 회개하지 아니하고 주께 영광을 돌리지 아니하더라(계
> 16:8-9).

네 번째 나팔의 재앙에서는 해의 삼분의 일이 타격을 받아 어두워졌습니다(8:12). 그런데 여기에서는 천사가 진노의 대접을 쏟아부은 후에 해가 더욱 강해졌습니다. 사람들은 크게 '태움에 태워졌'고 합니다. 이것은 불에 타서 죽었다는 뜻이 아닙니다. 메시지 성경은 'burned and blistered'로 표현합니다. 살갗이 태워지면서 물집이 잡혔다는 뜻입니다.

이와 대조적으로 어린 양의 인치심을 받은 사람들에게 하나님은 이렇게 약속하셨습니다.

> 15… 보좌에 앉으신 이가 그들 위에 장막을 치시리니 16그들이 다시는 주리지도
> 아니하며 목마르지도 아니하고 해나 아무 뜨거운 기운에 상하지도 아니하리니…
> (계 7:15b-16).

살갗이 태워지고 물집이 잡히면 고통스러울 수는 있지만 죽을 정도는 아닙니다. 그런데 그들의 반응은 회개가 아니라 비방으로 나타납니다. 그들은 공개적으로 하나님을 비방하기 시작합니다. 왜냐하면 이 재

앙들을 행하는 권세를 하나님이 가지고 있다는 사실을 알았기 때문입니다.

그러나 만일 하나님에게 그런 권세가 있다는 것을 알았다면, 그보다 더한 일들도 하실 수 있었다는 사실을 또한 알아야 했습니다. 그 정도로 그친 것은 회개의 기회를 주시기 위해서라는 것을 알아야 했습니다. 그들은 회개하는 대신에 오히려 하나님을 비방합니다. 그렇게 함으로써 짐 승에게 속해 있는 자신의 진짜 정체성을 드러내고 있는 것입니다(13:6).

> 10또 다섯째 천사가 그 대접을 짐승의 왕좌에 쏟으니 그 나라가 곧 어두워지며 사람들이 아파서 자기 혀를 깨물고 11아픈 것과 종기로 말미암아 하늘의 하나님 을 비방하고 그들의 행위를 회개하지 아니하더라(계 16:10-11).

다섯 번째 대접은 '짐승의 왕좌the throne of the beast'에 부어집니다. 우리는 이 짐승이 바다에서 올라온 바로 그 짐승이고, 또한 용으로부터 '능력과 보좌와 권세'를 받았다는 사실을 잘 알고 있습니다(13:2). 짐승이 다스리 는 왕국에 직접적인 심판이 임하는 장면입니다. 그런데 어찌된 일인지 하나님의 재앙은 겨우 '어두움'입니다. 짐승의 왕국을 파괴하는 것이 아 니라, 짐승의 나라를 어두움에 잠기게 하는 것입니다. 이 역시 그들에게 회개의 기회를 주시려는 것임을 알 수 있습니다.

여기에서 한 가지 잘 이해가 되지 않는 것은 "사람들이 아파서 자기 혀를 깨물었다"는 말씀입니다. 나라가 어두워진 것과 혀를 깨물 정도의 아픔에 무슨 상관관계가 있는 것일까요? 이는 다섯째 나팔의 재앙으로 설명될 수 있습니다. 무저갱이 열렸을 때 연기가 올라와서 해와 공기를 막아 어두워졌었지요(9:2). 그리고 전갈의 권세를 받은 메뚜기들이 등장 하여 사람들을 괴롭게 했습니다. 그 고통이 얼마나 심했던지 "죽기를 구 하여도 죽지 못했다"고 하지 않았습니까. 바로 그와 똑같은 상황입니다.

그러나 사람들은 고통스러워하면서도 여전히 회개하지는 않습니다.

오히려 하나님을 비방합니다. 그렇게 최후의 심판으로 조금씩 나아가고 있는 것입니다.

아마겟돈 전쟁

여섯째 대접은 큰 강 유브라데에 쏟아집니다.

12또 여섯째 천사가 그 대접을 큰 강 유브라데에 쏟으매 강물이 말라서 동방에서 오는 왕들의 길이 예비 되었더라. 13또 내가 보매 개구리 같은 세 더러운 영이 용의 입과 짐승의 입과 거짓 선지자의 입에서 나오니 14그들은 귀신의 영이라. 이적을 행하여 온 천하 왕들에게 가서 **하나님 곧 전능하신 이의 큰 날에 있을 전쟁**을 위하여 그들을 모으더라(계 16:12-14).

이 또한 여섯째 나팔의 재앙(9:14-21)과 아주 비슷한 상황입니다. 그때에는 '큰 강 유브라데'에 결박된 네 천사가 놓이고 '이만 만의 마병대'가 등장했지요. 그들은 불과 유황으로 사람 삼분의 일을 죽입니다. 그런데 여기에서는 유브라데 강물이 말라서 동방에서 오는 왕들의 길이 예비 되었다고 합니다. 물론 많은 군사들을 이끌고 올 것입니다.

그런데 뜻밖에도 이 장면에 사탄의 삼위三位가 등장합니다. '용'과 '짐승'과 '거짓 선지자'가 바로 그들입니다. 거짓 선지자는 땅에서 올라온 어린 양처럼 생긴 두 번째 짐승을 가리킵니다(13:11). '666'이라는 이름의 수를 가진 장본인입니다(13:18). 여기에 대해서는 19장을 묵상할 때에 자세히 다루도록 하겠습니다.

아무튼 이들의 입에서 '개구리 같은 더러운 영'이 나와서 온 천하의 왕들을 꾑니다. 그리고 전쟁을 벌이기 위하여 한자리에 모이게 합니다.

이들이 동방에서 오는 왕들을 가리키는지, 아니면 동방의 왕들과 대적하기 위해서 소집한 또 다른 연합군인지 정확하게 알 수는 없습니다. 그러나 '전능하신 하나님의 큰 날에 있을 전쟁'을 위해 소집된 것은 분명합니다. 다시 말해서 하나님을 대적하기 위한 적그리스도 세력의 연합군이 지금 소집되고 있는 것입니다.

이 전쟁이 일어나는 곳이 바로 아마겟돈Armageddon입니다.

세 영이 히브리어로 아마겟돈이라 하는 곳으로 왕을 모으더라(계 16:16).

아마겟돈은 히브리어 '하르-므깃도Har-Megiddo'에서 온 말입니다. '므깃도의 산'이란 뜻입니다. 므깃도는 전략 요충지로서 중요한 전투가 이곳에서 자주 일어났습니다. 가장 대표적인 전쟁이 드보라가 가나안 왕 시스라와 싸운 것입니다(삿 5:19). 요시아 왕이 하나님의 말씀을 따르지 않고 애굽 왕 느고와 싸우다가 전사한 곳도 바로 이곳입니다(대하 35:22). 스가랴 선지자는 예루살렘을 치러 오는 이방 연합군이 이곳에서 망하게 될 것을 예언하기도 했습니다(슥 12:11).

이 모든 정황을 종합해보면, 역사의 종말을 고하는 마지막 전쟁이 이곳에서 벌어질 것이라는 기대를 가지게 됩니다. 그러나 대접의 재앙에서 그 전쟁은 실제로 일어나지 않습니다. 19장 끝부분에 가서 자세히 설명될 것입니다. 여기에서는 다만 '전능하신 이의 큰 날'이라는 말로써, 하나님을 대적하던 무리들의 완전한 파멸이 예고되고 있을 뿐입니다. 아무튼 적그리스도의 세력을 파멸시킬 그 전쟁이 여섯째 대접을 통해서 준비되고 있는 것입니다.

그런데 우리에게 중요한 것은 마지막 전쟁이 아닙니다.

보라. 내가 도둑 같이 오리니 누구든지 깨어 자기 옷을 지켜 벌거벗고 다니지 아

나하며 자기의 부끄러움을 보이지 아니하는 자는 복이 있도다(계 16:15).

이 구절은 사실 앞뒤 문맥과 잘 어울리지 않습니다. 그러나 역사의 종말을 바라보고 있는 우리에게 주시는 하나님의 메시지는 분명합니다. 우리가 관심을 가져야 할 것은 지구의 종말을 가져올 제3차 세계대전이 언제, 어디서, 어떻게 벌어질 것인가가 아닙니다. 이 모든 일은 주님의 재림이 얼마 남지 않았다는 징조이며, 그렇기에 그날 부끄러움을 당하지 않으려면 지금 어린 양의 혼인잔치에 입고 갈 예복을 준비하고 있어야 한다는 것입니다.

그 일은 '회개'로부터 시작됩니다. 그러나 사람들은 회개하지 않습니다. 재앙에 고통스러워하면서도 오히려 엉뚱한 일에 관심을 쏟습니다. 그리고 하나님을 대놓고 비방합니다. 그들의 마지막은 불을 보듯 뻔합니다.

마지막 대접의 재앙

이제 마지막 일곱 번째 대접이 부어집니다.

17 일곱째 천사가 그 대접을 공중에 쏟으매 큰 음성이 성전에서 보좌로부터 나서 이르되 되었다 하시니 18 번개와 음성들과 우렛소리가 있고 또 큰 지진이 있어 얼마나 큰지 사람이 땅에 있어 온 이래로 이같이 큰 지진이 없었더라(계 16:17-18).

지금까지는 땅이나 바다 같은 국소적인 장소에 진노의 대접이 부어 졌습니다. 이제는 '공중'에 부어집니다. 그리고 재앙은 온 세상의 천재지변으로 나타납니다. 그러자 하나님은 "되었다"고 말씀하십니다. 요한계시록 21장에서 "이루었도다"라고 하신 것과 똑같은 말씀입니다(21:6). 그러나 그 말이 담고 있는 의미는 다릅니다. 뒤에서는 하나님 나라의 완성을 의미하는 것이라면, 여기에서는 단순히 마지막 재앙 시리즈의 끝을 의미하기 때문입니다.

> 19큰 성이 세 갈래로 갈라지고 만국의 성들도 무너지니 큰 성 바벨론이 하나님 앞에 기억하신 바 되어 그의 맹렬한 진노의 포도주 잔을 받으매 20각 섬도 없어지고 산악도 간 데 없더라. 21또 무게가 한 달란트나 되는 큰 우박이 하늘로부터 사람들에게 내리매 사람들이 그 우박의 재앙 때문에 하나님을 비방하니 그 재앙이 심히 큼이러라(계 16:19-21).

역사 이래 경험하지 못했던 큰 지진은 바벨론과 세상의 도시들을 초토화시킵니다. 섬들과 산들도 모두 사라집니다. 게다가 '한 달란트' 무게의 우박이 하늘로부터 떨어집니다. 한 달란트가 100파운드(45kg) 정도라고 하니 감히 상상도 할 수 없는 일이 벌어진 것입니다.

그러나 요한계시록은 이와 같은 재앙으로 인해 얼마나 많은 사람이 죽고 다쳤는지에 대해서는 관심이 없습니다. 오히려 회개하지 않고 끝까지 하나님을 비방하는 사람들의 모습에 주목합니다. 그들이 왜 그렇게 하나님을 향해 저항하는지는, 앞으로 '바벨론'에 대한 하나님의 심판을 통해서 설명될 것입니다.

회개의 영과 거듭남

얼마나 큰 벌을 받아야 사람들은 정신 차리고 회개하게 될까요? 오늘 묵상한 말씀에 의하면 재앙이나 심판을 통해서 회개하는 사람들은 거의 없다고 보아야 합니다. 그렇다면 삶의 목적과 방향을 180도로 바꾸는 회개는 어떻게 가능할까요? 니고데모와의 대화를 통해서 주님이 그 답을 말씀하셨습니다.

> 예수께서 대답하시되 진실로 진실로 네게 이르노니 사람이 물과 성령으로 나지 아니하면 하나님의 나라에 들어갈 수 없느니라(요 3:5).

'물과 성령'으로 거듭나야 한다고 하십니다. '물과 성령'이란 '물 곧 성령'이란 뜻입니다. 그러니까 죄를 씻고 회개하고 세례를 받고 하나님의 말씀으로 감동받는 일들은 모두 성령님의 역사입니다. 거듭남에는 성령의 역사가 필수적입니다. 하나님의 감동으로 거듭나는 것이지, 사람이 땀 흘려 노력하고 힘쓴다고 거듭나는 것은 아니라는 말씀입니다.

이렇게 설명해 보지요. 주일도 아닌데 나도 모르게 교회에 가고 싶은 생각이 드는 때가 있습니다. 하나님 앞에 무릎 꿇고 기도하고 싶은 마음이 생겨나기도 합니다. 그것이 성령님의 역사입니다. 예전에는 정말 죽도록 미워했던 사람인데 이제는 오히려 측은한 생각이 자꾸 듭니다. 누가 시키지도 않았는데 봉사하고 싶은 마음이 생깁니다. 그것이 성령님의 역사입니다. 성령님의 역사에 순종하기 시작하면 결국 거듭나게 되는 것입니다.

회개도 마찬가지입니다. 말씀을 듣는데 마음에 찔림이 생깁니다. 자신의 잘못이 깨달아집니다. 회개의 영이 부어집니다. 그것이 성령님의 역사입니다. 그럴 때 순종하면 됩니다. 입술로 회개하고 삶으로 고치면 됩니다. 그러나 성령님이 역사하실 때 동시에 악령도 역사합니다. 악령은 회개하지 못하게 합니다. 스데반 집사님의 설교를 듣고 사람들은 마음에 찔림을 받았습니다. 그러나 그들은 귀를 막고 스데반 집사님을 돌로 쳐 죽였습니다.

그러니 거듭나기 위해서 우리는 최소한 하나님의 말씀 앞에 서야 합니다. 예배하는 자리에 있어야 합니다. 그래야 회개의 영이 부어지고, 성령님의 역사에 순종할 때에 새로운 삶이 주어지는 것입니다. 그렇게 물과 영으로 거듭난 사람만이 하나님 나라에 들어갈 수 있는 것입니다. 거듭난 사람이 어린 양의 피로 인침 받은 사람입니다. 우리는 과연 거듭났습니까?

큰 음녀는 누구인가

계 17:1-14

앞 장에서 우리는 '일곱 대접의 환상'에 대해서 살펴보았습니다. 그러면서 하나님은 사람들이 죽지 않을 정도로만 재앙을 내리신다는 사실을 알게 되었습니다. 그 이유는 그들이 회개하고 돌아올 것을 기대하셨기 때문입니다. 그러나 하나님의 기대와는 다르게 사람들은 회개하지 않습니다. 오히려 하나님의 이름을 비방합니다.

참으로 이해할 수 없는 것은 하나님을 믿지 않는 사람들이 그들이 당하는 재앙과 고통으로 인해서 하나님을 비방한다는 사실입니다. 만일 재앙이 하나님으로부터 나왔다는 것을 안다면 빨리 회개하고 하나님께 돌아오는 것이 마땅합니다. 그러지 않으면 더 큰 재앙이 올 수도 있기 때문입니다. 그러나 만일 그들이 당하는 재앙과 고통이 하나님으로부터 온 것이 아니라고 생각한다면, 하나님을 비방할 하등의 이유가 없습니다. 하나님과 상관없는 일인데 왜 하나님을 비방합니까.

그것은 마치 교회를 다니지 않는 사람들이 교회를 욕하고, 기독교가 어떤 종교인지 제대로 알지도 못하는 사람들이 기독교를 맹목적으로 비난하는 것과 똑같습니다. 하나님과 아무 상관없이 살아가는 사람들이 왜 그렇게 교회와 성도들을 비방하고 잡아먹지 못해서 안달하는 것일까요? 정말 이상하지 않습니까?

그런데 우리는 그 이유를 알고 있습니다. 하나님을 믿지 않는 사람들이 왜 하나님의 이름을 비방하고 하나님을 향해 적극적으로 저항하는지 잘 알고 있습니다. 그것은 그들의 소속이 적敵그리스도이기 때문입니다.

> 짐승이 입을 벌려 하나님을 향하여 비방하되 그의 이름과 그의 장막 곧 하늘에 사는 자들을 비방하더라(계 13:6).

적그리스도는 본래 하나님을 비방하는 존재입니다. 짐승의 표를 받은 사람들, 우상에게 경배하는 자들은 그들의 우두머리가 그러듯이 자연스럽게 하나님을 비방하고 하나님의 백성들을 핍박하게 되어 있는 것입니다. 그것을 통해서 자신의 정체성을 스스로 드러내고 있는 것이지요. 하나님을 대적하는 적그리스도를 우두머리로 삼고 있는 동안은 하나님과 그의 백성들을 대적할 수밖에 없습니다. 이것이 바로 그 많은 재앙에도 불구하고 그들이 회개하지 않는 진짜 이유인 것입니다.

큰 음녀의 정체

지금까지는 짐승의 표를 받고 우상을 경배하던 사람들을 겨냥하고 있었다면, 이제부터 하나님의 심판은 그 우두머리를 직접 겨냥하기 시작합니다. 적그리스도의 우두머리는 사탄의 삼위三位, 즉 '용'과 '두 짐승'입니다(12, 13장). 그런데 이 비열한 그룹에 뜬금없이 네 번째 인물이 합류합니다. 오늘 본문에 등장하는 '큰 음녀the great whore'가 바로 그 주인공입니다.

그녀의 정체는 과연 무엇일까요?

> 또 일곱 대접을 가진 일곱 천사 중 하나가 와서 내게 말하여 이르되 이리로 오라.
> **많은 물 위에 앉은 큰 음녀가 받을 심판**을 네게 보이리라(계 17:1).

'일곱 대접을 가진 일곱 천사 중 하나'가 등장하여 '큰 음녀'가 받을 심판에 대해서 설명하기 시작합니다. 여기에서 우리는 큰 음녀가 일곱 대접의 환상과 연관 있는 인물이라는 사실을 알게 됩니다. 두 번째 대접의 재앙, 즉 바다가 죽은 자의 피 같이 되었던 재앙을 이야기하면서, '바다'는 그냥 바다가 아니라, 물 위에 앉은 큰 음녀를 가리킨다고 했습니다. 큰 음녀는 사람들을 미혹하는 적그리스도가 다스리는 '큰 성 바벨론'과 동의어로 사용되는 말이라고도 했습니다(17:5).

그리고 마지막 일곱 번째 재앙이 큰 성 바벨론에 쏟아지는 장면을 우리는 이미 살펴보았습니다(16:19). 따라서 오늘 본문은 큰 성 바벨론에 대한 마지막 심판의 보충설명이라는 사실을 알 수 있습니다. 그런데 요한계시록은 왜 큰 성 바벨론을 큰 음녀라고 표현하고 있는 것일까요?

> 땅의 임금들도 그와 더불어 음행하였고 땅에 사는 자들도 그 음행의 포도주에 취하였다 하고…(계 17:2).

그렇습니다. '음행'과 가장 잘 어울리는 인물이 바로 '큰 음녀'이기 때문입니다. 그런데 성경에서 '음행淫行'은 단순히 성적으로 부도덕한 행위를 의미하지 않습니다. 오히려 하나님 이외의 다른 신들을 섬기는 우상숭배를 음행이라고 합니다. 여기서도 마찬가지입니다. 큰 음녀는 사람들로 하여금 우상숭배에 빠지도록 적극적으로 권장하고 유혹하는 세력이었습니다. '땅의 임금들'도 그와 더불어 음행하였다고 하는데, 이는 개인적인 차원이 아니라 국가적인 차원에서 또는 국제적인 차원에서 이러한 음행이 진행되고 있음을 암시합니다.

그렇다면 큰 음녀로 상징되는 이 세상의 권력과 하나님을 대적하는 적그리스도는 과연 어떤 관계를 맺고 있는 것일까요?

> 곧 성령으로 나를 데리고 광야로 가니라. 내가 보니 여자가 붉은 빛 짐승을 탔는데 그 짐승의 몸에 하나님을 모독하는 이름들이 가득하고 일곱 머리와 열 뿔이 있으며…(계 17:3).

성령님이 사도 요한을 '광야'로 데리고 가십니다. 광야는 사람들이 없는 한적한 곳입니다. 그곳에서 큰 음녀와 짐승 사이에 벌어지고 있는 비밀스러운 관계를 보여주십니다. '여자'가 '붉은 빛 짐승'을 타고 있었던 것입니다. 여자는 물론 큰 음녀라고 불리는 큰 성 바벨론입니다. 그렇다면 '붉은 빛 짐승a scarlet beast'은 무엇일까요?

우리는 사탄의 삼위 중에 '붉은 용'과 '바다에서 올라온 짐승'이 있다는 것을 잘 알고 있습니다. 용the Dragon과 짐승the Beast은 전혀 다른 존재입니다. 따라서 여기에 등장하는 '붉은 빛 짐승'은 '바다에서 올라온 첫째 짐승'과 동일한 존재라는 것을 알 수 있습니다. 비록 '붉은 빛'을 띠고 있지만 말입니다. 그 짐승의 몸에 '하나님을 모독하는 이름들'이 가득한 것도 그렇고, '일곱 머리'와 '열 뿔'이 있다는 것도 첫째 짐승과 일치합니다(13:1).

그런데 여자가 짐승을 '타고 있다sitting on'고 해서, 여자에게 무슨 통제권이나 주도권이 있다고 생각하면 안 됩니다. 오히려 짐승에게 여자가 업혀있는 것입니다. 그러니까 짐승이 하자는 대로 따라 해야 합니다. 어린 양의 피로 인침을 받은 사람들은 '어린 양이 어디로 인도하든지 따라가는 자'(14:4)라고 했습니다. 그와 똑같이 음녀는 짐승이 어디로 인도하든지 따라가고 있습니다. 큰 음녀와 적그리스도는 동맹관계를 맺고 있었던 것입니다.

큰 음녀의 모양새가 그녀의 정체성을 잘 드러내줍니다.

4그 여자는 자주 빛과 붉은 빛 옷을 입고 금과 보석과 진주로 꾸미고 손에 금 잔을
가졌는데 가증한 물건과 그의 음행의 더러운 것들이 가득하더라. 5그의 이마에
이름이 기록되었으니 비밀이라, 큰 바벨론이라, 땅의 음녀들과 가증한 것들의 어
미라 하였더라(계 17:4-5).

음녀의 모습은 축적된 부의 이미지로 그려져 있습니다. 값비싼 옷감
과 화려한 색상의 옷을 입고, 금으로 된 장신구로 몸 전체를 치장했습니
다. 손에는 최고급 포도주가 가득 차 있을 것으로 생각되는 황금 잔이 들
려 있습니다. 그러나 사도 요한은 그 안에 실제로는 온갖 더러운 오물이
가득 차 있다고 설명합니다. 바로 그것이 이 세상의 모든 권력이 추구하
는 최고의 가치들입니다.

짐승의 몸에 신성 모독의 이름들이 가득했던 것처럼, 음녀의 이마에
이름이 기록되어 있습니다. 사도 요한 당대의 창녀들은 모두 이마에 특
별한 이름을 붙이고 있었다고 합니다. 물론 가명일 것입니다. 음녀도 마
찬가지입니다. '비밀'이라는 이름은 '신비mystery'로 번역되는 '무스테리온'
(μυστήριον, mustērion)입니다. 그러나 순결한 신비가 아니라, 추잡한 신
비입니다. 실제 이름은 '큰 바벨론'과 '음녀들의 어미'입니다.

게다가 음녀는 잔뜩 취해 있었습니다.

또 내가 보매 이 여자가 성도들의 피와 예수의 증인들의 피에 취한지라. 내가 그
여자를 보고 놀랍게 여기고 크게 놀랍게 여기니…(계 17:6).

그런데 뜻밖에도 술이 아니라 '피'에 취해 있었습니다. '성도들의 피'

와 '예수의 증인들의 피'를 잔뜩 마신 것입니다. 다시 말해서 예수 그리스도에 대한 믿음을 지키다가 순교한 성도들의 피에 취해 있었던 것입니다. 그렇다면 이 음녀는 도대체 무엇을 상징하고 있을까요? 바다에서 올라온 짐승의 조종을 받고 있는 '큰 성 바벨론'은 과연 구체적으로 어떤 권력을 가리키고 있는 것일까요?

음녀와 짐승의 비밀

사도 요한과 함께 있던 천사가 그 비밀을 풀어서 설명해줍니다.

> 7천사가 이르되 왜 놀랍게 여기느냐 내가 여자와 그가 탄 일곱 머리와 열 뿔 가진 짐승의 비밀을 네게 이르리라 8네가 본 짐승은 전에 있었다가 지금은 없으나 장차 무저갱으로부터 올라와 멸망으로 들어갈 자니 땅에 사는 자들로서 창세 이후로 그 이름이 생명책에 기록되지 못한 자들이 이전에 있었다가 지금은 없으나 장차 나올 짐승을 보고 놀랍게 여기리라(계 17:7-8).

"전에 있었다가 지금은 없으나 장차 무저갱으로부터 올라와 멸망으로 들어갈 자"라는 설명이 "전에도 계셨고 이제도 계시고 장차 오실 이"(4:8)라는 하나님에 대한 설명과 아주 많이 닮아있습니다. 적그리스도에 대한 풍자적인 묘사입니다. 그런데 한 가지 결정적으로 다른 점이 있습니다. 그것은 짐승의 최종 목적지는 '멸망'이지만, 하나님은 새로운 창조와 완성을 향해 나아간다는 사실입니다(21:1).

"그 이름이 생명책에 기록되지 못한 자들이 짐승을 보고 놀랍게 여긴다"는 말은 첫 번째 짐승이 바다에서 올라왔을 때의 바로 그 장면입니다(13:8). 이때 생명책에 이름이 기록되지 못한 자들은 모두 짐승에게 경배했습니다. 그렇지만 생명책에 이름이 기록된 사람들은 순교하는 한이 있더라도 절대로 짐승에게 경배하지 않았지요(13:15). 바로 그 짐승이 지금 큰 음녀라고 불리는 큰 성 바벨론을 뒤에서 사주하여 조종하고 있는 배후세력으로 등장하고 있는 것입니다. 천사는 일곱 머리와 열 뿔 가진 짐승의 비밀을 더욱 자세히 풀어서 설명해줍니다.

> 9지혜 있는 뜻이 여기 있으니 그 일곱 머리는 여자가 앉은 일곱 산이요, 10또 일곱 왕이라. 다섯은 망하였고 하나는 있고 다른 하나는 아직 이르지 아니하였으나 이르면 반드시 잠시 동안 머무르리라(계 17:9-10).

이는 바다에서부터 나온 사탄의 앞잡이, 일곱 머리 달린 첫 번째 짐승에 대한 풀이입니다. 그동안 이것에 대해서 얼마나 많은 사람이 다양하고 복잡하게 해석해왔는지 모릅니다. 그러한 주장들을 일일이 살펴보는 것은 지금 우리가 해야 할 일이 아닙니다. 본문의 내용을 그대로 따라가면서 풀어보겠습니다.

우선 그 짐승의 '일곱 머리'는 여자가 앉은 '일곱 산'이요, 또한 '일곱 왕'이라고 합니다. 여기에서 여자는 물론 큰 바벨론the great Babylon이라 이름하는 큰 음녀입니다. 바벨론은 구약시대에 존재하던 제국의 이름입니다. 요한계시록을 읽는 당대의 독자들은 그 바벨론을 이야기하는 것이 아니라는 사실을 잘 알고 있습니다. 그리고 실제로 어떤 제국을 염두에 두고 있는지도 알고 있었습니다. 그것은 "일곱 산에 앉았다"는 부연설명 때문입니다. '일곱 산'에 세워진 도시가 바로 로마입니다.

그렇다면 '일곱 왕'은 누구를 가리키는 것일까요? 이것을 로마의 황제들로 해석하려고 하는 사람들이 많이 있습니다만, 일곱 왕은 사실 일곱 제국을 의미한다고 보아야 합니다. "다섯은 이미 망하였다"(five dead)고 하니까, 그것은 이미 역사의 뒤안길로 사라진 다섯 제국들을 가리키고 있는 것입니다. 바벨론제국도 물론 여기에 포함되어 있습니다. 그리고 "하나는 남아 있다"(one living)고 합니다. 이는 사도 요한이 이 계시를 받던 당시의 로마제국을 가리킵니다. "아직 이르지 않은 제국이 있다"(the other not yet here)고 하는데, 어떤 제국을 가리키는지 우리로서는 알 길이 없습니다.

그런데 여기에서 우리가 주목해야 할 것은 그 모든 제국에 "여자가 앉아 있다"는 표현입니다. 우상을 숭배하고 물질적인 가치를 최고로 생각하고 성도들을 박해하는 정치권력이 그 모든 제국들의 공통점이라는 뜻입니다. 그것이 전부가 아닙니다.

> 12내가 보던 열 뿔은 열 왕이니 아직 나라를 얻지 못하였으나 다만 짐승과 더불어 임금처럼 한동안 권세를 받으리라. 13그들이 한 뜻을 가지고 자기의 능력과 권세를 짐승에게 주더라. 14그들이 어린 양과 더불어 싸우려니와…(계 17:12-14a).

일곱 머리 외에 열 개의 뿔이 있는데, 그들은 "아직 나라를 얻지 못하였다"고 합니다. 이는 "제국을 이루지는 못했다"는 뜻입니다. 그렇지만 그들은 이 세상에서 왕처럼 권세를 받은 유력한 사람들입니다. 그런데 그들이 '한 뜻'을 가지고 자기의 능력과 권세를 '짐승에게' 준다고 합니다. 그 '한 가지 뜻'은 바로 '어린 양과 싸우는 것'입니다. 결국 바다에서 나온 이 첫 번째 짐승은 오직 그리스도를 대적하기 위한 하나의 목적으로 똘똘 뭉친 거대 정치권력의 집합체를 상징하고 있는 것입니다.

인류 역사를 통해서 지금까지 등장했던 모든 제국은 늘 하나님의 백성을 탄압하고 박해했습니다. 애굽이 그랬고, 앗수르와 바벨론이 그랬고, 바사와 헬라제국이 그랬습니다. 요한 당시의 로마제국과 앞으로 등장하게 될 이름 모를 제국 또한 하나님을 믿는 성도들을 박해한다는 점에서 크게 다르지 않습니다. 제국의 이름은 계속 바뀌어 왔지만, 적그리스도가 지배하고 있는 정치권력 집단이라는 속성은 바뀌지 않았던 것입니다.

주님이 재림하시기 전에 마지막 제국이 등장하게 될 때, 분명히 그리스도인을 향한 박해가 그 절정에 달하게 될 것입니다. 그때에 큰 배교the great Apostasy 또한 일어나게 될 것입니다(계 13:8). 따라서 우리 그리스도인들은 적그리스도 세력이 만들어가는 정치권력 집단의 움직임을 주의 깊게 살필 필요가 있습니다.

어린 양이 이긴다

그러나 그들이 아무리 큰 세력을 만들어서 어린 양을 대적한다고 하더라도 그 결과는 분명합니다. 그들은 결국 파멸할 수밖에 없습니다.

> 그들이 어린 양과 더불어 싸우려니와 어린 양은 만주의 주시요 만왕의 왕이시므로 그들을 이기실 터이요 또 그와 함께 있는 자들 곧 부르심을 받고 택하심을 받은 진실한 자들도 이기리로다(계 17:14).

어린 양이 이기신다면, 어린 양과 함께 있는 자들 역시 이기게 되어있습니다. 어린 양의 부르심을 받고 택하심을 받은 진실한 그리스도인들 역시 이기게 되어있습니다. 그러니 일곱 머리를 가진 짐승이 어떤 정치권력의 모습으로 등장한다고 하더라도 우리는 염려할 필요가 전혀 없습니다. 우리는 그저 어린 양과 함께 끝까지 남아있기만 하면 되는 것입니다.

세대주의종말론자들은 요한계시록에 기록된 일들이 역사적으로 성취될 것을 기대합니다. 그래서 '일곱 머리'와 '열 뿔'을 가진 짐승이 어떤 인물과 세력으로 언제 어떻게 등장하게 될지 예측하는 일에 온통 신경을 곤두세웁니다. 그러나 그것은 요한계시록을 묵상하는 바른 태도가 아닙니다. 요한계시록은 종말의 마지막 단계에 일어날 일들이 아니라, 지금 우리가 어떻게 살아가야 할 것인지에 더욱 큰 관심을 가지고 있기 때문입니다.

지금 우리는 큰 음녀라고 불리는 큰 성 바벨론에 살고 있습니다. 이 세상은 큰 음녀의 손아귀에 사로잡혀 있습니다. 그래서 어디에서 무엇을 하든지 우리는 우상숭배와 물질에 대한 탐욕의 유혹에 매일 노출될 수밖에 없습니다. 이 세상은 적그리스도의 사주를 받아서 사람들에게 진노의 포도주를 먹이려고 합니다(계 14:8). 권력이나 돈의 힘을 앞세워서 순수한 믿음을 지키지 못하게 하고, 어떻게든 적그리스도와 타협하게 합니다.

세상과 타협하는 것은 마치 포도주를 먹고 취하는 것과 같습니다. 한잔, 두잔 받아먹다 보면 몽롱해지면서 기분이 좋아지는 것처럼 느껴집니다. 그러나 그 포도주는 진노의 포도주입니다. 그렇게 세상에 취해서 살아가는 것 자체가 이미 하나님의 진노와 심판을 받고 있는 것입니다. 우리 그리스도인들은 그렇게 살도록 부름을 받지 않았습니다.

바울은 에베소교회에 보낸 편지에서 이렇게 말했습니다.

17… 이제부터 너희는 이방인이 그 마음의 허망한 것으로 행함 같이 행하지 말라 … 19그들이 감각 없는 자가 되어 자신을 방탕에 방임하여 모든 더러운 것을 욕심으로 행하되 20오직 너희는 그리스도를 그같이 배우지 아니하였느니라(엡 4:17-20).

바벨론이 권하는 진노의 포도주를 마시면서 감각 없는 자가 되어 욕심을 채우면서 살라고 예수 그리스도께서 우리를 위해서 십자가를 지신 것이 아닙니다. 세상 사람들이 어떻게 살아가든지, 우리는 그리스도인으로서 정체성을 지키면서 살아가야 합니다. 역사의 종말에 어떤 일들이 벌어지든지, 마지막 제국이 언제 어떻게 등장하든지 그것은 우리에게 중요한 문제가 아닙니다. 우리에게 정말 중요한 문제는 과연 마지막 순간까지 믿음의 길에 굳게 서 있을 수 있겠는가 하는 점입니다.

마지막 순간까지 어린 양과 함께 있는 사람들이 '이기는 자'입니다. 우리 모두 '이기는 자'로 주님 앞에 서게 되기를 간절히 소망합니다.

큰 성 바벨론의 멸망

계 17:15-18:24

앞 장에서 우리는 '큰 바벨론the great Babylon'이라 불리는 '큰 음녀the great whore'에 대해서 살펴보았습니다. 그리고 큰 음녀는 로마제국을 암시하고 있다는 사실을 알게 되었습니다. 도미티아누스 황제로 인한 기독교 박해 상황을 감안해볼 때, 이를 대놓고 공개적으로 이야기하기는 어려웠을 것입니다. 그래서 이렇게 은유적으로 표현할 수밖에 없었던 것이지요.

그러나 사도 요한은 단지 로마제국을 비판하는 일에 관심을 가지고 있지 않습니다. 오히려 인류의 역사에 존재하던 모든 제국들이 가지고 있는 공통적인 속성을 드러내려고 합니다. 그것은 하나님을 대적하고 어린 양과 싸우려고 하는 적그리스도의 속성입니다. 큰 음녀가 일곱 머리 달린 짐승을 타고 있는 상징적인 모습이 바로 그것을 잘 표현하고 있습니다. 로마제국과 적그리스도의 세력은 서로 동맹을 맺고 있었던 것입니다.

아니 엄밀하게 말하면 이 세상의 모든 제국과 정치권력은 어떤 식으로든 그렇게 적그리스도와 손을 잡고 있습니다. 엄청난 부와 막강한 권력을 무기로 하여 하나님을 대적하고 있는 것입니다. 그 속에서 살아가야 하는 교회와 성도들은 언제나 세상으로부터 핍박과 박해를 받을 수밖에 없습니다. 이것은 로마제국 시대에만 해당되는 일이 아니었습니다. 지금 우리들도 사실은 큰 성 바벨론에 살고 있는 것입니다.

그러나 도무지 무너질 것 같지 않던 큰 성 바벨론은 어린 양과의 싸움에서 결국 지고 맙니다.

> 그들이 어린 양과 더불어 싸우려니와 어린 양은 만주의 주시요 만왕의 왕이시므로 그들을 이기실 터이요 **또 그와 함께 있는 자들 곧 부르심을 받고 택하심을 받은 진실한 자들도** 이기리로다(계 17:14).

어린 양의 승리는 처음부터 이미 결정되어 있었습니다. 어린 양과 함께 있는 자들의 승리도 이미 확정되어 있습니다. 따라서 우리는 큰 성 바벨론을 두려워할 필요가 없습니다. 오히려 큰 음녀의 유혹에 넘어가서 '진노의 잔'을 마심으로써 그리스도인으로서 우리의 정체성을 잃어버리게 되는 것을 두려워해야 합니다. 그러나 마지막 순간까지 어린 양과 함께 있다면 우리도 얼마든지 '이기는 자'가 될 수 있습니다.

짐승의 배신

그런데 큰 성 바벨론은 어떻게 무너지게 될까요? 아니 큰 음녀가 상징하고 있는 로마제국은 어떻게 망하게 될까요? 일곱 번째 대접의 재앙에 따르면 큰 지진이 일어나서 큰 성 바벨론이 세 갈래로 갈라진다고 했는데(16:18-19), 지진으로 무너지게 되는 것일까요? 오늘 본문에는 더욱 극적인 사건이 기록되어 있습니다. 큰 음녀에 대한 하나님의 심판은 내부적인 분열로 나타납니다.

15또 천사가 내게 말하되 네가 본 바 음녀가 앉아 있는 물은 백성과 무리와 열국과 방언들이니라. 16네가 본 바 이 열 뿔과 짐승은 음녀를 미워하여 망하게 하고 벌거벗게 하고 그의 살을 먹고 불로 아주 사르리라(계 17:15-16).

음녀가 앉아 있는 물은 '백성과 무리와 열국과 방언들'이라고 합니다. 얼마나 많은 민족들과 나라들을 통치하고 있는지를 설명하고 있습니다. 그 모든 세력들이 짐승과 동조하여 어린 양에 대항하는 전쟁을 시작한 것입니다. 그러나 이 전쟁은 오히려 음녀의 갑작스런 죽음으로 끝나버립니다. 한동안 큰 음녀를 태우고 다니던 짐승이 그만 배신하여 그 여자를 삼켜버린 것입니다. 음녀가 짐승의 밥이 되고 만 것이지요. 어떻게 그런 일이 벌어졌을까요?

17이는 하나님이 자기 뜻대로 할 마음을 그들에게 주사 한 뜻을 이루게 하시고 그들의 나라를 그 짐승에게 주게 하시되 하나님의 말씀이 응하기까지 하심이라. 18또 네가 본 그 여자는 땅의 왕들을 다스리는 큰 성이라 하더라(계 17:17-18).

앞에서 "그들이 한 뜻을 가지고 자기의 능력과 권세를 짐승에게 주었다"(13절)고 했습니다. 그래서 그들은 짐승의 명령대로 행동하고 추종하면서 어린 양과 대적해왔던 것입니다. 그런데 알고 보니 그 일조차도 하나님이 하신 것이라고 합니다. 적그리스도와 손을 잡고 협력한 일들이 오히려 큰 음녀가 상징하고 있는 로마를 하나님께서 심판하시는 방법으로 삼으셨다는 것입니다.

이와 같은 역설적인 원리는 에스겔을 통해서 이미 드러내신 것입니다(겔 16:35-43). 적그리스도의 무리들은 큰 세력을 동원하여 하나님과 전쟁을 하는 맞상대처럼 보이지만, 실제로는 하나님께서 당신의 뜻을 이루기 위해서 사용하시는 도구에 불과한 셈입니다. 그러니까 큰 음녀의 입장에서는 적그리스도의 능력과 권세를 믿고 하나님께 덤벼들었다가, 오히려 믿는 도끼에 발등 찍힌 꼴이 되고 만 것이지요.

지금까지 역사에 등장했다가 사라진 '다섯 개의 제국'도 그랬고, 지금 한창 위력을 떨치고 있는 로마제국도 그렇고 그리고 앞으로 역사의 종말에 등장하게 될 '마지막 제국'도 역시 마찬가지입니다. 적그리스도에게 업혀서 한때 세상을 지배하지만 결국에는 적그리스도에 의해 배반당하여 망한다는 점에서 다를 바가 하나도 없습니다. 그리고 그 일조차도 하나님의 손에 달려있는 것입니다.

그렇다면 적그리스도의 세력인 '사탄의 삼위'는 어떻게 될까요? 그들 역시 하나님이 정하신 때에 모두 영원한 심판을 받게 될 것입니다. 그러니 우리가 누구를 두려워해야 하겠습니까? 주님은 제자들에게 이렇게 말씀하셨습니다.

> 4내가 내 친구 너희에게 말하노니 몸을 죽이고 그 후에는 능히 더 못하는 자들을 두려워하지 말라. 5마땅히 두려워할 자를 내가 너희에게 보이리니 곧 죽인 후에 또한 지옥에 던져 넣는 권세 있는 그를 두려워하라 내가 참으로 너희에게 이르노니 그를 두려워하라(눅 12:4-5).

우리가 두려워하는 그 분이 우리 인생의 진정한 주인입니다. 우리는 지금 누구를, 또는 무엇을 두려워하고 있습니까? 우리 인생의 주인은 과연 누구입니까?

바벨론의 패망

바벨론에 기대어 치부하던 무리들에게 바벨론의 패망은 큰 충격일 수밖에 없습니다. 그러나 바벨론에 의해 억압당하던 사람들에게는 오히려 기쁜 소식입니다.

> 1이 일 후에 다른 천사가 하늘에서 내려오는 것을 보니 큰 권세를 가졌는데 그의 영광으로 땅이 환하여지더라. 2힘찬 음성으로 외쳐 이르되 무너졌도다. 무너졌도다. 큰 성 바벨론이여. 귀신의 처소와 각종 더러운 영이 모이는 곳과 각종 더럽고 가증한 새들이 모이는 곳이 되었도다. 3그 음행의 진노의 포도주로 말미암아 만국이 무너졌으며 또 땅의 왕들이 그와 더불어 음행하였으며 땅의 상인들도 그 사치의 세력으로 치부하였도다(계 18:1-3).

우리는 14장에서 한 천사가 바벨론의 패망을 선포하는 장면을 이미 보았습니다(14:8). 여기에서는 더욱 자세한 보고를 듣게 됩니다. 큰 성 바벨론이 한때는 땅의 왕들이 즐겨 찾는 곳이었지만, 이제는 '귀신의 처소'가 되었고 '더러운 영'이 모이기에 적합한 장소가 되었다고 합니다. 게다가 썩은 고기를 찾아 맴도는 독수리 같은 '가증한 새들'이 찾아오는 곳이 되었다고 합니다.

그러면서 바벨론이 추구하던 최고의 가치를 언급합니다. 그것은 바로 '치부致富'입니다. 바벨론은 가능한 한 많은 돈을 벌어 '사치'하면서 사는 것을 인생 최고의 목적으로 삼는 사람들이 모이는 곳입니다. 그것을 위해서라면 어떤 일이든지 할 준비가 되어 있는 사람들입니다. 우상에게 영혼을 팔아넘기더라도, 어떤 사악한 짓을 하더라도, 억울한 사람들을 아무리 많이 만들더라도, 어떻게든 돈만 모으면 된다고 생각하는 사람들입니다. 금은보석으로 치장을 하고 황금 잔으로 매일 포도주를 마시는 큰 음녀는 그들에게 선망의 대상이었습니다.

그러나 바벨론은 하루아침에 무너졌습니다. 이제는 귀신들이나 표류하는 황폐한 곳이 되었습니다. 돈을 최고의 가치로 삼는 인생이 다다를 종착역을 우리는 보고 있는 것입니다. 이는 마치 찰스 디킨스Charles Dickens 의 소설 〈크리스마스 캐럴A Christmas Carol〉에서, 부유한 구두쇠 스크루지 Scrooge가 자신이 죽고 난 후의 장면을 보고 있는 듯합니다. 풀과 잡초 사이에 자신의 이름이 새겨진 비석이 삐져나와 있는 것을 보고 스크루지는 소리를 지르지요. "나에게 이 장면을 보여주는 까닭이 무엇입니까?"

요한계시록은 교회에 보내진 편지입니다. 이 편지를 읽는 사람들은 아시아 지방의 일곱 교회 성도들입니다. 요한계시록은 왜 그 독자들에게 바벨론이 망한 처참한 모습을 보여주려고 하는 것일까요? 그 이유가 다음 구절에 나옵니다.

> 4또 내가 들으니 하늘로부터 다른 음성이 나서 이르되 내 백성아, 거기서 나와 그의 죄에 참여하지 말고 그가 받을 재앙들을 받지 말라. 5그의 죄는 하늘에 사무쳤으며 하나님은 그의 불의한 일을 기억하신지라(계 18:4-5).

이 장면에서 바벨론은 아직 패망하지 않았습니다. 바벨론이 '받을 재앙들'은 미래형입니다. 하나님은 말씀하십니다. "내 백성아, 거기서 나오라!"(Come out of her, my people!) "거기서 나와 그의 죄에 참여하지 말고 그가 받을 재앙을 받지 말라!"(so that you will not share in her sins, so that you will not receive any of her plagues _NIV)

"나오라!"고 해서 로마제국을 탈출하라는 권유는 아닙니다. 주님은 '사탄의 권좌가 있는 곳'에서 살고 있던 버가모교회 성도들에게 "네가 어디에 사는지 안다"고 말씀하셨습니다(2:13). 도망치는 것이 믿음을 지키는 상책이 아닙니다. 오히려 주어진 삶의 자리에서 어떻게든 믿음을 지키면서 살아내는 사람이 '이기는 자'입니다. 그 자리에서 '큰 음녀' 바벨론의 죄에 참여하지 않는 것이 중요합니다.

그런데 버가모교회에는 황제 숭배와 타협하게 만드는 니골라당의 교훈을 지키는 자들이 있었습니다(2:15). 두아디라교회에는 경제적인 필요를 채우기 위해서는 우상의 제물을 먹어도 좋다는 이세벨의 교훈을 따르는 자들이 있었습니다(2:20). 라오디게아교회에는 "나는 부자라. 부요하여 부족한 것이 없다"고 말하는 사람들이 있었습니다(3:17). 지금 그들에게 말씀하고 계시는 것입니다. "귀 있는 자는 성령이 교회들에게 하시는 말씀을 들을지어다"(2:29).

만일 바벨론의 부와 사치를 조금이라도 부러워하는 마음을 가지고 있다면, 그것은 이미 진 것과 다름없습니다. 바벨론에게 내려질 하나님의 심판을 미리 보여주시는 이유는 분명합니다. 교회와 성도들로 하여금 '이기는 자'가 되도록 초대하시는 것입니다. 물질만능주의의 유혹에서 벗어나 어린 양의 길을 따르도록 권면하시는 것입니다. 그런 의미에서 요한계시록은 모든 세대의 그리스도인들에게, 특별히 지금 우리에게 꼭 필요한 하나님의 말씀입니다.

애가(哀歌) 퍼레이드

요한계시록은 바벨론의 무덤을 보게 한 다음에, 바벨론의 패망에 충격을 받은 사람들이 부르는 애가哀歌를 듣게 합니다. 여기에는 크게 세 부류의 사람들이 등장합니다. 그들은 '땅의 왕들', '상인들 중 실력가들' 그리고 '선박계통의 일을 하는 사람들'입니다. 모두 바벨론을 통해서 치부致富한 사람들입니다.

> 9그와 함께 음행하고 사치하던 땅의 왕들이 그가 불타는 연기를 보고 위하여 울고 가슴을 치며 10그의 고통을 무서워하여 멀리 서서 이르되 화 있도다. 화 있도다. 큰 성, 견고한 성 바벨론이여. 한 시간에 네 심판이 이르렀다 하리로다(계 18:9-10).

땅의 왕들은 바벨론과 함께 '음행하고 사치하던' 사람들입니다. 그들은 바벨론의 패망을 진심으로 애곡합니다. 울고 가슴을 칩니다. 바벨론이 당하는 고통을 무서워합니다. 그렇게 크고 견고한 성이었던 바벨론이 단지 '한 시간'만에 무너져 내렸다는 사실에 큰 충격을 받고 있습니다. 그러나 그들은 '멀찍이 떨어져' 있습니다. 바벨론처럼 음행하고 사치하면서 살았던 자신들에게도 하나님의 심판이 그렇게 임할 것이라 생각하지 않습니다. 바벨론의 패망에 슬퍼하고 무서워하지만 회개하지는 않습니다. 그 다음에는 바벨론과의 무역거래로 치부한 상인들이 등장합니다.

15바벨론으로 말미암아 치부한 이 상품의 상인들이 그의 고통을 무서워하여 멀리 서서 울고 애통하여 16이르되 화 있도다. 화 있도다. 큰 성이여, 세마포 옷과 자주 옷과 붉은 옷을 입고 금과 보석과 진주로 꾸민 것인데 17그러한 부가 한 시간에 망하였도다…(계 18:15-17a).

땅의 상인들이 바벨론과 무역거래를 했던 상품들의 목록이 앞에 길게 나열되어 있습니다(18:12-15). 다양한 종류만큼이나 세계 각국과 활발한 무역거래가 있었음을 알 수 있습니다. 예를 들어 중국의 비단과 북아프리카의 상아 그릇, 모로코의 목재와 고린도의 청동 제품, 아라비아와 인도에서 가져온 향료와 향이 있습니다. 거기에다가 '사람의 영혼'도 언급되고 있는데(18:13), 이는 노예를 매매하는 행위를 말합니다. 무엇이 되었든지 돈 되는 일은 다 취급한 것입니다.

무역거래의 허브 역할을 해왔던 바벨론의 패망에 그동안 치부해왔던 상인들도 울고 애통합니다. 그들의 반응은 앞에 등장한 왕들과 다르지 않습니다. 그러나 그들 역시 '멀찍이 떨어져' 있습니다. 그들의 경제적인 손실에 마음 아파하지만, 조만간 그들의 영혼에 들이닥칠 진짜 재앙을 생각하지는 못하고 있는 것입니다. 물론 회개할 마음도 없습니다.

마지막으로 선박 관련 종사자들이 등장합니다.

17… 모든 선장과 각처를 다니는 선객들과 선원들과 바다에서 일하는 자들이 멀리 서서 18그가 불타는 연기를 보고 외쳐 이르되 이 큰 성과 같은 성이 어디 있느냐 하며 19티끌을 자기 머리에 뿌리고 울며 애통하여 외쳐 이르되 화 있도다. 화 있도다. 이 큰 성이여, 바다에서 배 부리는 모든 자들이 너의 보배로운 상품으로 치부하였더니 한 시간에 망하였도다(계 18:17b-19).

이들은 최고의 권력가인 왕이나 대기업 총수격인 상인에 비하면 상대적으로 평범한 사람들이라고 할 수 있습니다. 배를 타고 다니면서 열심히 일을 하는 사람들입니다. 물론 여러 척의 배를 부리는 몇몇 사람들은 갑부이겠지만, 그 일에 종사하는 대부분의 노동자들은 직장의 샐러리맨과 비슷합니다. 선원들에게 배는 가족의 생계가 달려 있는 일터입니다. 그런데 바벨론의 갑작스러운 패망으로 인해 모든 선박의 발이 묶이게 된 것입니다. 이들의 애통 역시 동일한 패턴을 따르고 있지만, 그 느낌은 더욱 애절하게 다가옵니다.

그러나 그들도 역시 바벨론의 패망으로부터 '멀찍이 떨어져' 있습니다. 그들의 슬픔은 회사가 망했을 때 직원들이 자신의 은행 계좌에 대해 슬퍼하는 것과 별반 다르지 않습니다. 돈 버는 것을 인생의 목적으로 삼는 사람들은 다 똑같습니다. 왕은 돈의 힘으로 더 큰 권력을 행사하지 못해 슬퍼하고, 부자는 더 많이 사치하지 못해서 슬퍼하고, 평범한 사람들은 먹고 사는 문제로 슬퍼합니다. 아무도 자신의 영혼에 닥쳐올 심판에 대해서 걱정하지 않습니다.

드디어 교회와 성도들을 향한 메시지가 선포됩니다.

하늘과 성도들과 사도들과 선지자들아, 그로 말미암아 즐거워하라. 하나님이 너희를 위하여 그에게 심판을 행하셨음이라 하더라(계 18:20).

바벨론에 의해서 박해를 당하고 있던 하나님의 백성들에게 바벨론의 패망은 좋은 소식입니다. 악한 정권이 무너진 것만으로도 충분히 좋은 소식입니다. 무엇보다 그것이 하나님의 심판이기 때문에 더더욱 그렇습니다. 바벨론이 패망하면 사람들이 더 잘살게 될까요? 아닙니다. 경제적으로는 더 힘들어지고 불편해질 수 있습니다. 그러나 이 땅에 하나님께서 공의를 세우셨다는 것이 중요한 일입니다.

그런데 사람들은 그렇게 생각하지 않습니다. 아무리 악한 정권이라고 하더라도 그들의 물질적인 탐욕을 채워줄 수 있다면 얼마든지 용인할 수 있다고 생각합니다. 공의가 세워지는 것보다 잘 먹고 잘 살게 되는 것이 우선이기 때문입니다. 큰 성 바벨론은 사람들의 탐욕을 채워주기에 최적화된 시스템을 갖춘 사회입니다. 그래서 사람들이 모여듭니다.

그러나 바벨론이 실상은 일곱 머리의 짐승을 타고 있는 '큰 음녀'라는 사실을 사람들은 잘 모릅니다. 그 마지막은 파멸이라는 사실도 잘 모릅니다. 아니 그 마지막을 직접 목격하면서도 그들은 삶의 태도를 바꾸려고 하지 않습니다. 단지 바벨론의 패망을 아쉬워할 뿐, 회개하여 삶의 방향을 바꾸려고 하지 않습니다. 그런 사람들이 또 다른 바벨론을 만들려고 할 것입니다. 그것이 바로 아직 이르지 않은 '마지막 제국'입니다.

바벨론 패망의 진짜 이유

하나님이 바벨론을 심판하시는 진짜 이유가 있습니다.

21이에 한 힘센 천사가 큰 맷돌 같은 돌을 들어 바다에 던져 이르되 큰 성 바벨론이 이같이 비참하게 던져져 결코 다시 보이지 아니하리로다. 22또 거문고 타는 자와 풍류하는 자와 퉁소 부는 자와 나팔 부는 자들의 소리가 결코 다시 네 안에서 들리지 아니하고 어떠한 세공업자든지 결코 다시 네 안에서 보이지 아니하고 또 맷돌 소리가 결코 다시 네 안에서 들리지 아니하고 23등불 빛이 결코 다시 네 안에서 비치지 아니하고 신랑과 신부의 음성이 결코 다시 네 안에서 들리지 아니하리로다. 너의 상인들은 땅의 왕족들이라. 네 복술로 말미암아 만국이 미혹되었도다 (계 18:21-23).

힘센 천사가 맷돌을 들어 바다에 던지는 장면은 둘째 나팔의 재앙을 떠올리게 합니다. 거기에서는 불붙는 큰 산이 바다에 던져져서 바다의 삼분의 일이 피가 되었을 뿐만 아니라, 배들의 삼분의 일이 깨졌지요 (8:8-9). 왜 뜬금없이 배가 파손되는 일이 등장하는지 궁금했을 겁니다. 그 이유가 바벨론의 재앙으로 분명해집니다. 바벨론의 상업 파트너였던 선주들과 선원들에게도 하나님의 심판이 내려지는 것입니다. 그렇게 해서 그들의 애곡을 끝내버리신 것입니다. 물론 왕들과 상인들에게도 역시 같은 심판이 내려질 것입니다.

큰 성 바벨론이라는 시스템 안에서 살고 있던 모든 사람에게도 하나님의 심판이 임합니다. 그들이 노래하는 자였든지, 세공업자였든지, 아니면 평범한 행복을 기대하던 신혼부부였든지, 바벨론의 패망과 함께 망할 수밖에 없습니다. 그래서 하나님의 백성들에게 "거기서 나오고 그의 죄에 참여하지 말라"(18:4)고 말씀하신 것입니다.

그런데 바벨론이 패망할 수밖에 없는 가장 큰 이유가 있습니다.

선지자들과 성도들과 및 땅 위에서 죽임을 당한 모든 자의 피가 그 성 중에서 발견되었느니라 하더라(계 18:24).

바벨론이 패망하고 난 후에 감추어진 추악한 비밀이 드러납니다. 그 성 중에서 순교자들의 피가 발견된 것입니다. 큰 음녀의 호화스러움은 속임수와 술수와 성도들의 피를 대가로 하여 얻어진 것입니다. 하나님은 경제적인 풍요로움과 정치적인 안정을 위해서 성도들의 피를 그냥 모른 척 덮어두시는 분이 아닙니다. 그것은 황제 숭배와 우상들의 논리요 세상 권력자들의 논리일 뿐입니다. 하나님은 그들의 허위(虛威)를 무너뜨리고 하나님 나라를 세우십니다.

하나님 나라에서 주인공은 세상에서 성공한 사람들이 아닙니다. 오히려 죽기까지 믿음을 지키다가 어린 양의 피로 인침을 받은 사람들입니다. 이 대목에서 요한계시록의 독자들은 서머나교회에 주신 말씀을 떠올리게 되었을 것입니다.

> 10녀는 장차 받을 고난을 두려워하지 말라. 볼지어다. 마귀가 장차 너희 가운데에서 몇 사람을 옥에 던져 시험을 받게 하리니 너희가 십 일 동안 환난을 받으리라. 네가 죽도록 충성하라. 그리하면 내가 생명의 관을 네게 주리라. 11… 이기는 자는 둘째 사망의 해를 받지 아니하리라(계 2:10-11).

우리는 지금 큰 성 바벨론에서 살고 있다는 것을 잊지 마십시오. 바벨론에서 성공한 사람들을 부러워하지 마십시오. 하나님은 '성공'이 아니라 '충성'을 보십니다. 죽도록 충성하는 자들에게 생명의 월계관을 씌워주십니다. 그리고 둘째 사망의 해를 받지 않게 하십니다. 우리는 '이기는 자'가 되도록 부름을 받았습니다. 하나님이 우리를 그렇게 만들어 주시겠다고 하십니다. 우리가 해야 할 일은 단지 '어린 양'과 함께 있는 것입니다. 그것으로 충분합니다!

제 4 악 장

새 예루살렘에 대한 계시

〈계 19:1-22:5〉

주 하나님이 통치하신다

계 19:1-10

드디어 '하나님 나라의 완성 교향곡'의 마지막 악장에 다다랐습니다. 1악장은 '교회를 향한 계시'(계 1:9-3:22)의 말씀으로 시작했습니다. 아시아 지방의 일곱 교회에 보낸 편지가 기록되어 있었습니다. 2악장은 '역사의 종말에 대한 계시'(계 4:1-10:11)로서 일곱 봉인 시리즈와 일곱 나팔 시리즈가 포함되어 있었습니다. 3악장은 '적그리스도에 대한 계시'(계 11:1-18:24)로서 어린 양을 대적하는 적그리스도의 활동과 대접 환상 시리즈가 담겨 있었습니다. 특히 바로 앞 장에서는 적그리스도의 세력과 동맹을 맺은 '큰 성 바벨론'이 멸망하는 장면을 살펴보았습니다.

4악장은 '새예루살렘에 대한 계시'(계 19:1-22:7)의 말씀입니다. 적그리스도의 세력들이 멸망하고, 최후의 심판이 내려지고, 새 하늘과 새 땅이 창조되면서 마침내 하나님 나라가 완성되는 그런 내용입니다. 이제 요한계시록의 절정에 다다른 것입니다. 19장은 바벨론의 멸망을 목격한 천상의 존재들이 하나님께 찬양을 드리는 내용으로 시작됩니다. 이는 바벨론의 패망에 충격을 받은 사람들이 불렀던 18장의 애가哀歌와는 아주 딴

판입니다.

　모두 '할렐루야'로 시작되는 세 개의 찬양으로 구성되어 있습니다. "하나님을 찬양하라"는 뜻의 '할렐루야'는 구약의 시편에는 자주 등장하지만, 신약성경에서는 오직 이곳에서만 발견됩니다. 한 그룹이 찬양하면 다른 그룹이 이어받는 식으로 진행이 됩니다.

3중 찬양(threefold praise)

이 일 후에 내가 들으니 하늘에 허다한 무리의 큰 음성 같은 것이 있어 이르되 할렐루야 구원과 영광과 능력이 우리 하나님께 있도다(계 19:1).

　'하늘에 허다한 무리'는 5장에 등장하는 '보좌와 생물들과 장로들을 둘러선 많은 천사'를 의미하는 것으로 보입니다(5:11). 그들의 수는 '만만이요 천천'이라고 되어 있습니다. 14장에서 어린 양이 십사만 사천과 함께 시온 산에 서 있을 때에도, 하늘에서 수많은 천사들이 부르는 '새 노래'가 들려왔습니다(14:3). 찬양이 필요할 때 어김없이 '천사 찬양대'가 등장하고 있는 것입니다. 메시지 성경은 '하늘의 큰 합창단massed choirs in Heaven'이라고 표현합니다.

　그들은 "구원과 영광과 능력이 우리 하나님께 있도다"라고 찬양합니다. 우리말로는 잘 표현되어 있지 않지만, '구원'이나 '영광', '능력'에 모두 '정관사'(헤, ἡ)가 붙어 있습니다. 영어로 직역하면, "The salvation, and the glory, and the power are our God's!"가 됩니다. 그러니까 '그 구원'과 '그 영광'과 '그 능력'이 하나님의 것이라는 선언입니다. 하나님이 처음부터 계획하고 진행해 오신 '구원 드라마'가 이제 그 완성을 향해 나아가고 있음을 확인하고 있는 것입니다.

이러한 3중threefold의 형식은 주기도문에서도 나옵니다. "나라와 권세와 영광이 아버지께 영원히 있사옵나이다"(마 6:13). 이것을 3중 기도threefold prayer라고 한다면, "구원과 영광과 능력이 우리 하나님께 있도다!"는 3중 찬양threefold praise이라고 할 수 있을 것입니다. 하나님 나라는 하나님의 구원the salvation이 완성된 것입니다. 그렇게 함으로써 하나님의 영광the glory이 드러나고, 그러는 과정에서 하나님의 능력the power이 나타나게 되는 것이지요.

여기에서는 큰 음녀 바벨론에 대한 심판으로 하나님의 구원과 영광과 능력이 드러났습니다.

> 그의 심판은 참되고 의로운지라. 음행으로 땅을 더럽게 한 큰 음녀를 심판하사 자기 종들의 피를 그 음녀의 손에 갚으셨도다 하고…(계 19:2).

일곱째 나팔의 환상에서 이십사 장로들은 "땅을 망하게 하는 자들을 멸망시킬 때" 하나님의 권능이 드러난다고 선포했습니다(11:18). 이제 그일이 큰 음녀를 심판하심으로 성취된 것입니다. 큰 음녀는 우상숭배와 물질만능주의를 앞세워 사람들을 유혹하고 땅을 더럽게 했습니다. 자신에게 동조하지 않는 하나님의 백성들을 가차 없이 죽여 버렸습니다. 그음녀를 하나님이 심판하신 것입니다! 그렇게 함으로 그 구원과 그 영광과 그 능력을 드러내신 것입니다.

여기까지가 첫 번째 찬양입니다. 두 번째 찬양은 훨씬 짧습니다.

> 두 번째로 할렐루야 하니 그 연기가 세세토록 올라가더라(계 19:3).

우리말로는 그냥 상황을 서술한 것처럼 보입니다만, 이 역시 찬양입니다. NIV 성경이 다음과 같이 잘 표현해놓고 있습니다. "Hallelujah! The smoke from her goes up for ever and ever." '그 연기'는 '그녀로부터 나오는 연기'입니다. '그녀'는 물론 '큰 음녀'를 가리킵니다. 18장에서는 바벨론이 불타는 연기를 먼발치에서 보고 사람들이 울었지요(18:9, 18). 지금은 그 반대 상황이 벌어지고 있는 것입니다. 바벨론이 패망하여 불타는 연기를 보면서 하나님을 찬양하고 있으니 말입니다.

이 찬양에 이십사 장로들과 네 생물이 화답합니다.

> 4또 이십사 장로와 네 생물이 엎드려 보좌에 앉으신 하나님께 경배하여 이르되 아멘 할렐루야 하니 5보좌에서 음성이 나서 이르시되 하나님의 종들 곧 그를 경외하는 너희들아 작은 자나 큰 자나 다 우리 하나님께 찬송하라 하더라(계 19:4-5).

'아멘'은 '진실로truly'라는 뜻입니다. 우리말로 굳이 풀이하자면 "정말 그렇습니다!"라고 할 수 있을 것입니다. 기도 후에 우리가 아멘을 하는 것은 기도의 내용에 대해서 강한 동의를 표현하는 것입니다. 찬양에서도 마찬가지입니다. 이십사 장로들과 네 생물은 천사 찬양대의 찬양에 대해서 강하게 동의하고 있는 것입니다. 그러자 보좌로부터 큰 소리의 명령이 들려옵니다. "하나님을 경외하는 자들아, 하나님을 찬송하라!"

'경외敬畏'란 공경하면서도 두려워한다는 뜻입니다. 이를 영어로는 'fear'로 표현합니다. 우리가 하나님에 대해서 마땅히 품어야 할 마음입니다. 앞 장에서 주님이 말씀하신 '마땅히 두려워할 자'(눅 12:5)에 대해서 묵상하면서, 우리가 두려워하는 '그분'이 바로 우리 인생의 진정한 주인이라고 했습니다. 하나님을 두려워함으로 하나님을 우리 인생의 주인으로 삼는 사람들은, 또한 하나님을 찬양할 수밖에 없습니다. '경외'와 '찬양'은 믿음의 뿌리에서 뻗어 나온 두 줄기이기 때문입니다.

헨델의 할렐루야 합창

보좌에서 나온 '찬양하라'는 명령에 또 다시 천사 찬양대의 찬양이 이어집니다. 이 세 번째 찬양은 헨델Georg Friedrich Handel의 오라토리오 〈메시아〉에 삽입됨으로써 아주 유명하게 되었습니다.

> 또 내가 들으니 허다한 무리의 음성과도 같고 많은 물소리와도 같고 큰 우렛소리와도 같은 소리로 이르되 **할렐루야 주 우리 하나님 곧 전능하신 이가 통치하시도다**(계 19:6).

이 중에서 "할렐루야, 주 우리 하나님 곧 전능하신 이가 통치하시도다"가 바로 헨델의 메시아에 삽입된 부분입니다. 이 대목에서 헨델이 메시아를 작곡하게 된 배경을 알 필요가 있습니다.

헨델은 본래 오페라Opera의 대가였습니다. 당대에 가장 잘 나가던 작곡가였습니다. 독일에서 태어난 그는 영국에서 그의 화려한 재능을 펼쳤습니다. 물론 경제적으로도 큰 성공을 거두었습니다. 그러나 직접 오페라단을 운영하면서 여기저기서 돈을 끌어 모아쓰다가 그만 파산하고 말았습니다. 거기에다가 뇌출혈로 쓰러져서 오른쪽 반신이 마비되었습니다. 할 수 없이 독일로 돌아가야 했습니다. 한동안 절망 속에 살아야 했습니다.

몸을 조금씩 추스른 헨델은 하나님의 말씀에 감동을 받고 오라토리오Oratorio를 작곡하기 시작했습니다. 그 중에서 가장 대표적인 작품이 바로 〈메시아Messiah〉이고, 또한 그 중에서도 가장 유명한 곡이 바로 〈할렐루야 합창Hallelujah Chorus〉인 것입니다. 헨델은 겨우 24일 만에 메시아 전곡을 만들었다고 합니다. 거의 침식을 잊은 채 오직 작곡에만 몰두했던 것이지요. 이때가 1741년이었습니다. 1742년에 아일랜드 더블린에서 초연이 이루어졌을 때, 그 자리에 있던 영국 국왕 조지 2세가 자리에서 일어나자 모든 관중이 기립하여 끝날 때까지 서 있었다고 합니다. 그 이후로 이 곡이 연주되면 청중이 기립하는 전통이 생겨났습니다.

세상적인 성공과 부를 쫓아서 살아가던 헨델을 변화시킨 것은 인생의 위기에서 만난 하나님의 말씀이었습니다. 치부致富와 사치奢侈를 추구하던 바벨론이 패망한 후에 '천사 찬양대'가 부르는 이 찬양이 헨델에게 가장 큰 감동을 주었을 것이 틀림없습니다. 하나님의 통치가 회복되는 경험을 한 헨델이 자신의 개인적인 고백을 이 곡에 담아내어 표현한 것이 아닐까 싶습니다. 그러지 않고서는 이렇게 감동적인 곡을 만들어낼 수 없었을 것입니다.

'할렐루야 합창'은 요한계시록 세 곳의 말씀으로 만들어졌습니다.

Alleluia: for the Lord God omnipotent reigneth"(Rev. 19:6 _KJB).
할렐루야, 전능의 주가 다스리신다.
The kingdom of this world is become the kingdom of our Lord, and of His Christ; and He shall reign forever and ever(Rev. 11:15).
이 세상 나라는 또 영원히 주 그리스도 다스리는 나라가 되고 또 주가 길이 다스리시리.
... King of Kings, and Lord of Lords(Rev. 19:16).
만왕의 왕 그리고 만주의 주

그렇습니다. 하나님 나라는 전능하신 주가 통치하는 나라입니다. 아직 이 세상 나라가 완전히 하나님 나라가 된 것은 아닙니다. 그러나 사람들을 미혹하던 큰 음녀인 바벨론이 무너졌습니다. 그 배후에서 하나님을 대적하던 적그리스도의 세력들은 이제 곧 하나님의 영원한 심판을 받게 될 것입니다. 그리하여 이 세상 나라가 하나님 나라가 될 때, 만왕의 왕이요 만주의 주이신 주님이 영원히 다스리실 것입니다. 그 나라에서 우리는 빛나는 보석으로 영원히 함께하게 될 것입니다.

이와 같은 찬양은 오직 하나님의 통치하심을 받아들인 사람들만 부를 수 있는 것입니다. 하나님 나라가 완성되었을 때, 하나님의 보좌 앞에서 부르기에 가장 적합한 찬양이 있다면 그것은 바로 헨델의 '할렐루야 합창Hallelujah Chorus'일 것입니다. 그러니 우리들도 미리미리 연습해 둘 필요가 있습니다.

어린 양의 혼인

그런데 이 찬양에서 우리의 주목을 끄는 부분이 또 하나 있습니다.

> 7우리가 즐거워하고 크게 기뻐하며 그에게 영광을 돌리세. 어린 양의 혼인 기약이 이르렀고 그의 아내가 자신을 준비하였으므로 8그에게 빛나고 깨끗한 세마포 옷을 입도록 허락하셨으니 이 세마포 옷은 성도들의 옳은 행실이로다(계 19:7-8).

'어린 양의 혼인 기약'은 어린 양이 혼인하는 날을 의미합니다. '그의 아내'가 자신을 준비하였다고 합니다. 어린 양The Lamb은 예수 그리스도입니다. 그렇다면 '그의 아내His Bride'는 누구를 가리키는 것일까요? 구약성경은 하나님과 그의 백성의 관계를 남편과 아내로 자주 표현합니다.

> 마치 청년이 처녀와 결혼함 같이 네 아들들이 너를 취하겠고 신랑이 신부를 기뻐함 같이 네 하나님이 너를 기뻐하시리라(사 62:5).
> 19내가 네게 장가들어 영원히 살되 공의와 정의와 은총과 긍휼히 여김으로 네게

장가들며 20진실함으로 네게 장가들리니 네가 여호와를 알리라(호 2:19-20).

사도 바울도 이와 비슷하게 그리스도와 교회의 관계를 설명합니다.

내가 하나님의 열심으로 너희를 위하여 열심을 내노니 내가 너희를 정결한 처녀
로 한 남편인 그리스도께 드리려고 중매함이로다…(고후 11:2).

이와 같은 말씀들에 비추어 볼 때 어린 양의 아내는 하나님의 백성인
'교회'를 가리키는 것이 분명합니다. 그렇다면 어린 양이신 예수 그리스
도와 그의 신부인 교회의 혼인은 과연 무엇을 상징하는 것일까요?

또 내가 보매 거룩한 성 새예루살렘이 하나님께로부터 하늘에서 내려오니 그 준
비한 것이 신부가 남편을 위하여 단장한 것 같더라(계 21:2).
9일곱 대접을 가지고 마지막 일곱 재앙을 담은 일곱 천사 중 하나가 나아와서 내
게 말하여 이르되 이리 오라. 내가 신부 곧 어린 양의 아내를 네게 보이리라 하고
10성령으로 나를 데리고 크고 높은 산으로 올라가 하나님께로부터 하늘에서 내
려오는 거룩한 성 예루살렘을 보이니…(계 21:9-10).

'새예루살렘'은 바로 어린 양의 '신부'인 교회를 가리키는 말입니다.
'어린 양'이 '짐승'과 대조되는 것처럼, 여기에서는 '새예루살렘'이 '바벨
론'과 대조되고 있습니다. 그러니까 '어린 양의 혼인'이란 결국 주님의 재
림과 더불어 하나님 나라가 이 땅에 완성되는 것을 의미합니다. 앞에 언
급한 헨델의 메시아에 인용된 말씀으로 표현하자면, 이 세상 나라가 하
나님의 나라, 그리스도의 나라가 되어 어린 양이 영원히 통치하시는 것
입니다.

어린 양의 신부가 준비되었다는 것은, 믿음의 공동체인 교회가 주님

의 재림을 맞이할 준비가 되었다는 뜻입니다. 어떻게 준비되었다는 것일까요? '깨끗한 세마포'가 준비되었다고 합니다. 그리고 그 세마포 옷은 '성도들의 옳은 행실'이라고 합니다. 옳은 행실이라고 하니까 무슨 착한 일을 많이 해야 하는 것처럼 생각할 수 있지만, 그런 뜻이 아닙니다.

여기에서 '옳은 행실'로 번역된 헬라어는 '디카이오마'(δικαίωμα, di-kaiōma)입니다. 로마서에서 '의롭다하심justification'으로 번역된 바로 그 단어입니다(롬 5:16, 18). 그렇습니다. 우리는 '행위'를 통해서가 아니라 오직 예수 그리스도를 '믿음'으로써 '의롭다하심'을 받을 수 있는 것입니다.

오직 하나님께 경배하라

오늘 본문을 마무리하는 부분에서 사도 요한은 한 가지 큰 실수를 저지릅니다. 천사의 발에 엎드려 경배하려고 했던 것입니다.

> 9천사가 내게 말하기를 기록하라. 어린 양의 혼인 잔치에 청함을 받은 자들은 복이 있도다 하고 또 내게 말하되 이것은 하나님의 참되신 말씀이라 하기로 10내가 그 발 앞에 엎드려 경배하려 하니 그가 나에게 말하기를 나는 너와 및 예수의 증언을 받은 네 형제들과 같이 된 종이니 삼가 그리하지 말고 오직 하나님께 경배하라. 예수의 증언은 예언의 영이라 하더라(계 19:9-10).

사도 요한이 천사 찬양대의 '할렐루야' 찬송을 듣는 중에 한 천사가 나타나서 말합니다. "어린 양의 혼인 잔치에 청함을 받은 자들은 복이 있다"는 말을 기록하라고 하면서, "이것은 하나님의 참되신 말씀이라"고 합니다. 이 말을 듣고 요한은 얼떨결에 천사의 발 앞에 엎드려서 경배하려고 합니다. 아마도 예수님으로 착각했던가, 아니면 천사에 대한 존경심을 그런 식으로 표현하려고 했는지도 모릅니다.

그러자 천사는 정색을 하며 말합니다. "이러지 마라. 나도 너처럼 하나님을 섬기는 종이다. 그러니 오직 하나님께만 경배하라." 그러면서 아주 중요한 말씀을 합니다. "예수의 증언은 예언의 영이다!"(for the testimony of Jesus is the spirit of prophecy) 여기에는 설명이 좀 필요합니다.

'예수의 증언'은 '예수 그리스도의 증거'(1:2)와 '예수를 증언함'(1:9)과 같은 뜻입니다. 그러니까 예수를 그리스도로 증언하는 일을 말합니다. 천사나 사도는 그 일을 함에 있어서 다르지 않습니다. '예언의 영'은 하나님의 말씀을 대언하게 하는 성령을 의미합니다. 그러니까 같은 성령을 받았기에 예수를 증언하고 하나님의 말씀을 대언할 수 있다는 것입니다. 그러니 천사라고 해서 사도들과 다를 바가 하나도 없는 것입니다.

이것은 천사를 숭배의 대상으로 삼으려고 하는 그릇된 신앙 태도를 경계하는 말씀입니다. 천사는 하나님께서 맡기신 일을 하는 천상의 존재입니다. 우리와 똑같은 피조물입니다. 같은 하나님께서 우리에게 예수 그리스도를 증언하는 일을 맡겨주셨습니다. 그런데 천사를 마치 신적인 존재나 되는 듯이 생각하는 것은 큰 잘못입니다.

특별한 은사를 행하는 사람들을 신적인 존재로 추앙하려는 것도 잘못된 태도입니다. 바울이 루스드라에서 발을 쓰지 못하는 사람을 걷게 하는 이적을 보였을 때, 사람들은 바나바와 바울을 신으로 섬기려고 했습니다. 그때 바울이 뭐라고 말했습니까.

> … 여러분이여, 어찌하여 이러한 일을 하느냐. 우리도 여러분과 같은 성정을 가진 사람이라. 여러분에게 복음을 전하는 것은 이런 헛된 일을 버리고 천지와 바다와 그 가운데 만물을 지으시고 살아 계신 하나님께로 돌아오게 함이라(행 14:15).

아무리 대단한 이적을 나타내는 능력을 가지고 있다고 하더라도, 그 일을 행하신 분은 하나님이십니다. 그러니 오직 하나님만을 예배해야 합니다. 사도 요한이 자신의 실수를 여기에 솔직하게 기록하고 있는 것은 특별한 이유가 있다고 봅니다. 믿음의 공동체 안에서 하나님 이외의 그 어떤 존재도 찬양과 경배의 대상이 되어서는 안 된다는 교훈을 가르치기 위해서입니다.

그럼에도 불구하고 로마 가톨릭에서는 성모 마리아를 또 다른 중보자요, 경배의 대상으로 만들어버렸지요. 마지막 때에 어린 양의 신부가 되어야 할 교회에서 이런 일들이 있으면 안 됩니다. 그런 의미에서 어린 양의 신부인 믿음의 공동체는 아직 충분히 준비되지 못한 상태입니다. 그래서 주님의 재림이 일어나지 않고 있는지도 모릅니다.

하나님의 통치가 이루어지는 곳이 하나님 나라입니다. 먼저 우리 개인의 삶 속에 하나님의 다스림이 이루어져야 합니다. 그리고 우리의 가정과 교회에도 하나님 나라가 이루어져야 합니다. 우리의 가장 큰 소원은 하나님 나라의 완성이 되어야 합니다. 이 세상의 나라가 모두 그리스도가 다스리는 나라가 되는 것이어야 합니다.

바로 그 때문에 주님이 우리에게 주기도문을 가르쳐주신 것입니다. "하늘에 계신 우리 아버지여, 이름이 거룩히 여김을 받으시오며, 나라가 임하시오며, 뜻이 하늘에서 이루어진 것 같이 땅에서도 이루어지이다." 오늘도 우리에게 주어진 삶의 자리에서 늘 하나님을 섬기고 하나님께 경배하기를 소원합니다. 우리의 입술에 '할렐루야' 찬양이 그치지 않기를 소원합니다. 그렇게 매일 하나님 나라의 빛나는 보석으로 빚어지기를 간절히 소원합니다.

요한계시록 묵상 32

적그리스도에 대한 승리

계 19:11-21

앞 장에서 우리는 하늘의 '천사 찬양대'를 통해서 "어린 양의 혼인 기약이 이르렀고 그의 아내가 깨끗한 세마포 옷으로 준비되었다"는 소식을 들었습니다. 그리고 "전능하신 하나님이 통치하신다!"는 확신에 차 있는 '할렐루야 합창Hallelujah Chorus'도 들었습니다.

그런데 우리의 기억으로는 아직 적그리스도의 세력이 완전히 멸망한 것은 아닙니다. 아마겟돈 전쟁이 치러진 것도 아닙니다. 단지 적그리스도와 담합하여 사람들을 우상숭배와 물질만능주의로 미혹했던 큰 음녀, 바벨론이 무너졌을 뿐입니다. 그 마지막 전쟁은 언제 벌어지게 될까요.

너무 조급하게 생각하지 마십시오. 오늘 우리가 묵상하려고 하는 말씀에 그 이야기가 담겨 있습니다. 그러나 그에 앞서서 적그리스도와 관련하여 지금까지 전개되어온 사건들을 먼저 정리해볼 필요가 있습니다. 왜냐하면 마지막 전쟁은 이미 오래전에 시작되었기 때문입니다. 우리가 그동안 미처 알아차리지 못하고 있었을 뿐입니다.

그리고 아마겟돈 전쟁이라고 해서 무슨 거창한 사건이나 극적인 반전이 있을 것으로 기대하지는 마십시오. 오히려 아주 싱겁게 끝나고 말 것입니다. 왜냐하면 시작하기도 전에 전쟁의 승패는 이미 결정된 상태이기 때문입니다. 우리는 그것을 두 눈으로 직접 확인하기만 하면 되는 것입니다.

적그리스도의 등장과 파멸

요한계시록에서 적그리스도가 처음 등장하는 대목이 어디였을까요? 우리는 용의 모습을 한 사탄이 미가엘과의 전쟁에서 패해서 땅으로 쫓겨 내려온 12장을 떠올립니다. 그러나 그 앞의 11장에 무저갱으로부터 올라온 짐승이 믿음의 공동체인 교회를 상징하는 두 증인을 죽이는 장면이 먼저 나옵니다(11:7). 그리고 그보다 훨씬 더 앞서서 첫 번째 봉인 시리즈를 시작하는 첫 대목에 적그리스도가 '흰 말을 탄 자'로 등장하는 모습을 살펴보았습니다(6:2).

여기에서 우리는 요한계시록이 연대기적인 관심으로 기록된 것이 아니라는 사실을 다시 한 번 상기할 필요가 있습니다. 요한계시록은 같은 사건이지만 조금씩 관점을 달리하여 반복하는 개괄적 해석recapitulation의 방법을 사용하고 있습니다. 그러니까 적그리스도가 종말의 마지막 단계에 가서 등장하게 되는 것이 아니라, 아예 종말의 처음부터 활동하고 있었던 것입니다. 그런데 12장에 가서 본격적으로 적그리스도의 활동에 초점을 맞추어 새롭게 조명하게 된 것이지요.

적그리스도의 특징은 세력을 만든다는 것입니다. 땅으로 쫓겨 내려온 후에, 사탄은 그의 분신分身을 불러냅니다. 그것이 바로 13장에 나오는 '두 짐승'입니다. 하나는 바다에서 나왔고, 다른 하나는 땅에서 올라왔습니다. 용과 두 짐승을 가리켜서 우리는 '사탄의 삼위三位'라고 표현했습니다.

지금까지 계속 살펴오면서 바다에서부터 나온 첫째 짐승은 '제국帝國' 과 같은 정치권력 집단을 상징하고 있다는 것을 알게 되었습니다(17:10). 이에 비해서 땅에서 올라온 둘째 짐승은 어린 양을 흉내 내는 '거짓 선지자'라는 사실도 알게 되었습니다(16:13). 그리고 첫째 짐승은 '치부'와 '사치'를 목표로 하는 이 세상을 상징하는 '큰 음녀' 곧 바벨론을 끌어들여 동맹을 맺고, 하나님을 대적하고 성도들을 박해한다는 것도 알게 되었습니다. 따라서 적그리스도에 초점을 맞추어 보면 '사탄'과 '두 짐승'과 '음녀'의 순서대로 등장하고 있는 셈입니다.

　　그러나 파멸은 역순으로 진행됩니다. 가장 마지막에 등장했던 음녀가 짐승에게 배신당하여 파멸하고 나서(17:16), 그 다음에 짐승과 거짓 선지자가 사로잡히고(19:20), 가장 마지막으로 사탄이 유황불못에 던져집니다(20:10). 오늘 본문은 적그리스도 세력을 괴멸시키는 이른바 '아마겟돈 전쟁'이 벌어지는 이야기입니다. 그런데 이 장면도 앞에서 이미 조금씩 언급되어왔습니다.

　　여섯 번째 대접의 재앙은 사탄의 삼위가 개구리 같은 더러운 영으로 '온 천하의 왕들'을 꾀어 전쟁에 나오게 만드는 일을 설명하고 있습니다(16:12-16). 큰 음녀 이야기에서도 '열 왕'이 적그리스도와 합세하여 어린 양을 대적하여 싸운다고 합니다(17:12-14). 그리고 그 전쟁의 결과에 대해서도 말했습니다. "어린 양은 만주의 주시요 만왕의 왕이시므로 그들을 이기실 터이요 또 그와 함께 있는 자들 곧 부르심을 받고 택하심을 받은 진실한 자들도 이기리로다"(7:14).

　　이것은 모두 아마겟돈 전쟁의 상황을 전제하고 있습니다. 그러니까 오늘 본문에서 본격적으로 자세하게 설명하고 있지만, 마지막 전쟁은 이미 여러 번 반복해서 언급된 일입니다. 이 또한 요한계시록이 가지고 있는 개괄적 해석의 특징을 드러내는 예입니다. 이것을 강조하는 이유는 20장에 나오는 '천년왕국'에 대한 오해를 풀기 위해서입니다. 거기에 보면 천 년 동안 무저갱에 묶여있던 사탄이 풀려나고 또 다시 전쟁이 벌어지는 것으로 되어 있습니다(20:7-10). 그러나 사실은 같은 사건의 반복입니다. 이 점은 다음에 다시 한 번 설명하도록 하겠습니다.

그리스도의 등장

아무튼 이제 적그리스도의 세력에 대해서 최후의 승리를 거둘 때가 되었습니다. 마지막 전쟁은 '백마를 탄 자'의 등장으로 시작됩니다.

> 또 내가 하늘이 열린 것을 보니 보라 백마와 그것을 탄 자가 있으니 그 이름은 충신과 진실이라. 그가 공의로 심판하며 싸우더라(계 19:11).

어린 양이 첫 번째 봉인을 떼었을 때에도 '흰 말을 탄 자'가 등장했었지요(6:2). 그러나 이미 살펴본 대로 그의 정체는 '사탄'이었습니다. 이제 사탄의 세력을 완전히 궤멸하기 위하여 또 다른 '백마를 탄 자'가 등장합니다. 이 분의 정체는 바로 '예수 그리스도'입니다. 그의 이름은 '충신Faithful'과 '진실True'이라고 합니다. 충신忠信은 한결같음을, 진실眞實은 거짓 없음을 강조합니다. 그리고 '공의公義'로 심판하며 싸운다고 합니다. 공의는 사사롭지 않음을 강조합니다. 이 모두는 오직 하나님에게만 적용될 수 있는 속성입니다.

> 그 눈은 불꽃 같고 그 머리에는 많은 관들이 있고 또 이름 쓴 것 하나가 있으니 자기밖에 아는 자가 없고 또 그가 피 뿌린 옷을 입었는데 그 이름은 하나님의 말씀이라 칭하더라(계 19:12-13).

'불꽃 같은 눈'은 사도 요한이 첫 번째 환상에서 본 예수 그리스도의 모습 그대로입니다(1:14). 그 머리에는 '많은 관들'이 있다고 합니다. '흰 말을 탄 자'는 승리를 의미하는 일종의 월계관wreath을 받았습니다(6:2). 그러나 거기에서 멈추지 않고 계속 전쟁을 일으켰지요. 그러나 주님은 왕적인 권세를 나타내는 많은 '관crown'을 쓰심으로 신적 권세를 모방한 용과 짐승의 허례에 도전합니다(12:3, 13:1).

주님은 '자기밖에 아는 자가 없는' 이름을 가지셨다고 합니다. 바다에서 나온 첫 번째 짐승의 머리들에는 '신성 모독하는 이름들'이 있었습니다(13:1). 스스로를 신이라고 주장하고 있는 것이지요. 그러나 참된 신의 이름은 아무도 알 수 없습니다. 그래서 자신의 이름을 묻는 모세에게 하나님은 "나는 나다"(I am who I am)라고 말씀하신 것입니다(출 3:14). 오늘 본문은 곧장 계시된 이름을 '하나님의 말씀'이라 확인해줍니다. 하나님의 말씀을 통해서 예수 그리스도가 어떤 분인지 알 수 있다는 뜻입니다.

여기에서 우리의 주목을 끄는 것은, 주님이 '피 뿌린 옷'을 입고 등장하신다는 사실입니다. 우리말 번역은 마치 피를 옷에다가 몇 방울 뿌린 정도로 생각하게 하는데, 사실은 그게 아닙니다. NIV 성경이 이를 정확하게 번역하고 있습니다. "He is dressed in a robe dipped in blood." 피로 적신 옷을 입었다는 뜻입니다. 누구의 피에 적신 것일까요? 그렇습니다. 주님 자신의 피입니다. 인류를 구원하기 위해서 십자가에서 흘린 '자신의 피로 적신 옷'을 입고 나타나신 것입니다! 이것은 적그리스도와의 영적 전쟁의 성격을 밝히는 데 매우 중요한 단서를 제공합니다.

앞서 사탄이 하늘에서 쫓겨나는 장면에서도, 우리는 똑같은 일을 목격했습니다.

… 이제 우리 하나님의 구원과 능력과 나라와 또 그의 그리스도의 권세가 나타났으니 우리 형제들을 참소하던 자 곧 우리 하나님 앞에서 밤낮 참소하던 자가 쫓겨

났고 또 우리 형제들이 **어린 양의 피와 자기들이 증언하는 말씀으로써 그를 이겼**
으니 그들은 죽기까지 자기들의 생명을 아끼지 아니하였도다(계 12:10).

사탄의 세력을 이길 수 있는 최고의 영적 무기는 '어린 양의 피'와 '하나님의 말씀'입니다. 세상 죄를 지고 가는 하나님의 어린 양이 십자가에서 흘리신 대속의 피로 말미암아 사탄은 치명타를 입고 하늘에서 쫓겨난 것입니다. 지상에서 벌어지는 최후의 전쟁에서도 역시 마찬가지입니다. 적그리스도와의 싸움에서 필요한 무기는 '어린 양의 피'입니다. 그래서 주님은 자신의 피로 적신 옷을 입고 등장하시는 것입니다.

여기에서 우리는 요한계시록이 지금까지 예수 그리스도의 호칭을 굳이 '어린 양'이라고 고집스럽게 불러온 이유를 비로소 알게 됩니다. 적그리스도와의 전쟁에서는 오직 '어린 양의 피'만이 진정한 승리를 가져올 수 있기 때문입니다.

주님의 뒤를 따라서 백마를 탄 하늘의 군대들이 등장합니다.

14하늘에 있는 군대들이 희고 깨끗한 세마포 옷을 입고 백마를 타고 그를 따르더
라. 15그의 입에서 예리한 검이 나오니 그것으로 만국을 치겠고 친히 그들을 철장
으로 다스리며 또 친히 하나님 곧 전능하신 이의 맹렬한 진노의 포도주 틀을 밟겠
고 16그 옷과 그 다리에 이름을 쓴 것이 있으니 만왕의 왕이요 만주의 주라 하였더
라(계 19:14-16).

그런데 하늘의 군대들이 입고 있는 옷은 사실 전쟁하러 나가기에 적합한 복장이라고 말할 수 없습니다. 어느 군대가 '희고 깨끗한 세마포 옷 fine linen, white and clean'을 입고 전쟁터에 나가겠습니까. 그것은 혼인 잔치와 같은 축제에나 어울릴 복장입니다. 그러나 그 옷은 주님이 입고 계시는 '피로 적신 옷'과 의미상으로는 똑같습니다. 왜냐하면 구원받은 성도들이 입는 옷은 '어린 양의 피에 씻어 희게 된 것'이기 때문입니다(7:14). 하늘의 군대도 다르지 않습니다. 그들이 입은 '세마포 옷'은 어린 양을 따르는 무리들에게 아주 잘 어울리는 복장입니다.

게다가 그들은 그 밖의 어떤 다른 무기도 소지하고 있지 않습니다. 지상에서 벌어진 적그리스도와의 마지막 전쟁에서 그들이 하는 일이란, 솔직하게 말해서, 아무것도 없습니다. 단지 주님의 뒤를 따를 뿐입니다. 이 장면에서 언급된 무기는 주님의 입에서 나온 '예리한 검a sharp sword'이 전부입니다. 그것은 물론 '하나님의 말씀'을 의미합니다. 하늘에서 벌어진 전쟁에서 사용된 무기들이 지금 여기에서도 똑같이 사용되고 있는 것입니다. 그것으로 충분합니다.

이 대목에서 그리스도의 또 다른 이름이 등장합니다. 그것은 "만왕의 왕 그리고 만주의 주"(king of kings, and lord of lords)입니다. 헨델의 '할렐루야 합창' 끝부분에 등장하는 바로 그 노랫말입니다. 그 이름이 그의 옷과 다리에 새겨져 있다고 합니다. 그리스도는 땅의 모든 '왕들'보다 뛰어난 '왕'이십니다. 큰 음녀의 환상에서 보았듯이, 땅의 왕들은 무고한 사람들의 희생 위에 '치부'와 '사치'의 왕국을 세우기 위해서 짐승과 동맹을 맺었습니다. 그러나 그리스도는 자신의 희생을 통하여 사람들을 구원하셨습니다. 누가 진정한 의미에서 '왕 중의 왕'이라고 할 수 있겠습니까!

그리스도의 승리

그런데 이제 곧 벌어질 '최후의 전쟁'을 앞두고 있으면서도 긴장감은 전혀 발견되지 않습니다. 초조해하거나 불안해하는 모습은 그 어디에서도 찾아볼 수 없습니다. 오히려 '하나님의 큰 잔치'에 참여하도록 '새 떼'를 소집합니다.

17또 내가 보니 한 천사가 태양 안에 서서 공중에 나는 모든 새를 향하여 큰 음성
으로 외쳐 이르되 와서 하나님의 큰 잔치에 모여 18왕들의 살과 장군들의 살과
장사들의 살과 말들과 그것을 탄 자들의 살과 자유인들이나 종들이나 작은 자나
큰 자나 모든 자의 살을 먹으라 하더라(계 19:17-18).

전쟁은 아직 시작되지도 않았습니다. 그런데 한 천사가 나서서 공중
의 모든 새들을 '하나님의 큰 잔치the great supper of God'로 초대합니다. 산해진
미가 차려진 잔치가 아닙니다. 전쟁에서 죽임을 당한 사람들의 시체가
널려져 있는 잔치입니다. 새들로 하여금 죽은 자들의 살로 배불리 먹도
록 초대하고 있는 것입니다.

이는 구약의 에스겔을 통해서 이스라엘을 대적하기 위해 모인 곡의
연합군에게 선포하신 말씀 그대로입니다.

주 여호와께서 이같이 말씀하셨느니라. 너 인자야 너는 각종 새와 들의 각종 짐승
에게 이르기를 너희는 모여 오라. 내가 너희를 위한 잔치 곧 이스라엘 산 위에 예
비한 큰 잔치로 너희는 사방에서 모여 살을 먹으며 피를 마실지어다(겔 39:17).

이 예언은 역사의 종말에 하나님을 대적하는 적그리스도 세력과의
마지막 전쟁에서 그대로 성취되고 있는 것입니다. 자, 그렇다면 실제로
전투가 어떻게 진행되었을까요?

19또 내가 보매 그 짐승과 땅의 임금들과 그들의 군대들이 모여 그 말 탄 자와 그
의 군대와 더불어 전쟁을 일으키다가 20짐승이 잡히고 그 앞에서 표적을 행하던
거짓 선지자도 함께 잡혔으니 이는 짐승의 표를 받고 그의 우상에게 경배하던 자
들을 표적으로 미혹하던 자라. 이 둘이 산 채로 유황불 붙는 못에 던져지고 21그
나머지는 말 탄 자의 입으로부터 나오는 검에 죽으매 모든 새가 그들의 살로 배불

리더라(계 19:19-21).

짐승이 이끄는 적그리스도 연합군이 선제공격으로 도발해옵니다. 그러나 전투는 시작하자마자 곧바로 마무리됩니다. 짐승은 잡히고 거짓 선지자도 함께 잡힙니다. 그 둘은 산 채로 유황불 붙는 못에 던져집니다. 그 나머지는, 즉 땅의 임금들과 그들의 군대는 주님의 입으로부터 나오는 검에 모두 죽습니다. 그리고 이미 그 자리에 초대받아 와 있던 모든 새들이 죽은 자들의 살을 배부르게 먹습니다. 그렇게 아마겟돈 전쟁은 싱겁게 끝나고 마는 것입니다.

그런데 사실 그 이상의 어떤 것이 있으리라 기대해온 사람들이 문제입니다. 적그리스도의 세력이 하나님과 대등할 것이라는 생각 자체가 처음부터 잘못되었습니다. 적그리스도는 우리 주님과 감히 맞설 수 있는 상대가 아닙니다. 단지 마지막 때를 위해서 하나님이 조금 기다려 주셨을 뿐입니다. 하나님이 사탄의 세력에 밀려서 물러나 계시는 것이 아닙니다. 오히려 우리가 환난을 참아냄으로써 하나님 나라의 빛나는 보석이 될 수 있는 기회를 주셨을 뿐입니다(계 1:9). 하나님이 정하신 때에 그 모든 상황은 순식간에 정리될 것입니다.

666과 거짓 선지자

여기에서 우리는 그동안 유보해두었던 두 번째 짐승의 정체를 밝힐 때가 되었습니다. '666'과 관련하여 성경이 우리에게 알려주는 마지막 힌트는 바로 '거짓 선지자'입니다.

13또 내가 보매 개구리 같은 세 더러운 영이 용의 입과 짐승의 입과 거짓 선지자의

입에서 나오니 ¹⁴그들은 귀신의 영이라. 이적을 행하여 온 천하 왕들에게 가서 하나님 곧 전능하신 이의 큰 날에 있을 전쟁을 위하여 그들을 모으더라(계 16:13-14).

최후의 전쟁을 위해서 적그리스도가 세력들을 규합하고 있는 장면입니다. 여기에 보니까 '세 더러운 영impure spirits'이 '용'의 입과 '짐승'의 입과 '거짓 선지자'의 입에서 나온다고 합니다. 이 세 가지는 요한계시록 13장에 등장하는 '사탄의 삼위'와 비슷합니다. 세 번째가 약간 다르기는 합니다. 앞에서는 '두 번째 짐승'을 '666'이라고 말하는데 비해서, 여기에서는 '거짓 선지자the false prophet'라고 하고 있기 때문입니다.

그렇다면 어린 양 같은 모습을 한 '666'과는 구별되는 또 다른 앞잡이가 등장하고 있는 것일까요? 아닙니다. '거짓 선지자'는 '두 번째 짐승'을 의미합니다. 마지막 전쟁 후에 적그리스도의 연합군들은 패퇴하고 그 우두머리들이 사로잡힙니다. 그들은 '그 짐승'과 '거짓 선지자'입니다. 그런데 거짓 선지자에 붙여진 설명을 보십시오. "그 앞에서 표적을 행했다"고 합니다. 또한 "짐승의 표를 받도록 미혹하던 자"라고 합니다(19:20). 두 번째 짐승 '666'에 대한 설명과 정확하게 일치하지 않습니까(계 13:13, 17).

따라서 사탄의 분신인 '666'과 '거짓 선지자'는 동일인물입니다. 앞서 언급했듯이, 그는 경제의 최고 권력자입니다. 그의 표를 받지 못하면 매매를 할 수 없게 됩니다. 그는 또한 '큰 이적'을 보일 수 있는 능력을 가진 사람입니다. 그래서 첫 번째 짐승의 우상을 만들고, 그 우상이 말을 하게 만듭니다. 그렇게 할 수 있었던 것은 그가 거짓 선지자이기 때문입니다.

'거짓 선지자'를 헬라어로는 '프슈도프로페투'(ψευδοπροφήτου, pseudoprophētou)라고 합니다. 여기에서 '프슈도'(ψευδο)는 '가짜'라는 뜻입니다. 겉은 진짜처럼 보이는데 벗겨놓으면 가짜입니다. '가짜 선지자'가 진짜처럼 보이기 위해서는 어디에 숨어 있어야 할까요? 그렇습니다. 교회 안에 있어야 합니다. 무슨 이야기입니까? '666'은 어느 날 갑자기 교회 외부에서 등장하지 않는다는 뜻입니다. 오히려 교회 내부에서부터 등장합니다.

이 대목에서 우리는 '두 번째 짐승'을 '어린 양 같다'고 설명하는 것을 다시 새겨보아야 합니다(계 13:11). 우리 주님은 '그 어린 양the Lamb'입니다. 따라서 '어린 양 같다like a lamb'는 것은 겉으로는 우리 주님을 모방하고 있다는 그런 뜻이 됩니다. 그러나 그 속은 가짜입니다. 그래서 '두 뿔'이 있는 것입니다. 본래 어린 양에게는 '일곱 뿔'이 있어야 하는데 말입니다(계 5:6). 물론 그것도 상징적인 표현이지만….

그렇기 때문에 우리는 교회 안에서 돈을 앞세우고 이적을 보이면서 그리스도인들을 미혹하여 결국 우상을 숭배하게 만드는 '거짓 선지자'를 조심해야 합니다. 지금까지 교회의 역사를 통해서 크고 작은 여러 명의 적그리스도들이 활동해왔습니다(요일 2:18). 그러나 앞으로 등장하게 될 그 거짓 선지자에 비하면 그들은 조무래기에 불과합니다. 그 거짓 선지자의 이름은 누가 보더라도 '666'의 수와 정확하게 맞아떨어질 것입니다.

그렇다고 해서 지금부터 교회를 샅샅이 뒤져서 거짓 선지자의 이름에 적합한 인물을 찾아내라는 말이 아닙니다. 오히려 거짓 선지자의 속임수에 넘어가지 않도록 정신 차리는 것이 더 중요합니다. 돈을 쫓아다니고 이적을 쫓아다니다가는 자기도 모르는 사이에 거짓 선지자의 밥이 된다는 사실을 결코 잊으면 안 될 것입니다.

적그리스도와의 전쟁에서 우리가 갖추어야 할 영적인 무기는 '어린 양의 피'와 '하나님의 말씀'입니다. '구원의 확신'과 '성령의 검'을 가지고 있으면 그것으로 충분합니다. 나머지는 우리 주님이 다 이루십니다. 우리는 그저 어린 양과 함께 있기만 하면 됩니다. 주님이 가자는 대로 순종하여 따라가기만 하면 되는 것입니다.

그런데 그 일을 자꾸 뒤로 미루려고 하지 마십시오. 마지막 때로 넘기지 마십시오. 오늘 당장 시작하십시오. 지금이 은혜 받을 만한 때요, 지금이 구원의 날입니다(고후 6:2). 우리 인생의 알파와 오메가는 우리가 아니라 하나님이 정하십니다.

그리스도와 함께 다스리리

계 20:1-10

앞 장에서 살펴본 대로, 요한계시록은 적그리스도 세력의 등장과 파멸을 역순으로 표현합니다. 등장할 때는 사탄이 제일 먼저 나오고(12장), 그 다음에 두 짐승이(13장) 그리고 제일 마지막에 음녀가 나옵니다(17장). 그러나 파멸할 때에는 그 반대로 음녀가 가장 먼저 망하고(17장), 그 다음에 짐승과 거짓 선지자가 사로잡히고(19장), 가장 마지막에 사탄이 유황 불못에 던져집니다(20장).

그러나 요한계시록이 그렇게 묘사하고 있다고 해서, 실제로 종말의 일들이 그와 같은 순서에 따라서 연대기적으로 진행될 것이라 생각하면 안 됩니다. 왜냐하면 요한계시록은 요점을 반복하여 되풀이하는 '개괄적 해석'의 방식을 취하고 있기 때문입니다. 같은 사건을 여러 가지 각도에서 조명하기 때문에 시각적으로 순서의 차이가 느껴지는 것이지, 실제로는 거의 동시에 일어나는 일이라고 보는 것이 맞습니다.

이른바 '천년왕국'에 대한 여러 가지 복잡한 이론들이 만들어지는 것은 이와 같이 요점을 되풀이하는 요한계시록의 개괄적인 특징을 잘 이해하지 못한 결과입니다. 그것은 동일한 사건을 단지 각도를 달리하여 찍은 두 개의 사진을 비교하면서, 마치 그 사이에 천년이라는 시간의 간격이 있는 것처럼 해석하려는 것과 같습니다. 마지막 때에 일어날 일들의 완벽한 시간표를 재구성하는 일에 몰두하느라, 정작 요한계시록이 그려내는 입체적인 공간 구성과 그것을 통하여 전달하려고 하는 메시지를 놓쳐버리게 되는 것이지요.

우리는 지금까지 해온 대로 요한계시록이 묘사하고 있는 하나님이 이루어가실 일들의 전체적인 그림을 이해하는데 초점을 맞추어서 주어진 본문을 묵상해나갈 것입니다. 그러는 가운데 그동안 제자리를 찾지 못했던 퍼즐들이 본래 있어야 할 자리를 찾아가게 될 것입니다. 그리하여 문자적인 풀이나 연대기적인 해석으로는 충분히 드러내지 못했던 요한계시록의 메시지에 점점 다다르게 될 것입니다.

천년 왕국설(Millennialism)

우리는 19장 끝부분에서 이미 아마겟돈 전쟁의 결말을 보았습니다. 짐승과 거짓 선지자가 잡히고 그들과 함께 어린 양을 대적하기 위하여 모였던 무리들이 모두 몰살하고 말았습니다. 그렇게 이야기가 마무리되는가 싶었는데, 20장에서 또 다시 사탄이 새롭게 등장합니다. 그렇다면 아마겟돈 전쟁은 역사의 종말이 아니었던가요? 이 대목에서 요한계시록의 독자들은 큰 혼란을 느낄 수밖에 없습니다.

> ¹또 내가 보매 천사가 무저갱의 열쇠와 큰 쇠사슬을 그의 손에 가지고 하늘로부터 내려와서 ²용을 잡으니 곧 옛 뱀이요 마귀요 사탄이라. 잡아서 천 년 동안 결박하여 ³무저갱에 던져 넣어 잠그고 그 위에 인봉하여 천 년이 차도록 다시는 만국을 미혹하지 못하게 하였는데 그 후에는 반드시 잠깐 놓이리라(계 20:1-3).

사탄의 두목인 '용'의 이야기는 12장을 끝으로 지금까지 계속 침묵해 왔습니다. 그러다가 오늘 본문에서 갑작스럽게 다시 등장합니다. 공교롭게도 사탄의 분신인 '짐승'과 '거짓 선지자'가 잡히고 난 바로 직후라, 마치 이때 '용'도 함께 체포되는 것처럼 보이는 것이 사실입니다. 그런데 짐승과 거짓 선지자는 유황불못으로 직행하는 데 반하여(19:20), 사탄은 무저갱에 천 년 동안 따로 감금됩니다(20:2).

이때부터 문제가 복잡해집니다. 천 년이 지난 후에 사탄이 잠깐 놓이게 될 것이라고 합니다(20:3). 그리고 실제로 사탄이 옥에서 나오고 또다시 아마겟돈 비슷한 전쟁이 벌어지게 됩니다(20:7-8). 그러고 나서야 사탄은 비로소 짐승과 거짓 선지자가 들어가 있는 유황불못에 던져지게 될 것입니다(20:10). 그러니까 19장과 20장을 연대기적으로 이어진 사건으로 해석하면 두 이야기 사이에 '천 년'이라는 시간의 간격이 생길 수밖에 없습니다.

그래서 만들어진 것이 이른바 '천년왕국설Millennialism'입니다. "천 년 동안 그리스도와 더불어 왕 노릇 하리라"(20:6)는 말씀을 그런 식으로 풀이하는 것이지요. 여기에도 '전前천년설'과 '후後천년설'이 있습니다. 전천년설Premillennialism은 주님의 재림이 천년왕국 이전에 임한다는 주장이고, 후천년설Postmillennialism은 천년왕국 이후에 주님의 재림이 있을 것이라는 주장입니다.

세대주의종말론자들은 전천년설을 따릅니다. 이들에 따르면 그리스도께서 공중에 비밀 재림하시는데, 이때 지상의 교회 역시 비밀리에 휴거가 됩니다. 그리하여 공중에서 7년간 혼인 잔치를 하는 동안 지상에 남아 있는 유대인들과 불신자들이 7년 대환란을 겪게 됩니다. 그 후에 주님은 성도들과 함께 지상에 재림하여 천년왕국을 건설하신다는 것입니다. 일견 그럴듯해 보이지만 성경적인 근거가 전혀 없다는 것이 치명적인 약점입니다. 이와 같은 주장은 오히려 시한부종말론과 같은 부작용만 낳았을 뿐입니다.

후천년설은 '천 년'을 문자적으로 해석한다는 점에서 전천년설과 다르지 않습니다. 그런데 이들이 말하는 천년왕국은 사실상 '이상적인 낙원'입니다. 예수 그리스도의 복음사역을 통해서 이미 하나님 나라가 시작되었고, 교회를 통해서 복음이 땅 끝까지 전해지면서 인류의 대부분이 복음을 받아들이게 됨으로써 마침내 이상적인 천년왕국이 이 세상에 건설된다는 것입니다. 그러나 이것은 성경이 아니라 인본주의적인 낙관론에 근거하고 있어서, 악이 존재하는 현실적인 문제나 성경이 약속하는 부활에 대해서 제대로 설명하지 못한다는 치명적인 약점을 가지고 있습니다.

그렇다면 우리는 본문을 어떻게 이해해야 할까요? 앞에서 설명한 대로 요한계시록의 특징, 즉 요점을 되풀이하는 개괄적 해석으로 간단하게 해결할 수 있습니다. 그러니까 19장과 20장은 서로 다른 이야기가 아니라는 것입니다. 오히려 같은 이야기를 서로 다른 관점에서 조명한 것입니다. 19장은 아마겟돈 전쟁을 '짐승'과 '거짓 선지자'를 주인공으로 하여 설명했고, 20장은 용의 모습으로 등장한 '사탄'을 주인공으로 하여 설명했을 뿐입니다.

그리고 보니까 17장의 '큰 음녀' 이야기에도 어린 양에 대적하는 적그리스도의 연합세력에 대한 언급이 나와 있습니다(17:12-14). 무슨 뜻입니까? 하나님을 대적하는 적그리스도의 모든 세력들, 즉 사탄의 삼위三位뿐만 아니라 우상숭배와 물질만능주의를 앞세워 이 세상을 지배하는 큰 음녀와 큰 성 바벨론이 모두 역사의 종말에 하나님의 심판을 받게 되는 것입니다. 그런데 그와 같은 하나의 이야기를 주인공에 따라서 각각의 이야기로 풀어낸 것이지요.

천 년의 결박

이와 같은 이해를 바탕으로 하여 본문을 살펴보면, 용이 잡혀서 천 년 동안 무저갱에 결박되어 있는 일을 이렇게 설명할 수 있습니다. 우선 '천 년'이라는 시간이 '상징'이라는 점을 이해할 필요가 있습니다. 지금까지 요한계시록에 등장한 다른 수들과 마찬가지로 그것을 굳이 문자적으로 해석할 필요가 없습니다. 물론 천 년은 인간에게 아주 긴 시간이지만, 하나님께는 겨우 하루에 불과하다는 사실도 우리는 인정해야합니다.

'무저갱無底坑' 역시 '상징'입니다. 그 위치를 위도와 경도로 추적하려고 하는 것은 어리석은 일입니다. 단지 사탄이 결박당한 채 지내야 하는 상태를 의미하고 있을 뿐입니다. 그런데 사탄이 결박당하게 된 것은 어떤 사건 때문일까요? 12장에서 우리가 이미 살펴본 대로, 용은 그리스도가 이 세상에 태어나는 것을 적극적으로 훼방했습니다(12:4). 그러나 결국 실패했고 오히려 예수 그리스도의 십자가 사건을 통해서 참소자로서의 역할에 치명적인 손상을 입고 땅으로 내쫓김을 당하게 되었습니다(12:9).

그 이후에 용은 그의 분신인 짐승과 거짓 선지자를 통해서 간접적으로 이 세상을 미혹하고 성도들을 박해하긴 했어도, 종말의 마지막 단계에 이르기까지 그 자신이 직접 등장하지 않습니다. 그것을 오늘 본문은 용이 무저갱에 감금된 것으로 묘사하고 있는 것입니다. 이와 같은 설명은 사도 바울에 의해서 증명됩니다. 그는 주님의 재림 전에 나타날 '무법자'와 '큰 배교'에 대해서 설명하면서, 이렇게 이야기했습니다.

> 6너희는 지금 그로 하여금 그의 때에 나타나게 하려 하여 막는 것이 있는 것을 아나니 7불법의 비밀이 이미 활동하였으나 지금은 그것을 막는 자가 있어 그 중에서 옮겨질 때까지 하리라. 8그 때에 불법한 자가 나타나리니 주 예수께서 그 입의 기운으로 그를 죽이시고 강림하여 나타나심으로 폐하시리라(살후 2:6-8).

여기에서 '그'는 마지막 때에 나타날 '무법자' 즉 '사탄'을 가리킵니다. 바울은 사탄의 등장을 막고 계시는 분이 있다고 합니다. 그는 물론 하나 님이십니다. 하나님은 정하신 때에 사탄이 등장할 수 있도록 지금은 막 고 계십니다. 하나님이 정하신 때는 물론 주님이 재림하실 때입니다. 그 때를 위해서 지금 사탄을 억제하고 계시는 것입니다. 이것이 바로 사탄 이 결박된 상태를 가리킵니다. 사탄은 주님이 재림하기 전에 잠시 풀려 나겠지만, 그는 결국 재림하신 그리스도에 의해서 완전히 망하게 될 것 입니다.

이와 같은 바울의 설명은 요한계시록의 내용과 정확하게 일치합니 다. 이는 사탄의 분신이었던 '짐승'과 '거짓 선지자'가 세상을 미혹하는 동 안, '용'에 대해서는 단 한 마디도 언급되지 않는 이유를 잘 설명해주고 있습니다. 그동안 사탄의 활동은 묶여있었던 것입니다.

그렇다면 '천 년'은 어떤 기간을 상징하고 있을까요? 그것은 주님의 초림과 재림 사이의 '교회 시대'를 상징하는 수입니다. 주님의 초림 이후 에 지금까지 이미 '이천 년'이라는 세월이 흘러갔습니다. 그러나 그 역시 '천 년'이라는 상징적인 시간 속에 포함되어 있습니다. 그러니까 지금 우 리가 살고 있는 시대도 역시 '천 년'에 포함되어 있다고 할 수 있는 것입니 다.

그리스도와 더불어 다스림

그렇다면 '천 년'이 다 차게 되면 과연 어떤 일이 벌어질까요? 사탄이 잠시 풀려나고 세상 사람들을 미혹하여 하나님을 대적하게 할 것입니다. 그리고 마지막 아마겟돈 전쟁이 벌어질 것입니다. 그런데 그 이야기가 뒤에 곧바로 이어지지 않습니다. 7절로 훌쩍 건너뛰어 가야 나옵니다.

오히려 바로 뒤에는 천 년 동안 교회와 성도들의 삶에 대한 설명이 나옵니다.

> 4또 내가 보좌들을 보니 거기에 앉은 자들이 있어 **심판하는 권세**를 받았더라. 또 내가 보니 예수를 증언함과 하나님의 말씀 때문에 목 베임을 당한 자들의 영혼들과 또 짐승과 그의 우상에게 경배하지 아니하고 그들의 이마와 손에 그의 표를 받지 아니한 자들이 **살아서 그리스도와 더불어 천 년 동안 왕노릇 하니** 5(그 나머지 죽은 자들은 그 천 년이 차기까지 살지 못하더라) 이는 **첫째 부활이라**(계 20:4-5).

사도 요한은 지금 '보좌들thrones'을 보고 있습니다. 요한은 천상의 예배에서 이미 하나님이 앉아 계신 보좌와 이십사 장로들의 보좌들을 목격했었습니다(4:4). 그런데 여기에서 그 보좌에 앉은 자들은 천상의 존재가 아닙니다. '심판하는 권세'를 받은 사람들입니다. '심판'으로 번역된 '크리마'(κρίμα, krima)는 '판단judgment'을 의미합니다. 그것은 주님께서 하실 일입니다. 그런데 그 권세를 위임받은 사람들이 앉아있는 것입니다.

그들은 두 종류의 사람들입니다. 첫 번째, '예수를 증언함과 하나님의 말씀 때문에 목 베임을 당한 자들'입니다. 즉 믿음을 지키다가 순교한 사람들을 말합니다. 두 번째, '짐승과 그의 우상에게 경배하지 아니하고 이마와 손에 표를 받지 아니한 자들'입니다. 순교한 것은 아니지만 끝까지 믿음을 지킨 사람들을 말합니다. 이들이 주님이 앉으셔야 할 보좌에 앉아서 주님이 하셔야 할 일을 하고 있는 것입니다. 실제로 주님은 라오디게아교회 성도들에게 "이기는 그에게는 내가 내 보좌에 함께 앉게 해 주겠다"(3:21)고 약속해 주셨습니다.

이것을 가리켜서 본문은 "그리스도와 더불어 왕 노릇 한다"고 표현합니다. '왕 노릇 하다'로 번역된 '바실류오'(βασιλεύω, basileuō) 동사는 앞의 19장에서 '천사 찬양대'가 부르는 찬양에서 "전능하신 이가 통치하시도다"(19:6)의 '통치하다reign'로 번역된 바로 그 단어입니다. 따라서 '왕 노릇 하다'라는 말은 조금은 과장된 번역처럼 보입니다. 그냥 "주님과 더불어 다스린다"로 풀이하는 것이 더 좋을 듯싶습니다. 사실 우리가 '천년왕국'이라는 용어를 사용하는 것도 '왕 노릇'이라는 말 때문입니다. 영어식 표현으로는 그냥 단순히 '천 년millennial'이라고 표현합니다. '왕국kingdom'이라는 말은 사용하지 않습니다.

그런데 "그리스도와 더불어 천 년 동안 다스린다"(They reigned with Christ a thousand years)는 것은 무엇을 의미할까요? 만일 이 보좌가 천상의 세계에 있는 것이라면 사실 격이 맞지 않습니다. 왜냐하면 천상의 세계에서는 하나님의 보좌가 모든 것을 다스리시기 때문입니다. 하나님 앞에서 사람이 '다스린다'고 하면 정말 큰일날 소리입니다. 그렇다면 지상에서 '보좌들'은 무엇일까요? 그리고 천 년 동안 어떻게 다스릴 수 있을까요?

여기에서 우리는 '보좌들'이 교회를 상징하는 것이며, 따라서 그리스도가 그의 몸인 교회를 통해서 이 세상을 다스리는 모습을 설명하고 있다는 사실을 알게 됩니다. 문제는 '첫째 부활'입니다. 이는 부활이 여러 번에 걸쳐서 일어난다는 말처럼 들립니다. "그 나머지 죽은 자들은 천 년이 차기까지 살지 못한다"고 하는데, 만일 '사는 것'이 '부활'을 의미한다면 먼저 부활하는 사람이 있고 나중에 부활하게 되는 사람이 있다는 뜻일까요?

주님은 분명히 마지막 때에 '생명의 부활'과 '심판의 부활'이 있을 것이라고 말씀했습니다(요 5:29). 사도 바울은 주님이 재림하실 때에 죽은 자들이 부활하고 산 자들도 부활의 몸으로 변화되어 주님을 영접하게 될 것을 말했습니다(살전 4:16-17). 주님의 재림이 단 한 번 일어나는 사건인 것처럼, 부활 또한 '생명의 부활'이든, '심판의 부활'이든 한꺼번에 일어나는 사건이어야 합니다.

따라서 여기에서 말하는 '첫째 부활'은 주님이 재림하실 때의 부활사건을 의미하는 것이 아니라, 그리스도를 믿음으로써 새롭게 태어나서 맛보게 되는 '영원한 생명'을 의미하는 것으로 보아야 합니다. 주님은 요한복음에서 이렇게 말씀하셨습니다.

> 25예수께서 이르시되 나는 부활이요 생명이니 나를 믿는 자는 죽어도 살겠고 26 무릇 살아서 나를 믿는 자는 영원히 죽지 아니하리니 이것을 네가 믿느냐(요 11:25-26).

여기에서 '부활'은 '죽어도 사는 것'을 가리킨다면, '생명'은 '영원히 죽지 않는 것'을 가리킵니다. '부활'은 '죽음에서 다시 살아나는 것'을 의미하고, '생명'은 '영원히 죽지 않고 사는 것' 즉 '영생'을 의미합니다. '부활'은 죽은 자에게 주어지고, '영생'은 산 자에게 주어집니다.

주님은 "우리 친구 나사로가 잠들었도다. 그러나 내가 깨우러 가노라"(11절)라고 말씀하셨습니다. 나사로의 죽음을 잠으로 표현하신 것입니다. 죽음은 절망이고 끝입니다. 한번 죽으면 그것으로 마지막입니다. 그러나 주님께서는 그것은 '잠'일 뿐입니다. '잠'은 그냥 잠이지 죽음이 아닙니다. 잠은 다시 깨어나게 되어 있습니다. 잠을 자고 있는 동안 생명이 없어지지 않습니다. 생명은 그대로 남아 있습니다.

24시간을 자더라도, 96시간을 자더라도, 생명은 여전히 살아있습니다. 다시 깨어나기만 하면 됩니다. "살아서 나를 믿는 자는 영원히 죽지 않는다"는 말씀은 바로 이와 같은 생명의 속성을 가리켜서 하신 말씀입니다. 이것을 성경은 '영생'이라고 표현합니다. 죽음으로 없어지는 생명과 구분하기 위해서입니다. 이와 같은 영생은 오직 주님을 믿는 자들에게 주어집니다. 부활이신 주님을 확실하게 믿는 자들, 생명이신 주님을 분명하게 믿는 자들에게, 부활과 영생이 주어진다는 것입니다.

사도 바울도 에베소교회에 보낸 편지에서 "그는 허물과 죄로 죽었던 너희를 살리셨도다"(엡 2:1)라고 말합니다. 이것이 바로 첫째 부활입니다. 그렇다면 오늘 본문에서 "그리스도와 더불어 천 년 동안 다스린다"는 말씀은 무슨 뜻일까요? 그것은 교회와 성도들이 가지고 있는 생명력을 의미합니다. 세상 권력의 박해나 협박에 굴하지 않고 당당하게 믿음을 지켜나가는 모습을 의미합니다. 그러다가 설혹 순교한다고 해도 우리가 가지고 있는 생명은 빼앗기지 않습니다. 그렇게 우리는 그리스도와 함께 이 세상을 다스리고 있는 것이지요.

> 이 첫째 부활에 참여하는 자들은 복이 있고 거룩하도다. 둘째 사망이 그들을 다스리는 권세가 없고 도리어 그들이 하나님과 그리스도의 제사장이 되어 천 년 동안 그리스도와 더불어 왕 노릇 하리라(계 20:6).

'둘째 사망'은 생명책에 이름이 기록되지 못한 자들이 떨어질 '불못'의 심판을 의미합니다(계 20:14). 첫째 부활에 참여하는 자들, 구원과 영생의 확신을 가지고 살아가는 사람들은 둘째 사망에 대해서 조금도 염려할 필요가 없습니다. 담대한 믿음을 가지고 이 세상을 위한 그리스도의 몸으로서 주님이 다시 오실 때까지 대를 이어가면서 제사장의 사역을 감당하는 것입니다.

나중에 '천년왕국'이 이루어지고 나면 그때 가서 그렇게 살려고 하지 마십시오. 천년왕국은 따로 없습니다. 지금 우리가 살아가는 삶의 자리가 바로 그리스도와 더불어 다스리는 곳입니다.

사탄의 패망

그렇게 주님이 다시 오실 때까지 교회가 제사장의 사역을 감당하는 동안, 천 년이 차고 묶였던 사탄이 잠시 풀려납니다.

> 7천 년이 차매 사탄이 그 옥에서 놓여 8나와서 땅의 사방 백성 곧 곡과 마곡을 미혹하고 모아 싸움을 불이리니 그 수가 바다의 모래 같으리라. 9그들이 지면에 널리 퍼져 성도들의 진과 사랑하시는 성을 두르매 하늘에서 불이 내려와 그들을 태워버리고 10또 그들을 미혹하는 마귀가 불과 유황 못에 던져지니 거기는 그 짐승과 거짓 선지자도 있어 세세토록 밤낮 괴로움을 받으리라(계 20:7-10).

주님이 재림하시기 전에 사탄이 잠깐 놓이게 된다고 했습니다. 이때 사탄은 '땅의 사방 백성'을 모아서 하나님을 대적하고 성도들을 공격합니다. 이것은 19장에 기록된 아마겟돈 전쟁과 다르지 않습니다. 물론 여기에서는 '곡과 마곡'의 전쟁으로 표현하고 있지만(겔 38장), 그 전쟁의 본질은 아마겟돈과 똑같습니다. 적그리스도는 많은 수를 모아서 싸움을 걸어오겠지만, 하늘에서 내려온 불이 그들을 모두 태워버립니다. 그리고 드디어 마지막으로 마귀가 유황 못에 던져집니다. 그렇게 사탄의 삼위가 모두 하나님의 심판을 받게 되는 것입니다.

그런데 여기에서 한 가지 질문이 생겨납니다. 왜 하나님은 사탄을 계속 묶어두지 않고, 결정적인 순간에 놓아주시는 것일까요? 왜냐하면 알곡과 쭉정이를 나누셔야 하기 때문입니다. 알곡은 모아 곳간에 들이고 쭉정이는 꺼지지 않는 불에 태우셔야 하기 때문입니다(눅 3:17). 우리를 정금으로 만드셔야 하기 때문입니다. 그러기 위해서는 죄의 뿌리와 불순물을 모두 태워야 하기 때문입니다.

사람들은 흔히 '형통亨通의 복'을 기대합니다. 그들이 말하는 형통이란 아무런 문제나 어려움이 없는 것입니다. 그러나 성경이 말하는 형통은 그런 것이 아닙니다. 성경은 요셉을 '형통한 자'라고 말합니다(창 39:2, 23). 그런데 요셉은 형제들에게 배신당하여 노예로 팔려갔습니다. 억울한 누명을 쓰고 감옥살이를 해야 했습니다. 그럼에도 불구하고 그는 형통한 자였습니다. 왜냐하면 그 어려움을 통해서 요셉은 하나님이 원하시는 인격으로 다듬어져 갔기 때문입니다.

　마지막 때에 사탄이 놓임을 받게 되는 이유도 마찬가지입니다. 교회와 성도들을 형통한 자로 빚으시기 위해서입니다. 하나님 나라의 빛나는 보석으로 온전히 다듬기 위해서입니다. 그리스도와 더불어 다스리는 자는 사탄이 풀려난다고 해서 조금도 두려워할 것이 없습니다. 그저 지금까지 해 오던 대로 살아가면 됩니다. 교회의 머리이신 주님이 교회를 당신의 몸으로 묶으셨습니다. 거기서 떠나지 않으면 됩니다. 하나님이 다 이루십니다!

죽은 자들의 심판

계 20:11-15

'일곱 봉인'으로 시작된 하나님의 심판은 '일곱 나팔'과 '일곱 대접'의 재앙을 거치면서 그 강도가 점점 더 세지고 범위가 점점 더 넓어졌습니다. 그러는 동안 적그리스도 세력과 그를 따르는 추종자들에 대한 심판이 집행되었습니다. 큰 음녀 바벨론이 망했고, 하나님을 대적하던 짐승과 거짓 선지자가 체포되었고, 사방 백성을 미혹하던 사탄과 함께 불못에 던져지고 말았습니다. 이른바 사탄의 삼위三位가 모두 영벌永罰에 처해졌습니다.

그러나 하나님의 심판은 완전히 끝나지 않았습니다. 죽은 자들에 대한 '마지막 심판'이 아직 남아 있습니다. 일곱째 천사가 나팔을 부는 장면에서 이십사 장로들이 이렇게 말했습니다.

이방들이 분노하매 주의 진노가 내려 죽은 자를 심판하시며…(계 11:18).

그렇습니다. 하나님은 죽은 자를 살려내어 심판하는 분이십니다. 그러니 죽음을 면피의 수단으로 생각하면 안 됩니다. 죽었으니 그만이라 생각하는 것은 큰 오산입니다. 언젠가 하나님 앞에 서서 자신의 인생을 결산해야 할 때가 반드시 옵니다. 그 누구도 이 마지막 심판을 피할 수 없는 것입니다.

오늘 우리는 죽은 자들에 대한 마지막 심판이 선고되는 장면을 직접 목격하게 될 것입니다. 그러나 이 일을 두려운 마음으로 대하지 않는 것은 하나님의 엄중한 심판 속에 여전히 담겨있을 우리를 향한 하나님의 은혜를 잘 알고 있기 때문입니다.

흰 보좌의 심판

마지막 심판은 '크고 흰 보좌a great white throne' 앞에서 진행됩니다.

> 또 내가 크고 흰 보좌와 그 위에 앉으신 이를 보니 땅과 하늘이 그 앞에서 피하여 간 데 없더라(계 20:11).

성경에서 '흰 보좌'가 언급된 것은 이번이 처음이자 마지막입니다. 마지막 심판의 때를 위해서 특별히 준비된 것으로 보입니다. 흰 색은 순수함과 정결함을 의미합니다. 이십사 장로들은 모두 '흰 옷'을 입고 하나님께 경배했습니다(4:4). 어린 양의 인침을 받은 큰 무리들도 모두 흰 옷을 입었습니다(7:9). 그리스도가 백마를 타고 등장하실 때 하늘의 군대들도 모두 '희고 깨끗한 세마포 옷'을 입고 그 뒤를 따랐습니다(19:14).

이처럼 어린 양에게 속한 자들은 언제나 흰 옷을 입고 등장합니다. 어린 양의 혼인 잔치에 청함을 받은 사람들은 모두 '빛나고 깨끗한 세마포 옷'을 입어야 합니다. 그리고 그 옷은 성도들의 '옳은 행실'이라고 했습니다(19:8). 마지막 심판은 옳은 행실을 판단하는 자리입니다. 하나님 나라에 적합한지 그렇지 않은지의 여부를 가리는 자리입니다. 이제부터 '흰 보좌'에 앉으신 이가 그 일을 판단하실 것입니다.

　마지막 심판의 엄중함은 "땅과 하늘이 그 앞에서 피하여 사라졌다"는 말로 잘 표현되고 있습니다. NIV 성경은 이 부분을 "The earth and the heavens fled from his presence"라고 번역합니다. 땅과 하늘이 그의 존전尊前으로부터 도망쳐버렸다는 것입니다. 어떤 분들은 이것을 새로운 하늘과 땅을 창조하기 위한 옛 질서의 파괴라고 설명합니다. 그래서 "간 데 없었다"(There was no place for them _NIV)는 말을 "더 이상 존재하지 않게 되었다"는 뜻으로 이해하기도 합니다. 물론 21장에서 우리는 '새 하늘과 새 땅'이 창조되는 장면을 보게 될 것입니다(21:1).

　그러나 그렇다고 해서 베드로가 그의 편지에서 언급했던 "하늘이 불에 타서 풀어지고 물질이 뜨거운 불에 녹아내리는"(벧후 3:12) 바로 그 장면으로 해석하는 것은 너무 지나칩니다. 오히려 하나님의 심판에 대해서 그 누구도 이의를 제기할 수 없음을 강조하는 시적인 표현으로 보는 것이 적절합니다. 그런 의미에서 이 부분에 대한 메시지 성경의 풀이를 참고할 필요가 있습니다.

> 나는 크고 흰 보좌와 그 위에 앉아 계신 분을 보았습니다. 그 임재 앞에 서거나, 그 임재와 맞설 수 있는 것은 아무것도 없었습니다. 하늘에도 없고 땅에도 없었습니다(계 20:11 _메시지).
>
> Nothing could stand before or against the Presence, nothing in Heaven, nothing on earth.

　정말 그렇습니다. 만일 '하늘'과 '땅'이 하나님의 존전 앞에 설 수 없다면, 사람들 중에 누가 감히 하나님의 심판 앞에 당당히 설 수 있겠습니까? 이 세상에 그럴 자격을 갖추고 있는 사람은 아무도 없습니다.

영생에 이르는 길

고대 이집트 사람들도 '죽은 자들의 심판'을 믿었습니다. 『사자死著의 책』(Book of the Dead)을 보면 그들의 생각이 그림으로 잘 표현되어 있습니다. 그들은 '영생'을 의미하는 '앙크ankh'를 얻기 위해서 착하게 살아야 한다고 생각했습니다. 사람이 일단 죽고 나면 마트Ma'at 신의 저울에 심장을 달게 됩니다. 만일 마트 신의 깃털보다 가벼우면 영생을 얻지만 더 무겁게 나오면 악어 머리를 하고 사자의 몸을 가진 '아밋Ammit'이라는 괴물에게 잡아먹힌다고 생각했습니다. 신적인 존재들에게 자신이 '앙크'를 가져야만 할 이유를 설득하는 장면이 아주 인상적입니다.

지구상에 존재하는 대부분의 종교들이 이와 같은 범주에서 크게 벗어나지 않을 것이라 생각합니다. 그렇다면 우리 기독교 신앙은 과연 어떨까요? 죽은 자들에 대한 마지막 심판을 믿는다는 점에서 다르지 않지만, 구원과 영생에 이르는 길은 확연하게 다릅니다. 요한계시록에 기록된 죽은 자들에 대한 마지막 심판은, 양심을 저울질하는 것이 아니라 '두 종류의 책' 앞에 서는 것입니다.

> 또 내가 보니 죽은 자들이 큰 자나 작은 자나 그 보좌 앞에 서 있는데 책들이 펴 있고 또 다른 책이 펴졌으니 곧 생명책이라. 죽은 자들이 자기 행위를 따라 책들에 기록된 대로 심판을 받으니…(계 20:12).

흰 보좌 앞에 죽은 자들이 서 있는 장면이 보입니다. 하나님의 심판을 받기 위해서 서 있는 것이지요. 여기에서 우리의 주목을 끄는 것은 '큰 자'나 '작은 자'나 모두 보좌 앞에 서 있다는 사실입니다. 물론 신장身長의 차이를 말하는 것은 아닐 겁니다. 우리말 '큰'에 해당되는 헬라어 '메가스'(μέγας, megas)는 영어로 'great'입니다. 반면 '작은'에 해당되는 '미크로스'(μικρός, mikros)는 'small' 또는 'little'로 번역되는 말입니다.

그러니까 생전에 위대한 인생을 살았든지 아니면 별 볼일 없이 살았든지 죽고 난 후에 하나님의 심판대 앞에 서는 것에는 아무런 차별이 없다는 것입니다. 이 세상에 살아있는 동안에는 권력의 힘과 돈의 힘을 앞세워서 법정에 나가지 않아도 되었을 것입니다. 얼마든지 대리인을 내세울 수도 있었을 것입니다. 그러나 마지막 심판 앞에서는 그럴 수 없습니다. 본인이 직접 출석해야 하고, 본인이 스스로를 변호해야 합니다. 그를 대신해 줄 수 있는 사람은 이제 아무도 없습니다. 그런 의미에서 마지막 심판은 가장 공평한 자리입니다.

보좌 앞에 두 종류의 책이 펼쳐 있습니다. 하나는 '생명의 책The book of life'이고, 다른 하나는 '행위의 책The book of deeds'입니다. 생명의 책에는 어린 양의 피로 인침을 받은 사람들의 이름이 적혀 있고, 행위의 책에는 그 사람이 생전에 행한 모든 일들이 기록되어 있습니다. 이제 한 사람씩 나와서 그 책들의 기록과 일일이 대조하여 확인하는 것으로 마지막 심판이 진행될 것입니다.

굳이 중요성을 따지자면, 생명의 책이 더 중요하다고 할 수 있습니다. 왜냐하면 오직 어린 양의 생명책에 기록된 자들만 거룩한 성 새예루살렘에 들어갈 수 있고(계 21:27), 생명책에 기록되지 못한 자들은 모두 불못에 던져질 것이기 때문입니다(20:15). 우리의 이름이 생명책에 기록될 때가 언제라고 했습니까? 예수를 그리스도로 믿을 때입니다. 그 믿음으로 세례를 받을 때입니다. 그것을 가리켜서 우리는 "구원 받았다"고 하지요. 생명책에 이름이 기록된 사람들만 하나님 나라에 들어갈 수 있으니, 그 말이 맞습니다.

그렇다면 "자기 행위를 따라 책들에 기록된 대로 심판을 받을 것"이라는 말씀을 우리는 어떻게 이해해야 할까요? 왜냐하면 마치 생명책에 이름이 기록된 것이 전부가 아니라는 뜻처럼 들리기 때문입니다. 그래서 어떤 분들은 이른바 '천년왕국'에 참여하는 사람들의 '첫째 부활'(20:5)을 '거듭남의 사건'으로 생각하지 않고, 구원받은 신자들의 '생명의 부활'로 생각합니다. 그리고 지금 흰 보좌 앞에 서 있는 사람들은 모두 '심판의 부활'로 나온 사람들이라고 주장하기도 합니다. 그러니까 그들의 악한 행위에 대한 기록에 따라 심판을 받게 된다는 말씀으로 이해하는 것이지요.

그러나 그것은 요한계시록의 개괄적 해석의 방식을 이해하지 못해서 만들어진 억지 주장입니다. 부활은 주님의 재림하실 때에 일어나는 일회적인 사건입니다. 생명의 부활이든, 심판의 부활이든 한꺼번에 일어나는 것이지, 그렇게 천 년의 차이를 두고 먼저 부활하는 사람과 나중에 부활하는 사람이 있는 것은 아닙니다.

그리고 그들의 주장처럼 흰 보좌 앞에 선 사람들이 심판의 부활로 나왔다손 치더라도, 그들을 심판하는 기준이 달라지면 안 됩니다. 만일 생명책에 따라 생명의 부활이 선고되었다면, 심판의 부활 또한 생명책으로 판단하면 될 일입니다.

분명한 것은 흰 보좌 앞에 생명의 책과 행위의 책이 모두 펼쳐져 있다는 사실입니다(12절). 이는 생명의 책만큼이나 행위의 책 또한 영생永生과 영벌永罰을 판단하는 데 중요하다는 뜻입니다. 여기에서 우리는 '믿음'과 '행함'에 대한 해묵은 논쟁을 끄집어내지 않을 수 없습니다.

믿음과 행함의 문제

바울의 '믿음'과 야고보의 '행함'을 마치 서로 충돌하는 주장처럼 다루는 사람들을 종종 보게 됩니다. 그러나 사실 바울과 야고보에게 믿음과 행함은 어느 한쪽을 강조할 수는 있어도 이분법적으로 완전히 분리할 수 없는 주제였습니다. 왜냐하면 그들은 모두 우리 주님으로부터 믿음과 행함을 배웠기 때문입니다.

> 16그들의 열매로 그들을 알지니 가시나무에서 포도를, 또는 엉겅퀴에서 무화과를 따겠느냐. 17이와 같이 좋은 나무마다 아름다운 열매를 맺고 못된 나무가 나쁜 열매를 맺나니 18좋은 나무가 나쁜 열매를 맺을 수 없고 못된 나무가 아름다운 열매를 맺을 수 없느니라. 19아름다운 열매를 맺지 아니하는 나무마다 찍혀 불에 던져지느니라(마 7:16-19).

나무에게 심판은 찍혀 불에 던져지는 것입니다. 어떤 나무가 심판을 받습니까? '아름다운 열매'를 맺지 않는 나무입니다. 그렇다면 어떤 나무가 '나쁜 열매bad fruit'를 맺습니까? '못된 나무bad tree'입니다. 결국 못된 나무이기에 나쁜 열매를 맺는 것입니다. 그 반대도 마찬가지입니다. 만일 그나무가 '좋은 나무good tree'라면 '좋은 열매good fruit'를 맺을 수밖에 없습니다. 그래서 열매를 보면 그 나무의 정체성을 알 수 있다고 말하는 것입니다.

이것을 믿음과 행함의 관계로 설명하면, 믿음은 나무의 정체성과 관련된 문제이고, 행함은 나무가 맺는 열매와 관련된 문제입니다. 그것은 마치 한 사람의 행함을 보면 됨됨이를 미루어 알 수 있고, 또한 됨됨이를 보면 행함의 열매를 충분히 짐작할 수 있는 것과 같습니다. 마찬가지로 믿음과 행함은 떼려야 뗄 수 없는 관계입니다. 그러나 여전히 중요한 것은 '정체성'입니다. 좋은 열매를 맺는 노력을 아무리 많이 한다고 해도, 그것으로 인해 좋은 나무가 되는 것은 아니기 때문입니다.

문제는 우리의 악한 본성입니다. 우리의 죄성을 극복하고 스스로 좋은 나무가 될 수 있는 가능성이 희박하다는 사실입니다. 어떻게 해야 우리가 좋은 나무의 정체성을 가질 수 있을까요? 우리 주님은 '포도나무와 가지'의 비유로 그것을 잘 풀어서 설명해주셨습니다.

⁵나는 포도나무요 너희는 가지라. 그가 내 안에, 내가 그 안에 거하면 사람이 열매를 많이 맺나니 나를 떠나서는 너희가 아무 것도 할 수 없음이라. ⁶사람이 내 안에 거하지 아니하면 가지처럼 밖에 버려져 마르나니 사람들이 그것을 모아다가 불에 던져 사르느니라(요 15:5-6).

가지가 스스로 열매를 맺을 수 있는 방법은 없습니다. 열매를 맺으려면 줄기에 붙어 있어야 합니다. 그러면 자동적으로 포도나무로부터 영양분을 공급받고 열매를 맺을 수가 있습니다. 줄기에 붙어 있는 것이 먼저입니다. 우리의 소속이 우리의 정체성을 결정합니다. 열매는 그 다음입니다. 그러나 이때에도 역시 열매와 행함을 보면 그 사람의 소속이 어디인지 알 수 있습니다.

그렇게 본다면 생명의 책과 행위의 책은 서로 충돌하지 않습니다. 생명의 책은 소속과 정체성을 드러내고, 행위의 책은 삶의 열매를 드러냅니다. 생명의 책은 하나님의 은혜를 드러내고, 행위의 책은 사람의 책임을 드러냅니다. 따라서 사람들은 '자기 행위를 따라 책들에 기록된 대로' 심판을 받게 되는 것입니다. 만일 어린 양의 생명책에 이름이 기록되었다면, 그에 걸맞게 살아왔을 것입니다. 그러나 만일 무늬만 그리스도인으로 살아왔다면, 삶의 열매를 보아도 알 수 있을 것입니다. 마지막 심판은 그것을 종합적으로 판단하는 자리인 것입니다.

그런 의미에서 메시지 성경의 풀이가 마음에 와 닿습니다.

… 죽은 사람들은 그 책에 기록된 대로, 그들이 살아온 대로 심판을 받았습니다(계 20:12b _메시지).

The dead were judged by what was written in the books, by the way they had lived.

그들이 살아온 방식이 바로 그들의 정체성입니다. 만일 그들이 어린 양 소속이었다면, 어린 양이 어디로 인도하든지 따라갔을 것입니다 (14:4). 그러나 만일 짐승의 표를 받은 사람이었다면, 또한 짐승이 하라는 대로 따라했을 것입니다. 그러한 삶의 흔적이 고스란히 '행위의 책'에 기록되었을 것입니다. 그러니 그들이 살아온 대로 심판을 받는 것은 지극히 당연한 이야기입니다.

둘째 사망

이제 드디어 마지막 선고가 내려집니다.

13바다가 그 가운데에서 죽은 자들을 내 주고 또 사망과 음부도 그 가운데에서 죽은 자들을 내주매 각 사람이 자기의 행위대로 심판을 받고 14사망과 음부도 불못에 던져지니 이것은 둘째 사망 곧 불못이라. 15누구든지 생명책에 기록되지 못한 자는 불못에 던져지더라(계 20:13-15).

먼저 바다가 죽은 자들을 내준다고 합니다. 우리말 '내주다'는 헬라어 '디도미'(δίδωμι, didōmi) 동사를 번역한 것인데, 'give주다' 또는 'give up포기하다'라는 뜻입니다. 인류의 역사가 시작된 이후 바다에서 죽은 사람들이 얼마나 많이 있는지 그 수를 헤아릴 수 없을 정도입니다. 거의 대부분 시신을 찾지 못합니다. 그래서 마치 바다가 죽은 자들을 움켜쥐고 내놓지 않는 것처럼 느껴집니다. 그러나 마지막 때에 바다는 죽은 자들을 내놓을 수밖에 없습니다. 그들이 모두 부활하기 때문입니다.

'사망'과 '음부'도 마찬가지입니다. 그 가운데에서 죽은 자들을 내줍니다. '사망'과 '음부'는 한 쌍으로 자주 등장합니다. 우리 주님은 "이제 세세토록 살아있어 사망과 음부의 열쇠를 가졌다"고 선언하셨습니다(1:18).

넷째 인을 떼었을 때 청황색 말이 나오는데, 그 말을 타고 있는 자의 이름은 '사망'이고, '음부'가 그 뒤를 따르는 것으로 묘사합니다(6:8). 우리말 '음부陰府'에 해당되는 헬라어는 '하데스'(Άδης, hadēs)인데, 본래는 '보이지 않는 세계the unseen world'라는 뜻으로 죽은 자들이 모여 있을 것으로 생각하는 장소를 가리킵니다. 이 역시 바다와 마찬가지로 죽은 자들을 내놓습니다. 그들 역시 부활하기 때문입니다.

부활한 자들은 큰 자이든 작은 자이든 모두 흰 보좌 앞에서 그들의 행위에 따라 심판을 받아야 합니다. 억울한 죽음을 당한 피해자라고 해서 심판의 대상에서 면제되는 것은 아닙니다. 그들이 어떤 정체성을 가지고 어떻게 살아왔는지, 그 삶에 대해서 '생명의 책'과 '행위의 책'으로 판단을 받아야 합니다. 그 결과 갈 곳이 정해집니다. 갈 곳은 둘 중의 하나입니다. 생명책에 이름이 기록되지 않은 사람들은 '불못the lake of fire'에 던져집니다. 그러나 생명책에 이름이 기록된 자들은 하나님 나라로 들어갑니다(21:27).

그런데 사람들만 갈 곳이 정해지는 것이 아닙니다. 사망과 음부도 불못에 던져집니다. 죽음 자체가 폐기처분되는 것입니다. 이것을 둘째 사망the second death이라고 합니다. 사도 바울은 고린도 교회에 보낸 편지에서 주님의 재림과 부활에 대해서 언급하면서 다음과 같이 말했습니다.

25그가 모든 원수를 그 발 아래에 둘 때까지 반드시 왕 노릇 하시리니 26맨 나중에 멸망 받을 원수는 사망이니라(고전 15:25-26).

주님이 재림하신 후에 부활 사건이 있고 난 후에 '사망' 자체가 멸망 받게 될 것이라는 말씀입니다. 이것은 매우 의미심장한 사건입니다. 왜냐하면 이제부터 다시는 죽는 일이 없을 것이기 때문입니다.

모든 눈물을 그 눈에서 닦아 주시니 다시는 사망이 없고 애통하는 것이나 곡하는 것이나 아픈 것이 다시 있지 아니하리니 처음 것들이 다 지나갔음이러라(계 21:4).

그런데 "다시는 사망이 없다"(There will be no more death)는 것이 모든 사람에게 기쁜 소식일까요? 물론 하나님 나라에 들어간 사람들에게는 기쁜 소식일 것입니다. 그러나 불못에 던져진 사람들은 과연 어떨까요? 그들은 이제부터 죽지도 못하고 불못 속에서 영원히 벌을 받아야 합니다. 그것 자체가 엄중한 심판입니다. 그래서 '둘째 사망'이 육체의 죽음보다 훨씬 더 무서운 것입니다.

요한계시록이 이와 같은 이야기를 기록하고 있는 이유가 무엇일까요? 불신자不信者들에게는 회개를 촉구하기 위해서이고, 신자信者들에게는 이기는 자가 되도록 격려하기 위해서입니다. 그러니 나중에 후회하지 말고 기회가 있을 때 삶의 목적과 방향을 바꿔야 합니다. 얻어맞더라도 하나님께 얻어맞아야 합니다. 삶의 태도를 바꾸려면 지금 바꿔야 합니다. 우리에게 또 다른 '내일'이 언제나 주어지는 것이 아니기 때문입니다.

우리는 사도신경을 외울 때마다 "저리로서 산 자와 죽은 자를 심판하러 오시리라"는 고백을 합니다. 그 의미를 잘 새겨야 합니다. 우리 주님은 '산 자'만 심판하지 않습니다. '죽은 자'를 살려내어 심판하십니다. 우리의 갈 곳이 정해지고 나면, 그 다음에 아예 죽음을 폐기처분하십니다. 그렇게 구원의 문이 완전히 닫힙니다. 그때 가서 후회해야 아무런 소용이 없는 것입니다.

나름대로 양심껏 살았다고 구원받지 않습니다. 믿음으로 살아야 구원받습니다. 만일 우리가 어린 양의 피로 인침을 받은 자들이라면, 이제부터 세상 끝날까지 어떤 일이 있더라도 어린 양을 떠나지 맙시다. 우리의 정체성은 '생명의 책'에, 우리의 삶은 '행위의 책'에 매일 기록되고 있다는 사실을 기억해야 합니다.

　언젠가 흰 보좌에 앉으신 주님 앞에서 우리의 인생을 정산해야 할 때가 반드시 옵니다. 그때 가서 후회하지 않으려면 우리는 오늘을 종말로 삼아야 하는 것입니다. 그렇게 이기는 자로 살다가, 우리 모두 어린 양의 혼인 잔치에 참여하는 복을 누리게 되기를 간절히 소원합니다.

주의 재림과 휴거

살전 4:16-17; 마 24:40-41

요한계시록 묵상이 이제 막바지에 다다랐습니다. 어린 양이 일곱 봉인을 떼심으로 시작된 재앙과 심판(계 6:1)이 앞 장에서 묵상한 죽은 자들에 대한 마지막 심판(계 20:11-15)으로 마무리 되었습니다. 이제 남아 있는 것은 요한계시록 21장과 22장입니다. '새 하늘과 새 땅'이 창조되고, 거룩한 성 '새예루살렘'이 내려오고, 오랫동안 기다려왔던 '하나님 나라'가 드디어 완성되는 일만 남아있는 것입니다.

그런데 여기까지 오면서 무언가 빠진 부분이 있다는 느낌이 들지 않으셨나요? 역사의 종말과 주님의 재림이 이루어지는 과정에서 반드시 등장해야 하는 장면이 있는데, 자세히 설명되지 않아서 궁금하게 생각한 일이 있지 않습니까? 바로 '휴거' 이야기입니다. 휴거는 요한계시록의 중심적인 주제가 아닙니다. 군이 휴거의 흔적을 찾는다면 11장에서 교회를 상징하는 두 증인이 구름을 타고 하늘로 올라가는 장면이 유일합니다.

하늘로부터 큰 음성이 있어 이리로 올라오라 함을 그들이 듣고 구름을 타고 하늘

로 올라가니 그들의 원수들도 구경하더라(계 11:12).

이것이 전부입니다. 그런데도 우리는 여전히 '휴거'가 주님의 재림에서 가장 중요한 장면일 것이라고 생각합니다. 그래서 요한계시록이 휴거에 대해서 거의 침묵하고 있다는 사실을 오히려 이상하게 받아들입니다. 그 이유가 무엇일까요? 왜냐하면 우리도 모르는 사이에 '세대주의종말론'에 깊이 물들어 있기 때문입니다.

이제 세대주의종말론에 대해서 한번 정리해 보아야 할 때가 되었습니다. 앞에서 가끔씩 '세대주의'를 언급하면서도 자세한 설명을 하지 않고 남겨둔 것은 바로 이때를 위해서였습니다. 가짜 지폐를 연구한다고 진짜 지폐를 더 잘 알게 되는 것은 아닙니다. 오히려 진짜를 연구하면 연구할수록 더욱 쉽게 가짜를 분별할 수 있게 되는 것입니다. 지금까지 요한계시록의 메시지에만 집중하려고 했던 이유도 그 때문입니다.

세대주의종말론은 긴 세월동안 요한계시록의 해석을 지배해온 이론입니다. 그것이 만들어낸 어두운 그림자가 아직도 곳곳에 남아 있습니다. 어쩌면 그 색채를 완전히 제거하는 것이 불가능할지도 모릅니다. 그러나 어떻게든 세대주의종말론을 극복하지 않고서는 요한계시록이 담고 있는 풍성한 메시지를 제대로 읽어낼 수 없습니다. 특히 '휴거'에 대한 그들의 주장은 사람들로 하여금 주님의 재림에 대해서 잘못된 기대를 가지게 해온 주범입니다. 이제 그것을 바로잡을 때가 온 것입니다.

세대주의종말론의 허구

세대주의종말론의 실체를 알기 위해 우선 그 주장이 누구로부터 또 어떻게 나오게 되었는지 살펴볼 필요가 있습니다. '세대주의Dispensationalism'

는 영국의 배타적이고 폐쇄적인 플리모스형제교회Separatist Plymouth Brethren 지도자였던 존 다비(John Nelson Darby, A.D. 1800~1882)에 의해서 시작되었습니다. 그래서 '세대주의'를 '다비주의'라고 부르기도 합니다. 그는 본래 영국성공회의 신부였는데, 당시의 성공회가 부패했다고 하면서 교파를 초월한 형제운동을 시작하며 세대주의신학을 체계화했습니다.

세대주의신학의 요점은 각 시대마다 다른 구원의 길을 주셨다는 교리입니다. 즉 시대에 따라서 구원 얻는 방법이 다르다는 것이지요. '양심시대'는 양심에 따라 살면 구원을 받고, '율법시대'에는 율법을 따라 구원 받는다는 식입니다. 따라서 지금은 '은혜시대'이기 때문에 더 이상 율법이 필요 없다는 '율법폐기론antinomianism'을 주장하게 됩니다. 일반적으로 한국교회들이 '율법'과 '은혜'를 서로 충돌하는 원수처럼 생각하고 율법을 경시하는 태도를 보이는 것도 바로 이 세대주의의 영향 때문입니다.

그런데 어떻게 세대주의신학이 한국교회에까지 영향을 끼치게 되었을까요? 그것은 우리나라에 복음을 전한 초기 미국 선교사들을 통해서입니다. 그들은 대부분 세대주의종말론과 근본주의신학을 바탕으로 복음을 전했습니다. 그도 그럴 것이 우리나라에 선교사들을 파송하던 당시 미국의 많은 보수적인 그리스도인들이 바로 이와 같은 세대주의종말론에 매료되어 있었던 것입니다.

존 다비는 수차례 미국을 여행하면서 세대주의를 보급하려고 했고 많은 사람을 형제교회로 회심시키려고 노력했습니다. 그러나 미국의 대부분 교회는 기존 교단을 비판하는 다비의 극단적인 교회론ecclesiology을 받아들이지는 않았습니다. 반면 그의 '종말론eschatology'은 침례교회와 장로교회를 중심으로 미국 교회에 큰 반향을 일으켰습니다.

1800년대 미국의 가장 유명한 부흥사였던 무디(D. L. Moody) 목사도 세대주의의 열렬한 신봉자 중의 하나였습니다. 그리고 무디의 영향을 받아 선교사로 헌신하여 조선에 들어온 사람들이 많이 있었습니다. 평양신학교를 설립한 미국북장로교UPCUSA의 알렌 클락(Allen Clark, 한국이름 곽안련) 목사도 세대주의를 신봉하는 실천신학자였습니다. 이처럼 미국에서 기독교 종말론의 정설처럼 인식되던 세대주의신학이 선교사를 통해서 우리나라에 자연스럽게 소개되었던 것입니다.

따라서 초창기 한국교회 지도자들은 대부분 세대주의종말론의 신봉자였다고 보아야 합니다. 평양신학교 제1회 졸업생이었던 길선주 목사가 그 대표적인 사례입니다. 그분의 "요한계시록 해설집"은 전형적인 세대주의종말론을 담고 있습니다. 게다가 구체적인 날짜를 지정한 시한부종말론을 주장하기도 했습니다. 이와 같이 한국교회는 선교 초창기부터 세대주의종말론 사상에 아주 깊이 노출되고 있었던 것입니다.

지난 1992년에 결국 해프닝으로 끝나고만 다미선교회의 시한부종말론 운동은 바로 세대주의종말론에 뿌리를 두고 있는 극단적인 경우였습니다. 그러나 그 일이 지나간 후에도 여전히 많은 목회자들과 성도들이 세대주의종말론의 환상에서 헤어 나오지 못하고 있습니다. 최근에는 '이스라엘의 회복'을 주장하는 여러 선교단체들이 생겨났는데, 그 또한 세대주의종말론과 무관하지 않습니다.

세대주의종말론에 따르면, 마지막 때의 일들은 '주님의 비밀 공중 재림'과 '교회의 비밀 휴거'와 '7년 대환란' 그리고 '주님의 공개적인 지상 재림'과 '천년왕국'의 순서로 진행됩니다. 여기에서 핵심은 바로 '주님의 비밀 공중 재림'과 '교회의 비밀 휴거'입니다. 주님께서 공중에 비밀리에 재림하실 때 교회와 성도가 또한 비밀리에 휴거되어 그곳에서 7년 동안 어린 양의 혼인 잔치를 치르게 된다는 주장입니다. 그리고 이 기간 동안 지상에서는 적그리스도가 등장하여 대환란이 일어나지만, 첫 번째 재림 때에 휴거된 사람들은 이 환란을 면하게 된다는 것이 바로 세대주의종말론이 특별히 강조하고 있는 점입니다.

그러나 이와 같은 '이중재림설'은 성경 어디에서도 찾아볼 수 없는 주장입니다. 그것이 세대주의종말론의 치명적인 약점입니다. 성경에 없는 이야기를 만들어서 주장하고 있는 것이지요. 그리고 그들이 주장하는 '7년 대환란설'도 다니엘서의 '한 이레'(단 9:27)를 자의적으로 해석한 것일 뿐입니다. 그들은 다니엘서(단 7:25)와 요한계시록(계 13:5)을 오가며 이를 설명하려고 하지만, 오히려 그들의 문자주의적인 한계를 드러낼 뿐 확실한 근거를 제시하지 못합니다.

특히 그들이 힘주어 강조하고 있는 '주님의 비밀 공중 재림'이나 '교회의 비밀 휴거'에서 그들의 허구성이 더욱 분명해집니다. 주님의 재림은 몇몇 사람들만 비밀리에 목격하는 그런 사건이 아닙니다. 오히려 공개적으로, 가시적으로, 우주적으로 단 한 번에 이루어진다는 것이 성경의 분명한 가르침입니다. 우리 주님은 그날을 '번개가 하늘 이쪽에서 저쪽까지 동시에 비침 같을 것'이라고 가르치셨습니다(눅 17:24). 즉 지구 어느 곳에 있든지 주님이 재림하시는 것을 알아차리지 못할 사람이 없다는 것입니다. 심지어 죽은 자들까지도 모두 알게 되어 있습니다.

그들은 '환란 전 휴거설the pre-tribulational rapture theory'을 특별히 강조합니다. 그런데 만일 그것이 사실이라면 주님의 재림 전에 있을 '큰 배교the great Apostasy' 사건은 어떻게 설명할 수 있을까요? 이 세상에 있는 그리스도인들이 모두 휴거되고 말았는데 말입니다. 휴거에서 누락되었다면 그것은 제대로 된 신앙생활을 하지 않았다는 뜻이고, 그런 사람들은 이미 주님을 떠나서 살아왔으니 더 이상 배교할 수도 없는 일 아니겠습니까?

아무튼 세대주의종말론자들이 '환란 전 휴거설'을 강조하는 의도는 분명합니다. '7년 대환란'을 모면하는 것이 '복음'이요, 하나님의 특별한 '은혜'라고 믿게 하고 싶은 것입니다. 그렇게 함으로써 종말의 때에 대한 불안과 두려움을 가지고 있는 사람들을 미혹하려는 것이지요. 그리고 실제로 지금까지 많은 사람들이 미혹되어 왔습니다. 지난 1992년의 시한부종말론 파동이 그 대표적인 한 예입니다.

사도 바울의 가르침

그렇다면 '휴거'에 대한 가르침을 다른 곳에서는 찾아볼 수 없을까요? 있습니다. 바울 서신에 잠깐 등장합니다. 데살로니가교회 성도들에게 주님의 재림 때에 일어나는 일들을 설명하는 과정에서 간단하게 언급되고 있습니다. 그러나 세대주의종말론이 설명하는 방식과는 큰 차이가 있습니다.

> 16주께서 호령과 천사장의 소리와 하나님의 나팔 소리로 친히 하늘로부터 강림하시리니 그리스도 안에서 죽은 자들이 먼저 일어나고 17그 후에 우리 살아남은 자들도 그들과 함께 구름 속으로 **끌어 올려** 공중에서 주를 영접하게 하시리니…
> (살전 4:16-17).

바울은 주님이 재림하실 때에 일어나는 일들을 네 단계로 설명합니다. 가장 먼저 '주님의 재림' 사건이 일어나고, 그 다음에 '죽은 자들의 부활' 사건이 뒤따릅니다. 그리고 살아있는 자들이 '그들'과 함께 즉 '부활한 자들'과 함께 구름 속으로 끌어 올려지고, 그 다음에 공중에서 주님을 영접하게 됩니다. 바로 '끌어 올려'라는 말에서부터 '휴거'(携去, rapture)라는 용어가 나왔습니다.

'휴거'를 한자어로 풀이하면 '끌 휴'(携) 자에 '갈 거'(去) 자로 되어 있습니다. 말 그대로 '끌어 올라간다'는 뜻입니다. 이것을 영어로는 'rapture'라고 표현하는데, 이는 본래 'seizure체포' 또는 'kidnapping유괴'를 의미합니다. 그러니까 누군가에 의해서 강제로 납치되듯이 그렇게 공중으로 끌려가는 것이 '휴거'입니다.

실제로 '끌어 올려진다'에 해당되는 헬라어 '하르파조'(ἁρπάζω, harpazō) 동사 역시 'seize by force'(강제로 붙잡히다), 'snatch away'(갑작스럽게 낚아채다)는 뜻입니다. 이 단어는 신약성경 여러 곳에 사용되고 있습니다. 씨 뿌리는 자의 비유 중에서 "악한 자가 와서 그 마음에 뿌려진 것을 빼앗나니…"(마 13:19) 그리고 에디오피아 사람에게 복음을 전한 후에 "주의 영이 빌립을 이끌어간지라"(행 8:39) 등이 '하르파조' 동사가 사용된 경우입니다.

이로 미루어 우리는 주님의 재림 때에 일어날 성도들의 '휴거'가 어떤 것인지 조금은 짐작할 수 있습니다. 그때까지 생존해있던 성도들은 외부의 어떤 힘에 의해서 구름 속으로 끌려 올라가게 될 것입니다. 그것은 아마도 주님께서 택하신 자들을 모으라고 보낸 천사들에 의해서일 것입니다(마 24:31). 그리고 그때 성도들의 몸은 이미 '썩지 아니할 것을 입은'(고전 15:52) 상태로 변화되고 난 후입니다. 죽음에서 부활한 성도들의 몸도 역시 마찬가지로 변화된 상태입니다.

문제는 성도들이 휴거되어 주님을 만나는 장소가 '공중in the air'이라는 사실입니다. "공중에서 주를 영접하게 하시리니…." 공중은 하늘heaven이 아닙니다. 정확하게 말하자면 하늘 밑에 구름이 떠다니는 공간, 즉 궁창입니다. 그러니까 우리가 재림주를 영접하게 되는 곳은 '천국'이 아닙니다. 구름타고 내려오시는 주님을 우리가 올라가서 공중에서 만나서 영접하게 되는 것입니다.

그런데 세대주의종말론은 이 말씀을 요한계시록 20장과 연관 지어서 이른바 '이중재림설'로 해석하려고 합니다. 즉 첫째 부활의 때에 성도들의 휴거를 위한 재림이 바로 '공중'에서 만나는 '공중 재림the Rapture'이라는 것입니다. 이곳에서 7년 동안 '어린 양의 혼인 잔치'가 벌어집니다. 그러는 동안 지상에는 7년 대환난이 일어납니다. 그 다음에 주님이 성도들과 함께 땅으로 내려오는 '지상 재림the Appearing'이 이루어지고, 비로소 천년왕국 시대가 시작된다는 것입니다.

그러나 이것은 자기들의 입맛에 맞추어 성경을 꿰어 맞춘 것에 불과합니다. 공중은 재림하시는 주님을 영접하는 장소이지 그렇게 7년씩 잔치가 벌어지는 곳이 아닙니다. 그리고 하나님이 다스리시는 하나님 나라가 이루어지는 곳은 공중이나 하늘이 아니라, 바로 '지상'입니다. 주님께서 가르쳐주신 기도가 그 진리를 담고 있습니다.

나라가 임하시오며 뜻이 하늘에서 이루어진 것 같이 땅에서도 이루어지이다(마 6:10).

하나님 나라가 이 땅에 이루어지기를 위해서 기도하라고 가르치신 주님께서, 재림하신 후에는 공중에서 휴거한 사람들과 따로 어울려 지내는 모습이 과연 가당한 일일까요? 그리고 요한계시록에서도 '새 하늘과 새 땅'이 이루어지는 곳은 '처음 하늘과 처음 땅'이 있던 바로 그 곳입니다(계 21:1). '거룩한 성 새예루살렘'이 하늘에서 내려오는 곳도 역시 마찬가지입니다(계 21:2).

주님의 가르침

시한부종말론자들이 '환난 전 휴거'를 주장하면서, 즐겨 인용하는 성경이 있습니다. 바로 마태복음 24장입니다.

40그 때에 두 사람이 밭에 있으매 한 사람은 데려가고 한 사람은 버려둠을 당할 것이요 41두 여자가 맷돌질을 하고 있으매 한 사람은 데려가고 한 사람은 버려둠을 당할 것이니라. 42그러므로 깨어 있으라. 어느 날에 너희 주가 임할는지 너희가 알지 못함이니라(마 24:40-42).

휴거를 주제로 하여 만들어진 영화를 보면, 비행기가 갑자기 추락하고 자동차들이 충돌하는 그런 장면이 나옵니다. 비행기의 조종사나 자동차를 운전하던 사람들이 순간적으로 휴거가 되기 때문입니다. 그래서 아이를 돌보던 엄마가 휴거되어 사라지면 그 아이는 졸지에 고아가 되는 그런 일들이 벌어집니다. 마치 밭에서 일하던 두 사람 중에 하나는 데려가고 하나는 버려둠을 당하는 것처럼 말입니다. 그렇게 버려둠을 당한 사람들에게는 그때부터 대환난이 시작된다는 것이 휴거를 주제로 만들어진 대부분 영화의 스토리입니다.

그런데 그것이 과연 성경에서 말하는 '휴거'일까요? 마태복음의 말씀이 정말 휴거의 장면을 생생하게 보여주고 있는 예고편일까요? 아닙니다. 그것은 우리 주님께서 재림하시는 마지막 날에 구원받은 성도들과 구원받지 못하는 불신자들을 엄격하게 구분하신다는 뜻입니다. 구원받은 자들이 들어가는 하나님 나라에 불신자들은 들어가지 못한다는 것을 그렇게 표현하고 있는 것입니다.

데살로니가서 본문도 마찬가지입니다. 주님께서 재림하실 때에 일어나는 휴거는 남은 사람들에게 갑작스러운 사고나 고통을 안겨주는 그런 방식으로 벌어지지 않습니다. 생각해보십시오. 휴거가 있기 전에 이미 부활 사건이 일어났습니다. 지금까지 인류 역사를 통해서 죽은 자들이 모두 한꺼번에 부활하는 것입니다. 그 사람들이 어디에서 올까요? 하늘에서 떨어질까요? 아닙니다. 무덤에서부터 부활하여 나옵니다. 바다로부터 부활하여 나옵니다(계 20:13). 그와 동시에 살아있던 사람들도 모두 변화됩니다.

무슨 뜻입니까? 이 세상이 더 이상 기존의 방식이나 시스템으로 작동되지 않는다는 뜻입니다. '처음 하늘과 처음 땅'이 없어지는 것입니다. 그리고 하나님께서 다스리시는 '새 하늘과 새 땅'이 창조되고 '새예루살렘'이 임하게 되는 것입니다. 바로 그곳이 주님께서 우리를 위하여 예비하신 그 '거처'입니다(요 14:3). 바로 그때에 어린 양의 혼인잔치에 들어가는 사람들과 들어가지 못하는 사람들의 분리가 생기게 되는 것이지요. 지금 바울은 이 모든 마지막 때의 일을 '주님의 재림'과 '죽은 자들의 부활'과 '살아 있는 자들의 휴거'의 과정을 통해서 이루어진다고 설명하고 있는 것입니다.

그런데 아직도 '휴거'를 마치 무서운 일이 벌어지는 장면으로 생각하게 하거나, 대환란을 피하기 위한 방편으로 호도하려는 집단들이 우리 주변에 많이 있습니다. '시한부종말론자'들과 '사이비 이단'들이 그들입니다. 그러나 그런 집단에 속하지는 않았다고 하더라도, 휴거를 단지 막연하게 천국에 들어가기 위한 '징검다리' 정도로 생각하는 사람들이 적지 않습니다.

우리가 기다리는 것은 주님의 '재림'이지 '휴거'가 아닙니다. 그리고 휴거는 다가올 환난을 피하기 위한 수단이 아닙니다. 재림하시는 주님을 영접하는 하나의 과정입니다. 무엇보다도 신앙은 환난을 피하는 수단이 아니라 오히려 정면으로 부딪혀 이겨내는 능력입니다.

환난을 이겨내는 믿음

환난으로부터 도망가는 것을 '기쁜 소식'으로 가르치는 말씀은 성경 어디에서도 찾아볼 수 없는 것입니다. 성경은 오히려 환난을 직면하여 이겨내라고 권면합니다.

우리가 하나님의 나라에 들어가려면 많은 환난을 겪어야 할 것이라(행 14:22).
너희가 그리스도의 이름으로 치욕을 당하면 복 있는 자로다. 영광의 영 곧 하나님의 영이 너희 위에 계심이라(벧전 4:14).

지금까지 우리가 묵상해온 요한계시록 말씀도 마찬가지입니다. 그리스도인의 정체성은 예수의 환난과 나라와 참음에 동참함으로써 드러난다고 했습니다(계 1:9). 환난을 피해서 도망가는 사람들이 어떻게 하나님 나라에 어울리는 빛나는 보석이 될 수 있겠습니까? 우리는 서머나교회에 주시는 말씀을 아직도 생생히 기억하고 있습니다.

> 너는 장차 받을 고난을 두려워하지 말라. 볼지어다. 마귀가 장차 너희 가운데에서 몇 사람을 옥에 던져 시험을 받게 하리니 너희가 십 일 동안 환난을 받으리라. 네가 죽도록 충성하라. 그리하면 내가 생명의 관을 네게 주리라(계 2:10).

그렇습니다. 고난을 두려워하지 않는 것이 믿음입니다. 죽기까지 충성하는 것이 믿음입니다. 우리가 그럴 수 있는 것은 죽음조차도 우리에게 결코 손해가 되지 않는다는 믿음이 있기 때문입니다. 나는 죽는다고 하더라도 그리스도 예수 안에 있는 나는 죽지 않는다는 믿음이 있기 때문입니다.

> 9누구든지 귀가 있거든 들을지어다. 10사로잡힐 자는 사로잡혀 갈 것이요 칼에 죽을 자는 마땅히 칼에 죽을 것이니 성도들의 인내와 믿음이 여기 있느니라(계 13:9-10).
> 성도들의 인내가 여기 있나니 그들은 하나님의 계명과 예수에 대한 믿음을 지키는 자니라(계 14:12).

주님을 따르다가 잡혀가야 한다면 그렇게 잡혀가는 것이 성도들의 인내입니다. 주님을 믿는다는 이유로 죽어야 한다면 그렇게 죽을 수 있는 것이 성도들의 믿음입니다. 그 어떤 상황에서도 하나님의 계명을 지키고 예수에 대한 믿음을 지키는 것이 성도들의 마땅한 도리입니다. 이런 믿음을 가르치려고 하지는 않고 대환난이 오기 전에 휴거해야 한다고 가르치고, 또 그것에 미혹되어 따르는 사람들이 어떻게 주님 앞에 '이기는 자'로 설 수 있겠습니까?

주님의 재림이 늦어지는 것도 하나님의 은혜요, 환난을 겪게 되는 것도 하나님의 은혜입니다. 만일 우리가 재림 이전에 죽음의 잠을 자게 된다면, 우리는 주님께서 재림하시는 날 다시 깨어나 주님을 영접하게 될 것입니다. 만일 우리가 살아생전에 무법자가 등장하는 것을 보게 된다면, 이제 곧 주님의 날이 임하게 될 것을 확실히 기대할 수 있을 것입니다.

하나님의 말씀은 우리에게 구원과 영생에 대한 소망을 주기 위해서 기록되었습니다. 제대로 알고 나면 겁먹을 이유가 하나도 없습니다. 하나님의 말씀을 빙자하여 겁을 주려는 사람들에게 속아 넘어가지 마십시오. 속지 않으려면 진짜 메시지를 확실하게 붙들어야 합니다. '설設'이 아니라 '진리眞理'를 붙들어야 합니다. 예수 그리스도가 진리입니다! 하나님의 말씀이 진리입니다!

요한계시록은 우리를 '이기는 자'로 초대하시는 하나님의 말씀입니다. 우리 모두 이 말씀을 붙들고 끝까지 믿음의 길을 걸어갈 수 있기를 간절히 소망합니다.

새 하늘과 새 땅

계 21:1-8

요한계시록 묵상의 막바지에 다다랐습니다. 이제 21장과 22장만 남아있습니다. 지금까지 걸어온 요한계시록 묵상의 길을 짧게 회상해보면, 우리는 가장 먼저 아시아에 있는 일곱 교회를 향한 권면의 말씀을 묵상했습니다. 이를 통해서 요한계시록이 믿음의 공동체인 교회와 성도들을 위해서 기록된 책이라는 사실을 알게 되었습니다. 그 다음에는 세 가지 환상 시리즈, 즉 '일곱 봉인'과 '일곱 나팔'과 '일곱 대접' 재앙 시리즈를 중심으로 하여 이 세상을 향한 하나님의 심판에 대해서 묵상했습니다. 그러는 가운데 이 세상에 불의와 죄악이 만연하게 된 것은 하나님을 대적하는 적그리스도의 세력이 성도들과 사람들을 미혹하고 있었기 때문이라는 사실을 알게 되었습니다. 그리고 오로지 '치부'와 '사치'를 목표로 하고 있는 이 세상의 정치적 경제적인 시스템이 적그리스도와 동맹관계에 있다는 사실도 알게 되었습니다. 하나님의 엄중한 심판은 마침내 적그리스도 세력을 완전히 파멸합니다. 그 뿐만 아니라, 그들과 손잡은 정치권력과 사회구조를 무너뜨립니다. 또한 그 속에서 이익을 추구하며 살고 있는 큰 자와 작은 자 모두에게 하나님의 심판이 내려집니다. 살아 있는 사람들뿐만 아니라 죽은 자들도 모두 부활하여 '생명의 책'과 '행위의 책'에 기록된 대로 하나님의 심판을 받게 됩니다. 20장 끝 부분이 바로 그 장면이었습니다.

그러나 하나님은 이 세상을 파멸할 목적으로 심판하시는 것이 아닙니다. 오히려 새롭게 창조하시기 위해서 심판하십니다. 오늘부터 우리가 살펴볼 내용입니다.

하나님의 꿈

1절을 함께 읽겠습니다.

> 또 내가 새 하늘과 새 땅을 보니 처음 하늘과 처음 땅이 없어졌고 바다도 다시 있지 않더라(창 21:1).

'새 하늘과 새 땅'에 대한 하나님의 비전은 이사야 선지자를 통해서 이미 오래전에 선포되었습니다.

> 보라, 내가 새 하늘과 새 땅을 창조하나니 이전 것은 기억되거나 마음에 생각나지 아니할 것이라(사 65:17).

그런데 왜 하필 '새 하늘과 새 땅'을 창조하겠다고 그러시는 것일까요? 그것은 '처음 하늘과 처음 땅'을 폐기처분하시겠다는 뜻입니다. 창세기 1장으로 돌아가 봅시다.

태초에 하나님이 천지를 창조하시니라(창 1:1).

태초에 하나님께서 이 세상을 창조하실 때에 하늘(天)과 땅(地)을 만드셨습니다. 그것이 바로 '처음 하늘과 처음 땅'입니다. 지금까지의 인류 역사는 '처음 하늘과 처음 땅'에서 만들어져 왔습니다. 그런데 하나님은 이제 '새 하늘과 새 땅'을 창조하시겠다고 하십니다. 왜 이런 꿈을 품게 되었을까요?

이 말씀을 이해하려면 그 앞의 이사야 64장에 기록되어 있는 탄원 기도를 이해해야 합니다. 이스라엘 백성들은 나라가 망하고 예루살렘 성전은 파괴되고 멀리 타국에 포로로 잡혀가서 살았습니다. 이제 포로생활을 끝내고 다시 고향 땅에 돌아왔습니다. 그리고 무너진 예루살렘 성전을 재건하려고 했습니다. 그런데 실망스럽게도 일이 뜻대로 진행되지 않았습니다. 그래서 하나님께 탄원하는 기도를 드립니다. 그것이 이사야 64장의 내용입니다.

마지막 부분을 보면 이렇게 되어 있습니다.

10주의 거룩한 성읍들이 광야가 되었으며 시온이 광야가 되었으며 예루살렘이 황폐하였나이다. 11우리 조상들이 주를 찬송하던 우리의 거룩하고 아름다운 성전이 불에 탔으며 우리가 즐거워하던 곳이 다 황폐하였나이다. 12여호와여 일이 이러하거늘 주께서 아직도 가만히 계시려 하시나이까. 주께서 아직도 잠잠하시고 우리에게 심한 피로움을 받게 하시려나이까(사 64:10-12).

그들은 성전을 건축하려고 애쓰고 있는데 하나님이 그들을 도와주시지 않는다고 생각했습니다. 그래서 그렇게 가만히 계시지 말고 어떻게든 그들이 성전 건축을 마무리할 수 있도록 좀 도와달라고 탄원하고 있는 것입니다. 이에 대한 하나님의 응답이 바로 '새 하늘과 새 땅'에 대한 비전이었습니다.

무슨 뜻입니까? 하나님이 품고 계시는 계획이 있는데, 그것은 단지 무너진 성전을 재건축하는 정도가 아니라는 겁니다. 왜냐하면 성전을 다시 짓는다고 해서 사람들이 씨름하고 있는 문제가 근본적으로 해결되는 것이 아니기 때문입니다. 하나님의 계획은 인간의 죄와 죽음과 절망과 고통이 완전히 해결된 새로운 세상을 창조하시는 것입니다. 구원을 완성하시는 것입니다. 그것이 바로 '새 하늘과 새 땅'에 대한 하나님의 꿈이었습니다.

그러나 사람들은 하나님의 꿈을 듣고도 금방 잊어버렸습니다. 아니 그 꿈이 무엇을 의미하는지 제대로 알지 못했습니다. 그래서 하나님의 꿈은 오랫동안 책에 기록되어 있는 글로만 남아있었습니다. 그런데 수백 년의 세월이 흐른 후에 하나님은 사도 요한에게 생생한 환상을 보여주심으로 당신의 꿈을 재확인시키고 계시는 것입니다.

또 내가 보매 거룩한 성 새예루살렘이 하나님께로부터 하늘에서 내려오니 그 준비한 것이 신부가 남편을 위하여 단장한 것 같더라(계 21:2).

하나님의 꿈은 기존의 세상을 적당히 뜯어고치고, 그 위에 '성전'을 적당히 다시 세우는 정도가 아닙니다. 아예 '새 하늘과 새 땅'을 창조하여, 다시 말씀드려서 완전히 새로운 세상을 창조하여 그곳에 '거룩한 성 새예루살렘'을 세우는 것입니다. 여기에서 '새예루살렘'은 물론 주님의 재림과 더불어 완성될 '하나님 나라'를 가리킵니다.

그런데 이와 같은 하나님의 계획은 어느 날 갑자기 생긴 것이 아닙니다. 하나님은 이미 오래전부터 이 꿈을 품고 계셨고, 그것을 이루기 위해서 모든 일을 해오셨습니다. 독생자를 이 땅에 보내신 것도 바로 그 때문입니다. 우리 주님은 주기도문을 통해서 당신을 이 세상에 보내신 하나님의 꿈을 우리에게 알려주셨습니다.

나라가 임하시오며, 뜻이 하늘에서 이루어진 것 같이 땅에서도 이루어지이다(마 6:10).

많은 사람이 주기도문을 따라 하면서도 이 땅에 하나님 나라를 세우시려는 하나님의 오래된 꿈을 제대로 알지 못합니다. 그래서 주기도문의 가르침과 정반대로 죽고 나서 천국에 가는 것이 신앙생활의 목표인줄 압니다. 죄악으로 물든 이 땅을 떠나가는 것이 구원이라고 생각합니다. 그러나 하나님의 꿈은 정반대입니다. 이 땅에 하나님 나라를 세우는 것입니다. 그러기 위해서 새 하늘과 새 땅을 창조하시려고 하는 것입니다.

그 일을 위해서 오신 주님이 우리의 모든 죄를 대신 지시고 십자가에서 죽으심으로 우리들을 하나님 나라의 백성으로 삼으셨습니다. 그의 핏값으로 이 땅에 교회를 세우시고 하나님 나라를 준비하게 하셨습니다. 주님이 재림하실 때 그 일을 완성하시겠다고 약속하셨습니다. 그 약속이 성취되는 바로 그 장면을 하나님은 사도 요한에게 지금 보여주고 계시는 것입니다.

하나님의 이사

그런데 하나님께서 이 계획을 성취하기 위해서 이렇게 정성을 기울이시는 이유가 따로 있었습니다. 우리가 감히 상상하지 못할 놀라운 이유입니다.

3내가 들으니 보좌에서 큰 음성이 나서 이르되 보라 하나님의 장막이 사람들과

함께 있으매 하나님이 그들과 함께 계시리니 그들은 하나님의 백성이 되고 하나님은 친히 그들과 함께 계셔서 4모든 눈물을 그 눈에서 닦아 주시니 다시는 사망이 없고 애통하는 것이나 곡하는 것이나 아픈 것이 다시 있지 아니하리니 처음 것들이 다 지나갔음이러라(계 21:3-4).

뒷부분 4절 말씀은 우리에게 매우 익숙합니다. 장례예배에서 자주 인용되는 말씀이기 때문입니다. 하나님께서 친히 눈물을 닦아주신다는 말씀이나, 하나님 나라에서는 죽음이나 애통이나 곡하는 것이나 아픈 것이 없다는 말씀은 사별의 아픔을 견뎌내야 하는 유족들에게 큰 위로를 줍니다. 그러나 본문이 강조하려는 메시지는 앞부분 3절에 담겨있습니다.

여기에서 '하나님의 장막'은 바로 앞에서 언급한 '거룩한 성 새예루살렘'을 가리키는 말입니다. 우리말 '장막'으로 번역된 '스케네'(σκηνή, skēnē)는 물론 a tent텐트라는 뜻도 있지만, 본래는 dwelling place거주지라는 뜻으로 사용되는 말입니다. 그러니까 하나님께서 당신의 사시는 곳을 하늘에서 이곳으로 옮겨오시겠다는 말씀입니다. 하나님께서 완전히 이사를 오시겠다는 겁니다. 그래서 이제부터는 사람들과 함께 지내시겠다고 말씀하고 계시는 것입니다.

이스라엘 백성들이 출애굽하여 광야생활을 하는 동안에는 하나님의 임재를 상징하는 '성막'이 있었습니다. 그러나 그곳은 하나님께 예배를 드리는 당신의 백성을 만나러 오시는 회막會幕이었지, 하나님이 계속 거주하는 곳은 아니었습니다. 약속의 땅에 들어간 후에는 예루살렘에 하나님의 성전이 있었습니다. 그러나 그곳은 하나님께서 당신의 '이름'을 두는 곳이었지(신 12:11; 왕하 21:7), 하나님이 사시는 집은 아니었습니다. 그런데 이제는 아예 거주지를 옮겨오시겠다고 말씀하고 계시는 것입니다.

그런데 이와 같은 하나님의 이사 계획은 지금 갑작스럽게 세운 것이 아닙니다. 에스겔 선지자를 통해서 이미 오래전에 그 계획을 말씀하셨습니다.

> 27내 처소가 그들 가운데에 있을 것이며 나는 그들의 하나님이 되고 그들은 내 백성이 되리라. 28내 성소가 영원토록 그들 가운데에 있으리니 내가 이스라엘을 거룩하게 하는 여호와인 줄을 열국이 알리라…(겔 37:27-28).

여기에서 '처소處所'가 바로 dwelling place거주지입니다. 지금까지 하나님의 처소는 하늘에 있었습니다. 그래서 우리가 주기도문을 외울 때에 '하늘에 계신 우리 아버지여'라고 하는 겁니다. 하나님은 하늘에서 천상의 존재들의 섬김을 받으며 지내셨습니다. 그러나 이제는 이 땅으로 이사 오셔서 사람들과 함께 살기로 작정하신 것입니다.

메시지 성경은 이와 같은 뉘앙스를 다음과 같이 잘 표현하고 있습니다.

Look! Look! God has moved into the neighborhood, making his home with men and women!(Rev. 21:3 _MSG)

하나님께서 이웃집으로 이사 오셨다는 것입니다. 그래서 사람들과 함께 살아갈 집을 만드셨다는 것입니다. 그것이 '하나님의 장막'입니다. 바로 그 이유 때문에 하나님은 '새 하늘과 새 땅'을 창조하시는 것입니다. 인간의 죄로 더럽혀진 '처음 하늘과 처음 땅'에는 거룩하신 하나님께서 거주하실 수 없기 때문입니다.

여기에서 우리는 하나님께서 왜 그렇게 철저하게 이 세상을 심판하실 수밖에 없었는지 이해하게 됩니다. 하나님께서 왜 큰 음녀 바벨론 성을 그렇게 완전히 멸망시키실 수밖에 없었는지 이해하게 됩니다. 하나님께서 왜 처음 하늘과 처음 땅을 폐기처분하시고 새 하늘과 새 땅을 창조하셔야 했는지 그 이유를 알게 됩니다. 하나님이 우리 가운데로 이사 오시기 위해서입니다.

누구를 위하여

하나님은 당신의 계획이 완성되었음을 선포하십니다.

6또 내게 말씀하시되 이루었도다. 나는 알파와 오메가요 처음과 마지막이라. 내가 생명수 샘물을 목마른 자에게 값없이 주리니 7이기는 자는 이것들을 상속으로 받으리라. 나는 그의 하나님이 되고 그는 내 아들이 되리라(계 21:6-7).

"이루었도다!"(It is done!) 새 하늘과 새 땅이 창조되고, 새예루살렘이 하늘에서 내려옴으로써, 지금까지 하나님이 꿈꾸시며 계획해 오셨던 모든 일이 비로소 완성되었다는 선언입니다. '알파와 오메가'는 헬라어 알파벳의 첫 글자와 마지막 글자입니다. 하나님이 모든 것을 시작하실 수 있고 또한 끝내실 수 있습니다. 그래서 하나님이십니다. 처음 하늘과 처음 땅을 창조하신 하나님이 그것을 폐기 처분하고 새 하늘과 새 땅을 창조하실 수 있는 것입니다.

그런데 하나님은 누구를 위해서 이 일을 행하실까요? 하나님 자신을 위해서가 아닙니다. '이기는 자'를 위해서 이 모든 일을 행하십니다. 이기는 자가 누구입니까? 이기는 자는 외부적으로는 환난과 시련과 박해를 이겨내고, 내부적으로는 믿음의 공동체 안에서 직면하게 되는 여러 가지 문제들을 극복하면서, 주님이 다시 오실 때까지 믿음의 길을 포기하지 않고 계속해서 달려가는 사람이라고 했습니다.

아시아 일곱 교회에 주시는 말씀에서 매번 빠지지 않고 등장하는 권면이 바로 "이기는 자가 되라!"는 말씀이었습니다. 환난은 '참음'으로 이겨내고, 공동체의 문제는 '사랑'으로 이겨내는 자가 하나님 나라의 주인 공입니다. 그들을 위해서 하나님은 새 하늘과 새 땅을 창조하시고 새예루살렘을 하늘에서 내려오게 하셨습니다. 당신의 집을 이사하기로 작정하신 것입니다. 왜요? 이기는 자와 함께 살기 위해서입니다.

이미 우리가 살펴본 대로 이기는 자에게 주시는 하나님의 약속이 얼마나 풍성한지 모릅니다. 에베소교회 성도들에게는 "생명나무의 열매를 주어 먹게 하겠다"(2:7)고 약속하셨고, 서머나교회 성도들에게는 "둘째 사망의 해를 받지 않게 하겠다"(2:11)고 약속하셨습니다. 버가모교회 성도들에게는 "감추었던 만나와 새 이름을 새긴 흰 돌을 주겠다"(2:17)고 약속하셨고, 두아디라교회 성도들에게는 "만국을 다스리는 권세를 주겠다"(2:26)고 약속하셨습니다. 사데교회 성도들에게는 "생명책에서 이름을 지우지 않겠다"(3:5)고 약속하셨고, 빌라델비아교회 성도들에게는 "하나님 성전에 기둥이 되게 하겠다"(3:12)고 약속하셨습니다. 그리고 라오디게아교회 성도들에게는 "보좌에 함께 앉게 해 주겠다"(3:21)고 약속해 주셨습니다.

오늘 본문에서는 생명수 샘물을 값없이 주겠다고 약속하십니다. 그 눈에서 눈물을 닦아주시겠다고 약속하십니다. 심지어 하나님의 아들로 삼아주시겠다고 하십니다. 모두 '이기는 자'에게 주시는 약속입니다. 이 모든 약속을 성취하기 위해서 하나님은 새 하늘과 새 땅을 창조하시고, 새예루살렘을 내려오게 하시는 것입니다.

둘째 사망

그러나 '새예루살렘'은 누구나 다 들어갈 수 있는 곳이 아닙니다.

그러나 두려워하는 자들과 믿지 아니하는 자들과 흉악한 자들과 살인자들과 음행하는 자들과 점술가들과 우상숭배자들과 거짓말하는 모든 자들은 불과 유황으로 타는 못에 던져지리니 이것이 둘째 사망이라(계 21:8).

여기에 열거된 사람들은 모두 '둘째 사망' 즉 '불못'의 심판을 받은 사람들입니다. 그런데 이 중에서 특별히 우리의 시선을 끄는 사람이 있습니다. '두려워하는 자들the cowardly'입니다. 이에 해당되는 헬라어는 '데일로스'(δειλός, deilos)인데, '겁이 많은'이라는 뜻입니다.

앞 장에서 우리는 세대주의종말론이 주장하는 '환란 전 휴거설'에 대해서 이야기했습니다. 그러면서 그들은 대환란을 모면하는 것이 '복음'이요, 하나님이 특별하게 베푸시는 '은혜'라고 믿게 한다고 했습니다. 1992년에 있었던 시한부종말론 파동도 결국 대환란이 오기 전에 휴거될 것을 기대하는 사람들이 만들어낸 것입니다. 그렇게 환난을 피해서 도망치는 사람들이 바로 '두려워하는 자들'입니다.

믿지 않는 자들the unbelieving도 그렇고, 우상숭배자들the idolaters도 마찬가지입니다. 예수 믿다가는 손해를 보고 옥에 갇히고 목숨을 잃게 생겼으니까, 신앙을 포기하고 우상 앞에 절을 하고 그러는 것입니다. 물론 성도들을 박해하고 죽음으로 몰고 가는 '흉악한 자들the vile'이나 '살인자들the murderers'보다는 덜 악할는지 모릅니다. 그러나 그들에게 주어지는 심판은 똑같습니다. 둘째 사망입니다. 불못의 심판입니다. 무엇보다도 새예루살렘에 들어가지 못합니다. 하나님 나라의 주인공이 될 수 없는 것입니다.

오늘 말씀을 묵상하면서 매우 중요한 교훈을 깨닫습니다. 우리가 기초하고 있는 세상이 흔들리고 무너질 때 두려워하지 말아야 합니다. 왜냐하면 그것은 새로운 세상을 창조하는 하나님의 손길이기 때문입니다. 세상적인 탐욕에 물들어 있는 옛 삶이 무너지지 않고서는 하나님의 다스림을 받는 새로운 삶이 만들어지지 않습니다.

또 하나는 육신의 편안함을 포기하지 못해서, 금전적인 손해를 두려워하다가 영원한 하나님의 나라를 놓쳐버리는 어리석은 자가 되지 말아야 합니다. 지금 움켜쥐고 있어도 언젠가 다 내려놓아야 할 것들입니다. 자기를 부인하고 자기 십자가를 지고 마지막 순간까지 어린 양과 함께 있는 사람들이 '이기는 자'입니다. 두려워하는 자들은 이기는 자가 될 수 없습니다. 오직 이기는 자만이 하나님 나라의 주인공이 될 수 있습니다.

우리 모두 '이기는 자'에게 약속하신 모든 은혜를 받아 누리는 자들이 되기를 간절히 소망합니다.

새예루살렘의 모습

계 21:9-22

앞 장에서 우리는 '새 하늘과 새 땅'이 창조되고 '새예루살렘'이 하늘로부터 내려오는 장면을 살펴보았습니다. 그러면서 하나님께서 오래전부터 품고 계셨던 거주지 이전의 계획이 실행되고 있다는 사실을 알게 되었습니다. 그동안 하나님의 '처소dwelling place' 하늘에 있었습니다. 그러나 이제는 새롭게 창조된 세상 속으로 당신의 처소를 옮겨오시는 것입니다. 끝까지 믿음을 지켜낸 '이기는 자들'과 함께 살기 위해서 하나님이 직접 이사를 오시는 것입니다.

바로 이것이 주기도문에 담겨 있는 내용입니다. "나라가 임하시오며 뜻이 하늘에서 이루어진 것 같이 땅에서도 이루어지이다"(마6:10). 우리는 그동안 '주기도문'을 잘 안다고 생각해 왔습니다. 그러나 실제로는 "하나님 나라가 이 땅에 이루어지도록 기도하라"는 주님의 가르침을 제대로 알지 못했습니다. 이 속에 담겨 있는 하나님의 오래된 꿈을 충분히 이해하지 못했습니다.

그래서 하나님의 꿈과는 정반대로 "죽고 난 후에 천국에 가게 해 달라"는 내용으로 주기도문을 사용해왔습니다. 우리는 하나님 나라^{神國}보다는 하늘나라^{天國}라는 말을 더 좋아했습니다. 그리고 죽은 후에 우리가 그곳에 가야한다고 생각해왔습니다. 그런데 하나님께서 친히 하나님 나라를 통째로 싸들고 오시겠다고 하니 큰 충격이 아닐 수 없습니다.

그러나 이제는 이해할 수 있습니다. 왜 주님이 "너희를 위하여 거처를 예비하면 내가 다시 와서 너희를 내게로 영접하여 나 있는 곳에 너희도 있게 하겠다"(요 14:3)고 말씀하셨는지…. 그것이 새예루살렘을 이 땅에 옮겨오실 계획이었음을 비로소 이해할 수 있게 된 것입니다.

하나님 나라가 임하는 땅은 죄악으로 오염된 '처음 땅'이 아닙니다. 역사의 종말에 하나님이 새롭게 창조하시는 '새 땅'입니다. 따라서 하나님 나라의 성패는 우리의 열심이나 노력에 달려 있지 않습니다. 하나님이 그 일을 반드시 이루실 것입니다. 우리는 끝까지 이기는 자로 남아 있기만 하면 되는 것입니다. 이제부터 우리는 하나님의 꿈을 품고 열심히 주기도문으로 기도해야 하겠습니다.

어린 양의 신부

사도 요한은 천사의 안내를 받아 새예루살렘을 더 자세히 살펴보게 됩니다.

> 9일곱 대접을 가지고 마지막 일곱 재앙을 담은 일곱 천사 중 하나가 나아와서 내게 말하여 이르되 이리 오라. 내가 **신부 곧 어린 양의 아내를 네게 보이리라** 하고 10성령으로 나를 데리고 크고 높은 산으로 올라가 하나님께로부터 하늘에서 내려오는 **거룩한 성 예루살렘을 보이니**…(계 21:9-10).

여기에서 우리는 하늘에서 내려오는 '거룩한 성 예루살렘'이 바로 '어린 양의 신부'를 상징하고 있다는 사실을 알게 됩니다. 앞에서 새예루살렘을 "그 준비한 것이 신부가 남편을 위하여 단장한 것 같더라"(21:2)로 묘사하고 있는 것도 바로 이 때문입니다. 어린 양은 예수 그리스도를, 어린 양의 신부는 교회를 각각 가리킵니다. 19장에 기록되어 있는 "어린 양의 혼인 기약이 이르렀다"(19:7)는 천사 찬양대의 찬양을 묵상하면서 이미 설명한 것입니다. 어린 양의 혼인이란 주님의 재림과 더불어 하나님 나라가 이 땅에 완성되는 것을 의미한다고 했습니다.

따라서 새예루살렘은 이 땅에 임하는 하나님 나라이며, 동시에 믿음의 공동체인 교회를 상징하고 있는 것입니다. 그렇다면 교회의 성도들은 새예루살렘에서 어떤 모습으로 등장하게 될까요? 새예루살렘을 구성하고 있는 '빛나는 보석들'이 바로 그들입니다. 천사의 안내에 따라서 새예루살렘의 모습을 조금 더 살펴보도록 하겠습니다.

11하나님의 영광이 있어 그 성의 빛이 지극히 귀한 보석 같고 벽옥과 수정 같이 맑더라. 12크고 높은 성곽이 있고 열두 문이 있는데 문에 열두 천사가 있고 그 문들 위에 이름을 썼으니 이스라엘 자손 열두 지파의 이름들이라. 13동쪽에 세 문, 북쪽에 세 문, 남쪽에 세 문, 서쪽에 세 문이니 14그 성의 성곽에는 열두 기초석이 있고 그 위에는 어린 양의 열두 사도의 열두 이름이 있더라(계 21:11-14).

여기에서 우선 우리의 눈에 띄는 것은, 바로 수 '12'입니다. 열두 문, 열두 천사, 열두 지파, 열두 기초석, 열두 사도…. 수 12는 그 무엇보다도 구약과 신약을 잇는 연결고리라는 점에 중요성이 있습니다. 동서남북에 각기 세 개의 문을 가지고 있고, 열두 문에 이스라엘 열두 지파의 이름이 각각 새겨져 있는 이 설계도의 원형은 에스겔의 예언에 기록되어 있습니다(겔 48:31-34).

열두 지파가 구약시대 믿음의 공동체인 이스라엘을 의미한다면, 어린 양의 열두 사도는 신약시대 믿음의 공동체인 교회를 의미합니다. 열두 사도를 '기초석'으로 표현한 것은 교회에 대한 사도 바울의 설명을 따르고 있는 것으로 보입니다.

> 너희는 사도들과 선지자들의 터 위에 세우심을 입은 자라. 그리스도 예수께서 친히 모퉁잇돌이 되셨느니라(엡 2:20).

이를 통해서 새예루살렘은 신구약 시대의 모든 믿음의 공동체를 위해서 준비되었다는 사실을 분명히 알 수 있습니다. 그렇습니다. 구약의 하나님은 곧 신약의 하나님입니다. 족장에게 나타난 하나님은 예수 그리스도를 통하여 사도들에게도 나타나셨습니다. 하나님이 완성하실 하나님 나라는 그 모든 믿음의 공동체에게 열려있는 것입니다. 따라서 어린 양의 신부는 신약의 교회뿐만 아니라 구약의 이스라엘을 포함하고 있는 폭넓은 개념이라는 사실을 또한 알게 됩니다.

새예루살렘의 측량

이제 새예루살렘의 구체적인 규모가 밝혀집니다.

> 15내게 말하는 자가 그 성과 그 문들과 성곽을 측량하려고 금 갈대 자를 가졌더라. 그 성은 네모가 반듯하여 길이와 너비가 같은지라. 16그 갈대 자로 그 성을 측량하니 만 이천 스다디온이요 길이와 너비와 높이가 같더라(계 21:15-16).

새예루살렘의 외형은 '네모가 반듯한' 정육면체cube의 모습을 하고 있습니다. 길이를 측량해보니 '만 이천 스다디온'이라고 합니다. 14장의 '마지막 때의 추수 환상'을 살펴보면서 '스다디온'(στάδιον, stadion)이 말 경주를 하는 경기장의 크기를 가리키는 단위라는 것을 알았습니다. 만일 이 구절을 문자적으로 취한다면 '만 이천 스다디온'은 2400km에 육박하는 길이입니다. 그러니까 새예루살렘은 2400km 길이와 너비와 높이의 입체도시가 되는 셈입니다. 지구의 둘레가 46,000km이고, 비행기가 날아다니는 고도가 겨우 10km인 점을 감안하면 새예루살렘의 규모가 어느 정도일지 충분히 짐작할 수 있습니다.

물론 요한계시록에 등장하는 수는 상징입니다. 상징은 상징으로 풀어야 합니다. 그것을 문자적으로 풀려고 하기 때문에 그 속에 담겨 있는 메시지를 발견하지 못하는 것입니다. 자, 그렇다면 정육면체 모양의 새예루살렘은 무엇을 상징하고 있는 것일까요? 궁금증을 마음에 담아두고 계속해서 그 다음 말씀을 살펴보겠습니다.

17그 성곽을 측량하매 백사십사 규빗이니 사람의 측량 곧 천사의 측량이라. 18그 성곽은 벽옥으로 쌓였고 그 성은 정금인데 맑은 유리 같더라. 19그 성의 성곽의 기초석은 각색 보석으로 꾸몄는데 첫째 기초석은 벽옥이요 둘째는 남보석이요 셋째는 옥수요 넷째는 녹보석이요 20다섯째는 홍마노요 여섯째는 홍보석이요 일곱째는 황옥이요 여덟째는 녹옥이요 아홉째는 담황옥이요 열째는 비취옥이요 열한째는 청옥이요 열두째는 자수정이라(계 21:17-20).

'성곽城郭'은 성을 둘러싸고 있는 담을 말합니다. 성곽the wall을 측량하니까 '백사십사 규빗'이 되었다고 합니다. 70m도 되지 않는 높이입니다. 새예루살렘 성의 높이가 2400km인데 성곽이 겨우 그 정도라면 전혀 격에 맞지 않습니다. 따라서 이것은 성곽의 '높이'가 아니라 새예루살렘 성의 '두께'를 의미하고 있는 것으로 보아야 합니다.

아무튼 성곽의 기초석이 각색 보석으로 되어 있다는 점이 눈에 뜨입니다. 여기에 언급되는 12개의 보석 중에서 '벽옥jasper'이나 '남보석sapphire', '녹보석emerald', '홍보석ruby' 정도만 들어보았을 뿐 나머지는 어떤 것인지 알 수도 없습니다. 이 보석들은 무엇을 상징하는 것일까요?

우선 구약 대제사장의 흉패에 붙여진 12개의 보석들을 떠올리게 됩니다. 물론 요한계시록에 등장하는 보석들과 완전히 일치하는 것은 아니지만, 그 각각의 보석에 열두 지파의 이름이 새겨졌다는 점을 우리는 기억할 필요가 있습니다(출 28:21). 앞에서 성곽의 기초석에는 '어린 양의 열두 사도의 이름'이 기록되어 있다고 했습니다(21:14). 그러나 열두 사도의 이름만 기록되었다고 보는 것은 지나치게 문자적으로 해석한 것입니다.

열두 사도의 이름은 믿음의 공동체인 '교회'를 대표하고 있습니다. 새 예루살렘 성 사면을 둘러싼 성곽을 쌓으려면 얼마나 많은 보석들이 필요하겠습니까? 지금까지 하나님 나라를 세우기 위해서 희생해왔던 수많은 성도들의 이름들이 그 보석들 하나하나에 기록되어 있다고 보는 것이 맞지 않을까요? 그것이 지금까지 요한계시록이 계속해서 강조해온 메시지였습니다. 그리스도인들은 환난과 참음 사이에서 하나님 나라의 빛나는 보석으로 빚어지고 있다는 바로 그 메시지 말입니다(계 1:9).

> 그 열두 문은 모두 진주니 각 문마다 한 개의 진주로 되어 있고 성의 길은 맑은 유리 같은 정금이더라(계 21:21).

열두 문은 각각 한 개의 진주로 되어 있다고 합니다. 이사야 선지자는 새로운 예루살렘에 대해서 이야기하면서 성문이 '석류석石榴石'으로 만들어질 것이라 했습니다(사 54:12). 석류석에 해당되는 히브리어 '에크다흐eqdach'는 단수로 되어 있습니다. 요한계시록은 그것을 '한 개의 진주'로 표현하고 있는 것입니다. 이미 앞에서 열두 문에 열두 지파의 이름들이 기록되어 있다고 했습니다(21:12).

여기에서 이스라엘의 열두 지파 이름이 기록된 '열두 문'이 더 중요한 지, 아니면 어린 양의 열두 사도들의 이름이 기록된 새예루살렘의 '기초석'이 더 중요한지를 논하는 것은 어리석은 일입니다. 그것은 마치, 사도 바울이 그리스도의 몸으로서 교회를 설명하면서 언급한 것처럼, 한 지체가 다른 지체를 향하여 쓸데가 없다고 말하는 것처럼 아주 어리석은 일입니다(고전 12:21). 구약의 성도들이나 신약의 성도들은 모두 하나님 나라를 세우는 일에 필요한 존재들입니다.

아무튼 여기까지 오는 동안, 정육면체의 새예루살렘이 무엇을 상징하는지 설명해주는 단서를 아직 발견하지 못했습니다.

새예루살렘의 성전

그런데 그 다음 말씀에 아주 중요한 단서가 나옵니다.

성 안에서 내가 성전을 보지 못하였으니 이는 주 하나님 곧 전능하신 이와 및 어린 양이 그 성전이심이라(계 21:22).

이스라엘 역사에서 예루살렘이 중요한 의미를 가져왔던 결정적인 이유는 그곳에 하나님의 성전이 있다는 사실 때문이었습니다. 그래서 바벨론 포로 생활을 마치고 돌아온 이스라엘 백성들이 그렇게 예루살렘 성전을 다시 지으려고 애를 썼던 것입니다. 주후 70년에 헤롯 대왕이 지었던 예루살렘 성전이 완전히 무너진 후에, 유대인들은 거의 2천 년 동안 세계 각국으로 흩어져서 살았습니다. 그러다가 마침내 팔레스타인으로 돌아왔을 때, 그들은 무너진 성전의 남은 서쪽 축대 앞에서 기도하기 시작했습니다. 그것이 바로 '통곡의 벽'입니다. 만일 가능하다면 지금 당장에라도 그들은 예루살렘 성전을 지을 것입니다.

그러나 지난 시간에 이사야 65장에 언급된 새 하늘과 새 땅을 묵상하면서 알게 되었듯이, 하나님의 계획은 단지 성전을 건축하는데 있지 않습니다. 오히려 하나님은 인간의 죄와 죽음과 절망과 고통의 문제를 완전히 해결하는 새로운 세상을 창조하시려는 꿈을 가지고 계십니다. 그것은 무너진 성전을 다시 근사하게 건축한다고 해서 이루어질 수 있는 것이 아닙니다.

하나님께서 완성하실 하나님 나라에서는 더 이상 성전이 필요하지 않습니다. 왜냐하면 하나님과 어린 양이 곧 성전이시기 때문입니다. 하나님이 성전이 되어서 사람들에게 이사 오신 것입니다. 바로 이 대목에서 우리는 새예루살렘 성의 구조가 정육면체로 되어 있는 이유를 발견하게 됩니다. 새예루살렘 성 자체가 하나님이 계시는 지성소로 만들어진 것입니다!

시내 산에서 모세가 만들었던 성막의 지성소나, 솔로몬이 예루살렘 성 안에 세웠던 성전의 지성소 모두는 정육면체로 되어 있었습니다.

> 19여호와의 언약궤를 두기 위하여 성전 안에 내소를 마련하였는데 20그 내소의 안은 길이가 이십 규빗이요 너비가 이십 규빗이요 높이가 이십 규빗이라. 정금으로 입혔고 백향목 제단에도 입혔더라(왕상 6:19-20).

구약시대에는 지성소에 아무나 들어가지 못했습니다. 일 년에 한 차례 대제사장만 들어갈 수 있었습니다. 그것도 목숨을 걸어야 할 만큼 위험한 일이었습니다. 그러나 우리 주님이 십자가에서 죽으셨을 때에, 성소의 휘장이 위로부터 아래까지 찢어졌습니다(막 15:38). 그리하여 이제는 누구나 다 예수 그리스도의 공로를 힘입어 '은혜의 보좌' 앞에 담대히 나아갈 수 있게 되었습니다(히 4:16). 신약시대의 예배는 바로 여기에 기초하고 있습니다.

그런데 이제 한 걸음 더 나아가서, 장차 하나님께서 완성하실 하나님 나라에서는 성전이 더 이상 필요하지 않게 됩니다. 왜요? 왜냐하면 새예루살렘 그 자체가 곧 지성소이기 때문입니다. 그 안에서 누구나 하나님을 뵐 수 있습니다. 언제라도 하나님께 예배할 수 있습니다. 그렇게 하기 위해서 하나님은 새예루살렘을 아예 지성소로 만드신 것입니다.

그렇습니다. 성전은 건물이 아닙니다. 하나님이 계신 곳이 성전입니다. 하나님께 예배하는 곳이 지성소입니다. 사도 바울은 고린도교회에 보낸 편지에서 이렇게 말했습니다.

16너희는 너희가 하나님의 성전인 것과 하나님의 성령이 너희 안에 계시는 것을 알지 못하느냐. 17누구든지 하나님의 성전을 더럽히면 하나님이 그 사람을 멸하시리라. 하나님의 성전은 거룩하니 너희도 그러하니라(고전 3:16-17).

성전은 하나님께서 계시는 곳이요 하나님께 예배하는 곳입니다. 광야시대의 이스라엘 백성들은 하나님께 예배하기 위해서 성막으로 나와야 했습니다. 약속의 땅에 들어간 후에 이스라엘 백성은 하나님께 예배하기 위하여 절기 때마다 성전을 찾아가야 했습니다. 그런데 바울은 우리 몸이 하나님의 성전이라고 말합니다. 우리 몸이 우리 안에 거하시는 하나님께 예배하는 장소라고 합니다. 우리의 삶이 거룩해야 하는 이유입니다.

그런데 우리는 개인적으로만 하나님의 성전으로 있으면 안 됩니다. 다른 사람들과 함께 만들어가는 공동체 역시 하나님의 성전이 되어야 합니다. 바울은 에베소교회에 보낸 편지에서 이렇게 말했습니다.

21그의 안에서 건물마다 서로 연결하여 주 안에서 성전이 되어 가고 22너희도 성령 안에서 하나님이 거하실 처소가 되기 위하여 그리스도 예수 안에서 함께 지어져 가느니라(엡 2:21-22).

반복하지만 성전은 건물이 아닙니다. 모퉁잇돌이 되신 예수 그리스도와 연결된 성도들이 성전을 만들어가고 있습니다. 그렇게 만들어진 공동체가 바로 하나님이 거하실 처소입니다. 어린 양의 신부인 새예루살렘이 그렇게 만들어졌습니다. 성곽의 기초석은 열두 종류의 보석으로 차곡차곡 쌓여있다고 했습니다. 그 보석들에 성도들의 이름이 새겨있다고 했습니다. 그들은 모두 '이기는 자들'입니다. 죽기까지 충성한 자들입니다.

그렇게 하나님의 백성들이 서로 연결되어 하나님의 성전으로, 그것도 지성소로 완성되었을 때, 우리는 그것을 가리켜서 '하나님 나라'라고 부르는 것입니다. 따라서 "하나님 나라에 들어간다"는 것보다 "하나님 나라가 되어간다"고 말하는 것이 더 잘 어울리는 표현입니다. 요한계시록을 시작하는 대목에서 요한은 이렇게 말했습니다.

5... 우리를 사랑하사 그의 피로 우리 죄에서 우리를 해방하시고 6그의 아버지 하나님을 위하여 우리를 나라와 제사장으로 삼으신 그에게 영광과 능력이 세세토록 있기를 원하노라. 아멘(계 1:5b-6).

여기에서 '나라'는 '바실레이아'(βασιλεία, basileia) 즉 '하나님의 나라'를 의미하고, '삼다'는 '포이에오'(ποιέω, poieō) 즉 '만들다make' 또는 '건설하다construct'라는 뜻이라고 했습니다. 그러니까 "우리를 하나님의 나라로 만들어 가신다"는 뜻입니다. 그리고 "나라로 만들어 가신다."는 말씀은 바로 "하나님의 나라에 잘 어울리는 사람으로 빚어 가신다"는 뜻이라고 했습니다.

새예루살렘이 바로 그 완성품입니다. 주님이 재림하실 때 아름답고 완벽하게 준비된 어린 양의 신부 모습입니다. 그렇게 "하나님 나라가 되어가라"고 하나님께서 우리를 세상에서 불러내셨습니다. 아직은 부족하고 모자람이 많이 있지만, 그래도 언젠가 우리 모두 하나님의 은혜로 하나님 나라의 빛나는 보석이 될 것입니다. 하나님께서 우리를 그렇게 빚어 가고 계시기 때문입니다.

우리가 해야 할 일은 하나님의 이끄심에 순종하는 것입니다. 개인적으로나 가정적으로나 공동체적으로 하나님을 모시고 예배하는 것입니다. 그럴 때마다 우리는 하나님 나라의 빛나는 보석이 되어가고 있다는 이 사실을 잊지 마십시오. 하나님 나라는 착한 일 많이 한 사람들이 죽어서 가는 좋은 세상이 아닙니다. 하나님께 예배하는 사람들을 통해 완성해 가시는 '지성소'입니다.

구원의 완성, 관계의 회복

계 21:23-22:5

이제 요한계시록의 4악장을 마무리할 때가 되었습니다. 천사 찬양대의 '할렐루야 합창'(19장)으로 시작된 4악장은 적그리스도 연합군과의 마지막 전쟁과 흰 보좌의 마지막 심판(20장)을 거쳐서 '새 하늘과 새 땅'이 창조되고 하늘에서 거룩한 성 '새예루살렘'이 내려오는 장면(21장)에 이르기까지 숨 가쁘게 달려왔습니다. 마치 굴곡이 심한 롤러코스터를 타고 온 느낌입니다.

특히 앞 장에서 새예루살렘이 정육면체의 모양으로 되어있다는 사실을 확인하면서 그 의미가 무엇인지 무척 궁금했습니다. 새예루살렘 성 안에 성전이 없다(계 21:22)는 말씀을 통해서, 정육면체가 지성소를 상징하고 있다는 것을 알게 되었습니다. 새예루살렘은 언제라도 하나님께 예배할 수 있는 지성소였던 것입니다. 그래서 성전이 따로 필요 없게 된 것이지요.

아무튼 지금까지 요한계시록을 계속 묵상해오면서 역사의 종말에 일어날 많은 일들을 보았습니다. 일곱 봉인, 일곱 나팔, 일곱 대접 환상이 하나씩 전개될 때마다 이 세상에는 갖가지 일들이 벌어졌습니다. 적그리스도의 세력들이 등장하고 또한 파멸되는 과정도 살펴보았습니다. 그리고 마침내 새 하늘과 새 땅이 창조되고 새예루살렘이 내려오는 것도 보았습니다. 이 모든 과정을 거치면서 요한계시록이 다다른 결론은 '어떤 사건'이 아니라 '한 분'으로 귀결되고 있습니다.

그분은 바로 성경이 이야기해 온 구원 드라마의 작가이며, 연출가이며, 주인공인 '하나님'과 '어린 양'이십니다. 사도 요한이 요한계시록에서 천상의 예배를 목격할 때만 해도 하나님과 어린 양은 구분되었습니다. 어린 양은 보좌에 앉으신 이로부터 봉인된 두루마리를 받으셨습니다 (5:7). 그러나 이제는 전능하신 하나님이 곧 '어린 양 예수 그리스도'이십니다. 하나님과 어린 양은 새예루살렘의 한가운데 있는 그 보좌the throne 에 함께 앉으십니다(22:3). '두 분'이 아니라 '한 분'이 되신 것입니다.

그렇게 성전의 지성소가 되어 우리 가운데로 거처dwelling place를 옮겨 오신 하나님이 바로 요한계시록이 다다른 결론입니다. 그 모든 일을 하나님이 시작하셨고 또한 하나님이 이루셨다는 것을 드러내기에 가장 적절한 마무리입니다.

성경 이야기

이 대목에서 우리는 요한계시록이 창세기로부터 시작된 모든 성경 이야기의 결론 부분이라는 사실을 기억할 필요가 있습니다. 성경의 가장 마지막 책인 요한계시록은 성경의 가장 처음 책인 창세기와 어떤 식으로든 연결될 수밖에 없습니다. 왜냐하면 모든 성경은 하나님의 감동으로 된 것이기 때문입니다. 창세기를 기록하게 하신 하나님께서 또한 요한계시록을 기록하게 하셨기 때문입니다.

창세기 1-2장은 처음 하늘과 처음 땅을 창조하셨을 때 하나님이 품고 계셨던 기대가 어떤 것이었는지 우리에게 보여줍니다. 그러나 인간이 지은 죄로 말미암아 하나님의 기대는 곧 실망으로 바뀌고 말았고, 창세기 3장에서 최초의 인간은 에덴동산에서 추방됩니다. 그럼에도 불구하고 하나님은 포기하지 않으시고 인간을 구원하기 위해서 역사에 개입하기 시작하셨습니다. 아브라함을 부르시고 이스라엘을 선택하셨습니다. 나머지 성경은 이스라엘을 통해 모든 열방을 구원하시려는 하나님의 이야기입니다.

그런데 하나님이 목표하고 계시는 구원의 구체적인 내용은 무엇일까요? 비록 잠시 동안이지만 에덴동산에서 우리는 하나님이 창조하신 질서 속에서 만들어지는 조화로운 관계를 목격할 수 있었습니다. 하나님과 인간의 관계는 '막힘'이 없었고, 인간 사이의 관계에는 '감춤'이 없었습니다. 그리고 자연과의 관계는 자연스러움 그 자체였습니다. 그것이 바로 이 세상을 창조하신 하나님의 본래 의도였습니다.

그러나 뱀의 모습을 한 사탄의 꾐에 넘어간 후에, 인간은 점점 하나님으로부터 멀어지기 시작했습니다. 인간 사이에는 서로를 지배하려는 욕망이 싹트기 시작했고, 자연과의 관계는 더욱 일그러져서 힘들게 노동을 하지 않고서는 살 수 없는 고통을 인간에게 안겨주었습니다. 에덴동산에서 추방된 이후 인류의 역사는 결국 '창조 질서의 파괴'라는 말로 요약됩니다. 그렇다면 하나님께서 이루어가실 구원은 무엇일까요? 그렇습니다. 창조 질서의 회복입니다.

실제로 이와 같은 하나님의 의도는 이스라엘을 애굽에서 구원하신 후에 시내 산에서 그들과 계약을 맺으시는 장면에서 더욱 분명하게 드러납니다. 하나님은 이스라엘 백성들에게 십계명을 주시고 그것을 지킬 것을 요구하셨습니다. 십계명은 세 가지 관계의 회복을 위한 지침이었습니다.

우선 하나님과의 관계회복에는 우상숭배의 문제가 해결되어야 합니다. 그래서 다른 신을 섬기지 말고, 우상을 만들지 말고, 하나님 이름을 망령되이 일컫지 말라고 하셨습니다. 다른 사람과의 관계회복을 위해서는 '거룩한 가정 회복'이 관건입니다. 그래서 부모를 공경하고, 살인을 금지하고, 간음을 금지하게 하셨습니다.

자연과의 관계 회복에는 '탐욕의 극복'이 관건입니다. 그래서 도둑질하지 말고, 거짓 증거하지 말고, 이웃의 것을 탐내지 말라고 하셨습니다. 이 모든 관계를 회복하는 연결고리는 '안식일 준수'였습니다. 안식일에 하나님께 예배함으로써, 이웃과 함께 안식함으로써, 또한 자연을 쉬게 함으로써 모든 관계를 회복하게 하셨던 것입니다.

그러나 인간의 죄성罪性이라는 한계로 인해서 십계명은 제대로 지켜지지 않았고, 오히려 세월이 흐르면서 유대교의 율법주의라는 부작용을 낳게 했습니다. 그래서 예수 그리스도께서 이 땅에 오셔서 십자가의 대속적인 죽음을 통해서 죄의 문제를 해결하고 오직 믿음으로 구원받을 수 있는 새로운 길을 여셨던 것이지요.

하나님과의 관계 회복

자, 그렇다면 요한계시록의 결론 부분에서 우리는 창세기 첫머리에 등장했던 창조 질서가 회복된 모습을 과연 볼 수 있을까요?

> 23그 성은 해나 달의 비침이 쓸 데 없으니 이는 하나님의 영광이 비치고 어린 양이 그 등불이 되심이라. 24만국이 그 빛 가운데로 다니고 땅의 왕들이 자기 영광을 가지고 그리로 들어가리라. 25낮에 성문들을 도무지 닫지 아니하리니 거기에는 밤이 없음이라(계 21:23-25).

앞에서 언급한 대로 새예루살렘은 지성소로 되어 있습니다. 새예루살렘 전체가 하나님의 영광으로 가득 차 있는 곳이라는 뜻입니다. 따라서 그곳에는 빛을 비춰줄 해나 달이 필요하지 않습니다. 다른 조명기구도 필요하지 않습니다. 하나님 자신이 '빛'이시며, 어린 양 자신이 '등불'이시기 때문입니다.

에덴동산에서 아담과 하와는 뱀의 꼬임에 넘어가 죄를 짓고 나서 "하나님의 낯을 피하여" 동산 나무에 숨었습니다(창 3:8). 그렇게 하나님과 점점 멀어져갔습니다. 그러나 새예루살렘에서는 숨으려고 해도 숨을 곳이 없습니다. 그 어디에도 어두운 곳이 없기 때문입니다. 우리 주님이 말씀하셨습니다.

> 20악을 행하는 자마다 빛을 미워하여 빛으로 오지 아니하나니 이는 그 행위가 드러날까 함이요 21진리를 따르는 자는 빛으로 오나니 이는 그 행위가 하나님 앞에서 행한 것임을 나타내려 함이라…(요 3:20-21).

그렇습니다. 구원받은 하나님의 백성들은 숨으려고 하지 않습니다. 오히려 하나님의 빛으로 나아옵니다. 하나님과의 관계가 완전히 회복되었기 때문입니다. 더 이상 거리낄 것이 없기 때문입니다. 아주 멀리에서도 옵니다. 만국이 그 빛 가운데로 나아옵니다. 새예루살렘은 동서남북에 각각 세 개의 문이 있다고 했습니다(21:13). 어느 방향에서 오든지 막힘없이 하나님 앞으로 나올 수 있도록 그렇게 해놓은 것입니다.

게다가 새예루살렘에는 밤이 없습니다. "낮에 성문을 도무지 닫지 않는다"(25절)는 말은 밤이 없으니 문 닫을 일이 전혀 없다는 뜻입니다. 새예루살렘에는 통행금지 시간이 없습니다. 언제라도 어디에서라도 나올 수 있습니다. 우리는 요한계시록 7장에서 실제로 각 나라와 족속과 백성과 방언에서 아무도 능히 셀 수 없는 큰 무리가 흰 옷을 입고 손에 종려가지를 들고 보좌 앞에 나와서 찬양하는 모습을 보았습니다(7:9). 구원받은 하나님의 백성들은 그렇게 하나님께 나아오는 것입니다.

여기에는 물론 한 가지 전제가 있습니다. 오직 어린 양의 생명책에 이름이 기록된 자들이어야 한다는 것입니다(27절). 생명책에 기록되지 못한 자는 죽은 자들의 심판을 통해서 모두 불못에 던져지고 말았습니다 (20:15). 하나님과의 관계가 회복된 사람들만이 새예루살렘으로 들어올 수 있습니다. 들어올 뿐만 아니라 그들은 하나님의 얼굴을 보며 섬깁니다.

> 3… 하나님과 그 어린 양의 보좌가 그 가운데에 있으리니 그의 종들이 그를 섬기 며 4그의 얼굴을 볼 터이요 그의 이름도 그들의 이마에 있으리라(22:3-4).

새예루살렘의 가운데에 하나님과 어린 양의 보좌가 있습니다. 어디에 있더라도 그 보좌에 앉으신 하나님을 볼 수 있게 되어 있습니다. 본래 죄인들은 하나님의 얼굴을 보고 살아남을 수 없습니다(출 33:20). 그래서 이사야가 보좌 환상을 보았을 때에 두려워서 소리를 지르지 않았습니까?

> 화로다. 나여, 망하게 되었도다. 나는 입술이 부정한 사람이요 나는 입술이 부정 한 백성 중에 거주하면서 만군의 여호와이신 왕을 뵈었음이로다…(사 6:5).

사도 요한도 예수 그리스도의 환상을 처음 보았을 때 그의 불꽃 같은 눈을 대하는 것이 두려워서 쓰러져 죽은 자같이 되었습니다(계 1:17). 하나님을 직접 대하는 것은 그만큼 두려운 일입니다. 그래서 구약시대에 하나님은 여호와의 이름을 새긴 패를 만들어 관 전면에 붙인 후에 대제사장의 사역을 할 수 있게 하셨습니다(출 28:36-38).

그런데 새예루살렘에 있는 사람들은 모두 그 이마에 하나님의 이름이 새겨져 있습니다. 그들은 어린 양의 피로 인침을 받은 사람들입니다. 예수 그리스도의 대속사역으로 인해 구원받은 사람들입니다. 그래서 아무런 두려움 없이 하나님의 얼굴을 직접 보면서 그를 섬길 수 있는 것입니다. 이처럼 새예루살렘은 하나님과의 관계가 완전히 회복된 곳입니다.

자연과의 관계 회복

그렇다면 자연과의 관계는 어떨까요?

> 1또 그가 수정 같이 맑은 생명수의 강을 내게 보이니 하나님과 및 어린 양의 보좌로부터 나와서 길 가운데로 흐르더라. 2강 좌우에 생명나무가 있어 열두 가지 열매를 맺되 달마다 그 열매를 맺고 그 나무 잎사귀들은 만국을 치료하기 위하여 있더라. 3다시 저주가 없으며…(계 22:1-3a).

새예루살렘에는 길 가운데로 '생명수의 강the river of the water of life'이 흐르고 강 좌우에 '생명나무the tree of life'가 있다고 합니다. 그런데 이 두 가지는 에덴동산의 특징이기도 했습니다.

> 9여호와 하나님이 그 땅에서 보기에 아름답고 먹기에 좋은 나무가 나게 하시니 동산 가운데에는 생명나무와 선악을 알게 하는 나무도 있더라. 10강이 에덴에서 흘러 나와 동산을 적시고 거기서부터 갈라져 네 근원이 되었으니…(창 2:9-10).

인간은 자연으로부터 생명을 공급받습니다. 특히 물과 열매는 인간의 생명을 유지하는 일에 결정적으로 중요한 두 가지 요소입니다. 많은 사람들이 '생명나무'에 영적인 의미를 부여하여 설명하려고 합니다만, 여기에서는 다른 나무들로 하여금 먹기에 좋은 열매를 맺도록 선한 영향력을 끼치는 근원이 되는 나무로 보입니다. 그것은 마치 에덴에서 흘러나

온 강이 네 강의 근원이 된 것과 같은 이치입니다.

그러나 아담과 하와는 죄를 짓고 에덴동산에서 쫓겨납니다. 그리고 땅이 저주를 받아서 가시덤불과 엉겅퀴를 냅니다. 그래서 아담은 얼굴에 땀을 흘리며 노동을 해야 겨우 먹고 살게 되었습니다(창 3:17-19). 생존을 위해서 자연과 씨름해야 하는 인간의 고단한 삶이 시작된 것입니다. 인간의 탐욕은 땅을 더욱 착취하게 했고, 그에 대해서 땅은 자연재해와 기상이변으로 인간에게 복수하는 악순환이 지금까지 계속 이어지고 있는 것입니다.

그래서 사도 바울은 창조세계가 하나님의 아들들이 나타남을 기다린다고 했습니다.

> 19피조물이 고대하는 바는 하나님의 아들들이 나타나는 것이니 20피조물이 허무한 데 굴복하는 것은 자기 뜻이 아니요 오직 굴복하게 하시는 이로 말미암음이라. 21그 바라는 것은 피조물도 썩어짐의 종노릇 한 데서 해방되어 하나님의 자녀들의 영광의 자유에 이르는 것이니라(롬 8:19-21).

여기에서 '피조물'(κτίσις, 크티시스)이란 하나님이 창조하신 세계를 가리킵니다. 이 속에는 생명체는 물론이고 갖가지 자연현상까지 모두 포함되어 있습니다. 메시지 성경은 이를 '창조세계the created world'라고 표현합니다. 그런데 그 창조세계가 '하나님의 아들들'이 나타나는 것을 고대하고 있다고 합니다. 하나님의 아들들은 구원받은 하나님의 자녀들을 가리키는 말입니다. 하나님이 창조하신 세계가 왜 하나님의 자녀들을 간절히 기다리고 있을까요?

그 이유를 바울은 "피조물이 허무한 데 굴복했다"는 말로 설명합니다. 이게 무슨 뜻일까요? 우리말 '허무함'으로 번역된 헬라어는 '마타요테스'(ματαιότης, mataiotēs)입니다. 이를 영어로는 'vanity헛됨' 또는 'purposelessness목적이 없음' 등으로 번역합니다. 그러니까 하나님이 창조하신 세계가 본래의 목적대로 존재하지 못하고 있다는 뜻입니다. 제가 볼 때 공동번역 성경이 이 부분을 가장 잘 표현하고 있습니다. "피조물이 제구실을 못하게 되었다." 이것은 창조세계가 훼손되고 오염되고 파괴되고 있는 현실에 대한 묘사입니다.

하나님의 창조세계가 제구실을 하지 못하도록 누가 그렇게 훼손시켜 왔습니까? 그 주범은 다름 아닌 우리 인간입니다. 인간의 죄와 탐욕이 인류역사를 통해서 자연을 끊임없이 파괴해 왔습니다. 지금도 그 일은 지구 구석구석에서 지속되고 있습니다. 그렇다면 파괴되고 있는 창조세계가 왜 하나님의 자녀들이 등장하기를 기다리고 있는 것일까요? 왜냐하면 그들이 창조세계를 본래의 모습으로 회복시킬 수 있는 사람들이기 때문입니다.

하나님의 구원 속에는 단지 "하나님의 자녀들이 영광의 자유에 이르는 것"만 포함되어 있지 않습니다. 오히려 창조세계도 썩어짐의 종살이에서 해방되어서, 하나님의 자녀가 누리는 자유에 참여하는 것도 포함되어 있습니다. 하나님의 구원은 창조의 질서가 온전히 회복되는 것입니다. 그 속에는 하나님이 창조하신 자연의 회복도 포함되어 있어야 하는 겁니다!

새예루살렘은 완전히 회복된 자연을 보여줍니다. 보좌로부터 흐르는 생명수의 강이 길 가운데로 흐릅니다. 보좌로부터 흐른다고 해서 생명수를 하나님 말씀으로 성급하게 해석할 필요는 없습니다. 오히려 생명의 근원은 하나님이라는 것을 강조하는 표현입니다. 강 좌우에 생명나무가 있어서 열두 가지 열매를 맺습니다. 그것도 달마다 열매를 맺는다고 합니다. 그러니 남들보다 더 많이 가지려고 욕심 부릴 필요가 하나도 없습니다.

게다가 나무 잎사귀들은 만국을 치료하는 데 사용한다고 합니다. 이제부터 다시는 자연에 대한 저주나 자연으로부터 받는 고통이 없을 것입니다. 이처럼 새예루살렘은 자연과의 관계가 완전히 회복된 곳입니다.

다른 사람과의 관계 회복

이제 마지막으로 남은 것은 다른 사람과의 관계 회복입니다.

> 26사람들이 만국의 영광과 존귀를 가지고 그리로 들어가겠고 27무엇이든지 속된 것이나 가증한 일 또는 거짓말 하는 자는 결코 그리로 들어가지 못하되 오직 어린 양의 생명책에 기록된 자들만 들어가리라(계 21:26-27).

여기에 보면 새예루살렘에 들어가지 못하는 세 종류의 사람들이 나옵니다. 그 첫 번째는 '속된 자'입니다. 이에 해당되는 헬라어는 '코이노스'(κοινός, koinos)인데 'profane세속적인' 또는 'dirty더러운' 등으로 번역되는 말입니다. 두 번째는 '가증한 일을 하는 자'입니다. '가증한 일'을 영어로는 'abomination'이라고 표현합니다. 그리고 마지막으로는 '거짓말 하는 자'입니다. 앞에서 보았던 '큰 음녀'에 대한 설명과 비슷합니다.

> 그 여자는 자주 빛과 붉은 빛 옷을 입고 금과 보석과 진주로 꾸미고 손에 금 잔을 가졌는데 가증한 물건과 그의 음행의 더러운 것들이 가득하더라(계 17:4).

큰 바벨론이 거래하던 상품 중에 '소와 양과 말과 수레와 종들과 사람의 영혼들'이 있었다는 것을 우리는 기억합니다(계 18:13). 자신의 탐욕을 채우기 위해서 다른 사람들에게 어떤 나쁜 짓도 할 수 있는 그런 악인들의 모습을 봅니다. 이런 사람들은 새예루살렘에 발을 들여놓지 못하니다. 그들은 이미 영원한 불못의 심판을 받았습니다.

새예루살렘에 들어오는 사람들은 만국의 영광과 존귀를 가지고 들어옵니다. 무엇이 영광glory입니까? 하나님을 높이는 것이 영광입니다. 무엇이 존귀honor입니까? 다른 사람을 높여주는 것이 존귀입니다. 이기적이고 자기중심적인 사람들은 새예루살렘에 어울리지 않습니다. 다른 사람들을 배려하고 높여주는 사람들만이 들어올 수 있습니다. 그들이 생명책에 이름이 기록된 사람들입니다.

> 다시 밤이 없겠고 등불과 햇빛이 쓸 데 없으니 이는 주 하나님이 그들에게 비치심이라. 그들이 세세토록 왕 노릇 하리로다(계 22:5).

여기에서 "왕 노릇한다"는 말은 오해의 여지가 많이 있습니다. 고객이 직원에게 막무가내로 갑질하는 것을 사람들은 "왕 노릇한다"고 말하기 때문입니다. 게다가 여기는 새예루살렘입니다. 주 하나님께서 그들에게 빛을 비치고 계십니다. 하나님이 일거수일투족을 모두 지켜보고 계십니다. 그런데 감히 누구에게 '왕 노릇'할 수 있단 말입니까?

앞에서도 설명한 것처럼 이에 해당되는 헬라어 '바실류오'(βασιλεύω, basileuō) 동사는 그냥 '다스리다'로 번역하는 것이 좋습니다. 그러면 이야기가 완전히 달라집니다. 왜냐하면 주님께서 이렇게 말씀하셨기 때문입니다.

> 25예수께서 이르시되 이방인의 임금들은 그들을 주관하며 그 집권자들은 은인이라 칭함을 받으나 26너희는 그렇지 않을지니 너희 중에 큰 자는 젊은 자와 같고 **다스리는 자는 섬기는 자와 같을지니라**(눅 22:25-26).

제자들 사이에 "누가 크냐?"는 문제로 다툼이 생겼을 때 하신 말씀입니다. '다스리는 자'는 '섬기는 자'와 같다! 메시지 성경의 풀이로 다시 한 번 읽겠습니다.

> … 왕들은 위세 부리기를 좋아하고, 권세 가진 사람들은 거창한 호칭 달기를 좋아한다. 너희는 그래서는 안 된다. 너희 가운데 선배는 후배처럼 되고, 지도자는 종의 역할을 맡아라(눅 22:25-26 _메시지).

그렇습니다. 주님이 우리에게 보여준 리더십은 군림이 아니라 섬김입니다. 그것이 새예루살렘에서 우리가 할 수 있는 진정한 왕 노릇입니다. 하나님 나라에서 진짜 지도자는 종의 역할을 자원하여 맡아서 하는 사람인 것입니다. 새예루살렘은 다른 사람과의 관계가 완전히 회복된 곳입니다.

구원의 완성은 관계의 회복으로 증명됩니다. 말로는 구원받았다고 하면서 여전히 철천지원수처럼 생각하고 미워하는 사람들이 있다면 그 구원이 무슨 의미가 있겠습니까? 그것이야 말로 거짓말입니다. 거짓말하는 자는 결코 새예루살렘에 들어가지 못합니다. 우리는 지금 종말의 때를 살고 있습니다. 믿음의 공동체 안에서 우리는 새예루살렘에서의 삶을 미리 연습하고 있는 중입니다. 하나님과 이웃과 자연과의 관계를 통해서 하나님 나라에 적합한 모습을 갖추며 오늘도 주님의 오심을 기다려야 하겠습니다.

아멘 주 예수여 오시옵소서

〈계 22:6-21〉

내가 속히 오리라!

계 22:6-15

요한계시록은 환상을 통해서 사도 요한에게 보여주신 역사의 종말과 주님이 재림하실 때에 일어날 일들에 대한 기록입니다. 사도 요한은 밧모섬에서 유배생활을 하고 있었습니다. 그러던 어느 주일 예배를 드리다가 그에게 찾아오신 주님의 환상을 보게 됩니다. 그리고 "네가 본 것과 지금 있는 일과 장차 될 일을 기록하라"(계 1:19)는 명령을 받고 요한계시록을 쓰게 되었습니다.

지금까지 우리가 살펴본 대로, 요한계시록의 본론은 크게 네 부분으로 나뉩니다. 아시아 지방 일곱 교회를 향한 계시의 말씀(계 1:9-3:22)부터 시작해서, 역사의 종말에 대한 계시(계 4:1-10:11)와 적그리스도에 대한 계시(계 11:1-18:24) 그리고 새예루살렘에 대한 계시(계 19:1-22:7)로 구성되어 있습니다. 지난 시간에는 인간의 죄로 인해 파괴되었던 태초의 '창조 질서'가 '새예루살렘' 안에서 어떻게 완전히 회복되는지 살펴봄으로써, 요한계시록의 본론을 마무리했습니다.

그러면서 구원의 완성은 '관계의 회복'으로 증명된다는 메시지를 묵상했습니다. 우리가 정말 하나님의 은혜로 구원받았다면, 우리와 연결되어 있는 모든 관계들 속에서 그 흔적이 나타나야 합니다. 삶의 변화가 따르지 않는 구원은 자기만족을 위한 헛된 구호에 불과합니다. 공동체의 신앙생활을 통해서 우리는 변화된 관계를 미리 연습해야 합니다. 그것이 새예루살렘에서 우리가 누려야 할 삶이기 때문입니다.

우리는 이제 '하나님 나라의 완성 교향곡'인 요한계시록의 '후주$_{Postlude}$' 부분에 다다랐습니다. 지금까지 수많은 환상들의 높낮이를 오르내리며 극적인 변화를 만끽하게 하던 롤러코스터가 멈추어 섰습니다. 새예루살렘의 눈부시게 빛나는 광경은 점점 희미해지고, 속죄함을 받은 사람들의 모임에서 들려오는 장엄한 찬양 소리도 멀어집니다. 새예루살렘을 미리 맛본 마음의 흥분이 여전히 남아있지만, 이제는 일상으로 되돌아가야 합니다. 속히 될 일을 알았으니 지금부터 어떻게 살아야 할지 생각해야 합니다.

말씀을 지키는 자

새예루살렘의 환상은 무대에서 완전히 사라졌지만, 사도 요한 곁에는 아직 천사가 남아있습니다.

> 또 그가 내게 말하기를 이 말은 신실하고 참된지라. 주 곧 선지자들의 영의 하나님이 그의 종들에게 반드시 속히 되어질 일을 보이시려고 그의 천사를 보내셨도다(계 22:6).

여기에서 '그'는 21장 9절에 언급된 '일곱 대접을 가지고 마지막 일곱 재앙을 담은 일곱 천사 중 하나'를 가리킵니다. 사도 요한은 그 천사의 안내를 받으며 지금까지 거룩한 성 예루살렘을 자세히 살펴볼 수 있었습니다. 천사의 말은 요한계시록을 시작하던 첫 구절을 떠올리게 합니다.

> 예수 그리스도의 계시라. 이는 하나님이 그에게 주사 반드시 속히 일어날 일들을 그 종들에게 보이시려고 그의 천사를 그 종 요한에게 보내어 알게 하신 것이라(계 1:1).

천사가 자신에게 해준 말을 사도 요한이 여기에서 그대로 반복하고 있다는 것을 알 수 있습니다. 요한계시록을 통해서 우리가 보고 들은 이야기들은 모두 믿을 수 있는 확실한 말씀입니다. 사도 요한이 상상력을 동원하여 만들어낸 소설이 아닙니다. 하나님께서 '반드시 속이 일어날 일들'을 천사를 통해서 친히 보여주시고 알려주신 것입니다.

천사의 말이 떨어지기 무섭게 또 다른 목소리가 들려옵니다.

> 보라 내가 속히 오리니 이 두루마리의 예언의 말씀을 지키는 자는 복이 있으리라 하더라(계 22:7).

이 목소리의 주인공은 분명히 그 자리에 있었지만, 얼굴을 드러내지는 않습니다. 그래서 요한은 지금까지 자신과 함께 있던 천사가 그 말을 한 것으로 착각할 정도였습니다(8절). 그러나 이렇게 말할 수 있는 분은 오직 예수 그리스도 한 분밖에 없습니다.

"내가 속히 오리니…"(Behold, I am coming quickly _NASB). 메시지 성경은 더욱 실감나게 번역합니다. "Yes, I'm on my way! I'll be there soon!" (내가 가고 있다! 내가 곧 갈 것이다!) 우리 주님은 이미 출발하셨습니다. 조만간 도착하실 것입니다. 환상을 통해서 보여주었던 그 모든 일이 실행되는 것은 단지 시간문제입니다. 그렇다면 이제 우리는 어떻게 해야 할까요?

주님이 말씀하십니다. "이 두루마리의 예언의 말씀을 지키는 자는 복이 있으리라." 이 말씀 또한 요한계시록을 시작하던 구절을 떠올리게 합니다.

이 예언의 말씀을 읽는 자와 듣는 자와 그 가운데에 기록한 것을 지키는 자는 복이 있나니 때가 가까움이라(계 1:3).

이 구절이 오늘 본문과 다른 점이 있다면 '읽는 자'와 '듣는 자'가 생략되었다는 사실입니다. 그도 그럴 것이 1장은 요한계시록을 시작하는 대목입니다. 예언의 말씀이 아직 읽혀지지 않은 상태입니다. 그러나 오늘 22장 본문은 그 모든 말씀이 다 읽혀지고 들려진 후입니다. 그러니 이제 '지키는 자'가 되는 일만 남아있는 것이지요.

이 말씀은 요한계시록 묵상의 길을 걸어온 우리에게 묵직한 느낌으로 다가옵니다. 만일 예언의 말씀을 읽지 않았다면, 요한계시록의 메시지를 듣지 않았다면 혹시라도 변명할 여지가 있을지 모릅니다. 그러나 우리는 예언의 말씀을 '읽은 자'요, 또한 '들은 자'입니다. 이제 '지키는 자'가 되는 것 외에 다른 선택의 여지는 없습니다.

그런데 많은 사람이 요한계시록에서 '지켜야 할 말씀'을 찾기보다는, 마지막 때에 대한 자신의 호기심을 풀어줄 비밀을 찾으려고 합니다. 땅에서 올라온 두 번째 짐승 '666'이 과연 누구를 가리키는지, 마지막 때에 벌어질 '아마겟돈 전쟁'이 언제 어디서 어떻게 일어날지를 추측하기에 바쁩니다. 그들은 요한계시록을 진정한 의미에서 '예언의 말씀'으로 대하지 않는 사람들입니다.

우리는 요한계시록에서 마땅히 지켜야 할 말씀을 찾아내어 그것을 지키는 자가 되어야 합니다. 그런데 말씀을 지키는 자가 받을 복의 구체적인 내용이 무엇일까요? 산상수훈의 결론 부분에서 주님은 똑같은 말씀을 하셨습니다.

> 24그러므로 누구든지 나의 **이 말을 듣고 행하는 자**는 그 집을 반석 위에 지은 지혜로운 사람 같으리니 25비가 내리고 창수가 나고 바람이 불어 그 집에 부딪치되 무너지지 아니하나니 이는 주추를 반석 위에 놓은 까닭이요 26나의 **이 말을 듣고 행하지 아니하는 자**는 그 집을 모래 위에 지은 어리석은 사람 같으리니 27비가 내리고 창수가 나고 바람이 불어 그 집에 부딪치매 무너져 그 무너짐이 심하니라 (마 7:24-27).

지혜로운 인생은 '들음'이 아니라 '행함'으로 판가름 납니다. 주님의 말씀을 듣고 행하는 지혜로운 사람은 어떤 복을 받습니까? 집이 무너지지 않습니다. 집을 지은 수고가 헛되지 않습니다. 그것이 복입니다. 그러나 주님의 말씀을 듣기는 했지만 행하지 않은 어리석은 사람은 어떻게 됩니까? 집이 무너집니다. 평생의 모든 수고가 물거품이 되고 맙니다.

그런데 여기에서 "비가 내리고 창수가 나고 바람이 분다"는 것은 단순히 인생살이에서 겪게 되는 어려움을 의미하는 것이 아닙니다. 오히려 마지막 때 주님 앞에서 받게 되는 마지막 심판의 상황으로 보는 것이 더 적절합니다. 신앙생활을 하지 않았다면 둘째 사망의 불못에 던져지는 것이 그렇게 억울하지는 않을 겁니다. 그러나 교회를 다니면서 신앙생활을 했는데도, 말씀을 열심히 들었는데도 그대로 살지 못해서 혹시라도 불못에 던져지는 일이 생긴다면 그 얼마나 억울하겠습니까?

말씀을 '읽는 자'와 '듣는 자'는 분명 귀한 분들입니다. 그러나 '지키는 자'가 복이 있습니다. 우리는 마지막 때의 일을 알았습니다. 또한 어떻게 준비하며 살아야 할지도 알았습니다. 그러니 이제부터는 말씀을 깨달은 대로 지켜 순종하며 살아야 합니다. 그 수고가 결코 헛되지 않을 것입니다. 우리를 새예루살렘과 하나님 나라의 주인공이 되게 할 것이기 때문입니다.

주님이 주실 상

요한은 이때 자신과 함께 있던 천사가 주님의 말씀을 한 것으로 착각했습니다. 그 이야기는 주님이 천사의 모습으로 그에게 나타났다는 뜻이 됩니다. 그래서 요한은 천사에게 경배하려고 엎드립니다.

> 8이것들을 보고 들은 자는 나 요한이니 내가 듣고 볼 때에 이 일을 내게 보이던 천사의 발 앞에 경배하려고 엎드렸더니 9그가 내게 말하기를 나는 너와 네 형제 선지자들과 또 이 두루마리의 말을 지키는 자들과 함께 된 종이니 그리하지 말고 하나님께 경배하라 하더라(계 22:8-9).

요한계시록 19장에서 천사 찬양대가 '할렐루야 합창'을 부르는 대목에서도, 요한은 그의 안내자였던 천사의 발 앞에 엎드려 경배하려고 했었지요(19:10). 지금 똑같은 일이 반복되고 있는 것입니다. 물론 사도 요한이 천사를 주님으로 착각할 수밖에 없는 상황처럼 보이기는 하지만, 천사에게 경배하는 같은 실수를 반복하고 있다는 점에 있어서 변명의 여지가 없습니다. 그리고 그것이 우리들이 때때로 범하는 실수이기도 합니다.

'하나님'과 '하나님의 종'을 구분하지 못하는 것은 그의 신심信心이 대단하기 때문이 아니라, 영적인 분별력이 없기 때문입니다. 우리는 하나님을 소개하는 일을 하는 사람을 경배하는 것이 아니라, 하나님을 경배하면서 살도록 부름을 받았습니다. 주님의 이름으로 능력을 행하는 사람을 높이는 것이 아니라, 주님을 높이면서 살도록 부름을 받았습니다. 어떤 경우에도 우리는 이것을 잊으면 안 됩니다.

천사의 말이 계속 이어집니다.

또 내게 말하되 이 두루마리의 예언의 말씀을 인봉하지 말라. 때가 가까우니라
(계 22:10).

다니엘서는 마지막 때까지 비밀이 보존되어야 했습니다. 그래서 봉
인했습니다(단 12:4). 그와 대조적으로 요한계시록은 처음부터 공개되어
야 할 말씀이었습니다. 왜냐하면 머지않아 그 모든 일이 시행될 것이기
때문입니다. 때가 가깝기 때문입니다. 메시지 성경은 이 부분을 "책꽂이
에 처박아 두지 마라"(Don't put it away on the shelf)고 실감나게 풀이합니
다. 그러니까 예언의 말씀을 단지 책장을 장식하는 용도로 취급하지 말
라는 것입니다. 앞에서 "예언의 말씀을 지키는 자는 복이 있다"는 구절과
다르지 않습니다.

그 다음 말씀이 아주 의미심장합니다.

불의를 행하는 자는 그대로 불의를 행하고 더러운 자는 그대로 더럽고 의로운 자
는 그대로 의를 행하고 거룩한 자는 그대로 거룩하게 하라(계 22:11).

이것은 일종의 비꼬는 듯한 풍자적인 말투로서, 바로 앞에 있는 "때가
가깝다"는 말씀과 연결해서 이해해야 합니다. 불의한 자, 더러운 자를 회
개시킬 시간적인 여유가 더 이상 없다는 것입니다. 물론 그대로 살다가
는 망할 것이 뻔합니다. 불못의 둘째 사망에 던져질 것이 불을 보듯 분명
합니다. 그러나 이제는 그렇게 살도록 내버려두라는 것이지요. 어쩌면
무책임한 말처럼 들릴지 모릅니다. 그렇지만 코앞에 주님의 재림이 다가
온 상태에서는 그럴 수밖에 없습니다.

중요한 것은 그들이 아니라 우리입니다. 예수 그리스도를 믿음으로 의롭게 된 우리는 지금까지 해오던 '그대로' 의를 행해야 합니다. 어린 양의 보혈로 인침을 받아 거룩한 백성이 된 우리는 또한 '그대로' 거룩하게 살아야 합니다. 어린 양의 생명책에 이름이 기록되어 있다고 하더라도, 그 이름이 지워질 가능성이 전혀 없는 것은 아니기 때문입니다(계 3:5). 우리는 마지막까지 '이기는 자'가 되어야 하기 때문입니다.

바로 이 대목에서 또 다시 주님의 음성이 불쑥 끼어듭니다.

12보라 내가 속히 오리니 내가 줄 상이 내게 있어 각 사람에게 그가 행한 대로 갚아 주리라. 13나는 알파와 오메가요 처음과 마지막이요 시작과 마침이라(계 22:12-13).

사람들이 '상 받기'를 좋아하는 이유가 무엇인지 아십니까? 그것은 그 상을 다른 사람이 받지 못하기 때문입니다. 그래서 주님이 주실 '상'이 있다는 말씀에 귀가 번쩍 뜨입니다. "내가 본 천국"과 같은 종류의 책에 항상 등장하는 단골 메뉴가 그런 것입니다. 같은 천국이지만 사는 집이 같지 않다는 것입니다. 어떤 사람은 대궐 같은 집에 살지만 어떤 사람은 다 쓰러져가는 초가집에서 산다는 설명입니다.

어디에서 그 차이가 생기는 걸까? 이 세상에서 세운 공로에 따라서 그런 차이가 생긴다고 합니다. 그러면서 그들이 근거로 내세우는 말씀이 바로 이 구절입니다. "각 사람에게 그가 행한 대로 갚아 주리라." 그런데 이 말씀이 정말 그런 뜻일까요? 아닙니다. 이 말씀은 바로 앞에 있는 11절에 대한 주님의 보충설명입니다. 거기에는 '불의한 자'와 '더러운 자'와 '의로운 자'와 '거룩한 자'가 모두 등장합니다. 그들 모두에게 행한 대로 갚아주겠다고 말씀하고 계시는 것입니다.

우리말 '상賞'에 해당되는 헬라어 '미스토스'(μισθός, misthos)는 'wages

임금, 貫金'이라는 뜻입니다. '너그러운 포도원 주인의 비유'(마 20:1-16)에서 포도원 주인은 품꾼들에게 골고루 한 데나리온의 '삯'을 지불합니다. 이때의 삯이 바로 미스토스입니다. 그래서 메시지 성경은 이 부분을 "내가 갈 때 내 임금 대장을 가지고 갈 것이다"(I'm bringing my payroll with me)라고 번역합니다. 임금 대장에 따라서 삯을 지불하겠다는 겁니다.

그렇다면 '불의한 자'와 '더러운 자'에게 어떤 삯이 주어질까요? 물론 '둘째 사망'입니다. 반면 의로운 자'와 '거룩한 자'에게는 어떤 삯이 주어질까요? 물론 하나님 나라에서 누리는 '영생'입니다. 생각해보십시오. 어린 양의 보혈로 구원받아 새예루살렘의 주인공이 되는 것보다 더 큰 상이 어디에 있겠습니까? 그런데 이 상을 하나님 나라에서의 차별대우로 둔갑시켜서 오히려 욕심을 부리게 만들고 있으니, 이를 어찌 옳다고 말할 수 있겠습니까?

한없이 부족하고 연약한 우리를 하나님 나라의 빛나는 보석으로 만들어 가시는 하나님의 은혜가 바로 우리가 받을 상입니다. 그 상으로 우리는 충분합니다. 그 상으로 우리는 만족할 수 있어야 합니다.

두루마기를 빠는 자

주님의 말씀이 계속 이어집니다.

14자기 두루마기를 빠는 자들은 복이 있으니 이는 그들이 생명나무에 나아가며 문들을 통하여 성에 들어갈 권세를 받으려 함이로다. 15개들과 점술가들과 음행하는 자들과 살인자들과 우상숭배자들과 및 거짓말을 좋아하며 지어내는 자는 다 성 밖에 있으리라(계 22:14-15).

우리말 '두루마기'에 해당되는 헬라어 '스톨레'(στολή, stolē)는 예복으로 입는 긴 겉옷a long robe을 가리킵니다. 실제로 한복의 두루마기와 비슷합니다. 그런데 '자기 두루마기'를 빠는 자들이 복이 있다고 합니다. 이 말씀은 각 나라와 족속과 백성과 방언에서 큰 무리가 어린 양 앞에서 찬양하는 장면으로 우리를 인도합니다. 장로 중 하나가 요한에게 "이 흰 옷 입은 자들이 누구냐"고 묻습니다. 그때 요한이 이렇게 대답합니다.

> 내가 말하기를 내 주여 당신이 아시나이다 하니 그가 나에게 이르되 이는 큰 환난에서 나오는 자들인데 **어린 양의 피에 그 옷을 씻어 희게 하였느니라**(계 7:14).

그렇습니다. '자기 두루마기'를 무엇으로 씻어야 합니까? '어린 양의 피'로 씻어야 합니다. 이것은 물론 예수 그리스도의 보혈로 죄 씻음을 받는 것을 말합니다. 그러나 이는 한 번으로 끝나면 안 됩니다. 우리는 매일같이 죄를 회개하고 씻어내야 합니다. 왜냐하면 구원받은 우리들도 크고 작은 죄에 노출되어 살아야 하기 때문입니다. 우리도 모르는 사이에 세상의 죄에 물들기 때문입니다.

자기 두루마기를 누가 씻어야 합니까? 물론 자기가 씻어야 합니다. 매일의 회개는 다른 사람이 대신해줄 수 없습니다. 그렇게 해야 하는 이유가 무엇입니까? '이기는 자'가 되기 위해서입니다. 마지막까지 믿음을 지키기 위해서입니다. 생명책에 적힌 우리의 이름이 지워지지 않게 하기 위해서입니다. 그렇게 살다가 마지막 때에 이 땅에 임하게 될 새예루살렘 성 안에 있는 생명나무로 나아가기 위해서입니다.

그러나 어린 양의 피로 옷을 씻지 않는 사람들도 있습니다. 그들은 '개들'이라고 합니다. 베드로는 개의 특징을 "그 토하였던 것에 돌아간다"(벧후 2:22)는 속담으로 표현합니다. 한때 죄를 회개하고도 또 다시 과거의 죄로 돌아가는 인간을 가리키는 말입니다. '점술가들', '음행하는 자들', '살인자들' 그리고 '우상숭배자들'은 이미 앞에서 둘째 사망의 심판을 받는다고 선언된 사람들입니다(21:8).

여기에서 우리가 주목해야 할 새롭게 등장하는 부류가 하나 있습니다. 그들은 바로 '거짓말을 좋아하며 지어내는 자'입니다. 그런데 '거짓말'은 그냥 '가짜'(ψεῦδος, pseudos)로 번역하는 것이 좋습니다. NIV 성경도 이 부분을 "everyone who loves and practices falsehood"라고 번역합니다. 이는 듣고 싶은 것만 들으려고 하는 사람들을 가리키는 말입니다.

사도 바울은 디모데에게 보낸 편지에서 이렇게 말했습니다.

> 3때가 이르리니 사람이 바른 교훈을 받지 아니하며 귀가 가려워서 자기의 사욕을 따를 스승을 많이 두고 4또 그 귀를 진리에서 돌이켜 허탄한 이야기를 따르리라 (딤후 4:3-4.)

사람들이 듣고 싶어 하는 이야기만 하는 사람이 '거짓 선지자'입니다. 거짓 선지자는 사람들에게 큰 인기를 얻습니다. 그러나 그런 가짜 이야기만 쫓아다니는 사람들의 마지막은 둘째 사망입니다. 왜냐하면 회개를 촉구하는 메시지를 들으려고 하지 않기 때문입니다. 어린 양의 피로 옷을 씻지 않고서는 구원받을 수 없기 때문입니다.

오늘 우리는 "내가 속히 오리라!"는 주님의 말씀을 들었습니다. 그렇다면 우리는 이제부터 어떻게 살아야 할까요? 예언의 말씀을 읽고 들었으니 이제는 지키는 자로 살아야 합니다. 지금까지 신앙생활 해 오던 대로 계속해서 의를 행하고 거룩하게 살아야 합니다. 그리고 매일 어린 양의 피로 자기 두루마기를 씻으며 살아야 합니다. 언제부터 그렇게 해야 할까요? 오늘부터 그렇게 해야 합니다. 언제까지 그렇게 살아야 할까요? 주님이 오시는 날까지 그렇게 살아야 합니다.

구원의 완성을 위해서 중요한 일들은 이미 하나님께서 다 이루어놓으셨습니다. 새예루살렘은 이미 준비되어 있습니다. 우리가 해야 할 일은 어린 양과 함께 붙어서 사는 것입니다. 주님이 다시 오실 때까지 '이기는 자'로 살아가는 것입니다. 자기를 부인하고 자기 십자가를 지고 살아가는 것은 결코 쉬운 일이 아닙니다. 그러나 환난을 참아냄으로써 우리는 하나님 나라의 빛나는 보석이 되어 가는 것입니다.

이제 얼마 남지 않았습니다. 고지高地가 바로 저기입니다. 주님이 곧 오십니다. 조금만 더 참으면 됩니다. 그때까지 어린 양의 손을 놓아버리지만 않으면 됩니다. 보혜사 성령님께서 연약한 우리를 말할 수 없는 탄식으로 중보하시며 돕고 계십니다. 하나님이 다 이루십니다!

마라나타 신앙의 회복

계 22:16-21

요한계시록 묵상의 마지막 시간입니다. 지금까지 우리는 "반드시 속히 일어날 일들"(계 1:1)에 대한 사도 요한의 증언을 살펴보았습니다. 처음에는 생소한 이미지들과 복잡한 구조로 되어 있는 이야기로 인해 요한계시록의 내용을 이해하는 것이 쉽지 않았습니다. 그러나 포기하지 않고 끈질기게 말씀을 붙들었더니, 언제부터인가 전체적인 그림의 윤곽이 보이기 시작했고, 그 속에 담겨 있는 메시지가 조금씩 들리기 시작했습니다. 그러면서 그동안 난해하다고만 생각해왔던 환상들이 오히려 재미있는 영화의 한 장면처럼 다가왔습니다.

봉인을 떼고 나팔이 울리고 대접이 하나씩 쏟아질 때마다 이 땅에 임하는 온갖 재앙들에 두려움을 느끼기도 했고, 천군천사들과 구원받은 백성들이 서로 화답하며 하나님을 찬양하는 모습에 감격하기도 했습니다. 적그리스도의 세력들이 결집하여 성도들을 핍박하고 배교하게 하는 장면에 마음 아파하다가도, 큰 음녀 바벨론이 오히려 짐승에게 배신을 당하여 무너지는 모습에 통쾌함을 느끼기도 했습니다. 마침내 아마겟돈 전쟁이 벌어지지만 곧바로 사탄과 그를 따르는 무리들이 순식간에 멸망할 때 환호성을 울리기도 했습니다.

죽은 자들이 흰 보좌 앞에 도열하여 자기의 행위대로 심판을 받는 모습을 긴장하며 지켜보기도 했고, 새 하늘과 새 땅이 창조되고 하늘로부터 내려오는 정육면체 모양의 새예루살렘을 황홀하게 바라보기도 했습니다. 무엇보다도 새예루살렘을 구성하고 있는 빛나는 보석들이 바로 우리 자신이라는 사실을 확인하면서 놀라기도 했고, 생명수 강 좌우에 심겨진 생명나무 숲길을 걸으며 하나님께서 태초에 만들어 놓으신 창조질서가 완벽하게 복원된 세상에 감탄하기도 했습니다.

환상의 여정을 끝내고 현실세계로 돌아온 우리에게 주님은 물으셨지요. "내가 이제 속히 올 텐데 너는 어떻게 살아갈래?" 그러면서 예언의 말씀을 지키는 자의 복(22:7)과 자기 두루마기를 빠는 자들의 복(22:14)에 대해서 친절하게 가르쳐 주셨습니다. 그리고 이제부터는 예언의 말씀을 장식처럼 책장에 꽂아두지 말고 열심히 읽고 지키면서 살라고 타이르기도 하셨습니다. 그렇게 우리는 요한계시록의 끝자락에 다다르게 된 것입니다.

사도 요한은 "네가 본 것과 지금 있는 일과 장차 될 일을 기록하라"(계 1:19)는 주님의 명령에 순종하여 지금까지 요한계시록을 써왔습니다. 이제 요한은 그의 펜을 놓기 전에 마지막으로 요한계시록을 읽는 사람들을 향해서 꼭 필요한 말들을 남깁니다.

교회를 위한 책

오늘 본문은 요한계시록의 원저자를 밝히는 말씀으로 시작합니다. 요한계시록은 사도 요한이 기록하였습니다. 그러나 원저자는 예수 그리스도이십니다.

나 예수는 교회들을 위하여 내 사자를 보내어 이것들을 너희에게 증언하게 하였
노라. 나는 다윗의 뿌리요 자손이니 곧 광명한 새벽 별이라 하시더라(계 22:16).

앞 장에서 살펴본 것처럼, 환상이 모두 끝난 후에 사도 요한은 그동안
자신을 안내해주던 한 천사와 남게 되었습니다. 계속 이야기를 이어가던
중에 불쑥 그 대화에 끼어드는 분이 있었습니다. 바로 예수 그리스도였
습니다.

보라, 내가 속히 오리니 이 두루마리의 예언의 말씀을 지키는 자는 복이 있으리라
(계 22:7).
보라, 내가 속히 오리니 내가 줄 상이 내게 있어 각 사람에게 그가 행한 대로 갚아
주리라(계 22:12).

그러다가 본격적으로 대화의 주도권을 잡고 말씀하기 시작하셨습니
다. "나 예수는 교회들을 위하여 내 사자들을 보내어 이것들을 너희에게
증언하게 하였다." 여기에서 우리는 몇 가지 중요한 사실을 알게 됩니다.
먼저 요한계시록의 원저자는 예수님이라는 사실입니다. 그렇습니다. 성
경 66권은 오랜 세월에 걸쳐서 수많은 사람들에 의해서 기록되어 왔습니
다. 그러나 원저자는 하나님 한 분이십니다.
"모든 성경은 하나님의 감동으로 되었다"(딤후 3:16)고 했습니다. NIV
성경의 표현대로 하자면 "All Scripture is God-breathed"입니다. 성경에서
하나님의 숨이 들어가 있지 않은 책은 하나도 없습니다. 창세기의 하나
님이 또한 요한계시록의 하나님이십니다. 이스라엘 백성들을 애굽의 압
제에서 해방시킨 하나님이 예수 그리스도를 통하여 모든 인류를 죄와 사
망의 권세에서 해방시키셨습니다.
'처음 하늘과 처음 땅'을 창조하신 하나님이 역사의 종말에 '새 하늘과

새 땅'을 창조하십니다. 하나님 나라를 완성하십니다. 따라서 요한계시록에 기록된 모든 말은 신실하고 참된 것입니다. 말씀하신 대로 반드시 이루어질 것입니다(22:6). 예수 그리스도가 그것을 직접 보증하십니다. 만일 예수님을 신뢰한다면 또한 요한계시록을 신뢰해야 하는 것입니다.

또 한 가지는 요한계시록의 관심이 교회와 성도들에게 있다는 사실입니다. 요한계시록은 인류의 종말에 대한 빗나간 호기심을 가진 사람들을 만족시키기 위해서 기록된 책이 아닙니다. 오히려 극심한 박해 속에서도 믿음을 지켜나가고 있는 교회와 성도들을 격려하고 위로하는 목적으로 기록되었습니다.

요한계시록은 사도 요한 당시 아시아 지방의 일곱 교회에 보내진 편지입니다. 그러나 그 메시지는 일곱 교회만의 전유물이 아니라, 주님의 재림을 기다리는 이 땅의 모든 교회들에게 선포되어야 하는 것입니다. 왜냐하면 역사의 종말에 하나님이 완성하실 하나님 나라의 주인공은 바로 '교회'이기 때문입니다.

그런데 요한계시록은 오늘날 많은 교회와 성도들이 기피하는 책이 되고 있는 것을 봅니다. '위험하다'는 이유로 또는 '두렵다'는 핑계로 요한계시록을 펼쳐서 읽는 것조차 주저하게 만드는 현실입니다. 물론 과거와 현재의 부정적인 경험들이 우리의 발목을 잡고 있는 것이 사실입니다. 지금도 여전히 이단 사조들은 요한계시록을 무기로 하여 성도들을 미혹하려고 덤벼듭니다.

그러나 요한계시록은 분명히 '교회'를 위한 책입니다. 주님의 재림을 준비하는 성도들이라면 반드시 읽고 소화해내야 할 책입니다. 어차피 넘어야 할 산들이라면 한 살이라도 젊었을 때에 넘는 것이 낫습니다. 물론 쉽지 않을 것입니다. 그러나 그렇게 하나씩 산을 넘다 보면 우리도 모르는 사이에 믿음의 근육이 자라나 있는 것을 발견하게 될 것입니다. 사실 잘 모르기 때문에 우리의 마음에 두려움이 싹트는 겁니다. 제대로 알고 나면 두려움의 먹구름은 완전히 걷히게 될 것입니다.

초대의 말씀

요한계시록은 하나님이 우리를 초대하는 말씀이요, 또한 우리들이 세상을 향해 초대해야 하는 말씀입니다.

> 성령과 신부가 말씀하시기를 오라 하시는도다. 듣는 자도 오라 할 것이요 목마른 자도 올 것이요 또 원하는 자는 값없이 생명수를 받으라 하시더라(계 22:17).

여기에는 "성령과 신부가 말씀하신다"(the Spirit and the bride say)고 되어있어 마치 '성령'과 '신부'를 동격으로 취급하는 것이 아닌가 하고 오해할 수 있습니다. 그러나 아닙니다. 성령이 말씀하시고, 또한 신부가 말씀한다는 뜻입니다. 그렇다면 성령은 누구에게 말씀하실까요? 그렇습니다. 신부를 향해서 말씀하십니다. 신부는 어린 양의 신부인 '교회'를 가리키는 말입니다.

> 귀 있는 자는 성령이 교회들에게 하시는 말씀을 들을지어다(계 2:7, 11, 17, 29; 3:6, 13, 22).

우리는 아시아의 일곱 교회를 향해서 단 한 번의 예외도 없이 이 말씀이 선포되는 것을 들었습니다. 거의 귀에 못이 박일 정도입니다. 교회의 상황에 따라서 때로는 격려의 말씀도 하시고, 때로는 걱정의 말씀도 하시지만 결론은 언제나 똑같습니다. 성령이 교회들에게 하시는 말씀을 들으라는 것입니다. 그런데 성령이 하시는 말씀이 무엇입니까? "오라!"

(Come!)는 말씀입니다.

예수님은 자기를 따르려고 하는 요한의 제자들에게 이렇게 말씀하셨습니다. "와서 보라"(요 1:39). 빌립이 나다나엘에게 예수님을 소개할 때에도 역시 이렇게 말했습니다. "와서 보라"(요 1:46). 수가 성 여인이 예수님을 만난 후에 물동이를 버려두고 마을로 들어가서 사람들에게 말했습니다. "… 와서 보라. 이는 그리스도가 아니냐"(요 4:29). 그렇습니다. 진리에로의 초대는 언제나 이렇듯 단순합니다. Come and see!

성령님이 교회들을 향해 초대하시는 말씀도 마찬가지입니다. 하나님께서 구원의 완성을 위해서 준비해놓으신 일들을 와서 보라고 초대하십니다. 지금은 그들을 박해하는 세상 속에서 하루하루 믿음을 지키면서 살아가는 것이 너무나 힘겹지만, 조만간 새 하늘과 새 땅이 창조되고 새 예루살렘이 내려오고 그 속에 빛나는 보석으로 그들을 만들어 가시는 하나님의 섭리를 와서 보라고 하십니다. 어린 양의 혼인 잔치가 다 준비되어 있는 것을 와서 보라고 하십니다. 그리하여 그들을 '이기는 자'가 되도록 도우시는 하나님의 손길을 와서 보라고 하십니다. 그것이 바로 요한계시록이 담고 있는 내용입니다.

성령님이 교회를 "오라!"고 초대하듯이, 교회 또한 누군가에게 "오라!"고 초대합니다. 이번에는 누구를 초대하는 것일까요? 아직 구원받지 못한 사람들도 이 초대에 포함되어 있을 것이 분명합니다. 그러나 한때 그들과 함께 신앙생활 하다가 박해를 견뎌내지 못하고 짐승의 표를 받은 사람들을 특별히 염두에 두고 있는 것으로 보입니다(계 13:7, 16). 그것이 잃은 양 하나를 찾아내기까지 찾아다니시는 우리 주님의 마음이기 때문입니다(눅 15:4). 그 사랑이 배신자 베드로를 다시 일으켜 세웠고, 박해자 바울을 전도자로 만들었던 것입니다.

하나님의 초대는 듣는 자에게로 확대됩니다. 성령의 초대와 교회의 초대를 들은 사람들은 이제 다른 사람들을 "오라!"고 초대합니다. 이것이

로마제국의 변두리 팔레스타인에서 시작된 예수 그리스도의 복음이 땅 끝을 향해 끊임없이 전파되었던 통로입니다. 그리스도에게 구원을 받은 자들은 다른 사람들을 또한 그에게로 인도하게 됩니다. "오라!"고 초대하기 위해 땅 끝으로 나아갑니다. 그것이 교회의 역사였고, 선교의 역사였습니다.

지금 우리가 이렇게 교회를 다니면서 신앙생활을 할 수 있게 된 것도, 누군가가 우리에게 "오라!"고 초대했기 때문입니다. 우리에게 전해진 복음이 또한 누군가에게 계속 흘러가야 합니다. 어떻게 흘러가게 할 수 있을까요? 우리도 "오라!"고 초대하면 됩니다. 특별히 목마른 자를 초대해야 합니다.

인생의 목마름은 하나님께서 주시는 생명수를 마시기 전까지는 해결되지 않습니다. 돈으로 좋은 차를 살 수 있고 넓은 아파트를 살 수는 있지만, 인생의 참다운 의미와 목적을 맛보게 해주는 생명수는 결코 돈으로 살 수 있는 것이 아닙니다. 단지 하나님의 초대에 믿음으로 반응하여 나오기만 하면 됩니다. 예수님을 믿기만 하면 됩니다.

나를 믿는 자는 성경에 이름과 같이 그 배에서 생수의 강이 흘러나오리라(요 7:38).

예수님을 믿으면 인생의 목마름만 해결되는 것이 아닙니다. 영원한 하나님 나라의 주인공이 되게 합니다. 치부와 사치를 최고의 가치로 삼던 큰 음녀 바벨론이 어떻게 망했는지 보십시오. 이 세상을 따라가다가는 그 꼴 납니다. 그러니 지금이라도 하나님의 초대에 응하여 나오십시오. 이것이 요한계시록이 전하려는 메시지입니다.

경고의 말씀

사도 요한은 요한계시록을 대하는 잘못된 태도에 대해서 엄중히 경고합니다.

> 18내가 이 두루마리의 예언의 말씀을 듣는 모든 사람에게 증언하노니 만일 누구든지 이것들 외에 더하면 하나님이 이 두루마리에 기록된 재앙들을 그에게 더하실 것이요 19만일 누구든지 이 두루마리의 예언의 말씀에서 제하여 버리면 하나님이 이 두루마리에 기록된 생명나무와 및 거룩한 성에 참여함을 제하여 버리시리라(계 22:18-19).

요한계시록을 읽고 듣는 사람들이 조심해야 할 것이 하나 있습니다. 그것은 기록된 말씀 외에 더하거나 빼려고 하지 말라는 것입니다. 이것은 물론 사도 요한이 말한 것으로 되어 있지만, 이미 앞에서 예수 그리스도가 요한계시록의 저자라고 했습니다. 하나님께서 직접 계시해주신 말씀입니다. 따라서 사람들의 편의에 따라서 그 내용을 가감하려고 하는 어떤 시도도 결코 용납되어서는 안 됩니다.

이러한 경고들은 성경 곳곳에서 발견됩니다.

> 내가 너희에게 명령하는 말을 너희는 가감하지 말고 내가 너희에게 버리는 너희 하나님 여호와의 명령을 지키라(신 4:2).

모세가 광야에서 이스라엘 백성에게 한 말입니다.

> 너는 그의 말씀에 더하지 말라. 그가 너를 책망하시겠고 너는 거짓말하는 자가

될까 두려우니라(잠 30:6).

야게의 아들 아굴의 잠언에 나오는 말씀입니다.

7다른 복음은 없나니 다만 어떤 사람들이 너희를 교란하여 그리스도의 복음을 변하게 하려 함이라. 8그러나 우리나 혹은 하늘로부터 온 천사라도 우리가 너희에게 전한 복음 외에 다른 복음을 전하면 저주를 받을지어다(갈 1:7-8).

사도 바울이 갈라디아 교회에 보낸 편지에 나오는 내용입니다. 특히 여기에서 우리는 하나님의 말씀을 가감하려고 하는 사람들의 숨겨진 의도를 읽을 수 있습니다. 그것은 교회와 성도들을 혼란에 빠뜨리게 하는 것입니다. 누가 그런 짓을 할까요? 그렇습니다. 그것은 교회를 대적하는 적그리스도가 가장 좋아하는 일입니다.

사도 요한의 엄중한 경고에도 불구하고, 성경 66권의 책들 중에서 요한계시록만큼 성도들을 미혹하는 일에 많이 사용된 책은 없었습니다. 모두 천국이나 종말에 대한 빗나간 호기심으로 접근하는 사람들이 제 마음대로 적당히 가감하여 해석해온 탓입니다. 그것이 의도적이었든지 아니었든지 간에 결과적으로 교회와 성도들을 혼란에 빠뜨려온 것이 사실입니다.

따라서 요한계시록은 '사람의 관심'이 아니라 '성경의 관심'으로 읽어야 합니다. 성경의 저자인 하나님의 관심으로 읽어야 합니다. 그것은 더하거나 빼지 않고 말씀을 있는 그대로 읽는 것으로부터 시작됩니다. 잘 이해가 되지 않는다고 성급하게 가감하려고 하지 말고, 겸손하게 하나님의 말씀을 받드는 마음으로 끝까지 읽다보면 언젠가 그 메시지를 이해할 때가 반드시 오는 것입니다.

마라나타 아멘

이제 사도 요한은 마지막으로 짧은 말 한마디를 남깁니다. 그 말은 지금까지 요한계시록을 읽어온 모든 사람들의 마음에 두고두고 큰 울림이 되어왔습니다. 바로 "마라나타maranatha", 즉 "주여 오시옵소서!"라는 말입니다.

> 이것들을 증언하신 이가 이르시되 내가 진실로 속히 오리라 하시거늘 아멘 주 예수여 오시옵소서(계 22:20).

"내가 속히 오리라!"는 주님의 말씀에 초대 교회 성도들은 "아멘, 주 예수여 오시옵소서!"라고 응답했습니다. 여기에서 "주여 오시옵소서!"가 바로 아람어로 '마라나타'입니다. 사실 요한계시록 본문에는 아람어가 소개되고 있지 않습니다. 마라나타가 소개된 곳은 고린도전서 16장입니다.

> 만일 누구든지 주를 사랑하지 아니하면 저주를 받을지어다. 우리 주여 오시옵소서(고전 16:22).

여기에서 "우리 주여 오시옵소서!"가 바로 '마라나타maranatha'를 번역한 것입니다. 마라나타는 끊어 읽기에 따라서 두 가지 해석이 가능합니다. '마라나 타'(Μαράνα θά)로 읽으면 "주님, 오시옵소서!"(Lord, come!)라는 뜻이 되고, '마란 아타'(Μαρὰν ἀθά)로 읽으면 "주께서 오셨다!"(Lord has come)라는 뜻이 됩니다. 물론 이때에도 진짜 재림하셨다는 뜻이 아니라, 금방 오실 것이라는 희망과 믿음을 표현한 것입니다.

마라나타는 초대 교회의 모든 성도들에게 일상적인 기도였고, 인사였습니다. 그들은 서로 만나고 헤어질 때마다 마라나타로 인사했고, 기도할 때마다 마라나타를 빼놓지 않았습니다. 왜냐하면 그들에게 주님의 재림은 가장 큰 소망이었기 때문입니다. 그리스도의 재림에 대한 간절한 기대를 가지고 그들은 극심한 박해 상황을 이겨냈습니다.

그런데 세월이 흐르면서 이 말도 점점 교회에서 사라져갔습니다. 무엇보다도 그리스도의 재림이 지연된 탓이 큽니다. 처음에 그들은 임박한 재림에 대한 기대를 가지고 있었습니다. 그만큼 그리스도인에 대한 박해가 심했다는 이야기입니다. 그러나 상황이 변했습니다. 기독교는 더 이상 박해받는 종교가 아니라 당당히 로마의 국교가 된 것입니다. 그리스도의 재림이 처음처럼 그렇게 절박하게 필요하지 않게 된 것입니다. 먹고 살만해지면서 '마라나타'는 그리스도인의 기도와 대화 속에서 점점 자취를 감추기 시작했습니다.

주님이 승천하신지 2천여 년이 지난 지금도 그리스도의 재림의 약속은 여전히 성취되지 않고 있습니다. 오늘날 우리는 초대 교회 성도들처럼 열심히 마라나타를 기도하지 않습니다. 아니 마라나타가 무슨 말인지 모르는 사람이 태반입니다. 그러나 마라나타는 여전히 유효합니다. 아직 그리스도의 재림이 일어나지 않았기 때문입니다. 주님의 재림은 하나님의 약속입니다. 하나님은 약속을 한 번도 어긴 적이 없습니다. 따라서 주님의 재림은 시간문제이지 반드시 일어날 기정사실입니다.

우리에게 마라나타의 기도가 필요한 이유는, 재림을 준비하는 자로 살아가기 위해서입니다. 준비되지 않은 자에게 주님의 재림은 심판과 두려움의 날이 될 것입니다. 그러나 준비되어 있는 자에게 그 날은 구원과 기쁨의 날이 될 것입니다. 우리가 '마라나타!', "주여 오시옵소서!"라고 기도하지 못하는 이유는 아직 하나님 나라를 받아들일 준비가 되지 못했기 때문입니다. 아니 어쩌면 재림 없이도 먹고 살만하기 때문인지도 모릅니다.

그러나 요한계시록은 지금도 주님을 따르는 백성들에게 마라나타 신앙을 요구하고 있습니다. 마라나타의 회복이 바른 신앙의 회복입니다. 우리가 좋든 싫든 간에 주님은 반드시 오시기 때문입니다. "내가 속히 오리라!"는 주님의 약속을 믿는다면, 우리는 "아멘, 주 예수여 오시옵소서!"(마라나타 아멘!) 하면서 살아야 합니다. 우리의 기도 속에 늘 마라나타를 포함하고 있어야 합니다. 그리고 기도한 대로 주님의 재림을 준비하면서 살아가야 합니다.

그것이 요한계시록의 묵상을 끝낸 우리들의 책임입니다. 예언의 말씀을 읽고 들은 자로서 마땅히 살아가야 할 모습입니다. 그래서 우리에게 하나님의 은혜가 필요합니다. 하나님의 은혜 없이는 마지막 순간까지 마라나타 신앙을 지켜낼 수 없기 때문입니다.

주 예수의 은혜가 모든 자들에게 있을지어다. 아멘(계 22:21).

하나님은 모든 준비를 마치셨습니다. 조만간 그 일을 다 이루실 것입니다. 그런데 우리는 얼마나 준비되었습니까? 주님이 오늘 재림하신다고 하더라도 두려움 없이 주님을 맞이할 수 있겠습니까? 그런 의미에서 주님의 재림이 지연되는 것이 은혜인지도 모릅니다. 우리에게 그만큼의 기회를 주시기 때문입니다. 그러나 안심하지 마십시오. 재림이 언제까지나 지연되는 것은 아닙니다. 이제 곧 오십니다.

오늘도 우리는 이렇게 말하면서 살아야 합니다.

"아멘, 주 예수여 오시옵소서!" "마라나타, 아멘!"

매일이 우리의 종말입니다. 매일이 우리에게 주어진 마지막 기회입니다.

하나님이 다 이루셨습니다!

주안에서 사랑하는 성도님들에게!

만일 '사순절 특별새벽기도회'라는 자리가 아니었다면 어떻게 되었을까 생각해보았습니다. 아마 요한계시록 묵상을 끝내지 못했을 것입니다. 그러나 멀리서 또는 가까이에서 매일같이 새벽을 깨우며 교회로 달려오는 성도님들과의 약속을 지키기 위해서라도 어떻게든 해내야 했습니다. 지금 와서 이야기지만 정말 힘들었습니다.

사순절 기간 내내 분초를 아껴가면서 오직 요한계시록 말씀만 붙들고 지내야 했습니다. 앞뒤가 꽉 막혀서 도무지 진도가 나가지 않을 때도 종종 있었습니다. 제 자신의 한계에 깊이 절망한 게 한두 번이 아닙니다. 그럴 때마다 하나님께 기도했습니다. 신기하게도 기도하고 나면 막혀있던 묵상의 물꼬가 터지고, 보이지 않던 메시지가 눈에 들어왔습니다.

그렇게 한 계단, 한 계단 올라서 마침내 요한계시록의 정상에 다다를 수 있었습니다. 그렇다고 해서 요한계시록을 감히 정복했다고 말할 수는 없습니다. 그저 하나님의 이끄심에 따라서 한 번 올라보았을 뿐입니다. 마치 느보 산꼭대기에서 저 멀리 약속의 땅을 바라보았던 모세처럼, 역사의 종말에 하나님이 완성하실 그 나라를 한 번 미리 맛보았을 뿐입니다.

그런데 어느 성도님의 고백처럼 큰 부자가 된 느낌입니다. 진작 요한계시록을 묵상했더라면 제 목회가 많이 달라졌을 것이라는 생각이 들 정도입니다. 지금이라도 이렇게 묵상하게 된 것이 얼마나 감사한 일인지요. 요한계시록 40일 묵상의 길을 끝까지 동행해주신 한강중앙교회 성도님들이 제게 큰 힘이 되었습니다.

요한계시록 묵상을 마치고 나서 몇몇 성도님들이 다음과 같은 소감을 남겨주었습니다.

두려움이 있었습니다. 요한계시록은 해석하기 어려운 말씀이라는 선입관도 있었지만, 사실은 나의 죄에 대한 하나님의 심판을 마주할 용기가 없었습니다. 그런데 나를 향한 하나님의 계획은 심판이 아니라 구원임을 깨달았습니다. 이제부터는 '이기는 자'로 살아가고 싶습니다.

_ 조OO 권사

요한계시록 말씀을 배우고 나니 큰 부자가 되었습니다. 성경통독을 할 때마다 앞부분의 일곱 교회에 주시는 말씀을 읽고 나면 아주 지루한 책이었습니다. 창세기는 있었지만 요한계시록은 없었기에 성경은 저에게 언제나 미완성의 그림이었습니다. 그러나 이제는 속히 오신다는 주님의 말씀에 가슴이 뜁니다. 남은 시간 말씀을 지키며 살겠노라 다짐합니다.

_ 정OO 장로

그동안 요한계시록을 어떻게 대해왔는지 알고 싶어서 제가 오랫동안 사용해온 성경책을 펼쳐보았습니다. 색연필로 밑줄 친 구절들이 제 편견을 고스란히 드러냈습니다. 읽고 싶은 말씀만 읽었습니다. 과거의 저와 같은 생각을 가지고 있는 분들에게 제대로 된 하나님의 말씀을 소개하고 싶습니다.

_ 정OO 권사

나는 마지막 날에 최종 심판을 받고 하나님 곁으로 가는 줄 알았습니다. 그런데 하나님이 오히려 새 하늘과 새 땅을 창조하시고 이곳으로 거처를 옮겨오신다는 말씀에 많이 놀랐습니다. 나도 하나님이 좋아하실만한 '이기는 자'가 되겠다고 다짐했습니다.

_ 황OO 학생

나를 하나님 나라의 빛나는 보석으로 세밀하게 빚어 가시는 하나님을 찬양합니다. 깨뜨리고 깎으시는 주님의 손길에 내 삶을 순종함으로 내어드립니다.

_ 범OO 권사

그동안 요한계시록을 어렵게만 생각해왔는데 이제는 그리 어려운 책이 아니라는 사실을 알게 되었노라고 고백하는 성도님들이 많이 계십니다. 막연한 두려움이나 잘못된 선입관을 벗겨내기만 하면 생명수가 솟아나는 샘물이 드러나게 되어 있습니다. 그래서 하나님의 말씀입니다. 그 생명수가 우리를 살게 합니다.

저 혼자만의 힘으로는 요한계시록 40일 묵상의 길을 결코 완주할 수 없었을 것입니다. 아니 더 정확하게 표현하자면 저는 그저 어린 양에게 붙어서 여기까지 왔을 뿐입니다. 하나님이 다 이루셨습니다!

요한계시록 묵상을 통해서 우리는 마지막 때의 일을 알았습니다. 어떻게 준비하며 살아야 할지도 알았습니다. 예언의 말씀을 '읽는 자'와 '듣는 자'가 되었습니다. 그러니 이제부터는 말씀을 '지키는 자'가 되어야 합니다(계 1:3). 말씀을 깨달은 대로 지켜 순종하며 살아야 합니다. 그 수고가 결코 헛되지 않을 것입니다. 하나님은 우리를 '새예루살렘'과 '하나님 나라'의 주인공이 되게 하실 것입니다.

2019년 4월 18일
요한계시록 40일 묵상의 길을 마치며

그리스도의 종
한강중앙교회
담임목사 유 요 한